AF523501

DAS GROSSE DETOX-KOCHBUCH

DAS GROSSE DETOX-KOCHBUCH

LILY SIMPSON & ROB HOBSON

Entgiften, genießen, wohlfühlen – das neue gesunde Genussprogramm.

REZEPTE

ERNÄHRUNG

THE
Detox
KITCHEN

KÜCHEN-BASICS

von Lily Simpson

Essen muss verlockend und ein Genuss sein. Das ist für mich das Wichtigste beim Kochen. Mir scheint es wenig sinnvoll, etwas zu kochen und zu servieren, nur weil es gesund ist. Damit man sich auch wirklich gesund und vollwertig ernährt, ist es wichtig, dass man Spaß am Essen hat.

Genau aus diesem Grund habe ich gemeinsam mit Ernährungsfachmann Rob Hobson unsere Detox-Küche entwickelt. Ich bin Köchin, denke also beim Kreieren eines Gerichts immer zuerst an den Geschmack. Aber ich möchte natürlich auch, dass die Zutaten gut und gesund sind. In unserer Detox-Küche haben wir ein erklärtes Ziel: leckere Gerichte zu entwickeln, die den Körper *unterstützen* und nicht gegen ihn arbeiten. Wir verzichten also auf Zutaten, die sich negativ auf die Gesundheit auswirken können, und nutzen möglichst viel von allen Zutaten, die positive Effekte haben. Unser Essen soll schlicht dazu beitragen, dass Sie sich wohlfühlen.

Aber was meinen wir nun genau mit „Detox"? Heutzutage müssen unsere Körper härter denn je arbeiten, um sich von Toxinen (Giftstoffen) zu befreien und sich vor den Belastungen des modernen Lebens zu schützen. Bei zunehmender Umweltverschmutzung, hektischer Lebensweise und einer Ernährung, die zunehmend stärker durch Fertigprodukte geprägt ist, wird es immer wichtiger, darauf zu achten, was wir unserem Körper zuführen, und ihn vor unnötigen Belastungen zu schützen.

Ich habe am eigenen Körper erfahren, welche positive Wirkung eine abwechslungs- und nährstoffreiche Ernährung ohne verarbeitete Nahrung auf den Körper haben kann. Mein Leben ist hektisch, und ich habe oft beim Essen zur „schnellen Lösung" gegriffen, nur um durchhalten zu können. Das führte dazu, dass ich an Reizdarm, Magengeschwüren und Hautproblemen litt und täglich mit ihren unangenehmen und kraftraubenden Symptomen zu kämpfen hatte. Außerdem hatte ich viele Freunde, die unter Gewichtsproblemen litten, was sie antriebsarm machte und emotional belastete. Bei Gesprächen mit ihnen stellte sich heraus, dass ihre Ernährung meist nicht die nötigen Nährstoffe bot, wodurch sie nur noch energieloser wurden und zudem eine negative Einstellung zum Essen entwickelten.

Dies veranlasste mich dazu, den Detox-Lieferservice (und später unsere Delis in London) zu eröffnen und einfache, leckere Gerichte anzubieten, die diese Probleme angehen. Anfangs haben wir für unsere Kunden, die oft an Verdauungsproblemen, Lebensmittelunverträglichkeiten, Gewichtsproblemen, Müdigkeit und anderen Beschwerden litten, individuelle Detox-Pläne erstellt. Heute bieten all unsere Rezepte jenen, die ihre Gesundheit durch nahrhafte Ernährung unterstützen wollen, eine ausgewogene Alternative. Dazu stellen wir pflanzliche Vollwertkost, Abwechslung und Geschmack ins Zentrum und verzichten völlig auf Weizen, Milchprodukte und raffinierten Zucker. Das mag restriktiv klingen, ist es aber eigentlich nicht, und wenn Sie erst einmal angefangen haben, nach unseren Rezepten zu kochen, werden Sie feststellen, wie einfach es geht.

REZEPTE & PLÄNE

Ich selbst nutze unsere Detox-Pläne flexibel und halte mich an eine 80/20-Verteilung: 80 Prozent der Zeit verzichte ich auf Weizen, Milchprodukte und raffinierten Zucker, und die restlichen 20 Prozent esse ich, was ich will. Sie können dieses Buch genau so nutzen: Suchen Sie sich einzelne Rezepte heraus, oder halten Sie sich an einen festen Wochenplan. Oder greifen Sie einfach samstags zu unserem Buch, wenn der Freitagabend ein wenig zu ausgelassen war.

Zu jedem Rezept ist angegeben, welche Hauptnährstoffe es enthält und für welche Gesundheitsbereiche es besonders zuträglich sein kann – von bestimmten Erkrankungen, wie erhöhtem Cholesterinspiegel, bis hin zu typischen Symptomen wie z. B. in der Menopause. Sie können sich Rezepte heraussuchen oder einem Detox-Plan aus Robs Ernährungsberatung im zweiten Teil dieses Buchs folgen. Jeder der Pläne ist für einen Gesundheitsbereich ausgearbeitet und hilft Ihnen, Ihren individuellen Ernährungsplan zusammenzustellen.

GEMEINSAM ESSEN

Die Gerichte in diesem Buch sind nicht dazu gedacht, allein gegessen zu werden. Wir sind fest davon überzeugt, dass ein Essen mit der Familie und Freunden – das Zusammensitzen, Reden und das gemeinsame Genießen – ein wichtiger Aspekt ist. Es ist viel einfacher, sich gesund zu ernähren, wenn man mit anderen gemeinsam isst. Daher sind die meisten Rezepte für zwei oder vier Personen angelegt, lassen sich aber auch ganz leicht für eine Person anpassen.

Auf den folgenden Seiten möchte ich Ihnen zeigen, wie sie Kräuter, Gewürze, Samen, Nüsse, Vollkornprodukte, Hülsenfrüchte, Obst, Gemüse, mageres Fleisch und Fisch so kombinieren können, dass gesunde Ernährung zu einem Vergnügen wird – Essen, das nicht nur lecker schmeckt, sondern spürbar guttut.

WIE IST DIESES BUCH AUFGEBAUT?

Am Ende fast aller Rezepte findet sich eine Liste mit den wichtigsten Nährstoffen pro Portion. Um dabei als „reich an" einem Vitamin oder Mineral zu gelten, muss es mindestens 30 Prozent der empfohlenen Tagesdosis (Recommended Daily Allowance – RDA) enthalten. In den Rezepteinleitungen können weitere Nährstoffe genannt sein, die aber für die Klassifizierung als „reich an" nicht in ausreichender Menge enthalten sind. Rezepte ohne Nährstoffauflistung enthalten natürlich trotzdem Vitamine und Mineralstoffe, nur eben weniger als 30 Prozent der RDA.

Anschließend folgt eine Liste, die angibt, auf welche Bereiche sich das Gericht positiv auswirken kann. Die unterschiedlichen Farben entsprechen der farblichen Sortierung des Ernährungsteils und seiner Detox-Pläne.

Herz
① Erhöhter Cholesterinspiegel
② Bluthochdruck
③ Diabetes Typ 2

Knochen
① Osteoporose
② Arthritis

Verdauung
① Verstopfung
② Blähungen
③ Reizdarmsyndrom
④ Verdauungsstörungen & Sodbrennen
⑤ Lebensmittelintoleranzen

Immunsystem
① Gemeine Erkältung
② Zöliakie (Glutenunverträglichkeit)

Haut, Haare & Nägel
① Akne
② Schuppenflechte
③ Dermatitis (Ekzeme)
④ Haare & Kopfhaut
⑤ Brüchige Nägel

Psyche
① Depressionen
② Angstzustände

Müdigkeit
① Eisenmangel
② Chronisches Erschöpfungssyndrom (CFS)
③ Schlaflosigkeit
④ Kopfschmerzen
⑤ Migräne

Männer
① Prostata
② Fruchtbarkeit
③ Impotenz

Frauen
① Prämenstruelles Syndrom (PMS)
② Harnwegsentzündungen (Zystitis)
③ Menopause
④ Polyzystisches Ovar-Syndrom (PCOS)

Zudem enthält das Buch Detox-Pläne zur **Gewichtsreduzierung** für Vegetarier und Veganer.

WIE WIR KOCHEN

Auf Weizen, Milchprodukte und raffinierten Zucker zu verzichten, erscheint anfangs etwas schwierig. Dadurch habe ich aber gelernt, mit frischen Kräutern und Gewürzen zu experimentieren, die den Geschmack von Gemüse, Hülsenfrüchten, Fisch und Fleisch erst richtig zur Geltung bringen. Ich verspreche, dass Sie nichts vermissen werden, sobald Sie gelernt haben, ohne diese Zutaten zu kochen.

Weizen Unsere alltägliche Ernährung basiert stark auf Weizen. Vieles, was wir essen, wird aus stark raffiniertem Weizen hergestellt, wie Weißbrot, Nudeln und Gebäck. Diese Nahrungsmittel werden leicht verdaut, wodurch der Blutzuckerspiegel schnell ansteigt, was wiederum zu Müdigkeit führen kann. Außerdem besteht ein Zusammenhang zwischen dem übermäßigen Verzehr von raffinierten Kohlenhydraten wie Zucker und weizenbasierter Nahrung und der Entstehung von Übergewicht und anderen Gesundheitsproblemen.

Unsere Rezepte sind nicht glutenfrei (obwohl wir gluten- und weizenfreies Mehl verwenden), da diagnostizierte Glutenunverträglichkeit selten ist und die Vermeidung schwierig und sehr einschränkend ist – und zu Nährstoffmangel führen kann. Eine spezifische Weizenallergie ist ebenso selten. Viele Menschen leiden aber an Verdauungsproblemen, wenn sie täglich größere Mengen raffinierten Weizens zu sich nehmen.

Immer mehr setzt sich die Erkenntnis durch, dass wir weniger Kohlenhydrate zu uns nehmen sollten und dass sie eher in Form von ballaststoffreichen Vollkornprodukten (wie braunem Reis, Hafer, Gerste und Quinoa), stärkehaltigem Gemüse (wie Süßkartoffeln und Butternusskürbis) und Hülsenfrüchten aufgenommen werden sollten – den sog. komplexen Kohlenhydraten. Sie sind eine nährstoffreiche Alternative zu Weizenprodukten und bieten noch weitere Vorteile.

In unserer Detox-Küche geht es aber nicht nur um Nährstoffe, sondern auch um die Liebe zu gutem Essen, daher lautet unsere Devise „Lebe, um zu essen" und nicht andersherum. Vor diesem Hintergrund möchten wir Ihnen zeigen, wie vielseitig Getreide und Hülsenfrüchte sind, die häufig den Kern unserer Rezepte bilden, und wie Sie sie zu immer neuen Gerichten kombinieren können.

Milchprodukte Wir verwenden in unseren Rezepten keinerlei Milchprodukte, da sie bei manchen Menschen starke Verdauungsprobleme auslösen und bestimmte Erkrankungen verstärken können. (Seitdem ich persönlich wesentlich weniger Milchprodukte zu mir nehme, haben sich meine Verdauung und meine Haut stark verbessert.) Abgesehen davon, dass Milch für Kleinkinder und Frauen in der Schwangerschaft wichtig ist, sind Milchprodukte kein notwendiger Bestandteil der Ernährung eines Erwachsenen.

Der Hauptnährstoff, den Milchprodukte liefern, ist Kalzium, das gemeinhin mit gesunden Knochen assoziiert wird und das besonders wichtig ist für Frauen nach der Menopause, deren Knochensubstanz häufig abnimmt. Kalzium ist aber in vielen anderen Lebensmitteln, wie etwa mit Kalzium angereicherter Reismilch, grünem Gemüse, Tofu, Mandeln, Trockenfrüchten, Sesamsamen und Tahin sowie Hülsenfrüchten enthalten, die alle in den Speiseplan aufgenommen werden können und viele weitere wertvolle Nährstoffe liefern.

Raffinierter Zucker Wir alle essen zu viel Zucker. Das ist eine Tatsache. Raffinierter Zucker macht süchtig und ist häufig die Zutat, auf die man am schwersten verzichten kann. Die Vorzüge sind aber erstaunlich. Raffinierter Zucker hat außer Kilokalorien keinerlei Nährwert und die Art, wie unser Körper ihn verarbeitet, begünstigt Gewichtszunahme und Fettleibigkeit sowie andere chronische Beschwerden und Erkrankungen. Ein Übermaß an Zucker treibt den Blutzucker in die Höhe, was sich indirekt auf unsere Hormone, unsere Stressbelastung und unser Befinden auswirkt.

Ein wenig Zucker ist bestimmt nicht schlimm, und Süße macht ja einige Speisen erst so köstlich – darauf möchten wir nicht verzichten. Wenn wir in unserer Detox-Küche etwas süßen, möchten wir dies aber auf möglichst natürliche Weise tun. Daher verwenden wir Honig oder Früchte (so wie unsere Vorfahren dies schon taten), wodurch wir auch eine größere Vielfalt an Geschmacksnoten und mehr Nährstoffe erhalten als durch kommerziell hergestellte Süßspeisen. Wir nennen diese Speisen unsere Süßen Verführungen – und Sie werden sehen, wie einfach es ist, mit relativ wenig Zucker süße Verführungen zu schaffen.

DIE DETOX-SPEISEKAMMER

Hier finden Sie die Grundzutaten, aus denen Sie jederzeit im Handumdrehen ein gesundes Essen zaubern können. Es gibt keinen Grund mehr, auf langweilige, salzige, hochverarbeitete Zutaten zurückzugreifen, wenn Sie diese Gewürze, Öle, Getreide, Hülsenfrüchte, Nüsse und Samen zur Hand haben. Sie erlauben Ihnen auch, mit neuen Texturen und Geschmäckern zu experimentieren, und machen Ihre Gerichte umso leckerer.

ÖLE

Die Öle, die wir immer griffbereit haben, sind natives Olivenöl extra, natives Rapsöl, natives Kokosöl und kalt gepresste Nussöle. Wir verwenden ausschließlich kalt gepresste, native Öle, da bei dieser Herstellungsmethode sauberere Öle mit höherem Nährstoffgehalt entstehen. Mithilfe von Chemikalien oder durch Erhitzen extrahierte Öle werden leicht ranzig und sind weniger gesund.

Bestimmte Öle eignen sich am besten für gewisse Zubereitungsmethoden. Generell hängt dies von ihrem Geschmack und ihrem Rauchpunkt ab – denn manche Öle sind hitzebeständiger als andere. Ab einer bestimmten Hitze oxidieren sie, bilden ungesunde Stoffe und schmecken unangenehm.

NATIVES OLIVENÖL EXTRA Reich an einfach ungesättigten Fettsäuren und anderen gesundheitsförderlichen Komponenten; perfekt für Salatsaucen und zum Würzen von Gerichten geeignet. Dabei gibt es dem Essen zusätzlich Geschmack und Feuchtigkeit. Hochwertiges natives Olivenöl extra eignet sich auch zum leichten Anbraten und zum Beträufeln von Ofengemüse.

NATIVES RAPSÖL Dieses Öl verwenden wir am häufigsten, da es sehr gesund und äußerst vielseitig ist: Es ist reich an einfach ungesättigten Fettsäuren und verfügt über Omega-3- und Omega-6-Fettsäuren. Das tiefgelbe, nussig schmeckende Öl ist nicht so intensiv wie Olivenöl, wodurch es das ideale Alltagsöl zum Beträufeln von Salaten oder Würzen von Speisen ist. Dank seines hohen Rauchpunkts eignet es sich auch zum Braten.

NATIVES KOKOSÖL Mit seinem hohen Rauchpunkt eignet sich Kokosöl hervorragend zum Anrösten von Gewürzen, da man eine hohe Temperatur benötigt, um ihre ätherischen Öle und Aromen hervorzulocken. Daher verwenden wir Kokosöl meistens für Currys. Durch sein süßes Aroma eignet es sich auch gut zum Backen. Zudem verfügt Kokosöl über natürliche Eigenschaften, die vor Viren und Bakterien schützen können.

ERDNUSSÖL Erdnussöl wird gemeinhin durch Pressen gewonnen, weshalb es einen intensiv nussigen Geschmack hat. Es eignet sich gut für hohe Temperaturen, da es nicht so schnell verbrennt.

ANDERE NUSSÖLE Walnussöl, Haselnussöl und andere Nussöle erhitzen wir nicht, sondern verwenden sie für Dressings oder zum Würzen von Speisen. Enthält ein Salat beispielsweise Walnüsse, verwenden wir im Dressing kalt gepresstes Walnussöl. Diese Nussöle bewahrt man am besten im Kühlschrank auf, da sie sich so länger halten.

KRÄUTER & GEWÜRZE

Es ist erstaunlich, wie Speisen aufleben, wenn man Kräuter und Gewürze hineingibt. Mein Tipp ist, sich nach dem Geruch zu richten: Ich nehme einfach den Kräuterkorb und atme einmal tief ein. Wenn etwas gut riecht, schmeckt es auch gut zusammen.

Weichblättrige Kräuter, wie Basilikum, Koriander und Minze, gibt man erst kurz vor Schluss zum Gericht, da ihr Aroma durch das Erhitzen sonst verloren geht. Zudem steuern sie dem Essen frische Farbe bei. Hartblättrige Kräuter, wie Rosmarin und Thymian, gibt man besser am Anfang hinzu, da sie Zeit benötigen, um ihr Aroma zu entfalten. Das gilt auch für Gewürze – viele Gewürze verändern ihren Geschmack je nach Kochzeit.

Folgende Kräuter und Gewürze verwenden wir am häufigsten. Sie bilden den Charakter unserer Rezepte und verleihen ihnen ihr Aroma.

BASILIKUM ① Es gibt unzählige Sorten dieses weichblättrigen Krauts. In der italienischen Küche wird meist das süße Basilikum verwendet. Sein intensives Aroma passt gut zu Fleisch und Fisch, und die kräftig grünen Blätter sind über Gazpacho gezupft oder zu Pesto zerstoßen einfach köstlich. In der thailändischen Küche verleihen Thaibasilikum, Limonenbasilikum und Indisches Basilikum Currys und Wokgerichten eine pikante Note.

SCHNITTLAUCH ② Der kleinste Vertreter der Zwiebelfamilie verleiht Salaten eine feine Zwiebelnote. Er eignet sich auch als Garnitur: einfach mit der Schere frisch über das Gericht schneiden.

ZIMT ③ Das beste Gewürz, um die Süße eines Gerichts hervorzulocken und ihm eine aromatische, warme Note zu verleihen. Schon ein wenig Zimt kann bei einem langweiligen Haferbrei Wunder wirken. Das Pulver ist viel intensiver als die Zimtstange, daher Vorsicht beim Würzen.

KREUZKÜMMEL ④ Das in Indien, ums Mittelmeer und im Nahen Osten häufig verwendete Gewürz hat einen intensiv rauchigen Geschmack und verleiht jedem Gericht Tiefe. Es passt gut zu Wurzelgemüsen, die sowohl süß als auch aromatisch sind. Wer einen Mörser besitzt und Zeit hat, sollte die Samen frisch zerstoßen.

KORIANDERSAMEN ⑤ Sie werden meistens in der indischen Küche verwendet und verleihen ein feines Zitrusaroma. Vorsichtig rösten, da sie leicht verbrennen und dann ein bitteres Aroma entwickeln. Wieder ist die Nase Ihr bester Freund: Rösten Sie sie in der trockenen Pfanne, bis sie duften.

KORIANDERGRÜN ⑥ Entweder man liebt dieses Kraut, oder man hasst es. Ich liebe es. Es ist so aromatisch und voller Zitrus-, Pfeffer- und zarten Minzaromen, dass die Blätter jedem Gericht Leben einhauchen. In Currys und Eintöpfen verwende ich die Wurzeln, da ihr Aroma intensiver ist als das der Blätter und eine erdige Note beiträgt.

KNOBLAUCH ⑦ Er sorgt je nach Gebrauch für ein ganzes Aromenspektrum. In asiatisch angehauchten Salaten und Dressings mag ich ihn roh, da er ihnen Feuer verleiht. In fast all unseren Eintöpfen taucht er mit sanftem Aroma auf. Röstet man eine Knolle ganz, entwickelt sie einen kräftigen, süßen Geschmack, der zu Suppen oder Tomatensauce passt. Grüne Sprossen sollte man entfernen, da sie bitter schmecken und Blähungen verursachen.

INGWER ⑧ Frische Ingwerwurzel mit ihrem intensiven, scharfen, leicht zitronigen und pikanten Geschmack ist eine meiner Lieblingszutaten. Sie verleiht Gerichten eine herrlich frische Note und gehört bei mir in jedes Curry und jede Brühe. Die Wurzel sollte prall wirken – sonst ist sie faserig und trocken. Häufig schäle ich sie gar nicht, sondern reibe sie einfach mit der Schale.

MINZE ⑨ Wir verwenden meist krause Minze, da sie gut erhältlich ist. Ich gebe oft auch ein paar Blätter ins Pesto. Ein Minztopf auf dem Balkon ist immer gut, denn so kann man sich jederzeit einen frischen Minztee aufgießen, der gegen Blähungen hilft. Am besten eignet sich hierfür marokkanische Nanaminze mit ihrem sanften, süßen Geschmack.

ROSMARIN ⑩ Das traditionell zu Lamm, Huhn oder kräftigem Fisch verwendete Kraut passt mit seinem intensiven Aroma auch gut zu Bohneneintöpfen und Wurzelgemüsen. Es hat eine pikante Nadelbaumnote und einen herrlich herzhaften Geschmack. Als Immergrün ist es ganzjährig verfügbar.

10
3
7
5
8
4
6
9
2
1

2
6
11
1
3
5
9
4
12
10
8
7

HÜLSENFRÜCHTE & QUINOA

Getrocknete Bohnen, Erbsen und Linsen bilden die Basis vieler unserer vegetarischen Gerichte. Da sie reich an Proteinen, Ballaststoffen und komplexen Kohlenhydraten sind und eine gute Quelle für Folate, Magnesium, Eisen und Zink darstellen, sind sie ein essenzieller Bestandteil einer jeden vegetarischen oder veganen Ernährung. Zudem sind sie einfach köstlich und geben Textur.

Obwohl sie keine Hülsenfrucht ist (die getrocknete Frucht einer Leguminose), ist auch Quinoa (Samen eines Pseudogetreides) eine gute Proteinquelle und daher hier mit aufgelistet.

Viele Menschen glauben, getrocknete Hülsenfrüchte zu kochen sei eine langwierige Angelegenheit. Dabei muss man sie nur über Nacht in Wasser quellen lassen und die Kochzeit etwas großzügiger bemessen. Ihr Geschmack und ihr Biss sind dies aber allemal wert. Wer wenig Zeit hat, kann auch Konserven verwenden, sollte aber Bioware kaufen – meiner Meinung nach haben Biokonserven mehr Geschmack, andere schmecken schon mal wässrig.

ADZUKIBOHNEN ① Die dunkelroten Bohnen werden wegen ihres süßen, nussigen Aromas und ihrer festen Textur geschätzt und eignen sich ideal für Suppen und Aufläufe.

BELUGA- & PUY-LINSEN ② Wir kochen Linsen nicht ganz weich, sondern al dente – besonders, wenn wir sie für Salate nutzen. Schwarze Belugalinsen und grüne Puy-Linsen halten ihre Form besser als die roten oder gelben Sorten. Wegen ihres pfeffrigen, kräftigen Geschmacks sind sie ein fester Bestandteil unserer Küche.

SCHWARZE BOHNEN ③ Wir benutzen diese Bohnen, die jedem Gericht einen kräftigen Farbkleks geben, hauptsächlich für südamerikanisch inspirierte Gerichte.

LIMABOHNEN ④ Durch ihre zarte, cremige Textur eignen sie sich ideal für kartoffelfreie Pürees. Ein paar Limabohnen im Salat sorgen dafür, dass er etwas sättigender wird.

CANNELLINI-BOHNEN ⑤ Die buttrigen, weichen, dicken Bohnen nehmen gut Geschmack an, wodurch sie ideal für Salate und lang kochende Eintöpfe geeignet sind.

KICHERERBSEN ⑥ Wir verwenden die in den Küchen des Mittelmeerraums, Indiens und des Nahen Ostens beliebten Kichererbsen häufig in unseren Rezepten. Für ein schnelles Hummus eignen sich Kichererbsen aus der Dose, sollen sie im Eintopf eine festere Konsistenz behalten, weicht man getrocknete Kichererbsen über Nacht ein. Geröstet sind sie ein knuspriger Snack.

WEISSE BOHNEN ⑦ Die den Cannellini-Bohnen ähnelnden Weißen Bohnen sind süßlich und sehr cremig. Wir nutzen sie für unsere Bohnen auf Toast.

KIDNEYBOHNEN ⑧ Ihren Namen – Nierenbohnen – verdanken sie ihrer Form. Sie haben eine dicke Schale und einen süßen Geschmack. Sie sind als Püree eine herrlich cremige Beilage und wunderbar in Eintöpfen.

MUNGBOHNEN ⑨ Die erdigen, nussigen, leuchtend grünen Bohnen sind der Star unseres Mungbohnen-Currys (s. S. 167).

WACHTELBOHNEN ⑩ Diese gesprenkelten, hellbraunen Bohnen aus Mexiko eigenen sich gut für Eintöpfe und Salate.

QUINOA ⑪ Dank ihres hohen Gehalts an Proteinen, Ballaststoffen und essenziellen Mineralstoffen gilt Quinoa schon lange als eines der nährstoffreichsten Lebensmittel überhaupt. Die Proteine machen Quinoa so einzigartig, denn sie enthalten alle essenziellen Aminosäuren. Quinoa hat einen köstlichen nussigen Geschmack und einen schönen Biss. Wir nutzen sie viel in Salaten oder verwenden sie weich gekocht in Burgern oder anstelle von Kartoffeln in Fischfrikadellen.

ROTE LINSEN ⑫ Sie sind fester Bestandteil der indischen Küche – Dhal aus roten Linsen ist eines meiner Lieblingsgerichte. Sie besitzen einen weichen, erdigen Geschmack und sind sehr einfach zu kochen.

NÜSSE & SAMEN

Mit Nüssen und Samen kann man Gerichten wunderbar Biss und geschmackliche Tiefe geben und darüber hinaus sind sie gesund. Die folgenden Nüsse verwenden wir gerne, da sie reich an gesunden Fetten, Proteinen und Mineralstoffen sind.

MANDELN Mandeln sind reich an Vitamin E und daher gut für die Haut. Mit Goji-Beeren (Bocksdornbeeren) gemischt geben sie einen tollen Energieschub für den Vormittag, und geröstet verleihen sie Salat oder Eintopf einen leckeren Biss. Gemahlene Mandeln eignen sich auch ideal zum Backen.

PARANÜSSE Ein toller Snack, gehackt aber auch eine leckere Ergänzung zum Salat oder Müsli. Diese Nüsse sind eine der besten Quellen für das Mineral Selen, dessen antioxidative Wirkung den Körper vor Schäden durch freie Radikale schützen kann.

CASHEWKERNE Da sie die cremigsten aller Nüsse sind, verwenden wir Cashewkerne bei jeder Gelegenheit. In Wasser eingeweicht lassen sie sich wunderbar pürieren und in Saucen oder Dressings einrühren. Sie sind reich an Magnesium und daher gut für gesunde Knochen.

CHIA-SAMEN Diese kleinen schwarzen oder weißen Samen sind reich an gesunden Omega-3-Fettsäuren und Ballaststoffen und können mühelos in die tägliche Ernährung eingebaut werden. Wir streuen sie einfach über das Frühstück oder mischen sie in Smoothies.

KOKOSNUSS Wir verwenden geröstete Kokosraspel gerne als natürliche Süße in unseren Frühstücken und Nachspeisen.

LEINSAMEN Die gesundheitsfördernden Eigenschaften der kleinen braunen oder goldenen Samen des Flachs sind schon seit Jahrhunderten bekannt. Sie sind eine gute Quelle für Omega-3-Fettsäuren und reich an wasserunlöslichen und löslichen Ballaststoffen. Rühren Sie sie zerstoßen in Smoothies oder streuen Sie sie über Ihr Frühstück. Leinsamenöl ist ebenfalls sehr gesund.

HASELNÜSSE Sie eignen sich für süße wie für herzhafte Gerichte. Eines meiner absoluten Lieblingsgerichte ist Salat mit Lachs, grünen Bohnen, Orange & Haselnuss (s. S. 235).

PEKANNÜSSE Ohne Pekannüsse wäre unser Granola nicht dasselbe. Leicht geröstet werden sie wesentlich süßer und eignen sich hervorragend für Süßspeisen.

PISTAZIEN Pistazien selbst zu schälen, ist keine verlorene Liebesmüh, denn sie schmecken so viel besser und nussiger als die, die man geschält kaufen kann. Wir verwenden Pistazien in Desserts und Salaten.

KÜRBISKERNE Sie liefern gesunde Fettsäuren und Mineralstoffe, wie Magnesium und Zink, und sind daher eine tolle Ergänzung für jedes Frühstück oder Dessert. Kürbiskerne eignen sich dank ihres feinen Geschmacks aber auch gut als Garnitur für herzhafte Gerichte.

SESAMSAMEN Mit schwarzen und weißen Sesamsamen erhalten Gerichte ein rauchiges Aroma und Biss. Die schwarzen Samen machen sich hübsch in Salaten. Geröstet wird ihr wunderbares Aroma besonders intensiv.

SONNENBLUMENKERNE Sie haben einen vergleichbaren Nährstoffgehalt wie Kürbiskerne (s. oben). Wir nutzen Sonnenblumenkerne massenhaft, rösten sie leicht und streuen sie über Gerichte, um ihnen Biss und Tiefe zu verleihen. Sie passen auch gut in Pestos.

WALNÜSSE Diese Nüsse sind reich an Omega-3-Fettsäuren. Leicht geröstet und mit ein wenig Honig beträufelt sind sie ein wunderbarer Snack. Je besser ihre Qualität, desto cremiger sind die Walnüsse – die preiswerten schmecken dagegen oftmals bitter.

TROCKENOBST

Getrocknete Früchte sind ein toller natürlicher Süßstoff. Man sollte sie aber nur in Maßen verwenden, da sie sehr kalorienreich sind. Über das Frühstück oder den Salat gestreut geben sie eine wunderbar weiche Textur und Süße. Reich an Ballaststoffen unterstützen sie die Verdauung. Beim Kauf sollte man darauf achten, dass die Früchte ungesüßt und ungeschwefelt sind, also keine Zusatz- oder Konservierungsstoffe enthalten.

APRIKOSEN Ungeschwefelte Aprikosen sind dunkler und nicht so süß wie geschwefelte. Sie schmecken gut in Tajines und Eintöpfen.

DATTELN Wir süßen mit Datteln unsere Desserts, Kuchen und Müsliriegel. Püriert sorgen sie für eine tolle Bindung verschiedener Zutaten – ähnlich wie raffinierter Zucker.

GOJI-BEEREN Die „Superbeeren“ sind reich an Antioxidantien und haben einen leicht bitteren Geschmack. Sie eignen sich gut als gesunder Snack und sind eine schöne Ergänzung in Müslis und Frühstücksflocken.

PHYSALIS Die süßsauren Beeren, die aus Brasilien stammen, werden auch Kapstachelbeeren oder Andenkirschen genannt. Mischen Sie sie ins Frühstück oder genießen Sie sie als Snack.

SULTANINEN Sie sind etwas süßer als Rosinen und eignen sich hervorragend für Frühstücke, Salate und Desserts.

LAKTOSEFREIE ALTERNATIVEN

Selbst wenn man nicht vollständig auf Milchprodukte verzichten möchte, sollte man doch so oft wie möglich zu laktosefreien Alternativen greifen. Am besten eignen sich pflanzliche Produkte, die das gleiche Nährwertprofil wie Kuhmilch besitzen, um eine gesunde Versorgung mit Nährstoffen sicherzustellen.

MANDELMILCH Probieren Sie unser Rezept auf S. 32. Wir verwenden Mandelmilch vor allem beim Backen und in Smoothies.

KOKOSMILCH (UND -JOGHURT) Kokosmilch enthält gute natürliche Fette und eignet sich bestens für Currys, Suppen und Desserts. Sie ist allerdings kalorienreich und sollte daher nur in Maßen verwendet werden, oder man greift, wenn man abnehmen möchte, zu einem kalorienreduzierten Produkt.

NUSSBUTTER Nussbutter ist einfach herzustellen (s. unser Rezept auf S. 63) und ein guter Proteinlieferant. Cremige Nüsse, wie Cashewkerne und Mandeln, eignen sich besonders gut dafür. Nussbutter ist ein toller Butterersatz, wir dicken manchmal auch Eintöpfe damit an.

HAFERMILCH Hafermilch ist die preiswerteste Milchalternative und passt hervorragend zu einem Porridge.

REISMILCH Als süßester Milchersatz eignet sich Reismilch gut für Müsli, Granola und Smoothies.

SOJAJOGHURT Sojajoghurt ist lockerer als normaler Joghurt und hat eine leicht bittere Note, schmeckt aber köstlich mit ein wenig Honig und frischem Obst.

NATÜRLICHE SÜSSSTOFFE

Obwohl wir Zucker nur selten in unserer Küche verwenden, benötigen auch wir manchmal etwas Süßes. Dafür nutzen wir immer natürliche Zucker aus Früchten (und manchen Gemüsen), Honig oder Gewürzen.

FRUCHTSAFT Der Saft eines Apfels oder einer Birne verleiht dem Frühstück oder Nachtisch eine kräftige Süße. Selbst eingekochtes, feines Apfel- oder Birnenmus ist auch eine tolle Ei-Alternative für Pfannkuchen-, Kuchen- und Muffinteige.

HONIG Guter Honig ist reich an Antioxidantien und ein perfekter Ersatz für raffinierten Zucker. Roher Honig, der nicht erhitzt, pasteurisiert oder verarbeitet wurde, hat den intensivsten Geschmack. Wenn Sie frischen Honig direkt vom Imker bekommen können, verwenden Sie diesen. Verglichen mit Supermarkthonig schmeckt er einfach himmlisch. Für Veganer, die keinen Honig verwenden, ist Ahornsirup eine gute Alternative.

KAKAOPULVER Kakaopulver, die Rohform der Schokolade, hat einen kräftigen und intensiven Geschmack und eine natürliche Süße. Es ist eine gute Eisen- und Magnesiumquelle und enthält Antioxidantien und andere gesundheitsfördernde Stoffe. Verwenden Sie Kakaopulver als gesunde Schokoladenalternative für Kuchen, Mousse, Schokoladenmilch, Trinkschokolade und Smoothies.

VANILLE Vanille hat eine duftige, süße Note, die keine andere Zutat liefern kann – ein wahrer Genuss. Wir verwenden am liebsten die Schoten. Sie sind zwar teurer als Extrakt, aber mit einer Schote kann man viel machen. Hat man das Mark herausgestrichen, gibt man die Schote in Mandelmilch und verleiht dieser so ein Vanillearoma. Kosten Sie die Vanillemilch in Ihrem Frühstück, um ihm zusätzliche Süße zu verleihen.

MEHL

Wer gesund backen möchte, kann sich glücklich schätzen, denn heute gibt es reichlich Alternativen zu Weizenmehl. In den meisten Supermärkten findet man Mehlsorten mit der Aufschrift „glutenfrei". Dabei handelt es sich meist um Mischungen aus Reis und Buchweizen. Biomärkte und Reformhäuser bieten häufig eine weit größere Mehl-Auswahl an.

Das Backen mit gluten- und weizenfreiem Mehl kann etwas schwieriger sein, denn es ist ja gerade das Gluten im Weizen, das Kuchen und Brot seine Luftigkeit verleiht. Ohne Gluten werden sie dichter und bröseln leichter. Daher sorgen in unseren Rezepten andere Zutaten für Bindung und Luftigkeit.

MANDELMEHL Fein gemahlene Mandeln ergeben ein wunderbares Mehl für Tortenböden und geben ihnen ein herrlich nussiges Aroma.

PFEILWURZELMEHL Dieses Stärkemehl wird aus den Wurzeln verschiedener tropischer Pflanzen gewonnen. Wir verwenden es als Bindemittel und Glutenersatz, nutzen es also zum Backen und für andere Rezepte, die eine Bindung der Zutaten erfordern.

BACKPULVER UND SPEISENATRON Glutenfreies Backpulver und allgemein übliches Speisenatron sind in vielen Super- und Biomärkten erhältlich. Sie werden ganz normal verwendet.

BUCHWEIZENMEHL Das sehr vielseitig nutzbare Mehl verhält sich ähnlich wie normales Weizenmehl, hat aber eine gröbere Struktur. Wir mischen es zu gleichen Teilen mit Reismehl und machen daraus Pfannkuchen, Scones und Kuchen oder verwenden es als Bindemittel für Fischfrikadellen und Burger.

GETREIDE

Reich an komplexen Kohlenhydraten haben Vollkorngetreide aufgrund ihres hohen Ballaststoffanteils meist eine niedrige GL (glykämische Last). Man vermutet, dass sie Krebs- und Herzerkrankungen vorbeugen können sowie bei der Gewichtsreduzierung unterstützen, da sie sättigen und den Blutzuckerspiegel stabil halten. Getreide sind zudem eine gute Quelle für B-Vitamine, die zur Umwandlung von Nahrung in Energie notwendig sind.

NATURREIS Auch brauner oder Vollkornreis genannt, ist Naturreis wesentlich nährstoffreicher und hat eine geringere GL als weißer Reis, da er ungeschält ist. Ich finde, er hat ein volleres, nussigeres Aroma und deutlich mehr Biss als die weiße Variante. Zudem verwenden wir Nudeln aus Vollkornreis als Alternative zu Spaghetti und Vollkornreismehl für unsere Körner-Kräcker (s. S. 77).

BUCHWEIZEN Er wird zwar meist als Getreide betrachtet, ist aber eigentlich der Samen einer Pflanze, die mit dem Rhabarber verwandt ist. Er gehört zu meinen Lieblingszutaten in Salaten und Eintöpfen und hat ein leicht saures Nussaroma. Die dreieckigen Samen haben eine wunderbar weiche Textur und einen feinen Biss. Buchweizennudeln, die viel in der japanischen Küche verwendet werden, sind ein guter Ersatz für Weizennudeln, und ihr feines Mehl (s. links) ergibt wunderbar leichte und luftige Pfannkuchen.

HAFERFLOCKEN Wir verwenden sowohl zarte als auch kernige Haferflocken in unseren Rezepten. Die zarten Haferflocken sind kleiner und feiner und kochen daher schneller als kernige Haferflocken. Wir verwenden sie meist für Porridge und Smoothies, bei denen eine cremige Konsistenz erwünscht ist. Kernige Flocken machen sich gut in Müslis und ergeben köstlich knusprige Streusel.

GERSTENGRAUPEN Gerste hat eine relativ geringe GL und enthält viele lösliche Ballaststoffe. Ihre Graupen eignen sich besonders gut für Risotto, da sie beim Kochen langsam weich werden. Sie sind aber auch eine wunderbare Ergänzung für Suppen und Eintöpfe und geben Bindung.

GEWÜRZE

Kein Gericht schmeckt ohne die Grundgewürze Pfeffer und Salz wirklich gut – sie erwecken das volle Aromenspektrum der Zutaten erst zum Leben. Gerade beim Salz ist die beste Qualität gerade gut genug. Normales Tafelsalz ist meist mit Jod angereichert und enthält Rieselhilfen. Preiswertere Meersalze sind häufig chemisch gereinigt und hinterlassen einen chemischen oder bitteren Nachgeschmack im Mund. Kaufen Sie außerdem möglichst ganze schwarze Pfefferkörner statt fertig gemahlenen Pfeffer.

PFEFFER Sie sollten immer schwarze Pfefferkörner zur Hand haben. Sie sind schnell im Mörser zerstoßen oder in der Pfeffermühle gemahlen.

SALZ Wir verwenden Maldon-Meersalz, da es einen leichten, reinen Geschmack und eine fein flockige Konsistenz hat. Alternativ kann man aber jedes natürliche, nicht chemisch gereinigte Meersalz verwenden.

SOJASAUCE Sie eignet sich hervorragend, um asiatischen Gerichten ihre Salzigkeit zu geben. Wir verwenden Tamari, eine weizen- und glutenfreie Sojasauce.

NAHRUNGSERGÄNZUNGSMITTEL

Getrocknete Pflanzenextrakte sind eine gute Nahrungsergänzung. Am liebsten verwenden wir Weizengras und Spirulina. Man kann das Pulver einfach in Wasser oder Saft einrühren oder in Smoothies geben – der Körper nimmt die Nährstoffe schnell auf. Man sollte aber darauf achten, dass die Extrakte möglichst rein sind.

SPIRULINA-PULVER Das aus Blaualgen gewonnene Pulver wird schon seit Hunderten von Jahren in der ganzheitlichen Medizin angewendet. Es bietet eine Vielzahl an Nährstoffen wie etwa Proteine, verschiedene B-Vitamine, Eisen und Magnesium.

WEIZENGRAS-PULVER Weizengras ist reich an Vitaminen, Mineralstoffen und Aminosäuren und damit ein tolles Stärkungsmittel. Ich trinke jeden Morgen ein Glas Wasser mit Weizengraspulver, was mich richtig wach macht. Grundsätzlich ist Weizengras glutenfrei, da die Pflanze geschnitten wird, bevor sie das Getreidekorn und damit das Gluten ausbildet. Wer aber auf Gluten verzichten muss oder will, sollte die Packungsaufschrift genau beachten, denn Kreuzkontaminationen sind immer möglich.

KÜCHENGERÄTE

Gute Töpfe und Pfannen haben einen entscheidenden Einfluss auf das Kochresultat, deshalb lohnt es sich, in eine gute Grundausstattung zu investieren. Davon abgesehen, macht das richtige Zubehör das Kochen deutlich einfacher und angenehmer. Die folgenden vier Utensilien sind für mich schlicht unverzichtbar.

MIXER Wir haben einen großen und einen kleinen Mixer. Den großen verwenden wir für Desserts, den kleinen für Saucen, Pestos und Dressings. Ein Pürierstab ist zudem für Suppen praktisch.

ENTSAFTER Wir nutzen unseren Entsafter täglich und machen damit Saft zum Trinken, für unsere Frühstücke und Desserts.

JULIENNE-SCHNEIDER Damit lassen sich besonders aus Zucchini wunderbar Gemüse-Spaghetti schneiden (s. rechts).

MÖRSER Mit nichts anderem lassen sich Kräuter und Gewürze so wunderbar zerkleinern und zermahlen wie mit dem Mörser – je schwerer Stößel und Mörser sind, desto besser.

REZEPTE

FRÜHSTÜCK

„Das Frühstück ist die wichtigste Mahlzeit des Tages“ – wir alle kennen den Satz, und wir alle wissen auch, dass er manchmal schwierig im Alltag umzusetzen ist. Jede Minute Schlaf ist schließlich kostbar, und sobald man auf ist, gibt es so viel zu tun. Doch es lohnt sich, auf ein gutes Frühstück zu achten: Studien zeigen, dass es wichtig für eine ausgewogene Ernährung ist und es einfacher macht, ein gesundes Gewicht zu halten.

Wer in Eile ist, greift gerne zu süßen Cerealien oder Convenience Food aus raffinierten Kohlenhydraten wie weißem Mehl. Deren schneller Energieschub hält nur kurzzeitig an, und danach sinkt der Blutzuckerspiegel wieder. Kurze Zeit später hat man erneut Hunger und greift zu irgendwelchen Snacks. Dieser Teufelskreis entsteht erst gar nicht, wenn wir zum Frühstück lange wirksame Kohlenhydrate (die stetig Energie liefern), etwas Eiweiß und gesunde Fettsäuren zu uns nehmen, die einfach länger sättigen.

Machen Sie Ihr Frühstück deshalb mit gesunden Zugaben zu einer wahren Energietankstelle. Streuen Sie Leinsamen über Ihre Cerealien, rühren Sie Nüsse und Samen unter ihren Früchtejoghurt oder probieren Sie verschiedene Gemüsesäfte aus.

Es gibt keinen Grund, auf ein nährstoffreiches Frühstück zu verzichten. Die Rezepte in diesem Kapitel werden Sie inspirieren, diese wichtige Mahlzeit jeden Morgen zu zelebrieren und auf diese Weise gesund in den Tag zu starten.

Am Ende der meisten Rezepte haben wir die wichtigsten Nährstoffe aufgelistet, die in einer Portion enthalten sind, sowie erläutert, bei welchen gesundheitlichen Problemen es sich empfiehlt, das jeweilige Rezept regelmäßig in den Speiseplan aufzunehmen.
Weitere Informationen finden Sie auf S. 9.

BIRCHER-MÜSLI MIT ROTE BETE & APFEL

FÜR 2 PERSONEN • 450 KCAL PRO PORTION

Der Schweizer Arzt Maximilian Bircher-Benner, der das Müsli in den 1890er-Jahren erfand, verwendete dafür mehr Früchte als Haferflocken. Auch unser Müsli ist sehr fruchtlastig und erhält durch den leuchtend rosa Fruchtsaft eine erfrischende Süße. Sie können natürlich stattdessen auch Milch nehmen – wir schwören auf Reismilch –, sollten aber dem Rote-Bete-Apfelsaft eine Chance geben. Er hat eine köstliche Säure, die schön munter macht.

FÜR DAS MÜSLI

160 g kernige Haferflocken
1 EL Rapsöl
50 ml Reismilch
1 TL Kokosflocken
1 EL Mandelblättchen
20 g getrocknete Physalis oder Sultaninen
20 g getrocknete Goji-Beeren
2 EL Sojajoghurt zum Servieren

FÜR DEN SAFT

4 große Tafeläpfel
1 kleine rohe Rote Bete

1 Den Backofen auf 200 °C (180 °C Umluft) vorheizen. Ein Backblech mit Backpapier auslegen.
2 Die Haferflocken mit Rapsöl und Reismilch in eine große Schüssel geben. Alles mit den Händen gut vermischen, sodass alle Flocken gleichmäßig befeuchtet werden. Sie sollten keine Klumpen bilden.
3 Die getränkten Flocken auf das Backblech geben und gleichmäßig auf dem Backpapier verteilen. 12 Minuten goldgelb backen. Aus dem Ofen holen und abkühlen lassen.
4 Die abgekühlten Flocken in eine Schüssel geben und mit Kokosflocken, Mandelblättchen, Physalis oder Sultaninen und Goji-Beeren mischen (Sie können das Müsli in 1-kg-Portionen vorbereiten. Dazu verfünffachen Sie einfach die Zutatenmengen und bewahren das Müsli bis zu 4 Wochen luftdicht verschlossen auf).
5 Äpfel und Rote Bete abwaschen, dann halbieren und entsaften. Es sollte ca. 400 ml Saft ergeben.
6 Das Müsli auf zwei Schalen verteilen. Den Saft auf beide Portionen verteilen und auf jede Portion einen Löffel Sojajoghurt geben.

REICH AN Folsäure • Kalium • Magnesium • Eisen • Phytoöstrogenen • Nitraten • Ballaststoffen

GUT FÜR Herz ①②③ • Knochen ① • Verdauung ① • Immunsystem ① • Psyche ② • Müdigkeit ①⑤ • Männer ① • Frauen ①③④

BIRCHER-MÜSLI MIT ÄPFELN, HEIDELBEEREN & ZIMT

FÜR 2 PERSONEN • 400 KCAL PRO PORTION

Dieses erfrischend fruchtige Müsli ist das perfekte Sommerfrühstück und passt hervorragend zu einer Tasse Pfefferminztee. Es ist genauso sättigend wie Porridge, aber dabei herrlich leicht. Ein Müsli oder Porridge aus Haferflocken ist ausgesprochen gesund, weil es den löslichen Faserstoff Beta-Glucan enthält, der LDL-Cholesterin (das „schlechte" Cholesterin) senken kann. Früher weichte man die Haferflocken für Bircher-Müsli über Nacht ein, damit sie cremig wurden, aber das ist heute nicht mehr nötig, da die im Laden erhältlichen Haferflocken meist schon bei der Herstellung gedämpft wurden.

3 Tafeläpfel
140 g Haferflocken
1 Handvoll Kokosflocken
20 g Heidelbeeren
20 g geschälte ganze Mandeln
1 EL Sojajoghurt
1 Prise gemahlener Zimt
abgeriebene Schale von 1 Biolimette

1 2 Äpfel waschen und entsaften, dann den Saft in eine große Schüssel geben. Den dritten Apfel reiben (er muss vorher nicht geschält werden) und ebenfalls in die Schüssel geben.

2 Haferflocken, Kokosflocken, Heidelbeeren, Mandeln, Joghurt, Zimt und Limettenschale hinzugeben und alles gut vermischen. Vor dem Servieren mit Frischhaltefolie abgedeckt 15 Minuten kalt stellen (das Müsli hält sich bis zu 5 Tage im Kühlschrank. Sie können also für die ganze Woche vorsorgen).

REICH AN Vitamin B1 (Thiamin) und E • Magnesium • Ballaststoffen

GUT FÜR Herz ①③ • Knochen ① • Verdauung ① • Immunsystem ① • Psyche ① • Müdigkeit ⑤ • Männer ① • Frauen ①③

MANGOJOGHURT MIT GETROCKNETEN APRIKOSEN & BANANEN

FÜR 2 PERSONEN • 400 KCAL PRO PORTION

Fertig gekaufte Fruchtjoghurte sind meist viel zu süß. Dieser selbst gemachte Joghurt aus Sojajoghurt, Früchten und Nüssen schmeckt hingegen frisch, und die natürliche Süße ist einfach unwiderstehlich lecker.

1 reife Mango
4 EL Sojajoghurt
1 Banane, in Scheiben geschnitten
100 g getrocknete Aprikosen, grob gehackt
50 g Paranüsse, grob gehackt
1 Handvoll Sonnenblumenkerne

1. Die Mango halbieren, dabei beiderseits am Stein entlang schneiden. Das Fruchtfleisch der beiden Hälften rautenförmig einschneiden und mit einem Löffel auslösen. Das restliche Fruchtfleisch vom Stein ablösen und alles fein würfeln.
2. Die Mangowürfel mit dem Joghurt in eine Schüssel geben und verrühren. Dann den Mangojoghurt abdecken und 20 Minuten kalt stellen, damit sich die Aromen entfalten können.
3. Zum Servieren den Joghurt auf zwei kleine Schalen verteilen und Bananenscheiben, Trockenfrüchte, Nüsse und Kerne darauf verteilen.

REICH AN Vitamin B1 (Thiamin), C und E • Selen • Kalium • Magnesium • Ballaststoffen

GUT FÜR Herz ①② • Knochen ① • Verdauung ① • Immunsystem ① • Psyche ② • Müdigkeit⑤ • Männer ① • Frauen ③

ERDBEER-SOJAJOGHURT

FÜR 4 PERSONEN • 70 KCAL PRO PORTION

Die Grundlage für dieses Rezept bildet Sojajoghurt. Er enthält eine Gruppe von Phytoöstrogenen, die man Isoflavone nennt. Sie können dabei helfen, die Symptome des prämenstruellen Syndroms zu lindern. Für dieses Rezept können Sie auch Himbeeren, Heidelbeeren, Brombeeren, Kiwis, Mangos oder Bananen verwenden, die sie klein würfeln und in den Joghurt rühren. Wenn die Früchte bereits sehr süß und reif sind, nehmen Sie einfach weniger Honig zum Süßen.

4 große Erdbeeren zum Trocknen
100 g Erdbeeren, klein gewürfelt
½ Vanilleschote, längs aufgeschnitten
300 ml Sojajoghurt
1 TL flüssiger Honig (nach Belieben)

1. Den Backofen auf 70 °C (50 °C Umluft) vorheizen. Ein Backblech mit Backpapier auslegen.
2. Die großen Erdbeeren in dünne Scheiben schneiden und in einer Lage auf dem Blech ausbreiten. 1 Stunde im Ofen trocknen, dann abkühlen lassen (sie werden dabei erst knusprig).
3. Die gewürfelten frischen Erdbeeren in eine große Schüssel geben. Das Mark aus der Vanilleschote schaben und mit dem Joghurt dazugeben. Nach Belieben mit Honig süßen.
4. Zum Servieren auf kleine Schalen verteilen und mit getrockneten Erdbeeren bestreuen.

REICH AN Vitamin C • Phytoöstrogenen • Ballaststoffen

GUT FÜR Herz ①② • Verdauung ① • Immunsystem ① • Männer ① • Frauen ①③④

PEKANNUSS-KOKOS-GRANOLA

FÜR 500 G (10 PORTIONEN) • 200 KCAL PRO PORTION

Normalerweise rührt man ein Granola mit Honig und Öl in größeren Mengen an, was das Frühstück dadurch relativ ungesund macht. Für diese einfache Granola-Variante kommen nur wenig Honig und Kokosöl in geringer Menge zum Einsatz. Das Öl enthält einzigartige mittelkettige Fettsäuren, die direkt in die Leber wandern, wo sie aufgebrochen werden und als schneller Energiespeicher dienen. Das Granola schmeckt am besten mit reichlich frischen Beeren und einem großen Löffel Kokosjoghurt oder Sojajoghurt.

1 EL Kokosfett
400 g Haferflocken
150 ml Reismilch
1 EL flüssiger Honig
40 g Pekannüsse
1 Prise gemahlener Zimt
20 g Kokosflocken

1 Den Backofen auf 200 °C (180 °C Umluft) vorheizen. Ein Backblech mit Backpapier auslegen.
2 Das Kokosfett entweder in einem kleinen Topf oder in der Mikrowelle schmelzen. Haferflocken, Reismilch, Kokosfett und Honig in eine Schüssel geben und mit den Händen vermischen. Es sollen dabei kleine Klümpchen entstehen.
3 Die Mischung gleichmäßig auf dem Backpapier verteilen und 20 Minuten im Ofen backen.
4 Die Pekannüsse auf einem zweiten Blech verteilen und für die letzten 10 Minuten der Backzeit zum Rösten mit in den Backofen schieben.
5 Granola und Nüsse aus dem Ofen holen und abkühlen lassen. Anschließend alles mischen und Zimt und Kokosflocken hinzugeben. Das Granola hält sich in einem luftdicht verschlossenen Schraubglas 2 Wochen.

REICH AN Phosphor • Ballaststoffen

GUT FÜR Herz ① • Knochen ① • Verdauung ① • Immunsystem ①

GRANOLA MIT ANANAS & ERDBEEREN

FÜR 2 PERSONEN • 335 KCAL PRO PERSON

Ananas und Erdbeeren sind eine wunderbare Kombination: Beide sind saftig und ergänzen sich gegenseitig in ihrem Verhältnis von Säure und Süße. Besonders lecker ist die Kombination mit Granola und einem leicht säuerlichen Sojajoghurt. Ananas enthält das Enzym Bromelain, das Eiweiß aufspaltet und so die Verdauung unterstützt (vor allem nach einer eiweißreichen Mahlzeit).

100 g Erdbeeren, je nach Größe halbiert oder geviertelt
100 g Ananas, in Stücke geschnitten
100 g Pekannuss-Kokos-Granola (siehe links)
150 ml Sojajoghurt
25 g Kürbiskerne, geröstet
2 Zweige Minze, Blätter abgezupft

1 Erdbeeren, Ananas, Granola und einen Löffel Joghurt in zwei kleine Schalen schichten.
2 Vor dem Servieren mit gerösteten Kürbiskernen und Minzeblättern garnieren.

REICH AN Vitamin C • Magnesium • Phytoöstrogenen • Bromelain • Ballaststoffen

GUT FÜR Herz ①②③ • Knochen ① • Immunsystem ① • Psyche ② • Müdigkeit ⑤

VANILLE-MANDELMILCH

FÜR 4 PERSONEN • 155 KCAL PRO PORTION

Nussmilch selbst zu machen, klingt zunächst sehr aufwendig, ist aber verblüffend einfach. Man braucht im Prinzip nur hochwertige ungesalzene Nüsse, ein Passiertuch und etwas Muskelkraft. Für dieses Rezept werden Vitamin-E-reiche Mandeln verwendet. Vitamin E ist ein Antioxidant, das die Immunabwehr des Körpers stärkt (die hier beschriebene Mandelmilch liefert 50 Prozent der empfohlenen Tagesdosis in einer Portion). Für die natürliche Süße sorgt Vanille.

100 g blanchierte (geschälte) Mandeln
1 Prise Salz
½ Vanilleschote, längs aufgeschnitten

1. Die Mandeln über Nacht in Wasser einweichen.
2. Dann die Mandeln abgießen und mit 500 ml Wasser und dem Salz in einen Mixer geben. Das Mark aus der Vanilleschote kratzen und hinzugeben. 2 Minuten mixen, bis die Mandeln fein zerkleinert sind und die Flüssigkeit milchig ist.
3. Ein Passiertuch über eine große Schüssel legen und die Mandelflüssigkeit durchseihen. Die Ecken des Tuchs zusammennehmen und ineinander drehen, um alle Flüssigkeit herauszupressen.
4. Die Mandelmilch in eine Flasche füllen, verschließen und kalt stellen. Sie hält sich im Kühlschrank bis zu 3 Tage.

REICH AN Vitamin E • Beta-Sitosterin

GUT FÜR Herz ① • Männer ① • Frauen ③

MANGO-BECHER MIT GRANATAPFEL

FÜR 2 PERSONEN • 210 KCAL PRO PORTION

Als Kind habe ich gelernt, wie man einen Mango-Igel macht – seitdem liebe ich diese Frucht. Das orangefarbene Fruchtfleisch ist einzigartig in seinem Geschmack und seiner Textur: weich, cremig und wunderbar süß mit einem Hauch von Säure. Wie andere leuchtend orangefarbene Früchte und Gemüse enthält Mango viel Beta-Karotin und Vitamin C, die beide als Antioxidantien die Körperzellen vor Schäden durch freie Radikale schützen.

1 reife Mango
1 Granatapfel
2 Zweige Minze, Blätter abgezupft und fein gehackt
1 TL Kürbiskerne
Sojajoghurt zum Garnieren

1. Die Mango vorsichtig mit einem scharfen Messer bis zum langen, flachen Stein einschneiden. Die Mango halbieren, indem Sie beiderseits des Steins in das Fruchtfleisch schneiden. Das Fruchtfleisch rautenförmig bis dicht an die Schale einschneiden, um kleine Würfel zu erhalten, dann die Schale nach außen stülpen (sie erinnert nun an einen Igel). Das Fruchtfleisch von der Schale ablösen, ohne dabei die Schale zu beschädigen. Sie dient später als Serviergefäß. Die Mangowürfel in eine Schüssel geben.
2. Den Granatapfel halbieren und die Kerne auslösen (s. Edamame-Kern-Salat, S. 73). Mit Minze und Kürbiskernen in die Schüssel geben und alles vorsichtig vermischen.
3. Den Salat in die Mangoschalen füllen und jeweils mit einem Löffel Sojajoghurt garnieren.

REICH AN Vitamin C • Phytoöstrogenen • Beta-Karotin • Ballaststoffen

GUT FÜR Herz ①② • Verdauung ① • Immunsystem ① • Haut, Haare & Nägel ①③ • Männer ①② • Frauen ①③④

QUINOA-HAFERFLOCKEN-PORRIDGE MIT BROMBEER-KOMPOTT

FÜR 2 PERSONEN • 425 KCAL PRO PORTION

Dieses Rezept ist perfekt für jene Morgen geeignet, an denen man etwas mehr Zeit fürs Frühstück hat. Es passt vor allem im Winter, wenn man etwas Warmes und Sättigendes braucht. Kernige Haferflocken und Quinoa sorgen bei diesem Rezept für eine etwas gröbere Textur, es ist aber dank der Mandelmilch immer noch angenehm cremig. Zudem ist es sehr sättigend, weil die kohlenhydratarme Quinoa ihre Energie nur langsam freisetzt und so den Blutzuckerspiegel stabil hält. Das süß-saure Brombeerkompott rundet den Geschmack dieses Porridges ab.

50 g Quinoa
250 ml Mandelmilch (s. S. 32)
100 g kernige Haferflocken

FÜR DAS KOMPOTT
1 Birne | 100 g Brombeeren
1 TL flüssiger Honig
1 Prise frisch geriebene Muskatnuss

1. Die Quinoa in einem Topf mit der Mandelmilch und 100 ml Wasser bedecken. Alles bei mittlerer Hitze zum Kochen bringen, dann die Temperatur reduzieren und die Masse unter gelegentlichem Rühren 15 Minuten köcheln lassen.
2. Inzwischen für das Kompott die Birne schälen und entkernen, dann klein würfeln. Mit Brombeeren, Honig, Muskat und etwas Wasser in einen Topf geben. Alles bei mittlerer Hitze aufkochen, dann die Temperatur auf schwache Hitze reduzieren und alles 10 Minuten köcheln lassen. Anschließend vom Herd nehmen und leicht abkühlen lassen (ich mag das Kompott gerne stückig, aber Sie können es auch im Mixer pürieren und danach durch ein Sieb streichen).
3. Wenn die Quinoa weich ist, die Haferflocken mit in den Topf geben und 3 Minuten unter Rühren erhitzen. Nach Belieben noch etwas mehr Mandelmilch zugeben.
4. Das Porridge auf Schalen verteilen und das warme Kompott darübergeben.

REICH AN Folsäure • Magnesium • Ballaststoffen

GUT FÜR Herz ①③ • Knochen ① • Verdauung ① • Immunsystem ① • Psyche ② • Müdigkeit ⑤ • Frauen ①③

CHIA-SAMEN-PUDDING MIT BROMBEER-LIMETTEN-COULIS

FÜR 4 PERSONEN • 270 KCAL PRO PORTION

Ein fantastisches Frühstück, das man gut am Abend zuvor vorbereiten kann. Chia-Samen sind reich an Antioxidantien und Ballaststoffen (dieser Pudding liefert mehr als ein Drittel der empfohlenen Tagesdosis an Ballaststoffen). In Flüssigkeit eingelegt gelieren sie und erinnern in ihrer Textur stark an Tapioka. Das Brombeer-Coulis liefert bei diesem Rezept zudem eine frische Säure, die durch den Honig wieder ausgeglichen wird.

400 ml Mandelmilch (s. S. 32)
3 EL flüssiger Honig
100 g weiße Chia-Samen

FÜR DAS COULIS
abgeriebene Schale von ½ Biolimette
150 g Brombeeren
1 EL flüssiger Honig

ZUM GARNIEREN
Brombeeren
Minzeblätter

1 Für den Pudding Mandelmilch, Honig und Chia-Samen in eine Schüssel geben, mit Frischhaltefolie abdecken und über Nacht in den Kühlschrank stellen.
2 Alle Zutaten für das Coulis in den Mixer geben und glatt pürieren. Durch ein Sieb in eine kleine Schüssel streichen. Mit Frischhaltefolie abgedeckt kalt stellen.
3 Am Morgen den Pudding durchrühren, dann auf vier kleine Schalen oder Gläser verteilen. Das Coulis darübergeben und mit einigen Brombeeren und Minzeblättern garnieren.

REICH AN Vitamin B2 (Riboflavin) und E • Magnesium • Kalzium • Selen • Omega-3-Fettsäuren • Ballaststoffen

GUT FÜR Herz ①②③ • Knochen ①② • Verdauung ①②③ • Immunsystem ① • Psyche ① • Müdigkeit ②③⑤ • Männer ①② • Frauen ①③④

AVOCADO-SALAT MIT GERÖSTETEN NÜSSEN & KERNEN

FÜR 2 PERSONEN • 460 KCAL PRO PORTION

Ein Salat zum Frühstück mag zunächst seltsam klingen, aber wenn Sie diesen Salat erst einmal mit Toast probiert haben, werden Sie ihn lieben. Die cremige Avocado schmeckt mit den Nüssen, Samen und eiweißreichen Linsensprossen wunderbar frisch und macht zudem bis zum Mittagessen satt. Avocados enthalten große Mengen des pflanzlichen Beta-Sitosterins. Dieser Nährstoff soll dazu beitragen, den Cholesterinspiegel zu regulieren.

20 g Cashewkerne | 20 g Haselnüsse
1 TL Sonnenblumenkerne
1 TL helle Sesamsamen
1 TL schwarze Sesamsamen
2 reife Avocados
Saft von 1 Zitrone
4 Stängel Schnittlauch, fein gehackt
Salz und Pfeffer
50 g Linsensprossen

ZUM SERVIEREN

Korianderblätter, gehackt oder Mikro-Koriander
Limettenspalten

1. Den Ofen auf 200 °C (180 °C Umluft) vorheizen.
2. Nüsse und Samen auf einem Backblech ausbreiten und 8 Minuten im vorgeheizten Ofen goldgelb rösten. In einen Mörser geben und leicht zerstoßen. Dann beiseitestellen.
3. Die Avocados halbieren, die Kerne entfernen, das Fruchtfleisch auslösen und in eine große Schüssel geben. Zitronensaft, Schnittlauch und etwas Salz und Pfeffer hinzugeben und alles mit einer Gabel zerdrücken. Die Textur sollte cremig, aber auch noch leicht stückig sein. Die Linsensprossen hinzugeben und alles gut vermischen.
4. Die zerstoßenen Nüsse und Samen zur Avocadomischung geben. Mit Koriander bestreuen und mit Limettenspalten zum Beträufeln servieren.

REICH AN Vitamin B6 und E • Kalium • Magnesium • Phytoöstrogenen • Beta-Sitosterin • Ballaststoffen

GUT FÜR Herz ①②③ • Knochen ① • Verdauung ①② • Psyche ①② • Müdigkeit ③⑤ • Männer ① • Frauen ①③④

GEBACKENE EIER MIT SPINAT & TOMATEN

FÜR 2 PERSONEN • 265 KCAL PRO PORTION

Diese gebackenen Eier auf einem bunten Gemüsebett sind ein tolles Frühstück für zwei. Die Zutatenmenge lässt sich aber auch problemlos für mehr Personen erhöhen. Reichen Sie dazu eine große Kanne frischen Pfefferminztee und getoastetes Quinoa-Brot (s. S. 44). Neben anderen gesunden Nährstoffen liefern Eier auch Jod, das wichtig für die Schilddrüsenhormone ist, die den Stoffwechsel steuern. Gerade viele Frauen nehmen nicht genügend Jod zu sich.

1 TL Rapsöl
2 Schalotten, fein gewürfelt
1 Knoblauchzehe, fein gehackt
4 große Fleischtomaten, entkernt und in dünne Scheiben geschnitten
10 Kirschtomaten, halbiert
2 Handvoll Korianderblätter, fein gehackt
1 Prise Paprikapulver
2 Handvoll junge Spinatblätter
4 Eier | 1 TL Sonnenblumenkerne
Salz und Pfeffer

1. Den Ofen auf 200 °C (180 °C Umluft) vorheizen.
2. Das Öl in einer hitzebeständigen Bratpfanne erhitzen. Schalotten und Knoblauch hineingeben und 5 Minuten bei mittlerer Hitze andünsten, bis die Schalotten glasig werden.
3. Die Tomaten, die Hälfte des Korianders, das Paprikapulver und etwas Wasser hinzugeben. Unter gelegentlichem Rühren 10 Minuten kochen, bis die Mischung einreduziert ist und andickt.
4. Den Spinat hinzugeben und unter Rühren zusammenfallen lassen. Mit einem Löffel vier Mulden in die Spinatmischung drücken und jeweils ein Ei darin aufschlagen, ohne das Eigelb zu verletzen. Mit Sonnenblumenkernen bestreuen und mit Salz und Pfeffer würzen.
5. Alles in den vorgeheizten Ofen geben und dort 8 Minuten backen, bis die Eier gar sind (festes Eiweiß, weiches Eigelb oder ganz nach Belieben). Mit dem restlichen Koriander bestreuen und heiß servieren.

REICH AN B-Vitaminen • Vitamin C und D • Kalium • Eisen • Tryptophan • Lykopin

GUT FÜR Herz ②③ • Knochen ① • Immunsystem ① • Psyche ① • Müdigkeit ①③ • Männer ①

WACHSWEICHE EIER MIT AVOCADO-SALAT

FÜR 2 PERSONEN • 245 KCAL PRO PORTION

Dieses Rezept ist so etwas wie das Markenzeichen unserer Detox-Küche geworden – wenn wir das Catering für Frühstücksmeetings machen, gehört dieser Salat einfach dazu. Er ist das perfekte ausgewogene Frühstück: Das gekochte Ei ist sättigend und lecker, und die Kombination von Avocado und Zitrone ist sehr erfrischend. Avocados liefern viel fettlösliches Vitamin E, das als Antioxidant die Haut gesund erhält, indem es die Zellmembranen vor Schäden bewahrt.

2 große Eier, zimmerwarm
1 Avocado
1 Zitrone, halbiert
1 EL Kürbiskerne, geröstet
1 EL Korianderblätter, gehackt
½ gelbe Paprika, entkernt und klein gewürfelt
1 Frühlingszwiebel, in dünne Ringe geschnitten
Salz und Pfeffer

1. Einen Topf mit Wasser zum Kochen bringen, dann die Temperatur reduzieren. Die Eier mit einem Löffel so hineingleiten lassen, dass die Schale nicht beschädigt wird. 6 Minuten kochen, dann sind die Eier nicht mehr ganz weich, aber auch noch nicht komplett hart. Nach Belieben eine Minute länger oder kürzer kochen (wenn die Eier aus dem Kühlschrank kommen, brauchen sie etwas länger).
2. Inzwischen die Avocado schälen und den Kern entfernen. Das Fruchtfleisch in kleine Stücke schneiden und in eine Schüssel geben. Mit Zitronensaft beträufeln, dann Kürbiskerne, Koriander, Paprika und Frühlingszwiebel hinzugeben. Alles mit Salz und Pfeffer abschmecken und vorsichtig vermischen. Auf zwei kleine Schalen oder Teller verteilen.
3. Die fertig gekochten Eier schälen und auf den Avocado-Salat setzen. Öffnet man die Eier nun, läuft das Eigelb als cremiges Dressing über den Salat.

REICH AN Vitamin B6, B12, C und E • Beta-Sitosterin • Tryptophan

GUT FÜR Herz ① • Immunsystem ① • Psyche ① • Müdigkeit ③ • Männer ① • Frauen ③

POCHIERTE EIER AUF SÜSSKARTOFFEL-RÖSTI

FÜR 4 PERSONEN • 275 KCAL PRO PORTION

Ein leckeres Rezept für ein gemütliches Sonntags-Frühstück: perfekt pochierte Eier auf einem knusprigen, würzigen Rösti. Wenn man das Ei öffnet, mischt sich das cremige Eigelb mit dem orangenfarbenen Rösti und der frischen roten Tomate – ein Fest für die Augen! Eier gehören zudem zu den wenigen Lieferanten von Vitamin D, das wichtig für gesunde Knochen ist.

1 große oder 2 kleine Süßkartoffeln | Salz
2 Frühlingszwiebeln, in dünne Ringe geschnitten
1 EL Olivenöl
1 EL gluten- und weizenfreies Mehl
75 ml Reismilch
1 Handvoll Korianderblätter, fein gehackt
½ rote Chili, Samen und Trennhäute entfernt, fein gehackt
abgeriebene Schale von 1 Biozitrone
4 oder 8 sehr frische Eier

ZUM GARNIEREN
1 Fleischtomate, entkernt und fein gewürfelt
Salz und Pfeffer
1 Handvoll Korianderblätter, fein gehackt

1 Den Backofen auf 200 °C (180 °C Umluft) vorheizen. Ein großes Backblech mit Backpapier auslegen.
2 Die Süßkartoffel schälen, reiben und auf Küchenpapier abtropfen lassen. Mit 1 TL Salz bestreuen und 10 Minuten ziehen lassen.
3 Die geriebene Süßkartoffel in ein Sieb geben und das Salz abspülen, dann Kartoffel auf ein Geschirrtuch geben und überschüssiges Wasser auspressen. Danach in eine große Rührschüssel geben und Frühlingszwiebeln, Öl, Mehl, Reismilch, Koriander, Chili und Zitronenschale dazugeben. Alles mit den Händen vermischen.
4 Die Süßkartoffel-Mischung in vier Portionen aufteilen und mit einigem Abstand zueinander auf das Backblech setzen. Jede Portion zu einer 5 mm dicken Scheibe flach drücken – sie muss nicht perfekt glatt oder rund werden. 20 Minuten im vorgeheizten Backofen goldgelb backen.
5 Inzwischen die Eier pochieren. Hierfür zwei weite Töpfe mit Wasser (für jeweils vier Eier; alternativ nacheinander pochieren) zum Kochen bringen, dann die Temperatur so weit reduzieren, dass keine großen Blasen mehr aufsteigen.
6 Das Wasser sanft im Kreis rühren, dann die Eier aufschlagen und hineinfallen lassen. Die Temperatur auf mittlere Hitze erhöhen, sodass das Wasser leicht siedet. Die Eier 1 ½ Minuten für ein flüssiges Eigelb, etwas länger für ein festeres pochieren. Dann die pochierten Eier mit einem Schaumlöffel aus dem Wasser heben und kurz auf Küchenpapier abtropfen lassen.
7 Die Süßkartoffel-Rösti aus dem Ofen nehmen und auf Teller legen. Die pochierten Eier darauf anrichten. Zum Garnieren die Tomatenwürfel salzen und pfeffern, mit Koriander vermischen und über die Eier geben. Sofort servieren.

REICH AN Vitamin B12 und D • Folsäure • Selen • Tryptophan • Beta-Karotin

GUT FÜR Knochen ① • Immunsystem ① • Haut, Haare & Nägel ① • Psyche ① • Müdigkeit ③ • Männer ①

MINI-FRITTATAS

FÜR 12 FRITTATAS (FÜR 4 PERSONEN) • 300 KCAL PRO PORTION

Diese Frittatas haben eine leckere Füllung aus Zucchini und Paprika, die sich leicht abwandeln lässt, indem man einfach anderes Gemüse verwendet. Sie machen sich gut für ein besonderes Frühstück und sind beim Picknick eine leichtere Alternative zur Quiche. Eine Portion liefert ein Drittel des Tagesbedarfs an Selen, das für die Funktion der Schilddrüse wichtig ist. Viele Menschen nehmen keine ausreichenden Mengen dieses wichtigen Minerals zu sich.

1 große Zwiebel
2 Knoblauchzehen
2 rote Paprika, entkernt
1 Zucchini
1 Maiskolben, ohne Blätter und Stroh
1 Zweig Thymian, Blätter abgezupft
Salz und Pfeffer
9 Eier
100 ml Reismilch
Schnittlauch, geschnitten oder Mikro-Rucola zum Garnieren

1 Den Backofen auf 200 °C (180 °C Umluft) vorheizen. Ein Muffinblech mit 12 Mulden leicht einölen.
2 Zwiebel, Knoblauch, Paprika und Zucchini fein würfeln und in eine große Schüssel geben.
3 Die Maiskörner vom Kolben schneiden. Am einfachsten geht das, indem man den Kolben an einem Ende hält, ihn schräg auf ein Schneidebrett stellt und mit einem Messer rundum am Kolben entlangfährt, um die Körner abzutrennen. Den Kolben wegwerfen und die Körner in die Schüssel geben.
4 Die Thymianblätter zum Gemüse geben und alles mit Salz und Pfeffer würzen. Die Mischung auf die Mulden des Muffinblechs verteilen. 12 Minuten im vorgeheizten Ofen backen.
5 Inzwischen die Eier in eine große Schüssel oder einen Messbecher aufschlagen. Reismilch und 1 Prise Salz hinzugeben und gut verquirlen.
6 Das Blech aus dem Ofen nehmen und auf eine hitzebeständige Unterlage stellen. Die Eimischung über das Gemüse gießen, sodass die Mulden drei Viertel hoch gefüllt sind. Dann alles weitere 6 Minuten backen, bis das Ei stockt.
7 Die fertigen Mini-Frittatas aus dem Ofen nehmen und aus den Mulden lösen. Auf einen großen Teller setzen, mit geschnittenem Schnittlauch oder Mikro-Rucola garnieren und servieren.

REICH AN B-Vitaminen • Vitamin C und D • Kalium • Selen • Beta-Karotin

GUT FÜR Herz ② • Knochen ① • Immunsystem ① • Haut, Haare & Nägel ① • Psyche ① • Müdigkeit ② • Männer ① • Frauen ①③④

HIMBEER-PFANNKUCHEN

FÜR 8 KLEINE PFANNKUCHEN (FÜR 4 PERSONEN) • 115 KCAL PRO PORTION

Eine farbenfrohere Variante der normalen Pfannkuchen, die fast zu hübsch zum Essen ist. Sie können die Hafermilch auch durch Reis- oder Mandelmilch ersetzen. Zudem können Sie Brombeeren statt der Himbeeren nehmen und so eine violette Version kreieren. Kokosfett ist nicht nur bei diesem Rezept eine gute Alternative zu Butter oder Margarine. Es enthält Laurinsäure, eine Fettsäure, die dabei hilft, Keime wie Viren und Bakterien im Körper zu bekämpfen.

150 g Himbeeren
50 ml Hafermilch
1 Prise gemahlener Zimt
2 Eier, getrennt
50 g gluten- und weizenfreies Mehl
½ TL Backpulver
1 TL Kokosfett
1 EL Kokosflocken, geröstet

1. 100 g Himbeeren mit Hafermilch, Zimt und Eigelb in den Mixer geben und cremig rühren. In eine Schüssel geben.
2. Das Eiweiß in einem Messbecher steif schlagen, dann vorsichtig unter die Himbeercreme ziehen.
3. Mehl und Backpulver in eine zweite Schüssel sieben. Die Himbeermischung dazugeben und vorsichtig unterheben.
4. Das Kokosfett in einer Pfanne mit Antihaftbeschichtung schmelzen. Für jeden Pfannkuchen eine kleine Kelle Teig in die Pfanne geben. Darauf achten, dass die Pfannkuchen Platz zum Aufgehen haben. 2 Minuten von jeder Seite backen.
5. Mit den gerösteten Kokosflocken bestreuen und warm mit den übrigen Himbeeren servieren.

REICH AN Vitamin B12

GUT FÜR Psyche ①

BANANEN-MUFFINS

FÜR 12 MUFFINS • 340 KCAL PRO PORTION

Diese Muffins sind wegen des hohen Gehalts an Bananen etwas dichter als normale Muffins. Wer sie jedoch einmal probiert hat, will sie immer wieder essen, weil sie genau die richtige Süße haben und die Haferkruste so wunderbar knusprig ist. Bananen enthalten viel Kalium, das wichtig für die Regulierung des Blutdrucks ist. Jeder Muffin liefert immerhin 20 Prozent der empfohlenen Tagesdosis an Kalium.

- 150 g gluten- und weizenfreies Mehl
- 110 g gemahlene Mandeln
- 2 EL Pfeilwurzelmehl
- 1 TL Salz
- 2 TL Backpulver
- 2 TL gemahlener Zimt
- 4 reife Bananen, in Stücke geschnitten
- 8 Eier
- 300 g flüssiger Honig
- 3 EL Rapsöl
- 3 EL Kürbiskerne
- 1 Handvoll Haferflocken

1. Den Backofen auf 200 °C (180 °C Umluft) vorheizen. Auf ein Muffinblech mit 12 Mulden Papierförmchen verteilen.
2. Mehl, Mandeln, Pfeilwurzelmehl, Salz, Backpulver und Zimt in eine große Schüssel sieben und vermischen. Dann beiseitestellen.
3. Bananen, Eier, Honig und Öl in einen Mixer geben und 1–2 Minuten glatt pürieren.
4. Die Kürbiskerne in einer kleinen Auflaufform ausbreiten und 5 Minuten im vorgeheizten Ofen rösten. Aus der Form holen und die Ofentemperatur auf 170 °C (150 °C Umluft) reduzieren.
5. Die Kürbiskerne in die Schüssel zu den Trockenzutaten geben, dann nach und nach das Bananenpüree hinzugeben und mit einem Holzlöffel unterrühren.
6. Den Teig auf die Papierförmchen verteilen, bis jedes Förmchen ca. zur Hälfte gefüllt ist. Mit Haferflocken bestreuen.
7. Die Muffins 35 Minuten backen. Dann auf ein Kuchengitter setzen und vollständig auskühlen lassen. Sie halten sich luftdicht verpackt 3 Tage.

REICH AN B-Vitaminen • Vitamin C, D und E

GUT FÜR Psyche ① • Männer ① • Frauen ③

HEIDELBEER-APFEL-MUFFINS

FÜR 12 MUFFINS • 260 KCAL PRO PORTION

Die Heidelbeeren und Apfelstückchen geben diesen süßen Muffins eine schöne Textur. Sie sind perfekt für ein schnelles Frühstück auf die Hand. Es war nicht ganz einfach, ein Rezept zu kreieren, das weder Weizen noch raffinierten Zucker oder Laktose enthält, bei dem die Muffins aber trotzdem leicht und fluffig sind. Die Lösung waren gemahlene Mandeln. Mandeln sind mit die besten Lieferanten für Vitamin E: 25 g Mandeln (12 Stück) enthalten bereits die Hälfte der empfohlenen Tagesdosis und sind damit ein ausgesprochen nahrhafter Snack. In unserer Detox-Küche backen wir oft eine große Menge dieser Muffins, bevor wir ein Meeting haben, damit die Teilnehmer bereits von dem köstlich süßen Backduft begrüßt werden.

- 4 Eier
- 50 ml Kokosfett
- 2 EL flüssiger Honig
- 1 großer Tafelapfel, entkernt und in 1 cm große Würfel geschnitten
- 300 g gemahlene Mandeln
- 2 TL Backpulver
- 250 g Heidelbeeren

1. Den Backofen auf 180 °C (160 °C Umluft) vorheizen. Auf ein Muffinblech mit 12 Mulden Papierförmchen verteilen.
2. Eier, Fett, Honig und Apfel in den Mixer geben und 1 Minute mischen. Die gemahlenen Mandeln und das Backpulver hinzugeben und mixen, bis alles vermischt ist, aber noch kleine Apfelstückchen übrig bleiben.
3. Die Förmchen bis ca. 1 cm unter den Rand mit Teig füllen. 7 Heidelbeeren auf jeden Muffin geben und mit einem Zahnstocher oder einem Löffelrücken in den Teig drücken.
4. Die Muffins 30–35 Minuten backen, bis sie aufgegangen und goldbraun sind. Vor dem Servieren abkühlen lassen.

REICH AN Vitamin E • Beta-Sitosterin

GUT FÜR Herz ① • Männer ① • Frauen ③

QUINOA-BROT

FÜR 1 KLEINEN LAIB (FÜR 12 SCHEIBEN) • 190 KCAL PRO SCHEIBE

Wir lieben Quinoa, deshalb haben wir ein weizenfreies Brot mit diesem fantastischen Getreide (das alle essenziellen Fettsäuren liefert) kreiert. Überraschenderweise war gleich der erste Versuch ein Erfolg. Sie werden staunen, wie einfach das Rezept ist und wie lecker das Brot schmeckt. Es eignet sich hervorragend zum Toasten und passt gut zu frischer Avocado als eiweißreiches Frühstück für Vegetarier und Veganer.

REICH AN Folsäure • Omega-3-Fettsäuren

GUT FÜR Herz ①② • Knochen ② • Verdauung ③④ • Haut, Haare & Nägel①③ • Psyche ① • Müdigkeit ② • Männer ② • Frauen ①③④

30 g Chia-Samen
350 g Quinoa
70 ml Olivenöl
½ TL Speisenatron
1 Prise Meersalzflocken
Saft von ½ Zitrone
1 Handvoll Sonnenblumenkerne
30 g Schwarzkümmelsamen

1. Die Chia-Samen mit 100 ml Wasser in eine Schüssel geben, verrühren und 30 Minuten quellen lassen.
2. Den Backofen auf 200 °C (180 °C Umluft) vorheizen. Eine kleine Kastenform (12,5 × 13,5 × 6 cm) mit Backpapier auskleiden.
3. Die Quinoa in einen Topf geben. Mit dem dreifachen Volumen an kaltem Wasser bedecken. Aufkochen und 3 Minuten köcheln lassen – die Quinoa wird so nur teilweise gegart. In ein Sieb abgießen und unter fließend kaltem Wasser abschrecken, bis sie vollständig abgekühlt ist. Einige Minuten abtropfen lassen. Zu nasse Quinoa würde das Brot schwer verdaulich machen.
4. Die gequollenen Chia-Samen und Quinoa in die Küchenmaschine geben und verrühren. 150 ml Wasser und Olivenöl, Natron, Salz und Zitronensaft hinzugeben. 5 Minuten weiterrühren – die Konsistenz sollte dann ähnlich einem Muffinteig und noch recht nass sein.
5. Den Teig in die Kastenform füllen und mit Sonnenblumenkernen und Schwarzkümmel bestreuen. Das Brot 1 Stunde im vorgeheizten Ofen backen, bis es fest und goldgelb ist.
6. Das Brot aus dem Ofen nehmen und 15 Minuten in der Form abkühlen lassen, dann auf ein Kuchengitter setzen und vollständig auskühlen lassen. Das Brot in Frischhaltefolie eingeschlagen im Kühlschrank aufbewahren.

BOHNEN AUF TOAST

FÜR 2 PERSONEN •
220 KCAL PRO PORTION (OHNE TOAST)

In Großbritannien wachsen die meisten Kinder mit „Beans on Toast" auf und erinnern sich gerne an dieses Gericht. Leider steckt in gebackenen Bohnen aus der Dose viel versteckter Zucker. Diese Variante des Klassikers ist gesünder und, wie wir finden, viel leckerer. Für die Würze nutzen wir unter anderem getrockneten Oregano. Getrocknete Kräuter liefern Eisen in konzentrierter Form und eignen sich dadurch hervorragend dazu, uns mit diesem wichtigen Nährstoff zu versorgen (ein Mangel daran kann u.a. zu Müdigkeit und Erschöpfung führen).

300 g große Rispentomaten, grob gehackt
1 Schalotte, grob gehackt
1 Knoblauchzehe
1 TL gemahlener Ingwer
1 TL getrockneter Oregano
1 TL flüssiger Honig
400 g Cannellini-Bohnen oder weiße Bohnen, abgespült und abgetropft (aus der Dose)
Quinoa-Brotscheiben (s. S. 44), getoastet, zum Servieren

1 Tomaten, Schalotte, Knoblauch, Ingwer und Oregano in den Mixer geben und glatt pürieren.
2 Die Mischung in einen Topf umfüllen, Honig und 4 EL Wasser dazugeben. Bei mittlerer Hitze aufkochen lassen. Dann die Temperatur reduzieren und alles unter gelegentlichem Rühren 30 Minuten köcheln lassen. Setzt die Mischung am Topfboden an, noch etwas Wasser angießen.
3 Die Bohnen dazugeben, alles gut vermischen und einige Minuten köcheln lassen. Auf warmem Quinoa-Toast servieren.

REICH AN Vitamin B6 • Folsäure • Kalium • Eisen • Lykopin • Ballaststoffen

GUT FÜR Herz ② • Verdauung ① • Psyche ① • Müdigkeit ① • Männer ① • Frauen ①

SÄFTE & SMOOTHIES

In den letzten Jahren scheint kaum ein Tag ins Land gegangen zu sein, an dem nicht ein Foto von einem Promi mit einem grünen Smoothie in der Hand durchs Internet geisterte. Frisch gepresste Obst- und Gemüsesäfte sind derzeit angesagt, und Köche in aller Welt investieren in Hightech-Entsafter. Auch die Presse folgte dem Boom mit Unmengen an Informationen darüber, ob und wie gesund Säfte und Smoothies sind. Die Frage ist also: Sind sie wirklich gut für uns?

Beim Entsaften von Obst und Gemüse trennt man die Faserstoffe vom Saft. Dabei gehen zwar einige Inhaltsstoffe verloren, es bleiben aber auch jede Menge Nährstoffe und Antioxidantien erhalten. Die Pflanzenfasern – die Ballaststoffe – helfen, den Blutzucker zu regulieren, wenn wir Obst oder Gemüse zu uns nehmen. Daher sollte man frischen Saft möglichst zum Frühstück oder zu einer anderen Mahlzeit dazu trinken. Obwohl Säfte einen hohen Nährstoffgehalt haben, enthalten sie nicht alle notwendigen Nährstoffe und sind daher kein vollständiger Ersatz für eine Mahlzeit.

Säfte und Smoothies sind aber eine wunderbare Ergänzung für unsere Ernährung. Ein schneller, gesunder Smoothie oder Saft kann uns an einem hektischen Tag den nötigen Energieschub geben. Sie sollten aber eher als zusätzlicher Nährstofflieferant, also als gesunde Nahrungsergänzung, gesehen werden. Zudem enthalten sie genauso viel Zucker und Kalorien wie andere Erfrischungsgetränke, weshalb man sich auf ein Glas pro Tag beschränken sollte.

Trinken Sie einen Saft immer frisch gepresst, um in den Genuss aller Nährstoffe zu kommen. Je länger der Saft steht, desto weniger Nährstoffe enthält er da wasserlösliche Vitamine schnell ausgelaugt werden (das gilt auch für gekaufte frisch gepresste Säfte).

Wir fügen unseren Säften und Smoothies gerne noch ein paar Haferflocken hinzu, um sie sättigender zu machen. Aber auch mit einem Löffel Weizengraspulver (aus den jungen Sprossen der Weizenpflanze gewonnen) oder Spirulina (Pulver aus Blaualgen) wird aus ihnen ein sättigender Snack, und Sie erhalten weitere Nährstoffe wie bestimmte B-Vitamine, Eisen, Magnesium und Kupfer. Vegetarier können für eine zusätzliche Portion Omega-3-Fettsäuren auch Chia-Samen oder zerstoßene Leinsamen unterrühren.

Am Ende der meisten Rezepte haben wir die wichtigsten Nährstoffe aufgelistet, die in einer Portion enthalten sind, sowie erläutert, bei welchen gesundheitlichen Problemen es sich empfiehlt, das jeweilige Rezept regelmäßig in den Speiseplan aufzunehmen.
Weitere Informationen finden Sie auf S. 9.

HIMBEER-HEIDELBEER-KOKOS-SMOOTHIE

FÜR 2 PERSONEN • 110 KCAL PRO PORTION

Dieser Smoothie ist eine wunderbar cremige Leckerei. Kokoswasser und Joghurt geben ihm eine seidige Textur und die Beeren eine angenehme Säure. Heidelbeeren enthalten wie alle violetten/blauen Früchte Anthocyane – eine Gruppe von Flavonoiden, die sowohl antioxidative als auch entzündungshemmende Wirkung haben. Im Tiefkühlschrank wird aus dem Smoothie schnell ein Frozen Yoghurt – perfekt für den Sommer.

- 100 g Himbeeren
- 100 g Heidelbeeren
- 350 ml Kokoswasser
- 2 EL Sojajoghurt
- 1 TL flüssiger Honig
- 2 Eiswürfel

1. Alle Zutaten in den Mixer geben und glatt pürieren.
2. Den fertigen Smoothie auf Gläser verteilen und servieren.

REICH AN Vitamin C • Kalium

GUT FÜR Herz ② • Immunsystem ①

FRISCHE INGWERLIMONADE

FÜR 2 PERSONEN • 15 KCAL PRO PORTION

Gekühlt serviert ist diese Limonade ein köstliches Sommergetränk für den Grillabend. Sie ist eine tolle Alternative zu gekauften Limonaden und erfrischt sofort.

1 TL frisch geriebener Ingwer
Saft von 2 Zitronen
1 TL flüssiger Honig
Eiswürfel zum Servieren
essbare Blüten zum Garnieren (nach Belieben)

1 Den geriebenen Ingwer in einen Krug geben und Zitronensaft und Honig dazugeben. Langsam 400 ml Wasser darübergießen und alles gut verrühren. Bis zum Servieren im Kühlschrank kalt stellen.
2 Die Limonade durch ein Sieb auf mit Eiswürfel gefüllte Gläser verteilen und nach Belieben mit essbaren Blüten garnieren.

CHIA-SAMEN-KOKOS-ANANAS-SMOOTHIE

FÜR 2 PERSONEN • 120 KCAL PRO PORTION

Dieser Smoothie entführt Sie auf eine tropische Insel. Die Chia-Samen verleihen ihm zudem knusprigen Biss. Ist der Mittelstrunk der Ananas weich genug, kann er ruhig mitverwendet werden, da er das Enzym Bromelain enthält, das dem Körper bei der Aufspaltung von Proteinen und damit bei der Verdauung hilft.

- 2 Birnen
- 1 reife Ananas, geschält, Strunk entfernt (falls nötig) und gewürfelt
- 300 ml Kokoswasser
- 1 TL Chia-Samen
- 1 EL Sojajoghurt

1. Die Birnen waschen und entsaften.
2. Die Ananas in einen Mixer geben und 5 Minuten pürieren. Kokoswasser, Birnensaft, Chia-Samen und Sojajoghurt hinzugeben und noch einmal 1–2 Minuten glatt rühren. Sofort servieren.

REICH AN Vitamin C • Kalium • Bromelain

GUT FÜR Herz ② • Verdauung ④ • Immunsystem ① • Männer ②

INGWER-ZITRONENGRAS-NELKEN-TEE

FÜR 2 PERSONEN • 20 KCAL PRO PORTION

Als ich schwanger war, habe ich völlig auf koffeinhaltigen Tee verzichtet. Ich litt fürchterlich an morgendlicher Übelkeit, und deshalb war dieser Tee einfach himmlisch. Ingwer ist dafür bekannt, leichte Übelkeit zu lindern. Dieser Tee ist zudem ein wunderbares Erfrischungsgetränk – auch wenn man nicht schwanger ist.

- 1 daumengroßes Stück Ingwer
- 1 Stange Zitronengras, grob gehackt
- abgeriebene Schale und Saft von 1 Biozitrone
- 1 EL flüssiger Honig
- 1 Gewürznelke

1. Ingwer, Zitronengras, Zitronensaft und -schale in den Mixer geben und glatt pürieren.
2. Die Mischung in einen mittelgroßen Topf geben, Honig und Gewürznelke hineingeben und 400 ml Wasser unterrühren. Alles aufkochen und 5 Minuten köcheln lassen.
3. Den Tee durch ein Sieb in hitzebeständige Gläser abgießen und heiß servieren.

KAKAOMILCH

FÜR 2 PERSONEN • 270 KCAL PRO PORTION

Hochwertiges Kakaopulver ist eine gute Quelle für den pflanzlichen Nährstoff Theobromin, der eine leicht anregende Wirkung hat. Deshalb ist dieses Getränk der beliebteste Muntermacher unserer Detox-Köche. Der Drink ist so köstlich schokoladig, dass er fast schon eine Sünde ist. Am besten schmeckt er kalt.

70 g entsteinte Datteln
400 ml Vanille-Mandelmilch (s. S. 32)
1 EL Kakaopulver
1 Prise gemahlener Zimt

1 Die Datteln in eine Schüssel geben, mit kochendem Wasser bedecken und 10 Minuten quellen lassen.
2 Das Wasser abgießen und die Datteln mit 300 ml Mandelmilch, Kakaopulver und Zimt in den Mixer geben und mindestens 5 Minuten glatt pürieren.
3 Die restliche Mandelmilch angießen und alles1 weitere Minute mixen, dann servieren.

REICH AN Vitamin E • Magnesium • Kalium • Theobromin • Phenylethylamin

GUT FÜR Herz ②③ • Knochen ① • Psyche ①② • Müdigkeit ③⑤ • Frauen ①③

ERDBEER-MANGO-LASSI

FÜR 2 PERSONEN • 140 KCAL PRO PORTION

Normalerweise verwendet man für dieses indische Getränk Kuhmilch-Joghurt. Der von uns verwendete Sojajoghurt sorgt für eine ähnliche Konsistenz. Wenn Sie dafür nur sehr reife Früchte verwenden, erhält der Lassi einen wunderbar süßen Geschmack. Dank der Erdbeeren ist er zudem reich an Vitamin C. Studien lassen außerdem darauf schließen, dass Erdbeeren auch eine entzündungshemmende Wirkung haben. Kalt serviert ist der Lassi perfekt für heiße Sommertage.

1 reife Mango, geschält und entsteint
100 g reife Erdbeeren, geputzt und halbiert
2 EL Sojajoghurt
Saft von ½ Limette
250 ml Reismilch
2 Eiswürfel

1. Alle Zutaten in einen Mixer geben und glatt pürieren.
2. Den Lassi auf Eis kalt servieren (sind keine Eiswürfel vorhanden, den Lassi vor dem Servieren im Kühlschrank kalt stellen).

REICH AN Vitamin C • Beta-Karotin • Phytoöstrogenen

GUT FÜR Herz ①② • Knochen ② • Haut, Haare & Nägel ①③ • Männer ①② • Frauen ①③④

AVOCADO-APFEL-KIWI-SPINAT-SMOOTHIE

FÜR 2 PERSONEN • 200 KCAL PRO PORTION

Die Avocado in diesem Frühstücksgetränk sorgt nicht nur für eine gute Portion gesunder Fettsäuren, sondern liefert auch wichtige Nährstoffe wie Beta-Karotin (das unser Körper zu Vitamin A umbaut) und Vitamin E. Genau wie eine Banane sorgt die Avocado außerdem für eine cremige Konsistenz des Smoothies, bietet aber einen erdigen, weniger süßen Geschmack. Der Smoothie wird mit einer Avocado sogar noch cremiger.

4 Tafeläpfel
6 Stangen Sellerie
2 Kiwi
1 Avocado, geschält und entkernt
2 Handvoll Spinatblätter
2 Eiswürfel
etwas Zitronensaft

1. Äpfel und Sellerie waschen, die Kiwis schälen und alles in den Entsafter geben.
2. Den Saft in den Mixer umfüllen und Avocado-Fruchtfleisch, Spinat, Eiswürfel und Zitronensaft hinzugeben. 1–2 Minuten glatt pürieren, dann sofort servieren.

REICH AN Vitamin C und E • Kalium • Beta-Karotin • Beta-Sitosterin

GUT FÜR Herz ①② • Immunsystem ① • Männer ①② • Frauen ③

WARMER APFEL-SMOOTHIE

FÜR 2 PERSONEN • 110 KCAL PRO PORTION

In unserer Detox-Küche trinken wir gerne täglich frischen Saft – auch im Winter. An kalten Tagen wünscht man sich aber meist etwas Warmes. Dieser warme Smoothie – einer unserer liebsten – ist ein köstliches Wohlfühlgetränk. Er ist mit Zimt gewürzt, der bei der Regulierung des Blutzuckerspiegels behilflich sein kann – super für alle, die darauf achten müssen.

4 Tafeläpfel
2 Stangen Sellerie
1 Prise frisch geriebene Muskatnuss
1 Zimtstange
1 Sternanis

1. Äpfel und Sellerie waschen und in den Entsafter geben.
2. Den Saft in einen mittelgroßen Topf gießen und Muskat, Zimt und Sternanis dazugeben. Alles aufkochen und noch 5 Minuten köcheln lassen.
3. Den Smoothie durch ein Sieb in Tee- oder andere hitzebeständige Gläser abgießen und heiß servieren.

GUT FÜR Herz ② • Immunsystem ①

MÖHREN-ROTE-BETE-APFEL-SELLERIE-SMOOTHIE

FÜR 2 PERSONEN • 105 KCAL PRO PORTION

Der kräftig erdige Geschmack aus drei verschiedenen Gemüsesorten und einer Frucht wird bei diesem Smoothie gepaart mit einer leichten Süße. Der Limettensaft zum Schluss bringt den säuerlichen Kick. Der in diesem Smoothie enthaltene Rote-Bete-Saft ist zudem reich an Nitraten, die die Blutgefäße weiten und so den Blutdruck senken können.

- 1 rohe Rote Bete
- 3 Möhren
- 4 Tafeläpfel
- 5 Stangen Sellerie
- 2 Eiswürfel
- etwas Limettensaft

1. Rote Bete, Möhren, Äpfel und Sellerie waschen und in den Entsafter geben.
2. Den Saft in den Mixer gießen. Eiswürfel und Limettensaft hineingeben und mixen, bis das Eis geschmolzen ist. Sofort servieren.

REICH AN Vitamin C • Folsäure • Kalium • Nitraten

GUT FÜR Herz ② • Immunsystem ① • Männer ②

GURKEN-BIRNEN-MINZE-WEIZENGRAS-SAFT

FÜR 2 PERSONEN • 115 KCAL PRO PORTION

Dieser frische Gurkensaft mit nährstoffreichem Weizengraspulver vermischt ist ein wunderbarer Muntermacher für den Tag. Minze verleiht dem Drink zusätzlich einen frischen Geschmack. Der Grünkohl wird bei diesem Rezept zu Püree zerkleinert und nicht entsaftet, da auf diese Weise mehr Nährstoffe erhalten bleiben. Er sorgt außerdem für die cremige Konsistenz und die kräftig grüne Farbe des Getränks.

- 2 Gurken
- 4 Birnen
- 200 g Grünkohl
- 1 TL Weizengraspulver
- 1 Handvoll Minzeblätter
- 2 Eiswürfel
- etwas Zitronensaft

1. Gurken und Birnen waschen und in den Entsafter geben.
2. Den Saft in den Mixer geben und mit Grünkohl, Weizengraspulver, Minze, Eiswürfel und Zitronensaft glatt pürieren. Sofort servieren.

REICH AN B-Vitaminen • Vitamin C • Kalium • Kalzium • Magnesium • Eisen

GUT FÜR Herz ② • Knochen ① • Immunsystem ① • Psyche ①② • Müdigkeit ①③⑤ • Männer ② • Frauen ①③

SNACKS & DIPS

Ungesunde Snacks tragen zu Übergewicht bei. Wir sind aber fest davon überzeugt, dass gesunde Snacks sinnvoll sind, denn an hektischen Tagen entwickelt man auch zwischen den Mahlzeiten Hunger. In den Detox-Plänen am Ende des Buchs – und auch bei unserem Lieferservice – sieht der Ernährungsplan für einen Tag immer folgende Reihenfolge an Mahlzeiten vor: Frühstück, Snack, Mittagessen, Snack, Abendessen.

Es ist also eine gute Idee, einfache Snacks wie Nüsse oder getrocknete Beeren immer zur Hand zu haben – ein paar Handvoll retten einen bis zur nächsten Mahlzeit und verhindern das Verlangen nach süßen Nahrungsmitteln. Außerdem halten sie den Blutzuckerspiegel konstant.

In diesem Kapitel finden Sie daher Rezepte für verschiedenste Snacks, die schnell Ihren Hunger stillen. Viele unserer Hauptgerichte sind bewusst sehr leicht – ein nahrhafter Dip zwischendurch oder als Vorspeise kann also genau das sein, was Sie benötigen, um sich richtig satt zu fühlen.

Am Ende der meisten Rezepte haben wir die wichtigsten Nährstoffe aufgelistet, die in einer Portion enthalten sind, sowie erläutert, bei welchen gesundheitlichen Problemen es sich empfiehlt, das jeweilige Rezept regelmäßig in den Speiseplan aufzunehmen.
Weitere Informationen finden Sie auf S. 9.

GUACAMOLE

FÜR 4–6 PERSONEN • 140–200 KCAL PRO PORTION

Dieser klassische mexikanische Dip ist einfach und schnell zubereitet. Damit er seine kräftige Farbe und seinen Geschmack behält, sollte er immer frisch zubereitet werden. Guacamole ist eine der beliebtesten Zubereitungsarten für Avocado. Sie enthält Ölsäure, die LDL-Cholesterin (das ungesunde Cholesterin) senken kann. Dazu passen Körner-Kräcker (s. S. 77).

4 reife Avocados
Saft von 1 Limette
3 reife Strauchtomaten, entkernt und fein gewürfelt
½ rote Zwiebel, fein gehackt
1 Handvoll Korianderblätter, fein gehackt
½ rote Chili, Samen und Trennhäute entfernt, fein gehackt
Salz und Pfeffer

1 Zwei Avocados entkernen, das Fruchtfleisch mit einem Löffel auslösen und mit der Hälfte des Limettensafts im Mixer glatt pürieren.

2 Das Fruchtfleisch der restlichen Avocados auslösen und mit den restlichen Zutaten in eine Rührschüssel geben. Das Avocadopüree hinzugeben und alles mit einer Gabel vermischen, sodass kleine Avocadostücke übrig bleiben. Mit Salz und Pfeffer abschmecken.

REICH AN Vitamin B6 und E • Kalium • Lykopin • Beta-Sitosterin

GUT FÜR Herz ①② • Psyche ① • Männer ① • Frauen ①③

AVOCADO-BOHNEN-STAMPF AUF REISWAFFELN

FÜR 2 PERSONEN • 335 KCAL PRO PORTION

Vollkornreiswaffeln sind bei diesem Rezept die knusprige Unterlage für den leuchtend grünen, frisch schmeckenden Avocado-Bohnen-Stampf. Verdoppelt man die Portion, wird aus dem leckeren Snack schnell ein Frühstück oder Mittagessen. Bohnen und Hülsenfrüchte sind zudem eine wertvolle Proteinquelle für Vegetarier und Veganer.

2 reife Avocados
1 TL Zitronensaft
1 Handvoll Spinatblätter
50 g dicke Bohnen, Kerne ausgelöst, aber ungeschält und gekocht
½ Gurke, gewürfelt
1 TL Limettensaft
1 Prise Chiliflocken
1 EL Korianderblätter, gehackt und einige Blätter zum Garnieren
4 Minzeblätter, gehackt und einige Blätter zum Garnieren
Salz und Pfeffer

ZUM SERVIEREN

4 Vollkornreiswaffeln
Limettenspalten

1. Die Avocados schälen und den Kern entfernen. Das Fruchtfleisch einer Avocado mit Zitronensaft, Spinat und dicken Bohnen in den Mixer geben und grob pürieren.
2. Die restliche Avocado würfeln und mit Gurke, Limettensaft, Chili, Koriander und Minze in eine Schüssel geben. Mit der Avocadopaste gut verrühren und mit Salz und Pfeffer abschmecken.
3. Die Reiswaffeln mit dem Avocado-Bohnen-Stampf bestreichen, mit Kräuterblättern garnieren und mit einer Limettenspalte zum Beträufeln servieren.

REICH AN Vitamin B6, C und E • Folsäure • Kalium • Beta-Sitosterin • Ballaststoffen

GUT FÜR Herz ①② • Verdauung ① • Immunsystem ① • Psyche ① • Männer ①② • Frauen ①③

TOMATEN-CASHEW-CREME

FÜR 6 PERSONEN • 155 KCAL PRO PORTION

Sonnengetrocknete Tomaten haben einen intensiven süßen, leicht rauchigen Geschmack. Schon ein paar reichen aus, um dieser Creme eine kräftige Note zu geben. Alle Tomaten sind gute Quellen für Kalium, das nach intensivem Sport Krämpfe verhindern kann. Daher ist dieser cremige Dip mit einigen Haferkräckern ideal als kleiner Snack nach dem Training.

- 2 reife Strauchtomaten
- 100 g sonnengetrocknete Tomaten
- 150 g Cashewkerne
- Saft von ½ Zitrone
- 1 EL Rapsöl
- 1 Prise Meersalzflocken
- 1 Prise Pfeffer

1. Die Tomaten auf der Unterseite kreuzweise einschneiden, in einen Topf mit kochendem Wasser geben und 20–30 Sekunden blanchieren. Mit dem Schaumlöffel herausheben und in Eiswasser abschrecken. Die Haut abziehen, die Tomaten halbieren und die Kerne entfernen.
2. Die gehäuteten Tomaten mit den restlichen Zutaten in den Mixer geben und zu einer glatten Creme pürieren.

REICH AN Kalium • Lykopin

GUT FÜR Herz ①② • Männer ①

BROKKOLISTRUNK-CASHEW-AUFSTRICH

FÜR 6 PERSONEN • 165 KCAL PRO PORTION

Dieses Rezept bietet die tolle Möglichkeit, die Strünke des Brokkoli zu verwenden, die sonst nach Abschneiden der Röschen in den Abfall wandern. Der Aufstrich kann als Dip oder Alternative zu Nussbutter dienen und schmeckt großartig auf Reiswaffeln.

4 Brokkolistrünke
Saft von 1 Zitrone
150 g Cashewkerne
1 EL Rapsöl
1 Prise Meersalzflocken
1 Prise weißer Pfeffer

1 Wasser in einem mittelgroßen Topf zum Kochen bringen und die Brokkolistrünke 15 Minuten gar kochen. Abseihen und unter kaltem Wasser abspülen, bis sie abgekühlt sind.
2 Die gekochten Strünke mit den restlichen Zutaten im Mixer 5 Minuten glatt pürieren.

REICH AN Vitamin C • Chrom

GUT FÜR Immunsystem ① • Frauen ④

CASHEW-BUTTER

FÜR 4 PERSONEN • 135 KCAL PRO PORTION

Die nährstoffreiche, nussige Creme ist eine tolle Alternative zu normaler Butter. Man kann sie aufs Brot streichen, in Smoothies einrühren oder auch Currys damit würzen und zusätzlich andicken. Dank der Cashewkerne liefert eine Portion der Butter 20 Prozent des Tagesbedarfs an Magnesium. Um die cremige Konsistenz zu erreichen, müssen die Nüsse vorher eingeweicht werden.

200 g Cashewkerne
2 EL Rapsöl
1 Prise Meersalzflocken

1 Die Nüsse 20 Minuten in warmem Wasser einweichen.
2 Die Nüsse abtropfen und in den Mixer geben. Öl und Salz hinzugeben und alles 5 Minuten glatt pürieren.
3 In einen luftdicht verschließbaren Behälter füllen, dann hält sich die Nussbutter im Kühlschrank bis zu 2 Wochen.

ROTE-BETE-HUMMUS

FÜR 4–6 PERSONEN • 80–120 KCAL PRO PORTION

Diese ungewöhnliche Alternative zum klassischen Hummus hat eine tolle rote Farbe, schmeckt wunderbar erdig und süß und sieht einfach verführerisch aus. Seine cremige Konsistenz macht es zum perfekten Dip zu Gemüsesticks.

4 große rohe Rote Bete
400 g Kichererbsen (aus der Dose)
abgeriebene Schale von 1 Bio-Orange
Saft von 1 Limette
1 Prise gemahlener Kreuzkümmel
1 TL Rapsöl
1 Prise Meersalzflocken
1 Prise weißer Pfeffer
einige Orangenzesten oder Korianderblätter zum Garnieren, gehackt (nach Belieben)
Limettenspalten zum Servieren

1. Den Ofen auf 200 °C (180 °C Umluft) vorheizen.
2. Ein Stück Alufolie, das doppelt so groß ist wie das Backblech, auslegen. Die Rote Bete in der Mitte daraufsetzen. Dann die Folienecken zu einem Päckchen zusammenfalten und auf das Backblech setzen. Das Rote-Bete-Päckchen 40 Minuten im vorgeheizten Backofen rösten.
3. Das Päckchen aus dem Ofen nehmen. Sobald sie kühl genug zum Anfassen sind, die Rote Bete schälen und das Fruchtfleisch in den Mixer geben und pürieren.
4. Die Kichererbsen abgießen, unter kaltem Wasser abspülen und auf Küchenpapier abtropfen lassen. Kichererbsen mit Orangenschale, Limettensaft, Kreuzkümmel, Öl, Meersalz und Pfeffer ebenfalls in den Mixer geben und alles glatt pürieren.
5. Das fertige Hummus in eine Schüssel geben und nach Belieben mit Orangenzesten oder Korianderblättern garnieren. Mit Limettenspalten zum Beträufeln servieren.

REICH AN Folsäure • Phytoöstrogenen • Nitraten • Ballaststoffen

GUT FÜR Herz ①② • Verdauung ① • Frauen ①③④

RADIESCHEN & BLUMENKOHL MIT HUMMUS

FÜR 4 PERSONEN • 215 KCAL PRO PORTION

Radieschen und Blumenkohl sind wohl das dekorativste Rohkostgemüse, haben einen leicht pfeffrigen Geschmack und eine herrlich knackige Konsistenz. Sie sind köstlich zu Hummus, das sich so einfach zubereiten lässt, dass man nie wieder fertiges kauft, wenn man es einmal frisch gegessen hat. Dieser einfache Snack liefert eine gute Portion unserer „Fünf am Tag".

1 Blumenkohl
20 Radieschen
Salz und frisch gemahlener Pfeffer

FÜR DAS HUMMUS

400 g Kichererbsen (aus der Dose), abgespült und abgetropft
2 EL Rapsöl
1 TL Tahin
Saft von 1 Zitrone
1 Prise Salz
1 Prise Paprikapulver zum Garnieren

1. Die Zutaten für das Hummus in den Mixer geben und 2–3 Minuten glatt pürieren. Das Mus in eine kleine Schüssel füllen. Kurz vor dem Servieren mit etwas Paprikapulver bestreuen.
2. Den Blumenkohl in einzelnen Röschen teilen. Um mundgerechte Stücke zu erhalten, größere Röschen in der Mitte durchschneiden. Die Röschen in ein Sieb geben und gründlich waschen.
3. Die Radieschen putzen: Das dünne Wurzelende und die Blätter abschneiden – sie können aber auch belassen werden, da sie hübsch aussehen und gut schmecken. Die Radieschen gründlich waschen und ca. 1 Minute in kaltes Wasser geben, damit sie prall werden.
4. Die Radieschen in das Sieb mit dem Blumenkohl geben, nochmals gründlich abspülen und trocken schütteln. Das Gemüse mit Salz und Pfeffer würzen und in eine Schüssel geben. Mit dem Hummus servieren.

REICH AN Vitamin B6 und C • Kalium • Phytoöstrogenen • Ballaststoffen

GUT FÜR Herz ①② • Verdauung ① • Immunsystem ① • Psyche ① • Männer ① • Frauen ①③④

SPROSSENBROKKOLI & TAHIN

FÜR 2 PERSONEN • 240 KCAL PRO PORTION

Sprossenbrokkoli hat einen etwas süßeren Geschmack als der normale Brokkoli. Seine Strünke erinnern eher an Spargel. Sie lassen sich wunderbar in die Tahin-Avocado-Mischung dippen und sind eine tolle Alternative zu den üblichen Gemüsesticks. Tahin ist eine gute Ergänzung für jede vegane Ernährung, da sie reich an Eisen und Kalzium ist, die beim Verzicht auf Fleisch und Milchprodukte schnell fehlen können.

Salz
200 g Sprossenbrokkoli
1 TL Rapsöl
1 EL Sesamsamen
1 EL Tahin
½ Avocado, geschält, entkernt und gewürfelt
Saft von 1 Zitrone
1 Prise gemahlener Kreuzkümmel

1. Wasser in einem Topf zum Kochen bringen und 1 Prise Salz hineingeben. Den Sprossenbrokkoli 30 Sekunden darin blanchieren, in ein Sieb abgießen und unter kaltem Wasser abschrecken.
2. Den Sprossenbrokkoli auf einem Servierteller anrichten, mit Rapsöl beträufeln und mit Sesamsamen bestreuen.
3. Die restlichen Zutaten in den Mixer geben und glatt pürieren. In eine Schüssel füllen und zum Sprossenbrokkoli servieren.

REICH AN Vitamin B6, C und E • Kalium • Eisen • Kalzium • Chrom • Beta-Sitosterin• Ballaststoffen

GUT FÜR Herz ①②③ • Verdauung ① • Immunsystem ① • Psyche ① • Müdigkeit ① • Männer ① • Frauen ①④

TAPENADE

FÜR 2 PERSONEN • 200 KCAL PRO PORTION

Dieser klassische mediterrane Dip wird aus Oliven und Kapern hergestellt. Tapenade gibt es in einer feinen und einer gröberen Variante. Wir bereiten sie lieber relativ grob zu und streichen sie auf Quinoa-Brot (s. S. 44) oder Körner-Kräcker (s. S. 77).

4 EL schwarze Oliven, entsteint
1 EL Kapern
abgeriebene Schale und Saft von 1 Biozitrone
1 Zweig Minze, Blätter abgezupft
1 Handvoll Korianderblätter
1 Handvoll glatte Petersilie
1 Knoblauchzehe
1 EL Olivenöl
1 Prise Meersalzflocken

1. Alle Zutaten in den Mixer geben und 20–30 Sekunden zerkleinern. Dabei entsteht eine relativ grobe Paste – wer Tapenade feiner mag, püriert bis zur gewünschten Konsistenz weiter.
2. Die fertige Tapenade in eine Schüssel füllen.

REICH AN Beta-Sitosterin

GUT FÜR Herz ① • Männer ①

PAPRIKA-LIMABOHNEN-PÜREE

FÜR 4–6 PERSONEN • 65–100 KCAL PRO PORTION

Durch Rösten erhalten die roten Paprika ein intensives, rauchiges Aroma, das wunderbar zu den cremigen Limabohnen passt. Der Dip lässt sich sehr schnell zubereiten, wenn Freunde kommen, oder auch mal verdoppeln, falls es mehr werden. Dazu passt Rohkostgemüse wie Blumenkohlröschen oder Staudensellerie.

2 rote Paprika
400 g Limabohnen (aus der Dose), abgespült, auf Küchenpapier abgetropft
1 Prise Paprikapulver
1 Prise Chiliflocken
1 Prise Meersalzflocken
Saft von ½ Zitrone
1 TL Rapsöl

1 Bei Gasherden: Eine Flamme auf mittlere Stufe einstellen und eine Paprika direkt über die Flamme legen (oder mit einer langen Metallgabel über die Flamme halten). Sobald eine Seite gegrillt ist, die Paprika mit einer langen Grillzange wenden. So lange fortfahren, bis die Paprika rundum gegrillt ist. Alternativ: Die Paprika auf ein Backblech legen und unter dem Backofengrill unter mehrfachem Wenden rundum grillen.
2 Die gegrillten Paprika in eine Glasschüssel geben, mit Frischhaltefolie abdecken und 10 Minuten „schwitzen" lassen. Danach sollte sich die geschwärzte Schale leicht entfernen lassen.
3 Die geschälten Paprika halbieren und Samen und Stiele entfernen. Das Fruchtfleisch mit den restlichen Zutaten in den Mixer geben und glatt pürieren. Das Püree in eine Schüssel füllen.

REICH AN Vitamin C • Beta-Karotin • Ballaststoffen

GUT FÜR Herz ① • Verdauung ① • Haut, Haare & Nägel ①③ • Männer ②

LIMABOHNEN-SPINAT-PÜREE MIT GEMÜSESTICKS

FÜR 2 PERSONEN • 240 KCAL PRO PORTION

Dieses Rezept ist sehr lecker. Die faserreichen Limabohnen ergeben ein nussig schmeckendes, cremiges Püree, dem der Spinat ein schönes zartes Grün verleiht, das neben bunten Gemüsesticks einfach verführerisch aussieht. Das Püree kann aber auch als Ersatz für Kartoffelpüree dienen.

FÜR DAS PÜREE

2 Handvoll Spinatblätter
400 g Limabohnen (aus der Dose), abgetropft und abgespült
abgeriebene Schale und Saft von ½ Biozitrone
4 Stängel Schnittlauch, grob gehackt
1 TL Rapsöl

FÜR DIE GEMÜSESTICKS

1 Möhre, in Stifte geschnitten oder 1 Handvoll junge Baby-Möhren, längs halbiert
2 Stangen Sellerie, in Stifte geschnitten
1 rote Paprika, Samen und Trennhäute entfernt, in Stifte geschnitten
1 kleine Gurke, in Stifte geschnitten

1 Alle Zutaten für das Püree in den Mixer geben und grob pürieren. Wer eine cremigere Konsistenz bevorzugt, püriert etwas länger.
2 Das Püree in eine Schüssel geben und mit den Gemüsesticks servieren.

REICH AN Vitamin B6 und C • Folsäure • Kalium • Beta-Karotin • Ballaststoffen

GUT FÜR Herz ② • Verdauung ① • Immunsystem ① • Haut, Haare & Nägel ①③ • Psyche ① • Frauen ①

DICKE-BOHNEN-MINZE-DIP

FÜR 4–6 PERSONEN • 60–90 KCAL PRO PORTION

Diesen leuchtend grünen Dip bereitet man am besten im Frühjahr zu, wenn dicke Bohnen Saison haben. Dicke Bohnen sind eine gute Quelle für Präbiotika (unverdauliche Ballaststoffe), die den Verdauungstrakt gesund halten. Die in diesem Dip roh verwendeten Bohnen ergänzen sich wunderbar mit der Minze. Besonders erfrischend schmeckt er zu Gurkensticks.

300 g junge dicke Bohnen, Kerne ausgelöst
1 Handvoll Minzeblätter
1 Frühlingszwiebel
2 Handvoll junge Spinatblätter
2 EL Rapsöl
Saft von 1 Zitrone

1 Alle Zutaten in den Mixer geben und ca. 30 Sekunden grob pürieren.
2 Den Dip in eine Servierschüssel füllen.

REICH AN Vitamin C • Folsäure • Präbiotika • Ballaststoffen

GUT FÜR Herz ① • Verdauung ①② • Immunsystem ①

GURKEN-MINZE-JOGHURT-DIP

FÜR 4–6 PERSONEN • 25–35 KCAL PRO PORTION

Dieser Klassiker der indischen Küche ist auch unter dem Namen Gurken-Raita bekannt. Er wird traditionell zu scharfen Currys gereicht, um die Schärfe abzumildern, schmeckt aber auch köstlich als Snack zu Gurkensticks. Zudem ist er sehr einfach zuzubereiten.

1 große Gurke
Salz
2 Zweige Minze, Blätter abgezupft und fein gehackt
½ Zwiebel, fein gehackt
4 EL Sojajoghurt
1 Prise Paprikapulver

1 Die Gurke schälen, längs halbieren und die Kerne mit einem Teelöffel herauskratzen. Die Gurkenhälften auf Küchenpapier legen und mit Salz bestreuen. 10 Minuten abtropfen lassen.
2 Die Gurke mit Küchenpapier trocken tupfen und in kleine Würfel schneiden. Die Würfel in eine Schüssel geben.
3 Minze, Zwiebel und Joghurt zu den Gurkenwürfeln geben und alles gut vermischen. In eine Servierschüssel füllen und mit Paprikapulver bestreuen.

REICH AN Phytoöstrogenen

GUT FÜR Herz ①② • Knochen ① • Männer ① • Frauen ①③④

APRIKOSEN-INGWER-KONFITÜRE

FÜR CA. 230 G • 20 KCAL PRO 45 G (CA. 1 GEHÄUFTER EL)

Dieses Rezept ist von meinen Reisen nach Indien inspiriert – die Konfitüre scheint sowohl in Rajasthan als auch in Goa und Kerala sehr beliebt zu sein. Die Aprikosen geben ihr Süße und der Ingwer Schärfe, was morgens die Geschmacksknospen wunderbar aufweckt. Ingwer wirkt gerinnungshemmend, ist also gut für das Herz.

5 Kardamomkapseln
2 Gewürznelken
1 Zimtstange
10 Aprikosen
1 daumengroßes Stück Ingwer, geschält und gerieben

1. Kardamom, Nelken und Zimt in einen Topf mit 600 ml Wasser geben. Alles aufkochen lassen und 20 Minuten köcheln lassen.
2. Inzwischen die Aprikosen halbieren und die Steine entfernen. Die Aprikosen in grobe Stücke schneiden.
3. Das Gewürzwasser durch ein Sieb abgießen und mit Aprikosen und Ingwer in einen zweiten Topf geben. Zum Kochen bringen und unter gelegentlichem Rühren ca. 40 Minuten köcheln lassen. Die Konfitüre ist fertig, wenn sie auf dem Rücken eines Teelöffels liegen bleibt.
4. Vom Herd nehmen und die Konfitüre abkühlen lassen. In einem sterilen Glas luftdicht verschlossen im Kühlschrank aufbewahren.

EDAMAME-KERN-SALAT

FÜR 2 PERSONEN • 230 KCAL PRO PORTION

Edamame-Bohnen sind reich an Proteinen und arm an Fett. Wenn man immer eine Portion im Tiefkühlfach hat, kann man sich auch bei Zeitmangel mit diesem leckeren Snack schnell eine Stärkung zubereiten. Dieser Salat ist nicht nur köstlich nussig und frisch, sondern macht auch erstaunlich gut satt. Er ist zudem ein toller Snack nach dem Sport.

- 10 g Sesamsamen
- 20 g Sonnenblumenkerne
- 20 g Kürbiskerne
- 1 Granatapfel
- 100 g Edamame-Bohnen, Tiefkühlware auftauen
- 1 Stange Sellerie, in dünne Scheiben geschnitten
- 1 TL Korianderblätter, gehackt und ein paar Blätter extra
- Saft von 1 Limette und Limettenspalten zum Servieren
- Salz und Pfeffer

1 Den Backofen auf 180 °C (160 °C Umluft) vorheizen.

2 Samen und Körner auf einem Backblech auslegen und 8 Minuten im vorgeheizten Ofen rösten.

3 Inzwischen den Granatapfel halbieren und mit den Schnittflächen nach unten auf Küchenpapier legen. Mit einem Holzlöffel sanft auf die Schale klopfen, bis alle Kerne herausgefallen sind. Die herausgefallenen Kerne von den weißen Innenhäuten befreien – diesen Aufwand sind die roten Perlen wert!

4 Granatapfelkerne, Edamame-Bohnen, Sellerie, Koriander (gehackte und ganze Blätter) in einer Schüssel mit dem Limettensaft vermischen. Die gerösteten Samen und Kerne dazugeben, mit Salz und Pfeffer würzen und nochmals mischen. Sofort mit Limettenspalten zum Beträufeln servieren.

REICH AN Vitamin E • Folsäure • Magnesium • Beta-Sitosterin • Phytoöstrogenen • Ballaststoffen

GUT FÜR Herz ①②③ • Knochen ① • Verdauung ① • Psyche ② • Müdigkeit ③⑤ • Männer ①② • Frauen ①③④

WACHTELEIER-SELLERIE-SALAT MIT KIRSCHTOMATEN

FÜR 2 PERSONEN • 285 KCAL PRO PORTION

Es ist ein Ammenmärchen, dass der Verzehr von Eiern den Cholesterinspiegel erhöht. Es gibt also keine Höchstmenge an Eiern, die man pro Woche verzehren darf. Wer nach einem herzhaften, nahrhaften Snack für zwischendurch sucht, kann sich ruhig ein paar Wachteleier gönnen. Sie sind zwar klein, aber sehr sättigend, und mit Selleriesalz schmecken sie einfach köstlich.

- 12 Wachteleier
- 1 Prise Selleriesalz
- 100 g Kirschtomaten
- 1 Prise frisch gemahlener Pfeffer

1 Wasser in einem mittelgroßen Topf zum Kochen bringen, die Temperatur reduzieren und die Wachteleier hineingeben. Bei mittlerer Hitze 5 Minuten kochen.

2 Abgießen und die Eier unter kaltem Wasser abschrecken, dann vorsichtig schälen.

3 Die Wachteleier mit Selleriesalz bestreuen und dann mit Tomaten und Pfeffer mischen.

REICH AN Vitamin B6 (Riboflavin) • Eisen • Lykopin • Tryptophan

GUT FÜR Psyche ① • Müdigkeit ①③ • Männer ①

KÜRBIS- & ROTE-BETE-CHIPS

FÜR 400 G (FÜR 8 PERSONEN) • 45 KCAL PRO PORTION

Diese leuchtend bunten Gemüsechips sind eine leckere und kalorienarme Alternative zu Kartoffelchips. Um wirklich knusprig zu sein, benötigen sie einige Zeit zum Trocknen – wenn man sie kürzer bei einer höheren Temperatur röstet, werden sie leicht matschig –, aber die Wartezeit lohnt sich, glauben Sie mir!

- 2 rohe Rote Bete
- 1 Butternusskürbis
- 1 EL Meersalzflocken
- 1 TL Olivenöl
- 1 Prise Paprikapulver
- 1 Prise Chilipulver

1. Den Backofen auf 70 °C (50 °C Umluft) vorheizen.
2. Rote Bete und Kürbis schälen und mit einem Julienne-Schneider in möglichst lange und breite, hauchdünne Scheiben schneiden (Kerngehäuse und Fasern des Kürbis vorher entfernen). Die Scheiben auf ein Backblech geben, mit Salz bestreuen und mit Olivenöl beträufeln. Dann mit Paprika- und Chilipulver bestäuben.
3. 1 Stunde 10 Minuten im Ofen trocknen, bis das Gemüse knusprig ist – gegen Ende der Trockenzeit mehrfach kontrollieren, damit die Gemüsechips nicht verbrennen. Vor dem Servieren abkühlen lassen. In einem luftdicht schließenden Behälter aufbewahren.

GRÜNKOHLCHIPS MIT CASHEWKERNEN & PAPRIKA

FÜR 200 G (FÜR 8 PERSONEN) • 50 KCAL PRO PORTION

Wir sind immer auf der Suche nach neuen und spannenden Möglichkeiten, Grünkohl zuzubereiten. Diese Chips entstanden, als wir ein wenig sündigen und trotzdem gesund snacken wollten. Dafür muss der Kohl eher dehydriert als geröstet werden, was ein wenig Geduld erfordert. Die knusprigen Chips belohnen einen aber dafür.

- 30 g Cashewkerne
- 1 TL Rapsöl
- 500 g Grünkohl
- 1 TL Paprikapulver
- 1 Prise Meersalzflocken

1. Den Backofen auf 70 °C (50 °C Umluft) vorheizen. Die Cashewkerne 20 Minuten in Wasser quellen lassen.
2. Die Cashews abgießen, mit Rapsöl und 50 ml Wasser in den Mixer geben und 5 Minuten glatt pürieren. Falls nötig, etwas mehr Wasser zugeben – die Mischung sollte die Konsistenz von flüssiger Sahne bekommen.
3. Die Kohlblätter vom Strunk ablösen und in mundgerechte Stücke zupfen. In eine große Schüssel geben und mit der Cashewmischung übergießen. Gründlich mit den Händen vermischen, bis die Blätter rundum damit überzogen sind.
4. Die Kohlblätter auf einem Backblech ausbreiten und mit Paprikapulver und Salz bestreuen. 1 Stunde im vorgeheizten Backofen trocknen, bis sie knusprig sind, dann abkühlen lassen. Die Chips halten sich in einem luftdicht verschließbaren Behälter bis zu 2 Tage.

REICH AN Vitamin C • Folsäure

GUT FÜR Immunsystem ① • Männer ②

GEWÜRZNÜSSE

FÜR 2 PERSONEN • 260 KCAL PRO PORTION

Obwohl sie Kalorienbomben sind, sind Nüsse ein gesunder Snack, da sie einfach ungesättigte Fettsäuren enthalten, die den Cholesterinspiegel senken, was gut für das Herz ist. Die Gewürze geben den Nüssen erst den richtigen Kick, und der Honig sorgt für eine willkommene Süße. Für dieses Rezept eignen sich alle Nüsse. Nehmen Sie einfach, was Sie im Vorratsschrank haben.

- 50 g Mandeln
- 50 g Cashewkerne
- 50 g geschälte Pistazien
- 50 g Paranüsse, halbiert
- 1 TL Paprikapulver
- 1 TL Chilipulver
- 1 Prise gemahlener Zimt
- 1 Prise gemahlener Kreuzkümmel
- 1 Prise Kurkuma
- 1 TL flüssiger Honig

1. Den Backofen auf 180 °C (160 °C Umluft) vorheizen. Ein Backblech mit Backpapier auslegen.
2. Die Nüsse in eine Rührschüssel geben, Gewürze und Honig hinzufügen und gut vermischen.
3. Die Nüsse auf dem Backblech verteilen und 8 Minuten im vorgeheizten Ofen rösten. Anschließend vollständig auskühlen lassen. In einem luftdicht verschließbaren Behälter halten sich die Nüsse mehrere Wochen.

REICH AN Vitamin E • Selen • Magnesium • Beta-Sitosterin • Phytoöstrogenen

GUT FÜR Herz ①②③ • Knochen ① • Immunsystem ① • Müdigkeit ③⑤ • Männer ① • Frauen ①③④

GERÖSTETE CURRY-KICHERERBSEN

FÜR 250 G (FÜR 2 PERSONEN) • 210 KCAL PRO PORTION

Dieses Rezept ist unser Lieblingssnack: würzig, knusprig, gesund und einfach köstlich. Er ist schnell und einfach vorzubereiten und muss dann nur im Ofen knusprig werden. Die Kichererbsen geben auch jedem Salat eine tolle Schärfe. Außerdem sind sie eine gute Eisenquelle für Veganer, die darauf achten müssen, dieses Mineral in ausreichender Menge zu sich zu nehmen.

- ½ TL gemahlener Kreuzkümmel
- ½ TL gemahlener Koriander
- ½ TL Paprikapulver
- ½ TL Garam Masala
- 1 Prise Meersalzflocken
- 1 EL Rapsöl
- 250 g Kichererbsen (aus der Dose; Abtropfgewicht), abgespült

1. Den Backofen auf 180 °C (160 °C Umluft) vorheizen.
2. Kreuzkümmel, Koriander, Paprikapulver, Garam Masala, Salz und Öl in einer kleinen Schüssel zu einer Paste verrühren.
3. Die Kichererbsen mit Küchenpapier trocken tupfen. In die Schüssel geben und mit der Würzpaste überziehen. Dann auf einem Backblech ausbreiten.
4. 1 Stunde im vorgeheizten Backofen knusprig rösten. Dann vollständig auskühlen lassen. Innerhalb von 2–3 Tagen verzehren.

REICH AN Eisen • Phytoöstrogenen • Ballaststoffen

GUT FÜR Verdauung ① • Müdigkeit ① • Frauen ①③④

KÖRNER-KRÄCKER

FÜR 20 STÜCK • 60 KCAL PRO STÜCK

Diese Kräcker stecken voller Nussaromen, und die Zwiebelsamen geben zusätzlich eine wunderbar herzhafte Note. Sie schmecken hervorragend mit Hummus (s. S. 66). Kürbiskerne, Leinsamen und Sonnenblumenkerne enthalten alle pflanzliche Stoffe, die bei diversen weiblichen Beschwerden Linderung bringen können.

50 g Kürbiskerne
20 g Leinsamen
30 g Sonnenblumenkerne
40 g Vollkornreismehl
1 EL Olivenöl
1 EL flüssiger Honig
10 g weiße Sesamsamen
30 g schwarze Sesamsamen
10 g Zwiebelsamen

1. Den Backofen auf 180 °C (160 °C Umluft) vorheizen. Ein quadratisches Backblech (20 × 20 cm) mit Backpapier auslegen.
2. Kürbiskerne und Leinsamen in den Mixer geben und zu Pulver zermahlen. In eine Schüssel geben und mit Sonnenblumenkernen, Reismehl, Olivenöl, Honig und 150 ml Wasser vermischen. Die Mischung sollte noch flüssig genug zum Gießen sein.
3. Die Mischung auf das Backblech gießen und mit einem Holzlöffel verteilen, dann Sesam- und Zwiebelsamen darüberstreuen.
4. 40 Minuten im vorgeheizten Backofen backen. Dann in 20 kleine Quadrate schneiden und auskühlen lassen. Die Kräcker halten sich in luftdicht verschließbaren Behältern bis zu 2 Wochen.

REICH AN Beta-Sitosterin • Phytoöstrogenen

GUT FÜR Herz ① • Männer ① • Frauen ①③④

PISTAZIEN-HAFER-RIEGEL

FÜR 12 RIEGEL • 280 KCAL PRO STÜCK

Unsere kalorienarme Version des Müsliriegels entstand durch einen glücklichen Zufall, als wir versuchten, Pistazienkrokant mit Honig herzustellen. Der Krokant wurde nicht fest, also gaben wir Haferflocken, Leinsamen, Flohsamenschalen und getrocknete Aprikosen dazu. Dabei entstand dieser leckere, knusprige Riegel, der reichlich Ballaststoffe bietet.

300 g flüssiger Honig
200 g zarte Haferflocken
200 g geschälte Pistazien, grob gehackt
2 EL Rapsöl
1 EL Leinsamen
1 TL Flohsamenschalen (ersatzweise etwas mehr Leinsamen)
100 g getrocknete Aprikosen, grob gehackt

1. Den Backofen auf 190 °C (170 °C Umluft) vorheizen. Ein quadratisches Backblech (20 × 20 cm) mit Backpapier auslegen.
2. Alle Zutaten in eine große Rührschüssel geben und gut vermischen.
3. Die Mischung auf das Backblech geben und mit einem Holzlöffel verteilen. Mit Backpapier abdecken und ein zweites Backblech gleicher Größe daraufsetzen. Leicht andrücken, sodass die Mischung sich gleichmäßig verteilt (nicht zu viel Druck ausüben, da die Mischung sonst herausquillt). Das obere Backblech und das oben liegende Backpapier entfernen.
4. 20 Minuten im vorgeheizten Backofen goldgelb backen.
5. Aus dem Ofen nehmen und abkühlen lassen, dann in 12 Riegel schneiden. In einem luftdicht verschließbaren Behälter halten sie sich bis zu 10 Tage.

REICH AN Phytoöstrogenen • Ballaststoffen

GUT FÜR Herz ① • Verdauung ① • Immunsystem ① • Frauen ①③④

CASHEW-GOJI-RIEGEL

FÜR 9 RIEGEL • 275 KCAL PRO STÜCK

Es gibt nichts Tolleres als gesundes Fastfood. Diese Quadrate sind gesunde Energiebomben, die einen über Stunden mit Energie versorgen. Sie sind nicht zu süß und haben genau das richtige Verhältnis zwischen knusprig und weich mit Biss. Die Goji-Beeren sind reich an den Antioxidantien Lutein und Zeaxanthin, die dem altersbedingten Nachlassen der Sehkraft entgegenwirken können. Eine Handvoll der Beeren in heißem Wasser ergibt einen tollen Tee.

300 g zarte Haferflocken
30 g Mandelblättchen
80 g Cashewkerne
200 g flüssiger Honig
1 TL gemahlener Zimt
1 Prise Salz
2 Reiswaffeln, in 2,5 cm große Stücke gebrochen
1 Handvoll getrocknete Goji-Beeren

1. Den Backofen auf 200 °C (180 °C Umluft) vorheizen. Ein quadratisches Backblech (20 × 20 cm) mit Backpapier auslegen.
2. Haferflocken und Nüsse auf einem zweiten Backblech ausbreiten und im vorgeheizten Backofen 10 Minuten zart goldbraun rösten. Herausnehmen und abkühlen lassen. Den Ofen weiterheizen.
3. Honig, Zimt, Salz und 2 EL Wasser in einer großen Rührschüssel verrühren. Haferflocken, Nüsse, Reiswaffelstücke und Goji-Beeren hinzugeben und alles gut mischen.
4. Die Mischung auf das mit Backpapier ausgelegte Backblech geben und leicht andrücken (nicht zu viel Druck ausüben, da die Riegel sonst zu fest werden). Im vorgeheizten Backofen ca. 25 Minuten goldbraun backen. Abkühlen lassen, dann in 9 Quadrate schneiden. In einem luftdicht verschließbaren Behälter halten sie sich bis zu 2 Wochen.

REICH AN Magnesium • Ballaststoffen

GUT FÜR Herz ①②③ • Knochen ① • Verdauung ① • Immunsystem ① • Psyche ② • Müdigkeit ⑤ • Frauen ①③

SESAM-KEKSE

FÜR 12 KEKSE • 100 KCAL PRO STÜCK

Diese süßen und herzhaften Kekse werden auch die ganz Wählerischen überzeugen, obwohl sie wesentlich weniger Zucker enthalten als handelsübliche Kekse. Tahin – eine Paste aus zermahlenen Sesamsamen – verleiht ihnen ihren erdigen Geschmack und kräftiges Aroma, während der Honig für feine Süße sorgt.

200 g gluten- und weizenfreies Mehl
1 Prise Salz
¼ TL Backpulver
2 EL flüssiger Honig
2 EL Tahin
1 EL Kokosöl
2 EL Sesamsamen

1. Den Backofen auf 180 °C (160 °C Umluft) vorheizen. Ein Backblech mit Backpapier auslegen.
2. Mehl, Salz und Backpulver in eine große Rührschüssel sieben. In einer zweiten Schüssel Honig, Tahin und Öl miteinander verrühren. Die Mischung zu den Trockenzutaten geben und mit einem Holzlöffel gut vermischen.
3. Die Masse zu kleinen Kugeln von ca. 2,5 cm Durchmesser formen. Die Kugeln in Sesamsamen wälzen, bis sie rundum überzogen sind. Mit Abstand auf das Backblech setzen und etwas andrücken, bis sie ca. 1 cm dick sind.
4. 8 Minuten im vorgeheizten Ofen goldbraun backen. Aus dem Ofen nehmen und 1–2 Minuten auf dem Blech abkühlen lassen, dann auf ein Kuchengitter geben und vollständig auskühlen lassen. In einem luftdicht verschließbaren Behälter halten sie sich bis zu 10 Tage.

KANDIERTE WALNÜSSE

FÜR 3 PERSONEN • 380 KCAL PRO PORTION

Die süßen Walnüsse sind nicht nur ein leckerer Snack, sondern schmecken auch toll in Salaten oder Desserts, denen sie Biss und eine feine Süße geben. Walnüsse sind eine gute Quelle für Omega-3-Fettsäuren.

300 g Walnusshälften
2 EL flüssiger Honig
1 EL Erdnussöl
1 TL gemahlener Zimt
1 TL frisch geriebene Muskatnuss

1. Den Backofen auf 180 °C (160 °C Umluft) vorheizen. Ein Backblech mit Backpapier auslegen.
2. Alle Zutaten in einer Rührschüssel vermischen und dann gleichmäßig auf dem Backblech verteilen. Im vorgeheizten Backofen 15 Minuten backen. Vollständig auskühlen lassen. In einem luftdicht verschließbaren Behälter sind die Nüsse bis zu 1 Monat haltbar.

REICH AN Vitamin B6 • Omega-3-Fettsäuren • Phytoöstrogenen

GUT FÜR Herz ① • Knochen ② • Verdauung ③④ • Haut, Haare & Nägel ①③ • Psyche ① • Müdigkeit ② • Männer ② • Frauen ①③④

SUPPEN

Eine wärmende Suppe ist gut für die Seele und den Körper. Abgesehen davon liefert sie überraschend viele Nährstoffe und ist damit das perfekte Essen, wenn man nicht allzu hungrig ist oder wenn man sich nicht ganz wohl fühlt. Die meisten Suppen in diesem Kapitel reichen für zwei der empfohlenen fünf Mahlzeiten pro Tag. Die Rezepte mit Hülsenfrüchten ergeben eine komplette Mahlzeit, die leichteren eignen sich als nahrhafter Snack.

Das Geheimnis einer guten Suppe ist eine gute Brühe. Bewahren Sie die Reste vom Gemüseputzen (im Kühlschrank) auf und kochen Sie sie mit Wasser, Zwiebeln und einem Lorbeerblatt zu einer Brühe ein, die die leckere Grundlage für zukünftige Suppen bildet (das Rezept für unsere Gemüsebrühe finden Sie auf S. 283).

Den besten Geschmack geben Zutaten der Saison. Damit Sie wirklich das Beste aus Ihrem Gemüse herausholen, sollten Sie es nicht zerkochen. Es braucht dann etwas länger, wenn Sie die Suppe sämig pürieren wollen, aber der Lohn sind eine sattere Farbe, mehr Geschmack und mehr Nährstoffe. Noch mehr Geschmack erhalten Sie, wenn Sie die Suppe zusätzlich mit gehackten Kräutern und gewürzten Ölen verfeinern.

Suppen sind auch ein fantastischer Weg, Ihre Ernährung aufzuwerten: Hülsenfrüchte liefern Ballaststoffe, Chia-Samen Omega-3-Fettsäuren und Linsen Eisen. Natürlich bringen weitere Gemüsesorten noch mehr Gutes in die Suppe.

Am Ende der meisten Rezepte finden Sie eine Liste der wichtigsten Nährstoffe pro Portion sowie eine Liste der gesundheitlichen Vorzüge, die das Rezept als Teil einer gesunden Ernährung bietet.
Weitere Informationen finden Sie auf S. 9.

BRÜHE MIT BRAUNEM REIS, PAK CHOI & INGWER

FÜR 2 PERSONEN • 350 KCAL PRO PORTION

Diese Brühe steckt voller guter Dinge fürs Herz (brauner Reis, Chili, Zwiebel, Knoblauch und Ingwer), die gegen hohen Cholesterinspiegel, Entzündungen und Kreislaufbeschwerden helfen. Reis und Gemüse sorgen für Substanz und machen die Suppe nicht nur gesund, sondern auch sättigend.

REICH AN Vitamin B1 (Thiamin), B6 und C • Folsäure • Kalium • Magnesium • Eisen • Ballaststoffen

GUT FÜR Herz ①②③ • Knochen ① • Verdauung ① • Psyche ① • Müdigkeit ①③⑤ • Frauen ①

150 g brauner Reis
1 TL Olivenöl
1 rote Zwiebel, in dünne Streifen geschnitten
2 Knoblauchzehen, in dünne Scheiben geschnitten
2 daumengroße Stücke Ingwer, ungeschält, gerieben
1 Stängel Zitronengras, leicht mit einer Teigrolle weich geklopft, dann fein gehackt
½ frische rote Chili, Samen und Trennhäute entfernt, fein gehackt
Saft von 1 Limette
1 Stange Sellerie, fein gewürfelt
1 TL Salz
2 Köpfe Pak Choi
1 Frühlingszwiebel, schräg in dünne Ringe geschnitten
½ Eisbergsalat, klein geschnitten
1 Handvoll Korianderblätter, fein gehackt

1 Einen mittelgroßen Topf mit Wasser zum Kochen bringen. Den Reis hineingeben und 20 Minuten gar kochen (er sollte noch etwas Biss haben). Abgießen und beiseitestellen.
2 Währenddessen die Suppe kochen. Einen großen Topf mit dem Olivenöl stark erhitzen. Die Zwiebel hineingeben und die Temperatur reduzieren. 10 Minuten glasig dünsten. Knoblauch, Ingwer, Zitronengras, Chili und Limettensaft hinzugeben und weitere 3 Minuten kochen. Sellerie, Salz und 600 ml Wasser hinzugeben. Aufkochen, dann 20 Minuten köcheln lassen.
3 Den Strunk der Pak-Choi-Köpfe abschneiden, dann den Kohl längs in 1 cm dicke Scheiben schneiden. Mit dem Reis und der Frühlingszwiebel in die Suppe geben und weitere 2 Minuten köcheln lassen. Vom Herd nehmen und Salat und Koriander einrühren. Sofort in tiefen Tellern servieren.

BROKKOLI-INGWER-SUPPE

FÜR 2 PERSONEN • 220 KCAL PRO PORTION

Eine herzhafte Suppe für ein sättigendes Abendessen. Die Schärfe des frischen Ingwers, der als entzündungshemmend gilt, passt wunderbar zum erdigen Geschmack des Brokkolis, aber Sie können auch Pak Choi, Zuckerschoten oder Weißkohl stattdessen nehmen.

1 TL Rapsöl
1 Zwiebel, in Streifen geschnitten
1 daumengroßes Stück Ingwer, ungeschält, gerieben
2 Brokkoli (insgesamt ca. 400 g)
500 ml Gemüsebrühe (s. S. 283)
4 Stangen Staudensellerie, gewürfelt
1 TL Salz
1 Prise frisch gemahlener Pfeffer
1 Handvoll Kürbiskerne, geröstet

1. Einen großen Topf mit dem Öl stark erhitzen, die Zwiebel hineingeben, die Temperatur reduzieren und 5 Minuten anbraten. Den Ingwer hinzugeben und weitere 5 Minuten braten.
2. Inzwischen die Brokkolistrünke abschneiden und würfeln. Die Köpfe in Röschen brechen.
3. Die Brühe zusammen mit Brokkoli, Sellerie, Salz und Pfeffer in den Topf geben. Aufkochen, dann 10 Minuten köcheln lassen, bis die Strunkstücke weich sind.
4. Die Suppe mit dem Pürierstab im Topf glatt pürieren (das geht natürlich auch im Mixer). Zum Servieren mit gerösteten Kürbiskernen bestreuen.

REICH AN Vitamin B1 (Thiamin), B6, C und E • Folsäure • Kalium • Eisen • Kalzium • Chrom • Beta-Karotin • Ballaststoffen

GUT FÜR Herz ①② • Knochen ① • Verdauung ① • Immunsystem ① • Haut, Haare & Nägel ①③ • Psyche ① • Müdigkeit ① • Frauen ①③④

NUDELSUPPE MIT GARNELEN & ZITRONENGRAS

FÜR 2 PERSONEN • 340 KCAL PRO PORTION

Dies ist eine thailändisch inspirierte Variante der klassischen Nudelsuppe mit Ingwer, Koriander und Zitronengras – frisch, duftend und reinigend. Sie können die braunen Reisnudeln durch jede andere weizenfreie Nudel ersetzen oder sogar Zucchini-Spaghetti (s. S. 127) nehmen. Zitronengras, das die Durchblutung fördern soll, ist eine erfrischende Alternative zu Tee oder Kaffee: Geben Sie einfach einen zerstoßenen Stängel mit etwas Minze in eine Tasse mit heißem Wasser.

1 rote Zwiebel, in dünne Streifen geschnitten
1 daumengroßes Stück Ingwer, geschält und in dünne Stifte geschnitten
1 Knoblauchzehe, klein gewürfelt
1 Stängel Zitronengras, leicht mit der Teigrolle zerstoßen
1 TL Rapsöl
600 ml Hühner- oder Gemüsebrühe (s. S. 283)
200 g rohe Riesengarnelen, ausgelöst
100 g braune Reisnudeln
Saft von 1 Limette
1 EL Tamari
2 Frühlingszwiebeln, schräg in Ringe geschnitten
1 Handvoll Korianderblätter, fein gehackt und einige Blätter zum Garnieren
1 Prise Salz

1. Zwiebel, Ingwer, Knoblauch, Zitronengras, Öl und etwas Wasser in einen großen Topf geben und 5 Minuten bei schwacher Hitze kochen. Die Brühe zugießen und aufkochen. 10 Minuten kochen lassen, dann die Temperatur auf schwache Hitze reduzieren.
2. Die Garnelen hinzugeben und 5 Minuten kochen. Dann die Nudeln mit Zitronensaft, Tamari, Frühlingszwiebeln, Koriander und Salz hinzugeben. Die Temperatur erhöhen, aufkochen lassen und 1 Minute kochen.
3. Vom Herd nehmen, das Zitronengras herausnehmen und die Suppe zum Servieren mit Korianderblättern garnieren.

REICH AN Vitamin B12 und C • Kalium • Zink • Selen • Eisen • Tryptophan

GUT FÜR Herz ② • Immunsystem ① • Haut, Haare & Nägel ①④ • Psyche ① • Müdigkeit ①③ • Männer ①②

KÜRBISSUPPE MIT KOKOS & CHILI

FÜR 2 PERSONEN • 190 KCAL PRO PORTION

Dies ist eine schön pikante, cremige Suppe. Kokosmilch und Butternusskürbis verbinden sich harmonisch, wobei die Kokosmilch die Süße des Kürbisses abmildert. Die Chili gibt der Suppe dann den nötigen feurigen Kick. Es lohnt sich, die Brühe selbst zuzubereiten, da die frischen Gemüse zusätzliche gesunde Nährstoffe mitbringen.

1 Butternusskürbis
1 TL Chiliflocken
1 rote Zwiebel, in dünne Streifen geschnitten
600 ml Gemüsebrühe (s. S. 283)
200 ml Kokosmilch
Salz und frisch gemahlener Pfeffer

1. Den Backofen auf 180 °C (160 °C Umluft) vorheizen. Ein Backblech mit Backpapier auslegen.
2. Den Kürbis schälen und längs halbieren. Kerne und Fasern mit einem Esslöffel entfernen, dann das Fruchtfleisch in 2,5 cm große Stücke schneiden. Die Stücke auf dem Blech ausbreiten und 15 Minuten im Ofen rösten.
3. Den Kürbis aus dem Ofen nehmen und mit Chili und Zwiebel bestreuen. Weitere 10 Minuten rösten. Aus dem Ofen holen und einige Minuten abkühlen lassen.
4. Die Brühe in einem mittleren Topf zum Kochen bringen, dann die Temperatur auf schwache Hitze reduzieren. Die Kokosmilch einrühren und 2 Minuten erhitzen. Vom Herd nehmen.
5. Kürbis, Zwiebel und Chili in den Mixer geben und die Kokosmilch-Brühe-Mischung zugießen. Alles glatt pürieren und mit Salz und Pfeffer abschmecken. Heiß servieren.

REICH AN Vitamin B6, C und E • Folsäure • Kalium • Magnesium • Beta-Karotin • Ballaststoffen

GUT FÜR Herz ①②③ • Knochen ① • Verdauung ① • Immunsystem ① • Haut, Haare & Nägel ①③ • Psyche ①② • Müdigkeit ③⑤ • Frauen ①③

FRISCHE MAISSUPPE

FÜR 2 PERSONEN • 205 KCAL PRO PORTION

Diese leuchtend gelbe Suppe ist das absolute Gegenteil von dem, was man sich unter einer Maissuppe vorstellt: Sie ist weder dickflüssig noch grau. Das Geheimnis sind die frisch vom Kolben geschnittenen Maiskörner, die für Schmackhaftigkeit und Farbe sorgen.

3 Maiskolben
3 Frühlingszwiebeln, klein geschnitten
2 Knoblauchzehen, klein geschnitten
2 Stangen Staudensellerie, klein gewürfelt
½ rote Chili, Samen und Trennhäute entfernt, fein gehackt
500 ml Gemüsebrühe (s. S. 283)

1. Die Kolben von Blättern und Stroh befreien, dann die Körner abschneiden. Am einfachsten geht das, indem man den Kolben schräg in eine flache Schale stellt und die Körner mit einem scharfen Messer rundum von oben nach unten abschneidet.
2. Die Maiskörner mit den Frühlingszwiebeln und dem Knoblauch in einen großen Topf geben und unter gelegentlichem Rühren 5 Minuten andünsten. Sellerie, Chili und Brühe hinzugeben und aufkochen, dann noch 20 Minuten köcheln lassen.
3. Alles im Mixer glatt pürieren und heiß servieren.

REICH AN Vitamin B1 (Thiamin), B6 und C • Folsäure • Kalium • Beta-Karotin • Ballaststoffen

GUT FÜR Herz ② • Verdauung ① • Immunsystem ① • Haut, Haare & Nägel ①③ • Psyche ① • Frauen ①

MEXIKANISCHE BOHNENSUPPE

FÜR 4 PERSONEN • 300 KCAL PRO PORTION

Eine herzhafte Suppe mit den kräftigen Aromen der mexikanischen Gewürze und Kräuter. Cannellini-, Borlotti- und Kidneybohnen liefern wertvolle Phytoöstrogene, die einem hormonellen Ungleichgewicht bei Frauen vorbeugen können. Wenn Sie keine Zeit haben, die Bohnen einzuweichen, können Sie auch 400-g-Dosen nehmen, aber die Bohnen haben dann eine andere Textur.

- 100 g getrocknete rote Kidneybohnen
- 100 g getrocknete Borlotti-Bohnen
- 100 g getrocknete Cannellini-Bohnen
- 1 EL Rapsöl
- 1 große rote Zwiebel, in dünne Streifen geschnitten
- 2 Knoblauchzehen, in dünne Scheiben geschnitten
- 1 daumengroßes Stück Ingwer, ungeschält, fein gerieben
- 1 EL Paprikapulver
- 1 TL Cayennepfeffer
- 1 TL gemahlener Koriander
- 1 Lorbeerblatt
- 1 TL getrockneter Thymian
- 1 Möhre, fein gewürfelt
- 6 reife Strauchtomaten, fein gehackt
- 700 ml Hühner- oder Gemüsebrühe (s. S. 283)
- 1 Zucchini, gewürfelt
- Salz und frisch gemahlener Pfeffer
- 1 Handvoll Korianderblätter, fein gehackt

1. Die Bohnen mit der zwei- bis dreifachen Menge Wasser bedecken und über Nacht, mindestens aber 8 Stunden, einweichen. Abgießen und in einen Topf mit frischem Wasser geben. Aufkochen, 10 Minuten kochen und erneut abgießen.
2. Einen Topf mit dem Öl stark erhitzen. Die Zwiebel hineingeben und 10 Minuten anbraten, bis sie leicht bräunt. Knoblauch, Ingwer, Paprikapulver, Cayennepfeffer, gemahlenen Koriander, Lorbeerblatt und Thymian dazugeben. Etwas Wasser hinzufügen, damit die Kräuter nicht anbrennen, dann unter regelmäßigem Rühren 2 Minuten dünsten.
3. Bohnen, Möhre, Tomaten und Brühe hinzugeben. Aufkochen, dann die Temperatur reduzieren und 1 ½ Stunden kochen, bis die Bohnen weich sind, aber noch ihre Form behalten.
4. Die Zucchini hinzugeben und weitere 10 Minuten kochen. Vom Herd nehmen, mit Salz und Pfeffer abschmecken und das Lorbeerblatt herausnehmen. 10 Minuten ruhen lassen, dann zum Servieren mit gehacktem Koriandergrün bestreuen.

REICH AN Vitamin B1 (Thiamin), B6 und C • Kalium • Magnesium • Eisen • Beta-Karotin • Lykopin • Phytoöstrogenen • Ballaststoffen

GUT FÜR Herz ①②③ • Knochen ① • Verdauung ① • Immunsystem ① • Haut, Haare & Nägel ①③ • Psyche ①② • Müdigkeit ①③⑤ • Männer ① • Frauen ①③④

ROTE-LINSEN-SUPPE

FÜR 2 PERSONEN • 315 KCAL PRO PORTION

Wenn es einem mal nicht so gut geht, ist diese wohltuende und erstaunlich erfrischende Suppe genau das Richtige. Sie ist leicht zuzubereiten und wirklich lecker. Die Linsen liefern eine gesunde Dosis Zink und Eisen, die beide das Immunsystem stärken. Sie können die Suppe noch mit klein geschnittenem Hähnchenfleisch und einer Schüssel braunem Reis verfeinern bzw. zu einer vollwertigen Mahlzeit ergänzen.

1 EL Rapsöl
1 große Zwiebel, gewürfelt
1 daumengroßes Stück Ingwer, ungeschält, gerieben
2 Knoblauchzehen, fein gehackt
100 g rote Linsen
1 Kardamomkapsel
2 Gewürznelken
1 Lorbeerblatt
2 Möhren, gewürfelt
750 ml Gemüsebrühe (s. S. 283)
Saft von ½ Zitrone
1 Handvoll Korianderblätter
Salz und frisch gemahlener Pfeffer

1. Einen großen Topf mit dem Öl bei mittlerer Hitze erhitzen. Die Zwiebel hineingeben und 10 Minuten glasig andünsten. Ingwer und Knoblauch hinzugeben und weitere 3 Minuten dünsten.
2. Linsen, Kardamom, Nelken und Lorbeerblatt hinzugeben und gut verrühren. 1–2 Minuten kochen, dann Möhren und Brühe hinzugeben. Aufkochen und noch 20 Minuten köcheln lassen, bis die Linsen weich sind. Von Zeit zu Zeit den Schaum mit einem Schaumlöffel von der Oberfläche abschöpfen.
3. Kardamomkapsel, Nelken und Lorbeerblatt herausnehmen und wegwerfen. Zitronensaft und Koriander hinzugeben, dann die Suppe in den Mixer umfüllen und glatt pürieren. Mit Salz und Pfeffer abschmecken und heiß servieren.

REICH AN Vitamin B6 und C • Folsäure • Kalium • Eisen • Zink • Beta-Karotin • Ballaststoffen

GUT FÜR Herz ①② • Verdauung ① • Immunsystem ① • Haut, Haare & Nägel ①④ • Müdigkeit ① • Männer ①② • Frauen ①

ROTE-BETE-SUPPE MIT KREUZKÜMMEL

FÜR 2 PERSONEN • 270 KCAL PRO PORTION

Dieses Rezept stammt von meinem großen Bruder Hayden, der ein Restaurant auf den Scilly-Inseln hat. Es ist eine cremige Suppe mit kräftigen, aber ausgewogenen Aromen von roten und gelben Gewürzen, Möhren und Roter Bete. Sie ist zudem gut fürs Herz, weil Rote Bete reich an Phytoöstrogenen ist, die das Risiko von Herzerkrankungen mindern können.

5 große rohe Rote-Bete-Knollen
1 EL Rapsöl
1 große Zwiebel, fein gewürfelt
2 Knoblauchzehen, fein gehackt
1 daumengroßes Stück Ingwer, geschält, fein gerieben
1 TL gemahlener Kreuzkümmel
1 TL Paprikapulver | 1 Prise Kurkuma
1 TL getrockneter Thymian
2 Möhren, fein gewürfelt
2 Stangen Staudensellerie, fein gewürfelt
500 ml Gemüsebrühe (s. S. 283)
2 EL Sojajoghurt zum Servieren

1. Den Ofen auf 200 °C (180 °C Umluft) vorheizen.
2. Die Rote Bete in Alufolie einschlagen und auf ein Backblech setzen. 40 Minuten rösten, dann aus dem Ofen nehmen. Sobald sie so weit abgekühlt sind, dass man sie anfassen kann, schälen, würfeln und beiseitestellen.
3. Einen großen Topf mit Öl bei mittlerer Hitze erhitzen, dann die Zwiebel 10 Minuten glasig andünsten. Knoblauch, Ingwer, Kreuzkümmel, Paprikapulver, Kurkuma und Thymian hinzugeben. 3 Minuten unter Rühren dünsten, dann Möhren und Sellerie hinzugeben. Weitere 2 Minuten dünsten.
4. Die Gemüsebrühe zugießen, aufkochen, dann 15 Minuten köcheln lassen, bis das Gemüse weich ist. Die Rote Bete hinzugeben und weitere 5 Minuten kochen.
5. Die Suppe in den Mixer umfüllen und vollständig glatt pürieren. Zum Servieren mit 1 Esslöffel Sojajoghurt garnieren.

REICH AN Vitamin B6 und C • Folsäure • Kalium • Eisen • Beta-Karotin • Nitraten • Ballaststoffen

GUT FÜR Herz ①② • Verdauung ① • Immunsystem ① • Haut, Haare & Nägel ①③ • Psyche ① • Müdigkeit ① • Frauen ①

BLUMENKOHL-CREMESUPPE MIT GERÖSTETEM KNOBLAUCH

FÜR 2 PERSONEN • 160 KCAL PRO PORTION

Durch das Rösten wird der Knoblauch süßer und weicher, und das passt in dieser würzigen Suppe perfekt zum Blumenkohl. Knoblauch besitzt gerinnungshemmende Eigenschaften, die Thrombosen vorbeugen, weshalb er gut fürs Herz ist.

1 Knoblauchknolle | 1 Blumenkohl
1 Prise gemahlener Kreuzkümmel
1 Prise frisch geriebene Muskatnuss
1 EL Rapsöl | 1 große Zwiebel, gehackt
500 ml Gemüsebrühe (s. S. 283)
Salz und weißer Pfeffer
geräuchertes Paprikapulver zum Servieren

1 Den Backofen auf 180 °C (160 °C Umluft) vorheizen. Ein Backblech mit Backpapier auslegen.
2 Die Knoblauchknolle auf das Blech setzen und 20 Minuten rösten. Aus dem Ofen nehmen, in Alufolie einschlagen und wieder auf das Blech setzen. Weitere 30 Minuten rösten. Den Knoblauch aus dem Ofen nehmen und in der Folie abkühlen lassen. Den Ofen vorgeheizt lassen.
3 Die Blumenkohlröschen vom Strunk schneiden. Den Strunk würfeln und beiseitestellen. Die Röschen auf dem Backblech verteilen und mit Kreuzkümmel und Muskat bestreuen. 10 Minuten rösten, dann beiseitestellen.
4 Die Knoblauchzehen trennen und schälen. Es wird nur die Hälfte benötigt (die übrigen Zehen halten sich mit Öl bedeckt und luftdicht verschlossen bis zu 5 Tage im Kühlschrank).
5 Das Öl in einem großen Topf erhitzen, die Zwiebel hineingeben und 10 Minuten glasig andünsten. Den gewürfelten Blumenkohl, die Knoblauchzehen und die Brühe hinzugeben. Aufkochen und 10 Minuten köcheln lassen.
6 Die gewürzten Blumenkohlröschen hinzugeben, mit Salz und Pfeffer abschmecken und weitere 5 Minuten köcheln lassen. Vom Herd nehmen und 5 Minuten ziehen lassen.
7 Die Suppe in den Mixer füllen und glatt pürieren. Zum Servieren mit Paprikapulver bestreuen.

REICH AN Vitamin B6 und C • Folsäure • Kalium • Eisen • Phytoöstrogenen • Tryptophan • Ballaststoffen

GUT FÜR Herz ①② • Verdauung ① • Immunsystem ① • Psyche ① • Müdigkeit ①③ • Frauen ①③④

PIKANTE BLUMENKOHLSUPPE MIT SELLERIE

FÜR 2 PERSONEN • 215 KCAL PRO PORTION

Dies ist die Königin der samtigen Cremesuppen. Der eher süße Knollensellerie liefert einen schönen Hintergrund für den erdigen Blumenkohl, und das Paprikapulver gibt Intensität und Würze. Durch das Rösten bekommt der Blumenkohl einen interessanteren Geschmack. Wie andere Kreuzblütler enthält auch er Glukosinolate, die, aufgeschlossen in ihre Komponenten, Krankheiten wie Krebs vorbeugen helfen können.

1 Blumenkohl
½ Sellerieknolle, fein gewürfelt
½ TL geräuchertes Paprikapulver und etwas Paprikapulver zum Bestäuben
1 Prise Salz
1 EL Rapsöl
1 große Zwiebel, fein gewürfelt
2 Knoblauchzehen, fein gewürfelt
1 Stange Staudensellerie, gewürfelt
500 ml Gemüsebrühe (s. S. 283)

1 Den Ofen auf 200 °C (180 °C Umluft) vorheizen.
2 Den Strunk des Blumenkohls auslösen und fein hacken. Die Röschen grob hacken. Blumenkohl und Knollensellerie in einen Bräter geben und mit Paprikapulver und Salz bestreuen. 20 Minuten im Ofen rösten.
3 Inzwischen das Öl in einem großen Topf erhitzen, die Zwiebel hineingeben und 10 Minuten glasig andünsten. Den Knoblauch hinzugeben und weitere 3 Minuten dünsten. Staudensellerie und Brühe hinzugeben, aufkochen, dann 5 Minuten köcheln lassen.
4 Blumenkohl und Knollensellerie in den Topf geben und gut durchrühren, dann weitere 15 Minuten köcheln lassen.
5 Die Suppe in den Mixer umfüllen und 3 Minuten vollständig glatt pürieren. Mit Paprikapulver bestreut heiß servieren.

REICH AN Vitamin B1 (Thiamin), B6 und C • Folsäure • Kalium • Ballaststoffen

GUT FÜR Herz ①② • Verdauung ① • Immunsystem ① • Psyche ①

SCHOTTISCHE GRAUPENSUPPE

FÜR 2 PERSONEN • 355 KCAL PRO PORTION

Als unsere schottische Küchenchefin Sarah bei uns anfing, wünschten wir uns zuerst, dass sie dieses Gericht koche. Hier ist ihre Detox-Version der traditionellen schottischen Suppe, ohne Lammfleisch, aber mit einer würzigen Brühe. Die Perlgraupen liefern reichlich Ballaststoffe, die für eine gesunde Verdauung wichtig sind.

1 EL Rapsöl
1 Zwiebel, fein gewürfelt
1 Stange Lauch, fein gewürfelt
600 ml Hühner- oder Gemüsebrühe (s. S. 283)
100 g Perlgraupen
2 Stangen Staudensellerie, fein gewürfelt
1 weiße Rübe, fein gewürfelt
2 Möhren, fein gewürfelt
1 Handvoll glatte Petersilie, fein gehackt
Salz und frisch gemahlener Pfeffer

1. Das Öl in einem großen Topf erhitzen und Zwiebel und Lauch 5 Minuten andünsten. Brühe und Perlgraupen hinzugeben. Aufkochen, dann 20 Minuten köcheln lassen.
2. Den Rest des Gemüses hinzugeben und weitere 25 Minuten kochen, bis es weich ist. Die Petersilie einrühren, mit Salz und Pfeffer abschmecken und heiß servieren.

REICH AN B-Vitaminen • Vitamin C • Kalium • Eisen • Beta-Karotin • Ballaststoffen

GUT FÜR Herz ①②③ • Verdauung ① • Immunsystem ① • Haut, Haare & Nägel ①③ • Psyche ① • Müdigkeit ① • Frauen ①

BRENNNESSEL-GRÜNKOHL-SUPPE

FÜR 2 PERSONEN • 165 KCAL PRO PORTION

Es mag etwas befremdlich wirken, eine Pflanze zu essen, die unangenehm auf der Haut brennt, aber sobald die Brennnesseln in kochendes Wasser kommen, sind sie völlig harmlos. Am leckersten schmecken sie zwischen März und April, wenn sie mehr als das Doppelte an Kalzium enthalten als Grünkohl, der ebenfalls eine gute Quelle für diesen Mineralstoff ist. Eine Portion dieser Suppe liefert fast die Hälfte der empfohlenen Tagesdosis an Kalzium und ist sehr gut für gesunde Knochen.

1 EL Rapsöl
1 Stange Lauch, fein gewürfelt
2 Knoblauchzehen, in dünne Scheiben geschnitten
2 Stangen Staudensellerie, fein gewürfelt
1 Möhre, fein gewürfelt
500 ml Gemüsebrühe (s. S. 283)
100 g Grünkohl, klein geschnitten
100 g Brennnesseln, klein geschnitten
Salz und frisch gemahlener Pfeffer

1. Einen Topf mit dem Öl bei mittlerer Hitze erhitzen und Lauch und Knoblauch 2 Minuten darin andünsten.
2. Sellerie, Möhre und Brühe hinzugeben. Alles aufkochen, dann die Temperatur reduzieren und noch 15 Minuten köcheln lassen, bis die Möhre weich ist.
3. Kohl und Brennnesseln hinzugeben und 2 Minuten kochen, bis der Kohl zusammenfällt. Mit Salz und Pfeffer abschmecken und sofort servieren.

REICH AN Vitamin B6 und C • Folsäure • Kalium • Kalzium • Eisen • Ballaststoffen

GUT FÜR Herz ①② • Knochen ① • Immunsystem ① • Psyche ①② • Müdigkeit ① • Männer ② • Frauen ①

BRUNNENKRESSESUPPE MIT PUTENBRUST

FÜR 2 PERSONEN • 225 KCAL PRO PORTION

Die pikante Schärfe der Brunnenkresse gibt nicht nur jedem Salat das gewisse Etwas, sondern steigert auch das köstliche Aroma dieser Suppe. Erst ganz am Schluss zugegeben, verleiht sie der Suppe eine frische grüne Farbe. Diese Suppe liefert 60 Prozent der empfohlenen Tagesdosis an Kalium, das für einen gesunden Blutdruck wichtig ist.

1 EL Rapsöl
1 große Zwiebel, fein gewürfelt
2 Knoblauchzehen, fein gehackt
4 Stangen Staudensellerie, fein gehackt
500 ml Gemüsebrühe (s. S. 283)
Salz
200 g Brunnenkresse, grob gehackt
100 g Spinat
200 g Putenbrust ohne Haut, in dünne Streifen geschnitten
frisch gemahlener Pfeffer

1. Einen großen Topf bei mittlerer Hitze erhitzen. 1 Teelöffel Öl und die Zwiebeln hineingeben und die Zwiebeln glasig dünsten. Den Knoblauch zugeben und weitere 3 Minuten dünsten.
2. Sellerie, Brühe und 1 Teelöffel Salz hinzugeben und aufkochen. Die Temperatur leicht reduzieren und 10 Minuten köcheln lassen.
3. Brunnenkresse und Spinat einrühren und weitere 2 Minuten kochen. Den Topf vom Herd nehmen und alles einige Minuten ziehen lassen, bis die Blätter zusammenfallen. Die Suppe anschließend mit dem Pürierstab (oder im Mixer) glatt pürieren. Beiseitestellen.
4. Das restliche Öl bei starker Hitze in einer Pfanne erhitzen, dann die Putenbrust hineingeben. 8 Minuten unter häufigem Wenden goldbraun anbraten. Vom Herd nehmen, das Fleisch würzen und leicht abkühlen lassen, dann mit den Fingern in kleine Stücke zupfen.
5. Das Putenfleisch in die Suppe geben und vor dem Servieren nochmals durchwärmen.

REICH AN B-Vitaminen • Vitamin C • Kalium • Beta-Karotin • Tryptophan • Ballaststoffen

GUT FÜR Herz ①②③ • Verdauung ① • Immunsystem ① • Haut, Haare & Nägel ①③ • Psyche ① • Müdigkeit ①③ • Frauen ①

GAZPACHO

FÜR 2–4 PERSONEN • 80–160 KCAL PRO PORTION

Keine Gazpacho gleicht der anderen. Es ist wie bei der Bloody Mary – jeder hat sein eigenes Rezept. Wir meinen, dieser süße und scharfe spanische Klassiker sollte eher stückig sein, trotzdem ohne viel Kauen die Kehle hinunterrutschen und viele unterschiedliche Gemüse enthalten. Paprikaschoten gehören zu den reichsten Quellen für Vitamin C, das unser Immunsystem stärkt. Sie sind in dieser Gazpacho mit Tomaten gepaart, sodass man mit nur einer Portion die gesamte empfohlene Tagesdosis dieses Vitamins erhält. An einem heißen Sommertag im Garten, wenn die Sonne scheint, gibt es nichts Besseres als eine kalte Gazpacho.

- 2 Fleischtomaten (je reifer, desto besser)
- 8 Strauchtomaten (je reifer, desto besser)
- 10 Kirschtomaten
- 1 Gurke, geschält, Kerne entfernt und grob gehackt
- 1 rote Paprika, geschält (s. Paprika-Limabohnen-Püree, S. 68), Samen und Trennhäute entfernt
- 1 Stange Staudensellerie, gewürfelt
- 1 EL Olivenöl
- ½ rote Chili, Samen und Trennhäute entfernt, gehackt
- 2 Knoblauchzehen, gewürfelt
- 1 Prise Meersalzflocken
- 1 Prise frisch gemahlener Pfeffer
- Saft von ½ Zitrone
- 1 Handvoll Schnittlauch, fein gehackt
- 1 Handvoll Basilikumblätter, gehackt, und einige Blätter zum Garnieren

1. Die Tomaten grob hacken und in den Mixer geben. Gurke, Paprika, Sellerie, Olivenöl, Chili, Knoblauch, Meersalz und Pfeffer hinzugeben und zu einer recht stückigen Konsistenz zerkleinern.
2. Zitronensaft, Schnittlauch und Basilikum hinzugeben und erneut einige Sekunden mixen.
3. Die Suppe in einen Krug oder eine Schüssel geben und mehrere Stunden im Kühlschrank kalt stellen.
4. Vor dem Servieren mit Salz und Pfeffer abschmecken und mit Basilikumblättern garnieren.

REICH AN Vitamin B6, C und E • Kalium • Lykopene • Beta-Karotin • Ballaststoffen

GUT FÜR Herz ①② • Verdauung ① • Immunsystem ① • Haut, Haare & Nägel ①③ • Psyche ① • Männer ① • Frauen ①

ERBSEN-RUCOLA-SUPPE

FÜR 2 PERSONEN • 115 KCAL PRO PORTION

Der Rucola verleiht dieser Erbsensuppe eine belebende Pfeffernote und ihre kräftige Farbe – damit das Grün richtig kräftig bleibt, wird der Rucola nicht gekocht. Rucola gehört zu den fünf eisenreichsten Gemüsen. Bereits eine Portion dieser Suppe liefert 30 Prozent der empfohlenen Tagesdosis, was gegen Eisenmangel und dadurch bedingte Müdigkeit und Erschöpfung helfen kann. Die Suppe ist herrlich leicht und erfrischend und schmeckt auch kalt serviert.

- 1 EL Olivenöl
- 2 Frühlingszwiebeln, in Ringe geschnitten
- 1 Knoblauchzehe, fein gehackt
- 4 Stangen Staudensellerie, fein gehackt
- 600 ml Gemüsebrühe (s. S. 283)
- 100 g Erbsen (Tiefkühlware)
- 100 g Rucola
- 1 Prise Meersalzflocken
- 1 Prise weißer Pfeffer
- Minzeblätter zum Garnieren

1. Das Öl in einem großen Topf bei mittlerer Hitze erhitzen. Frühlingszwiebeln und Knoblauch hineingeben und 2 Minuten anschwitzen, bis sie weich werden. Sellerie und Brühe hinzufügen, aufkochen und 5 Minuten köcheln lassen, bis der Sellerie weich wird.
2. Die Erbsen einrühren und alles erneut aufkochen, dann den Topf vom Herd nehmen.
3. Den Rucola einrühren, anschließend die Suppe mit dem Pürierstab glatt pürieren. Die Suppe mit Meersalz und Pfeffer abschmecken und mit Minzeblättern garnieren.

REICH AN Vitamin B6 und C • Folsäure • Kalium • Eisen • Kalzium • Beta-Karotin • Ballaststoffen

GUT FÜR Herz ①② • Verdauung ① • Haut, Haare & Nägel ①③ • Psyche ① • Müdigkeit ① • Männer ② • Frauen ①③

SALAT & GEMÜSE

Ich hoffe, Sie werden mir die folgende Binsenweisheit verzeihen: Alle Gemüse sind gut für uns. Sie alle enthalten Vitamine und Mineralien (wenn auch nicht alle im gleichen Maße) sowie eine Reihe von Antioxidantien, die uns vor Krankheiten schützen können. Es ist also sinnvoll, dass Gemüse den Großteil einer gesunden Ernährung ausmacht und daher Teil aller Mahlzeiten und der meisten Snacks sein sollte. Das muss aber nicht bedeuten, dass Sie mit karger Kost vorliebnehmen müssen. Sie können Gemüse sehr köstlich zubereiten und sollten die Vielfalt und den Abwechslungsreichtum genießen.

Die meisten Menschen nehmen durchschnittlich vier Portionen Obst und Gemüse pro Tag zu sich. Neueste Forschungen zeigen, dass man sogar zehn Portionen am Tag anstreben sollte statt nur fünf, da hier zu gelten scheint: je mehr, desto gesünder. Das sollte Sie aber nicht erschrecken. Essen Sie morgens eine Portion (meist Obst) zum Frühstück, ein paar Gemüse zum Mittagessen und zwei oder drei Portionen zum Abendessen. Wenn Sie dann noch Obst- und Gemüsesnacks und einen Saft einschieben, sind Sie schon im grünen Bereich!

Wählen Sie Ihr Gemüse so bunt wie möglich. Grüngemüse sind sehr nahrhaft, wer aber einige andersfarbige Gemüse miteinbezieht, bekommt das komplette Spektrum an essenziellen Nährstoffen, die unsere Gesundheit stützen. Es gibt ein paar Gemüse, die auf unserer Superstar-Liste ganz oben stehen. Dazu zählen Grünkohl, Brokkoli, Kürbis, Rote Bete, Avocado, Knoblauch, Edamame-Bohnen, Weißkohl und Tomaten. Diese bunten Gemüse werden Sie daher in vielen unserer Rezepte wiederfinden.

Am Ende der meisten Rezepte finden Sie eine Liste der wichtigsten Nährstoffe pro Portion sowie eine Liste der gesundheitlichen Vorzüge, die das Rezept als Teil einer gesunden Ernährung bietet.
Weitere Informationen finden Sie auf S. 9.

AVOCADO-SALAT

FÜR 4 PERSONEN • 215 KCAL PRO PORTION (OHNE REIS UND BROT)

Dieser Salat ist in unserem Deli ein Bestseller. Das zarte Avocado-Fruchtfleisch mit klein gewürfeltem Gemüse ist wie eine sehr stückige Guacamole und dennoch ein eigenständiges Gericht. Denken Sie daran: Je reifer die Avocado, desto leckerer wird der Salat. Avocados sind eine gute Quelle für Vitamin B6. Durch PMS verursachte Depressionen können auf einen Mangel an diesem Vitamin zurückgehen.

1 Handvoll Kürbiskerne
3 reife Avocados
Saft von 1 Zitrone
½ Eisbergsalat, sehr fein geschnitten
2 Stangen Staudensellerie, gewürfelt
½ rote Zwiebel, fein gewürfelt
1 Prise Chiliflocken
1 gelbe Paprika, Samen und Trennhäute entfernt, fein gewürfelt
Vollkornreis oder Quinoa-Brot (s. S. 44)

1 Eine kleine Pfanne mit Antihaftbeschichtung bei mittlerer Hitze erhitzen und die Kürbiskerne darin 3–4 Minuten sanft rösten. Beiseitestellen.
2 Die Avocados schälen und den Kern entfernen. Das Fruchtfleisch von 2 Avocados im Mixer mit der Hälfte des Zitronensafts glatt pürieren. Die Avocadocreme mit dem Teigschaber in eine große Schüssel umfüllen.
3 Die dritte Avocado würfeln und mit allen übrigen Zutaten in die Schüssel zur Creme geben und gründlich durchheben, bis alles gut vermischt und mit der Avocadocreme überzogen ist. Sofort mit gekochtem Vollkornreis oder Quinoa-Brot servieren.

REICH AN Vitamin B1 (Thiamin), B6, C und E • Kalium • Beta-Sitosterin • Ballaststoffen

GUT FÜR Herz ①②③ • Verdauung ① • Immunsystem ① • Psyche ① • Müdigkeit ① • Männer ① • Frauen ①③

ERBSEN-ZUCCHINI-SALAT

FÜR 2 PERSONEN • 280 KCAL PRO PORTION

Süße, zarte, frisch gepalte Erbsen sind der reinste Genuss im Sommer, der perfekten Jahreszeit für diesen Salat. Erbsen sind eine tolle pflanzliche Eisenquelle – ein guter Tipp für alle, die auf Fleisch verzichten wollen –, und dieses Gericht bietet gleich mehr als die Hälfte der empfohlenen Tagesdosis. Dazu liefert es viel Vitamin C, das die Eisenaufnahme unterstützt. Wer Erbsen nicht selbst anbauen kann, sollte sich frische Erbsen beim Gemüsehändler holen oder blanchierte Kerne von dicken Bohnen verwenden.

400 g Erbsen, gepalt
abgeriebene Schale von 1 Biozitrone
2 Zucchini, sehr fein gewürfelt
1 Handvoll glatte Petersilie, fein gehackt
einige Minzeblätter, fein gehackt
4 Stängel Schnittlauch, fein gehackt
1 EL Olivenöl
1 Prise Meersalzflocken
1 Prise frisch gemahlener Pfeffer

1 Einen Topf mit Wasser zum Kochen bringen und die Erbsen 1 Minute darin blanchieren. Dann durch ein Sieb abgießen und unter kaltem Wasser abschrecken, damit die Erbsen ihre Farbe behalten.
2 Die Erbsen mit der Zitronenschale in den Mixer geben und 1–2 Sekunden mixen – sie sollen zerkleinert und nicht püriert werden, denn ihre Konsistenz und Textur sind bei diesem Gericht sehr wichtig.
3 Die Erbsen in eine Schüssel geben und Zucchini, Petersilie, Minze, Schnittlauch und Olivenöl hinzufügen. Alles vorsichtig durchheben, mit Salz und Pfeffer würzen und servieren.

REICH AN Vitamin B1 (Thiamin), B3 (Niacin) und C • Folsäure • Kalium • Eisen • Magnesium • Beta-Karotin • Ballaststoffen

GUT FÜR Herz ①②③ • Knochen ① • Verdauung ① • Immunsystem ① • Haut, Haare & Nägel ①③ • Psyche ①② • Müdigkeit ①③⑤ • Frauen ①

RADIESCHEN-EDAMAME-LINSENSPROSSEN-SALAT

FÜR 2 PERSONEN • 250 KCAL PRO PORTION

Dieser Salat hat eine wunderbare Textur – alles ist frisch und knackig. Er ist ideal für die Sommermonate, wenn uns der Sinn nach etwas Erfrischendem steht, das uns gleichzeitig satt macht und Energie liefert. Das Geheimnis dieses Salats liegt darin, wie das Gemüse geschnitten wird – nämlich in schmale Streifen. Dazu kommen dann die knackigen Sprossen und Edamame. Für Vegetarier und Veganer, die keinen Fisch essen, ist das Rapsöl-Dressing eine tolle Quelle für Omega-3-Fettsäuren.

1 TL Rapsöl und etwas Öl zum Beträufeln
½ rote Zwiebel, in feine Streifen geschnitten
150 g Linsensprossen
1 EL Sonnenblumenkerne
abgeriebene Schale und Saft von 1 Biozitrone
Salz und frisch gemahlener Pfeffer
100 g Edamame-Bohnen (Tiefkühlware)
100 g Zuckererbsen, längs in Streifen geschnitten
100 g längliche Radieschen, längs in Streifen geschnitten
2 Stangen Staudensellerie, in Streifen geschnitten
½ gelbe Paprika, Samen und Trennhäute entfernt, in Streifen geschnitten

1 Das Öl bei mittlerer Hitze in einer Pfanne erhitzen und die Zwiebeln 3 Minuten anbraten, bis sie weich sind. Linsensprossen und Sonnenblumenkerne hinzugeben und rösten, bis die Kerne goldbraun sind. Die Zitronenschale einrühren, mit je einer Prise Salz und Pfeffer würzen und vom Herd nehmen.

2 Die Sprossen-Kern-Mischung in eine große Schüssel geben und Edamame, Zuckererbsen, Radieschen, Sellerie und Paprika hinzufügen. Mit Zitronensaft und Rapsöl beträufeln, mit Salz und Pfeffer würzen und alles vermischen.

REICH AN Vitamin B1 (Thiamin), B6, C und E • Folsäure • Kalium • Eisen • Phytoöstrogenen • Ballaststoffen

GUT FÜR Herz ①② • Verdauung ① • Immunsystem ① • Psyche ①② • Müdigkeit ① • Frauen ①③④

GRÜNER PAPAYA-SALAT

FÜR 2 PERSONEN • 170 KCAL PRO PORTION

Von diesem thailändisch angehauchten Salat kann man kaum genug bekommen. Die Süße von Tomaten und Orangensaft, gepaart mit der Säure der Limette und der knackigen Frische der grünen Papaya und Bohnen ergibt einen erfrischenden Salat, der toll zu gegrilltem Lachs oder Garnelen passt. Grüne Bohnen und Sesamsamen sind eine gute Quelle für Phytoöstrogene. Der Verzehr solcher Pflanzenstoffe kann während der Menopause gegen Hitzewallungen helfen. Fragen Sie im gut sortierten Obst- und Gemüsehandel nach grünen Papayas.

150 g grüne Bohnen, fein gehackt
1 grüne Papaya
100 g Kirschtomaten, halbiert
1 Frühlingszwiebel, fein gehackt
1 Knoblauchzehe, fein gehackt
1 Handvoll Korianderblätter, fein gehackt
Saft von 2 Limetten
Saft von 1 Orange
1 EL Rapsöl
1 EL Sesamsamen, geröstet
1 TL Meersalzflocken
1 Prise frisch gemahlener Pfeffer

1 Einen Topf mit Wasser zum Kochen bringen und die grünen Bohnen 1 Minute darin blanchieren. Durch ein Sieb abgießen und unter kaltem Wasser abschrecken. Abtropfen lassen und beiseitestellen.

2 Die grüne Papaya schälen und längs halbieren. Die Samen herauskratzen und wegwerfen. Das Fruchtfleisch raspeln und in eine große Schüssel geben.

3 Die Tomaten hinzugeben und mit den Händen drücken, sodass der Saft austritt und sich mit den Papayaraspeln vermischt. Grüne Bohnen und die übrigen Zutaten hinzufügen und gut vermischen. Den Salat sofort servieren oder zuvor 10 Minuten kalt stellen.

REICH AN Vitamin C • Folsäure • Kalium • Papain • Phytoöstrogenen

GUT FÜR Herz ②③ • Verdauung ④ • Immunsystem ①

RADIESCHEN-GURKEN-SALAT MIT DILL

FÜR 2 PERSONEN • 60 KCAL PRO PORTION

Radieschen sind mit ihrer roten Außenhaut und ihrem weißen Fruchtfleisch ein sehr hübsch anzusehendes Gemüse (wir verwenden am liebsten die runde Sorte Cherry Belle). Mit Gurke und frischen Kräutern ergeben sie einen wunderbar bunten Salat, der toll zu gegrilltem Fisch passt. Bei ganz frischen Radieschen können Sie auch die Blätter mitessen. Ihr scharf-würziger Geschmack lässt sich außerdem gut mit Schnittlauch kombinieren.

- 2 Salatgurken
- 100 g Radieschen
- Saft von 1 Zitrone
- 1 EL flüssiger Honig
- 1 Handvoll Dill, fein gehackt
- 1 Handvoll Schnittlauch, fein gehackt
- Salz und frisch gemahlener Pfeffer

1. Die Gurken schälen und dann in hauchdünne Scheiben schneiden – am besten geht das mit einem Gemüsehobel (Mandoline). Alternativ die Gurken längs halbieren, die Kerne mit einem Teelöffel herausschaben und das Fruchtfleisch in Halbmonde schneiden. In eine Schüssel geben.
2. Die langen Wurzelenden der Radieschen abschneiden und die Radieschen dann (falls vorhanden, mit einer Mandoline) dünn hobeln oder schneiden und zu den Gurken geben.
3. Zitronensaft, Honig, Dill und Schnittlauch in einer kleinen Schüssel mit etwas Salz und Pfeffer verquirlen. Das Dressing über den Salat geben und alles gut vermischen.
4. Den Salat mit Frischhaltefolie abdecken und für mindestens 30 Minuten in den Kühlschrank stellen. Vor dem Servieren überschüssige Flüssigkeit abtropfen lassen.

REICH AN Vitamin C • Kalium

GUT FÜR Herz ② • Immunsystem ①

ROTKOHL-APFEL-SALAT MIT ESTRAGON

FÜR 2 PERSONEN • 120 KCAL PRO PORTION

Dieser scharfe, knackige, farbintensive Salat verdankt sein kräftiges Rot dem Rotkohl. Das Pigment, das dafür verantwortlich ist, enthält eine Reihe von entzündungshemmenden Antioxidantien, die das Herz schützen können. Rotkohl schmeckt im Januar und Februar am besten und ergibt gepaart mit gegrilltem Hähnchen ein leckeres winterliches Mittagessen. Das Anisaroma des Estragons rundet den süßlichen Geschmack des Salats hervorragend ab.

1 kleiner Rotkohl
1 Tafelapfel
2 Stängel Estragon, fein gehackt
1 Knoblauchzehe, in dünne Scheiben geschnitten
Saft von 1 Zitrone
1 EL Rapsöl
1 Prise Salz
1 Prise frisch gemahlener Pfeffer

1 Den Kohl vierteln und den Strunk herausschneiden. Den Kohl mit einem scharfen Messer oder Gemüsehobel (Mandoline) in dünne Streifen schneiden.
2 Das Kerngehäuse des Apfels ausstechen und den Apfel in dünne Scheiben schneiden (kreisrunde Scheiben sehen am hübschesten aus, einfacher ist es aber, den Apfel zu halbieren und halbrunde Scheiben zu schneiden).
3 Kohl und Apfel in einer großen Schüssel mit Estragon, Knoblauch, Zitronensaft und Öl vermischen und mit Salz und Pfeffer würzen. Sofort servieren.

REICH AN Vitamin C • Folsäure • Ballaststoffen

GUT FÜR Herz ① • Verdauung ① • Immunsystem ①

QUELLER-RUCOLA-ERBSEN-SALAT

FÜR 2 PERSONEN • 295 KCAL PRO PORTION

Queller, liebevoll auch Meeresspargel genannt, wächst auf Wattböden und Salzwiesen an der Küste. Er schmeckt am besten im Mai, wenn er noch ganz zart ist. Wie andere Meeresgemüse enthält er viel Zink, das der männlichen Gesundheit und Fruchtbarkeit zuträglich ist. Bezugsquellen findet man auch im Internet (z. B. www.queller.org).

300 g Queller
300 g Erbsen, gepalt
1 TL Olivenöl
1 Knoblauchzehe, in dünne Scheiben geschnitten
1 Handvoll Kürbiskerne
200 g Rucola
Saft von ½ Zitrone
1 Prise frisch gemahlener Pfeffer

1 Den Queller gründlich waschen – er kann sehr salzig sein. Einen Topf mit Wasser zum Kochen bringen und den Queller darin 7 Minuten kochen. Die Erbsen hinzugeben und weitere 2 Minuten kochen. Das Gemüse abseihen und unter kaltem Wasser abschrecken.
2 Das Öl in einer Pfanne mit Antihaftbeschichtung erhitzen und Knoblauch und Kürbiskerne darin goldbraun rösten. Queller und Erbsen hinzufügen und weitere 2 Minuten braten.
3 Alles in eine große Schüssel geben. Mit Rucola, Zitronensaft und Pfeffer gut vermischen und servieren.

REICH AN Vitamin B3 (Niacin), B6 und C • Folsäure • Kalium • Eisen • Zink • Kalzium • Beta-Sitosterin • Beta-Karotin • Ballaststoffen

GUT FÜR Herz ①②③ • Knochen ② • Verdauung ① • Immunsystem ① • Haut, Haare & Nägel ①③ • Psyche ① • Müdigkeit ① • Männer ①② • Frauen ①

MÖHREN-GURKEN-BANDSALAT

FÜR 2 PERSONEN • 180 KCAL PRO PORTION

Dieser frische, knackige Salat ist ein wunderbares Mittagessen für Sommertage. Die langen grünen und orangefarbenen Bänder sehen sehr appetitlich aus, und mit über 90 Prozent Wassergehalt liefert die Gurke bei sommerlicher Hitze reichlich Flüssigkeit. Der Salat passt hervorragend zu gegrilltem Fisch oder Hähnchen.

1 TL Sesamsamen
2 Möhren
2 Salatgurken
2 Frühlingszwiebeln, in Ringe geschnitten

FÜR DAS DRESSING

½ rote Chili, Samen und Trennhäute entfernt, fein gehackt
2 Knoblauchzehen, geschält
Saft von 2 Limetten
1 EL geröstetes Sesamöl

1 Den Ofen auf 200 °C (180 °C Umluft) vorheizen.
2 Die Sesamsamen auf einem Backblech verteilen und im vorgeheizten Backofen 6 Minuten goldbraun rösten. Beiseitestellen.
3 Für das Dressing Chili, Knoblauch, Limettensaft und Sesamöl in einem kleinen Mixer zu einer Paste pürieren. Alternativ Chili und Knoblauch fein hacken, mit Limettensaft und Sesamöl in einer kleinen Schüssel verquirlen und einige Stunden ziehen lassen.
4 Die Möhren schälen. Dann mit dem Sparschäler vom Wurzelende zur Spitze dünne Bänder abhobeln. Die Möhre dabei stückweise drehen, um rundum abhobeln zu können.
5 Die Gurke ebenfalls in lange Bänder hobeln. Dabei vom hinteren Ende zur Spitze arbeiten und aufhören, sobald die wässrige Mitte mit den Kernen erreicht ist.
6 Die Möhren- und Gurkenbänder mit den Frühlingszwiebeln in einer Schüssel vermischen. Dressing und Sesamsamen unterheben, mischen und servieren.

REICH AN Vitamin C • Kalium • Beta-Karotin • Ballaststoffen

GUT FÜR Herz ①②③ • Knochen ① • Verdauung ① • Immunsystem ① • Haut, Haare & Nägel ①③

BUNTER GEMÜSE-INGWER-SALAT

FÜR 4 PERSONEN • 215 KCAL PRO PORTION

Knackig, duftend und erfrischend leuchtet dieser Salat in allen Regenbogenfarben. Er wird mit einem leckeren Ingwerdressing angerichtet. Frischer Ingwer hat eine stark entzündungshemmende Wirkung – wer seine Schärfe verträgt, kann also ruhig ein wenig mehr davon verwenden. Dieser Salat ist eine eigenständige Mahlzeit, schmeckt aber auch lecker als Beilage zu gegrilltem Hähnchen oder Fisch.

50 g Cashewkerne
30 g Sonnenblumenkerne
2 Möhren
1 rohe Rote Bete
1 Zucchini
1 rote Paprika, Samen und Trennhäute entfernt, in dünne Streifen geschnitten
½ kleiner Weißkohl, Strunk entfernt und fein gehobelt
2 Frühlingszwiebeln, diagonal in feine Ringe geschnitten
Limettenspalten zum Servieren

FÜR DAS INGWERDRESSING

1 daumengroßes Stück Ingwer, geschält und grob gehackt
1 EL Rapsöl
Saft von 1 Zitrone
Saft von 1 Limette
1 Handvoll Minzeblätter
2 Handvoll Korianderblätter

1. Den Ofen auf 200 °C (180 °C Umluft) vorheizen.
2. Cashew- und Sonnenblumenkerne auf einem Backblech ausbreiten und im vorgeheizten Backofen 8 Minuten goldbraun rösten. Herausnehmen und abkühlen lassen.
3. Für das Ingwerdressing die Hälfte der gerösteten Kerne im Mixer mit den übrigen Dressingzutaten 1 Minute grob pürieren.
4. Möhren, Rote Bete und Zucchini schälen und in lange, sehr dünne Stifte schneiden. Bei Zeitmangel kann man sie alternativ auch mit einem Küchenhobel raspeln.
5. Alles Gemüse in eine große Schüssel geben und mit dem Ingwerdressing vermischen. Mit den restlichen Kernen bestreuen und mit Limettenspalten zum Beträufeln servieren.

REICH AN Vitamin B6, C und E • Folsäure • Kalium • Beta-Karotin • Nitraten • Ballaststoffen

GUT FÜR Herz ①②③ • Knochen ① • Verdauung ① • Immunsystem ① • Haut, Haare & Nägel ①③ • Psyche ① • Frauen ①③

FENCHEL-APFEL-KÜRBIS-SALAT

FÜR 4 PERSONEN • 145 KCAL PRO PORTION

Dieser bunte, die Geschmacksknospen anregende Salat eignet sich mit gebratenem Hähnchen serviert gut als leichte Mittagsmahlzeit. Äpfel enthalten Pektin, einen löslichen Faserstoff, der den Cholesterinspiegel senken kann.

1 Butternusskürbis
4 TL Rapsöl
1 TL Koriandersamen
Salz und frisch gemahlener Pfeffer
1 Fenchelknolle
1 Tafelapfel (Braeburn)
2 EL Zitronensaft
½ rote Zwiebel, in dünne Streifen geschnitten
abgeriebene Schale und Saft von 1 Bio-Orange
1 EL Korianderblätter, fein gehackt
1 EL Schnittlauch, fein gehackt

1 Den Backofen auf 200 °C (180 °C Umluft) vorheizen. Ein Backblech mit Backpapier auslegen.
2 Zuerst den Kürbis vorbereiten. Die Schale kann – ganz nach Geschmack – auch mitgegessen werden. Den Kürbis längs halbieren und die Kerne und Fasern mit einem Esslöffel entfernen. Das Fruchtfleisch in 1 cm breite Spalten schneiden. Auf das Backblech legen, mit 1 Teelöffel Öl beträufeln und mit Koriandersamen, Salz und Pfeffer bestreuen. Im vorgeheizten Backofen 20–25 Minuten backen, bis der Kürbis weich ist.
3 Inzwischen Fenchel und Apfel vorbereiten. Den Fenchel putzen (das zarte Grün zum Garnieren beiseitelegen) und längs in dünne Scheiben schneiden. Den Fenchel in eine Schüssel mit Zitronensaft und dem restlichen Öl geben und mit den Händen vermischen. Den Apfel schälen und in dünne Scheiben schneiden. Zum Fenchel in die Schüssel geben.
4 Zwiebel, Orangenschale und -saft, Koriander und Schnittlauch mit Salz und Pfeffer hinzugeben und alles gut vermischen.
5 Den Kürbis auf einer Servierplatte anrichten und leicht abkühlen lassen. Mit der Mischung aus Fenchel, Äpfeln und Zwiebeln anrichten, mit Fenchelgrün garnieren und warm servieren.

REICH AN Vitamin C und E • Folsäure • Kalium • Beta-Karotin • Ballaststoffen

GUT FÜR Herz ①② • Verdauung ① • Immunsystem ① • Haut, Haare & Nägel ①③

GRÜNKOHL-BROKKOLI-SALAT MIT SCHALOTTEN & CHILIS

FÜR 2 PERSONEN • 420 KCAL PRO PORTION

Grünkohl scheint derzeit eines der beliebtesten Gemüse zu sein – man findet ihn inzwischen überall. Für diesen warmen Salat sollte man aber keinen in Tüten abgepackten Grünkohl aus dem Supermarkt verwenden, denn der hat wenig Geschmack und wird beim Braten matschig. Kaufen Sie stattdessen besser einen großen Kopf Grünkohl – idealerweise eine violette Sorte, die dem Salat eine tolle Farbe gibt. Das Rezept ist gut für gesunde Knochen: Der Grünkohl liefert viel Kalzium (33 Prozent der empfohlenen Tagesdosis) und die Cashewkerne Magnesium (60 Prozent der empfohlenen Tagesdosis).

1 Kopf violetter Grünkohl
1 TL Rapsöl
3 Schalotten, in dünne Streifen geschnitten
1 Knoblauchzehe, fein gehackt
100 g Cashewkerne
1 Brokkoli, in einzelne Röschen zerteilt (mit möglichst viel unverholztem Strunk)
1 Prise Chiliflocken

1 Die Kohlblätter abtrennen und die festen Strünke entfernen. Die Blätter grob zerzupfen.
2 Das Öl in einer großen Pfanne mit Antihaftbeschichtung bei mittlerer Hitze erhitzen und die Schalotten darin 5 Minuten goldgelb anrösten. Den Knoblauch hinzugeben und weitere 3 Minuten rösten.
3 Cashewkerne und Brokkoli hinzugeben und 3–5 Minuten dünsten, bis der Brokkoli weich zu werden beginnt. Falls das Gemüse anzusetzen droht, etwas Wasser hinzugeben.
4 Chili und Grünkohl ebenfalls in die Pfanne geben und 4 Minuten pfannenrühren, bis der Kohl leicht zusammenfällt, aber noch Biss hat. Alles vom Herd nehmen und sofort servieren.

REICH AN Vitamin B1 (Thiamin), B6 und C • Folsäure • Kalium • Magnesium • Zink • Kalzium • Chrom • Ballaststoffen

GUT FÜR Herz ①②③ • Knochen ① • Verdauung ① • Immunsystem ① • Haut, Haare & Nägel ①④ • Psyche ①② • Müdigkeit ③⑤ • Männer ①② • Frauen ①④

ROTE-BETE-SALAT MIT FENCHEL & APFEL

FÜR 2 PERSONEN • 220 KCAL PRO PORTION

Dieser Salat ist nicht nur herrlich bunt, sondern bietet auch eine komplexe Aromenkombination mit süßen, erdigen und bitteren Noten. Er enthält sowohl Fenchelknolle als auch -samen, die beide Anisaroma beisteuern. Fenchel wird traditionell als Tonikum verwendet. Fenchelsamen und Minze ergeben z. B. einen beruhigenden Magentee.

4 große rohe Rote Bete
4 Knoblauchzehen, ungeschält, zerdrückt
1 TL Fenchelsamen
abgeriebene Schale und Saft von 1 Biozitrone
Salz und frisch gemahlener Pfeffer
1 TL Olivenöl | 1 Handvoll Sonnenblumenkerne
1 Knolle Fenchel | 3 Tafeläpfel (Braeburn)
2 Frühlingszwiebeln, in feine Ringe geschnitten
1 Handvoll Schnittlauch, gehackt
1 Handvoll Korianderblätter, gehackt
Fenchelgrün oder Fenchelblüten zum Garnieren

1 Den Ofen auf 200 °C (180 °C Umluft) vorheizen.
2 Die ungeschälten Rote Bete gründlich waschen und jeweils in acht Spalten schneiden. Auf ein Backblech legen, mit Knoblauch, Fenchelsamen, Zitronenschale, Salz und Pfeffer bestreuen und mit Olivenöl beträufeln. Mit Alufolie abdecken und im vorgeheizten Backofen 20 Minuten rösten. Die Folie abnehmen und weitere 15 Minuten rösten.
3 Die Rote Bete aus dem Ofen nehmen und mit Sonnenblumenkernen bestreuen. Wieder in den Ofen geben und weitere 5 Minuten rösten.
4 Inzwischen den Fenchel in dünne Scheiben schneiden oder mit einem Gemüsehobel fein hobeln. In eine große Schüssel geben. Zwei Äpfel waschen und entsaften und den Saft über den Fenchel geben. Den dritten Apfel schälen, das Kerngehäuse entfernen und den Apfel in dünne Scheiben schneiden. Mit Frühlingszwiebeln, Zitronensaft, Schnittlauch und Koriander zum Fenchel geben und mit Salz und Pfeffer abschmecken. Den Salat gut vermischen.
5 Die Rote Bete auf dem Fenchelsalat anrichten und mit Fenchelgrün oder -blüten garnieren.

REICH AN Vitamin C • Folsäure • Kalium • Eisen • Nitraten • Ballaststoffen

GUT FÜR Herz ①② • Verdauung ① • Immunsystem ① • Müdigkeit ①

ZUCCHINI-SPARGEL-SALAT MIT RUCOLA-PESTO

FÜR 2 PERSONEN • 310 KCAL PRO PORTION

Zucchini sind das Gemüse, das sich wohl am einfachsten anbauen lässt. Daher haben Kleingärtner oft zu viel davon und suchen stets nach neuen Rezepten. Aus der Grillpfanne oder vom Grill schmecken sie besonders gut, denn so bleiben sie knackig-knusprig und erhalten ein wunderbar rauchiges Röstaroma. Auch Spargel lässt sich gut grillen, daher sollte man diesen Salat im Frühjahr während der Spargelsaison essen. Spargel enthält viel Asparagin, eine Aminosäure, die als natürliches Diuretikum (harntreibendes Mittel) wirkt.

12 Stangen grüner Spargel
12 junge Zucchini, längs halbiert
2 EL Rapsöl
1 Prise Meersalzflocken
1 Prise frisch gemahlener Pfeffer
1 EL Sonnenblumenkerne
1 TL Pinienkerne
abgeriebene Schale und Saft von 1 Biozitrone
200 g Rucola
Salz

1. Eine Grillpfanne bei starker Hitze erhitzen. Wenn sie zu rauchen beginnt, die Temperatur auf mittlere Hitze reduzieren.
2. Inzwischen die holzigen Enden der Spargelstangen entfernen und die Stangen längs halbieren. Spargel und Zucchini mit der Schnittseite nach oben auf das Schneidebrett legen, mit etwas Öl beträufeln und mit Meersalzflocken und Pfeffer bestreuen.
3. Das Gemüse mit der Schnittseite nach unten in die Grillpfanne legen und 3 Minuten kräftig rösten, bis es dunkle Grillstreifen hat. Wenden und weitere 2 Minuten grillen. Das Gemüse aus der Pfanne nehmen und warm stellen.
4. Die Kerne in einer kleinen Pfanne unter mehrfachem Schwenken 3 Minuten goldbraun rösten. Anschließend mit Zitronenschale und -saft, dem restlichen Öl und der Hälfte des Rucola und einer Prise Salz im Mixer zu einem glatten Pesto pürieren.
5. Zum Servieren den restlichen Rucola auf einer Servierplatte anrichten, das geröstete Gemüse darauf verteilen und mit dem Pesto beträufelt servieren.

REICH AN Vitamin B1 (Thiamin), B6, C und E • Folsäure • Kalium • Eisen • Kalzium • Magnesium • Beta-Karotin • Asparagin • Ballaststoffen

GUT FÜR Herz ①②③ • Knochen ① • Verdauung ① • Immunsystem ① • Haut, Haare & Nägel ①③ • Psyche ①② • Müdigkeit ①⑤ • Frauen ①③

SÜSSKARTOFFELKÜCHLEIN MIT GRÜNKOHL & GRÜNEN BOHNEN

FÜR 4 PERSONEN • 355 KCAL PRO PORTION

Verwenden Sie für dieses Rezept kleine bis mittelgroße Süßkartoffeln. Sie sind gekocht weicher und damit ideal für Püree geeignet. Süßkartoffeln haben eine geringe glykämische Last, was bedeutet, dass sie den Blutzuckerspiegel nach dem Essen nicht so stark ansteigen lassen. Eine Ernährung mit geringer glykämischer Last kann bei der Gewichtsreduktion helfen.

4 EL Steinsalz (nicht zum Essen)
4 kleine/mittelgroße Süßkartoffeln
1 Eigelb
2 EL gluten- und weizenfreies Mehl
½ rote Zwiebel, klein gewürfelt
2 Zweige Thymian, Blätter abgezupft
1 Prise frisch gemahlener Pfeffer
Salz
200 g Grünkohl, in feine Streifen gehobelt
150 g grüne Bohnen
40 g Haselnüsse
40 g Kürbiskerne
abgeriebene Schale von 1 Bio-Orange
150 g Kirschtomaten, halbiert

1 Den Backofen auf 200 °C (180 °C Umluft) vorheizen. Ein Backblech mit Backpapier auslegen.
2 Auf dem Backblech vier kleine Hügel aus Steinsalz auftürmen und jeweils eine der Süßkartoffeln daraufsetzen. Im vorgeheizten Backofen 35 Minuten weich garen.
3 Aus dem Backofen nehmen und 15 Minuten abkühlen lassen, dann schälen (röstet man die Schale etwas länger, kann man sie als knusprige Chips extra genießen). Das Innere der Kartoffeln in eine Schüssel geben (das Salz wegwerfen).
4 Die Süßkartoffeln mit Eigelb, Mehl, Zwiebel, Thymian, Pfeffer und 1 Prise Salz zu einer relativ feuchten Mischung verarbeiten. Zu acht 2 cm dicken Küchlein formen und diese auf das Backblech setzen. Im Backofen 25 Minuten knusprig backen.
5 Inzwischen einen großen Topf mit Wasser zum Kochen bringen. Kohl und Bohnen hineingeben und 1 Minute blanchieren. Das Gemüse in ein Sieb abgießen und unter kaltem Wasser abschrecken, dann in eine große Schüssel geben.
6 Eine kleine Pfanne bei mittlerer Hitze erhitzen und Haselnüsse und Kürbiskerne darin 4 Minuten trocken goldgelb rösten. Die Nüsse mit Orangenschale, Tomaten und 1 Prise Salz zu dem Kohl und den Bohnen geben und alles gut vermischen.
7 Die Süßkartoffelküchlein auf einem Bett aus Grünkohl und grünen Bohnen servieren.

REICH AN Vitamin B1 (Thiamin), B6, C und E • Folsäure • Kalium • Eisen • Beta-Karotin • Ballaststoffen

GUT FÜR Herz ①② • Verdauung ① • Haut, Haare & Nägel ①③ • Psyche ① • Müdigkeit ① • Frauen ①

ROTE-BETE-FALAFEL

FÜR 4 PERSONEN • 385 KCAL PRO PORTION

Dieses Rezept entstand nach einer großen Anzahl von Falafel-Versuchen. Meist gehen Falafel schief, weil man versucht, sich mit Kichererbsen aus der Dose Arbeit und Zeit zu ersparen. Das Ergebnis sind feuchte, matschige, ziemlich traurig aussehende Falafel. Weicht man getrocknete Kichererbsen aber selbst ein und kocht sie, werden die Falafel knusprig, rund und haben Biss. Wir haben bei diesem Rezept noch Rote Bete wegen ihrer schönen Farbe hinzugefügt. Sie enthält viel Folsäure, die zur Produktion roter Blutkörperchen gebraucht wird und so Anämie vorbeugen hilft.

200 g getrocknete Kichererbsen
2 rohe Rote Bete, geschält und fein gewürfelt
1 Möhre, fein gewürfelt
50 g Cashewkerne
30 g Pistazien, geschält
1 TL Olivenöl
½ rote Zwiebel, fein gewürfelt
2 Knoblauchzehen, fein gehackt
1 Ei, leicht mit der Gabel verquirlt
abgeriebene Schale von 1 Biozitrone
2 TL gemahlener Kreuzkümmel
1 TL geräuchertes Paprikapulver
1 EL Sesamsamen

FÜR DEN JOGHURT-DIP

3 EL Sojajoghurt
abgeriebene Schale und Saft von 1 Biozitrone
1 TL Tahin
1 Salatgurke, geschält, entkernt und in dünne Scheiben geschnitten
1 Prise gemahlener Kreuzkümmel
1 Prise Salz

ZUM SERVIEREN

Eisbergsalat, in einzelne Blätter zerteilt
einige Minzeblätter

1 Die Kichererbsen über Nacht in kaltem Wasser einweichen. Am nächsten Tag in ein Sieb abgießen und in einen Topf mit frischem Wasser geben. Zum Kochen bringen und 50 Minuten köcheln lassen. Abgießen und mit Küchenpapier trocken tupfen.
2 Den Backofen auf 180 °C (160 °C Umluft) vorheizen. Ein Backblech mit Backpapier auslegen.
3 Kichererbsen, Rote Bete, Möhren, Cashewkerne und Pistazien im Mixer fein hacken. In eine große Schüssel geben und beiseitestellen.
4 Das Öl in einer beschichten Pfanne erhitzen und Zwiebeln und Knoblauch braten, bis sie weich sind. Mit den restlichen Zutaten (bis auf die Sesamsamen) in die Schüssel geben und alles gut vermischen.
5 Die Mischung zu kleinen Kugeln formen und in den Sesamsamen rollen, bis sie rundum bedeckt sind. Die Kugeln auf das Backblech setzen und im vorgeheizten Ofen 50 Minuten backen.
6 Inzwischen für den Dip alle Zutaten miteinander in einer kleinen Schüssel verrühren.
7 Die fertigen Falafel mit Dip, Salatblättern und Minze servieren. Zum Essen legt man einige Minzeblätter auf ein Salatblatt, gibt 1 Esslöffel Dip und eine Falafel dazu und wickelt alles ein.

REICH AN Vitamin B1 (Thiamin) und B6 • Folsäure • Kalium • Eisen • Magnesium • Beta-Karotin • Phytoöstrogenen • Beta-Sitosterin • Nitraten

GUT FÜR Herz ①②③ • Knochen ① • Haut, Haare & Nägel ①③④ • Psyche ①② • Müdigkeit ①③⑤ • Männer ① • Frauen ①③④

KÜRBISSTEAKS MIT GERÖSTETEN SCHALOTTEN

FÜR 2 PERSONEN • 155 KCAL PRO PORTION

Wenn Sie diese Kürbissteaks Freunden servieren, ernten Sie vielleicht verwirrte Blicke. Wo ist das Fleisch? Aber nach zwei Bissen wird genüssliches Schweigen herrschen, denn Butternusskürbis ist so herzhaft, dass er auch Fleischesser überzeugt – sogar mein Bruder liebt diese Steaks. Butternusskürbis enthält viel Vitamin B6, das für ein gesundes Immun- und Nervensystem wichtig ist.

1 Butternusskürbis
1 EL Olivenöl
1 TL Meersalzflocken
1 TL frisch gemahlener Pfeffer
4 Zweige Rosmarin
4 Zweige Thymian
1 EL Rapsöl
1 TL flüssiger Honig
3 Bananenschalotten, mit Schale, längs halbiert

FÜR DEN SPINAT-RUCOLA-SALAT

2 Handvoll junge Spinatblätter, grob gehackt
2 Handvoll Rucola
1 Handvoll Basilikumblätter, grob gehackt
1 TL Olivenöl
Saft von ½ Zitrone
Salz und frisch gemahlener Pfeffer
1 EL Sonnenblumenkerne

1 Den Ofen auf 200 °C (180 °C Umluft) vorheizen. Zwei Backbleche mit Backpapier auslegen.
2 Den Kürbis am Strunkende beginnend diagonal in vier 2,5 cm dicke Scheiben schneiden. Den runden unteren Teil abschneiden – er kann aufbewahrt und für eine Suppe genutzt werden.
3 Die „Kürbissteaks“ auf eines der Backbleche legen und die Oberseite kreuzweise einritzen. Mit Olivenöl beträufeln und mit Salz und Pfeffer bestreuen. Dann je einen Zweig Rosmarin und Thymian auf jedes Steak legen. Beiseitestellen.
4 Rapsöl und Honig bei mittlerer Hitze in einer Pfanne mit Antihaftbeschichtung erhitzen. Die Schalotten mit der Schnittseite nach unten hineinlegen und 10 Minuten goldbraun karamellisieren. Anschließend die Schalotten auf das zweite Backblech legen – weiterhin mit der Schnittfläche nach unten, damit sie beim Backen nicht austrocknen.
5 Beide Backbleche in den Ofen geben und 30–40 Minuten backen, bis Kürbissteaks und Schalotten gar sind.
6 Inzwischen den Salat zubereiten: Spinat, Rucola und Basilikum mit Olivenöl, Zitronensaft, Salz und Pfeffer vermischen und mit Sonnenblumenkernen bestreuen.
7 Die Schale von den Schalotten abziehen, die Schalotten auf die Kürbissteaks legen und zusammen mit dem Salat servieren.

REICH AN Vitamin B6, C und E • Folsäure • Kalium • Magnesium • Kalzium • Eisen • Beta-Karotin • Ballaststoffen

GUT FÜR Herz ①②③ • Knochen ① • Verdauung ① • Immunsystem ① • Haut, Haare & Nägel ①③ • Psyche ①② • Müdigkeit ①③⑤ • Frauen ①③

GEFÜLLTE ZUCCHINI MIT ROTER BETE & SCHALOTTEN

FÜR 2 PERSONEN • 380 KCAL PRO PORTION

Dieses Rezept habe ich in Erinnerung an ein Gericht kreiert, das ich in Indien gegessen habe. Wichtig ist, dafür möglichst dicke Zucchini zu kaufen, damit man sie mit reichlich Süßkartoffel und Roter Bete füllen kann. Die Schalotten als Garnitur verbinden alle Zutaten des Gerichts harmonisch miteinander und haben einen wunderbar herzhaften Geschmack. Wie alle Zwiebeln enthalten sie nicht verdauliche Faserstoffe, die (besonders wenn sie roh gegessen werden) darmfreundliche Bakterien nähren und damit die Darmflora und die Verdauung verbessern helfen. Das Gericht eignet sich gut als Hauptgericht für zwei oder als Vorspeise für vier Personen.

- 1 EL Steinsalz (nicht zum Essen)
- 1 Süßkartoffel
- 4 Zucchini
- 1 TL Rapsöl
- 5 Schalotten, fein gehackt
- 2,5 cm großes Stück Ingwer, ungeschält, gerieben
- 2 Knoblauchzehen, fein gehackt
- 2 Stangen Staudensellerie, fein gewürfelt
- 2 rohe Rote Bete, geschält und geraspelt
- 150 ml Kokosmilch
- 1 EL Sesamsamen

1. Den Backofen auf 200 °C (180 °C Umluft) vorheizen. Ein kleines Backblech mit Backpapier auslegen.
2. Das Steinsalz auf dem Backblech anhäufeln und die Süßkartoffel daraufsetzen. Im vorgeheizten Backofen 35 Minuten garen. Aus dem Ofen nehmen (diesen weiter heizen) und abkühlen lassen. Dann die Süßkartoffel schälen und beiseitestellen. Das Salz wegwerfen.
3. Während die Süßkartoffel im Ofen ist, die Zucchini längs halbieren und mit einem Teelöffel aushöhlen – dabei nicht zu viel Fruchtfleisch herauslösen und die Schale nicht durchstoßen. Die Zucchinischiffchen sollten dick genug sein, damit die Füllung nicht austrocknet. Die Zucchinischiffchen beiseitestellen.
4. Einen Topf erhitzen, das Öl hineingeben und die Schalotten 5 Minuten glasig dünsten. Die Hälfte der Schalotten herausnehmen und beiseitestellen. Ingwer, Knoblauch, Sellerie und Rote Bete in den Topf geben und 5 Minuten andünsten, dann die Temperatur auf schwache Hitze reduzieren. Die Kokosmilch einrühren und unter gelegentlichem Rühren 5 Minuten köcheln und leicht einreduzieren lassen. Vom Herd nehmen und anschließend noch die Süßkartoffel einrühren.
5. Die Zucchinischiffchen auf das Backblech legen und mit der Süßkartoffel-Gemüse-Mischung füllen. Mit den beiseitegestellten Schalotten und den Sesamsamen bestreuen. 15 Minuten im vorgeheizten Backofen backen. Dann herausnehmen und warm servieren. Dazu passt sehr gut ein Spinat-Sonnenblumenkern-Salat.

REICH AN Vitamin B1 (Thiamin), B6 und C • Folsäure • Kalium • Eisen • Kalzium • Magnesium • Beta-Karotin • Präbiotika • Nitraten • Ballaststoffen

GUT FÜR Herz ①② • Knochen ① • Verdauung ① • Immunsystem ① • Haut, Haare & Nägel ①③ • Psyche ①② • Müdigkeit ①⑤ • Frauen ①

GEBACKENE AUBERGINE MIT GRANATAPFEL

FÜR 4 PERSONEN • 145 KCAL PRO PORTION

Viele unserer Rezepte sind von Gerichten aus dem Nahen Osten inspiriert. Dieses wunderbare Gericht lebt vom Kontrast zwischen den weichen, erdigen, etwas herben Auberginen und dem leichten Joghurt, der frischen Minze und den süßen Granatapfelkernen. Frische Kräuter und Gewürze sorgen dafür, dass man beim Würzen weniger Salz benötigt, und steuern ihrerseits wichtige Nährstoffe bei.

4 Auberginen
1 TL geräuchertes Paprikapulver
Salz und frisch gemahlener Pfeffer
1 TL Olivenöl
1 Granatapfel
1 Prise gemahlener Sumach zum Garnieren

FÜR DIE TOMATENSAUCE

8 reife Strauchtomaten, grob gehackt
4 Schalotten, grob gehackt
1 rote Chili, Samen und Trennhäute entfernt, grob gehackt
1 Stange Staudensellerie, grob gehackt
5 Knoblauchzehen, grob gehackt
1 Handvoll glatte Petersilie, grob gehackt
2 Zweige Thymian, Blätter abgezupft

FÜR DAS JOGHURTDRESSING

1 EL Sojajoghurt
abgeriebene Schale und Saft von 1 Biozitrone
1 Handvoll Korianderblätter, fein gehackt
1 Handvoll Minze, fein gehackt und ein paar Blätter zum Garnieren
Salz und frisch gemahlener Pfeffer

1. Den Ofen auf 200 °C (180 °C Umluft) vorheizen.
2. Die Auberginen längs halbieren. Das Fruchtfleisch kreuzweise ca. 1 cm tief einschneiden. Mit Paprikapulver und etwas Salz und Pfeffer bestreuen und mit Öl beträufeln. Die Auberginenhälften mit der Schnittseite nach oben auf ein Backblech legen und im vorgeheizten Ofen 25 Minuten backen, bis sie ganz weich sind.
3. Inzwischen alle Zutaten für die Tomatensauce in einen Mixer geben und 30 Sekunden zu einer groben, stückigen Sauce mixen. In einen mittelgroßen Topf geben, aufkochen und unter gelegentlichem Rühren bei mittlerer bis schwacher Hitze 20 Minuten köcheln lassen.
4. Den Joghurt mit Zitronensaft und -schale, Koriander und Minze verrühren und mit Salz und Pfeffer abschmecken.
5. Die Kerne aus dem Granatapfel lösen. Dazu den Granatapfel halbieren, mit der Schnittseite auf Küchenpapier legen und mit einem Holzlöffel vorsichtig auf die Außenseite klopfen, bis alle Kerne herausfallen. Danach die weiße Innenhaut von den Kernen lösen.
6. Zum Servieren je zwei Auberginenhälften auf einen Teller legen, mit Tomatensauce und Joghurt beträufeln und mit Granatapfelkernen bestreuen. Mit Minzeblättern und Sumach garnieren.

REICH AN Vitamin B6 und • Folsäure • Kalium • Lykopin • Ballaststoffen

GUT FÜR Herz ①② • Verdauung ① • Immunsystem ① • Psyche ① • Männer ① • Frauen ①

GERÖSTETE BABY-AUBERGINEN MIT SPINATSALAT

FÜR 4 PERSONEN • 185 KCAL PRO PORTION

Die kleinen, saftigen Auberginen in diesem Rezept passen gut zum kräftig grünen Spinatsalat und der scharfen Salsa. Je nach Portionsgröße ist dieses Gericht eine leckere Vor- oder Hauptspeise, eignet sich aber auch als Begleiter zu Fisch. Auberginen können ganz unterschiedliche Formen haben. Einige sind kurz und rund, andere lang und dünn – wir verwenden für dieses Rezept Letztere. Wenn Sie jedoch nur runde Auberginen finden, viertelt man sie einfach. Alle Auberginen sind ballaststoffreich, was das Verdauungssystem stärkt.

20 kleine Auberginen (vorzugsweise lange, dünne Auberginen)
1 EL Olivenöl
1 TL Meersalzflocken

FÜR DEN SPINATSALAT

200 g Spinat, in dünne Streifen geschnitten
½ rote Zwiebel, in Streifen geschnitten
abgeriebene Schale und Saft von ½ Biozitrone
1 TL Rapsöl
1 Handvoll Korianderblätter
30 g Pistazien, geschält
30 g Cashewkerne

FÜR DIE TOMATENSALSA

4 reife Tomaten, fein gewürfelt
½ rote Zwiebel, in dünne Streifen geschnitten
½ grüne Chili, Samen und Trennhäute entfernt, fein gehackt
1 Handvoll glatte Petersilie, fein gehackt

1 Den Ofen auf 200 °C (180 °C Umluft) vorheizen.
2 Die Auberginen längs halbieren und mit der Schnittseite nach unten auf ein Backblech legen. Mit Olivenöl beträufeln und mit Salz bestreuen. Im vorgeheizten Backofen 20 Minuten rösten, bis sie weich sind.
3 Inzwischen den Spinat in einer Schüssel mit den Zwiebeln vermischen und mit Zitronensaft beträufeln. Zitronenschale, Öl, Koriander, Pistazien und Cashewkerne in den Mixer geben und grob zerkleinern. Ebenfalls in die Schüssel geben und alles gut vermischen.
4 In einer zweiten Schüssel alle Zutaten für die Salsa miteinander verrühren.
5 Zum Servieren die Auberginenhälften mit der Schnittseite nach oben auf einer Platte anrichten und jeweils mit 1 Esslöffel Spinatsalat und 1 Esslöffel Tomatensalsa garnieren.

REICH AN Vitamin B1 (Thiamin), B6 und C • Folsäure • Kalium • Beta-Karotin • Ballaststoffen

GUT FÜR Herz ①② • Knochen ① • Verdauung ① • Immunsystem ① • Haut, Haare & Nägel ①③ • Psyche ①

AUBERGINEN-AUFLAUF

FÜR 6 PERSONEN • 380 KCAL PRO PORTION

Dieser einfache Auberginenauflauf mit Tomaten ist an den süditalienischen Klassiker *Parmigiana di melanzane* angelehnt. In unserer Version sorgt ein Bohnenpüree für die Cremigkeit, die im Original der Käse beisteuert. Weizenfreie Semmelbrösel und Hefeflocken ergeben eine ähnlich schöne Kruste wie der Parmesan. Die Hefeflocken mit ihrem angenehmen Käsearoma sind in Reformhäusern und Bioläden erhältlich.

3 Auberginen
300 g frische Maiskörner (oder Tiefkühlware)
50 g Hefeflocken
300 g weizenfreie Semmelbrösel

FÜR DIE TOMATENSAUCE

1 TL Olivenöl
1 Zwiebel, fein gehackt
2 Knoblauchzehen, fein gehackt
2 Stangen Staudensellerie, fein gewürfelt
1 EL Paprikapulver
1 TL getrockneter Oregano
1 TL Salz
1 TL frisch gemahlener Pfeffer
2 × 400 g gehackte Tomaten (aus der Dose)
100 g Kirschtomaten

FÜR DAS BOHNENPÜREE

2 × 400 g Limabohnen (aus der Dose), abgespült und abgetropft
200 ml Reismilch
1 Prise gemahlener Zimt
1 TL Cayennepfeffer

1. Für die Tomatensauce das Öl in einem Topf erhitzen und Zwiebeln und Knoblauch 5 Minuten darin anbraten. Sellerie, Paprikapulver, Oregano, Salz und Pfeffer hinzugeben und noch einmal 2 Minuten braten. Die Tomaten (frische und Dosenware) einrühren, aufkochen, dann die Temperatur auf schwache Hitze reduzieren und unter gelegentlichem Rühren 20 Minuten köcheln lassen. Wenn die Sauce zu dickflüssig wird, etwas Wasser zugeben.
2. Den Ofen auf 200 °C (180 °C Umluft) vorheizen.
3. Alle Zutaten für das Bohnenpüree in einen Topf geben und bei mittlerer Hitze 10 Minuten kochen. In den Mixer geben und glatt pürieren (wer keinen Mixer hat, kann die Bohnen auch mit der Gabel zerdrücken. Das Püree wird nicht ganz so fein, schmeckt aber genauso gut).
4. Die Enden der Auberginen abschneiden, die Auberginen in 1 cm dicke Scheiben schneiden und mit der Hälfte der Auberginen den Boden einer 20 × 26 cm großen, gefetteten Auflaufform auslegen.
5. Die Hälfte der Maiskörner und des Bohnenpürees darauf verteilen und mit der Hälfte der Tomatensauce bedecken. Mit den übrigen Zutaten die weiteren Lagen schichten. Mit Hefeflocken und Semmelbröseln bestreuen.
6. Den Auflauf 50 Minuten im vorgeheizten Backofen backen, bis die Kruste knusprig ist und die Auberginen weich sind. Heiß servieren.

REICH AN Vitamin B1 (Thiamin), B6, C und E • Kalium • Magnesium • Eisen • Lykopin • Ballaststoffen

GUT FÜR Herz ①② • Verdauung ① • Immunsystem ① • Psyche ①② • Müdigkeit ①③⑤ • Männer ① • Frauen ①③

GEMÜSE-LASAGNE

FÜR 4 PERSONEN • 430 KCAL PRO PORTION

Wir dachten, es sei bestimmt unmöglich, eine fleisch-, laktose- und weizenfreie Lasagne zu kreieren, aber die Ersatzzutaten, die wir gefunden haben, ergeben tatsächlich eine leckere Lasagne. Die cremigen Limabohnen erzielen dieselbe Wirkung wie die Béchamelsauce des Originals und runden das Gericht ab. Die Zucchini, die den Platz der Pasta einnehmen, haben eine sehr ähnliche Textur. Die kompakteren Gemüse schmecken und sättigen gleichzeitig. Die Gemüse-Lasagne ist zudem reich an Folsäure: Diese trägt zur Senkung höherer Homocysteinwerte des Bluts bei, die mit Herzkrankheiten in Verbindung gebracht werden.

8 Zucchini | 2 EL Olivenöl
Meersalzflocken und frisch gemahlener Pfeffer
1 rote Zwiebel, fein gewürfelt
2 Knoblauchzehen, fein gehackt
6 große Strauchtomaten, grob gehackt
4 sonnengetrocknete Tomaten, grob gehackt
1 Maiskolben oder 150 g Tiefkühl-Maiskörner
1 rote Paprika, Samen und Trennhäute entfernt, in dünne Streifen geschnitten
1 Aubergine, quer in 1 cm dicke Scheiben geschnitten
1 EL getrockneter Thymian
2 × 400 g Limabohnen (aus der Dose), abgespült und abgetropft
250 ml Reismilch
1 Handvoll glatte Petersilie, fein gehackt
1 Prise Chiliflocken

1. Den Ofen auf 200 °C (180 °C Umluft) vorheizen.
2. Für die Zucchini-„Nudeln" mit dem Sparschäler lange Bänder von den Zucchini abhobeln. Die Bänder mit 2 Teelöffel Olivenöl und etwas Salz und Pfeffer einreiben. Dann beiseitestellen oder eine Grillpfanne erhitzen und die Zucchini darin 1 Minute von jeder Seite rösten (je nach Größe der Grillpfanne muss dies wahrscheinlich in vier bis fünf Portionen geschehen). Die gerösteten Bänder beiseitestellen.
3. 1 Teelöffel Olivenöl in einem Topf erhitzen und Zwiebeln und Knoblauch 5 Minuten darin dünsten. Vom Herd nehmen und die Hälfte der Zwiebelmischung (für die Limabohnensauce) in einen Mixer oder die Küchenmaschine geben. Frische und getrocknete Tomaten mit 100 ml Wasser zu den übrigen Zwiebeln in den Topf geben und bei schwacher Hitze unter gelegentlichem Rühren 30 Minuten köcheln lassen.
4. Inzwischen den frischen Maiskolben (falls verwendet) von Blättern und Stroh befreien und die Maiskörner abschneiden. Dazu den Maiskolben an einem Ende festhalten, schräg auf ein Schneidebrett aufsetzen und mit einem scharfen Messer rundum am Kolben entlangfahren, um die Körner abzutrennen. Den Kolben wegwerfen. Die Maiskörner mit Paprika und Aubergine auf einem Backblech verteilen. Mit dem restlichen Esslöffel Öl beträufeln und mit getrocknetem Thymian bestreuen. 20 Minuten im vorgeheizten Backofen rösten.
5. Unterdessen die Limabohnensauce zubereiten. Dazu Limabohnen, Reismilch und Petersilie zu Zwiebeln und Knoblauch in den Mixer oder die Küchenmaschine geben und 5 Minuten glatt pürieren. In eine Schüssel geben. Mixer oder Küchenmaschine säubern.
6. Die Tomatensauce mit Salz, Pfeffer und Chili würzen. In den Mixer oder die Küchenmaschine geben und zu einer stückigen, groben Sauce mixen. In eine große Schüssel geben und das geröstete Gemüse hineingeben (den Ofen weiter heizen).
7. Nun die Lasagne schichten. Zuerst eine Lage Zucchini (ca. ein Drittel) auf dem Boden der gefetteten Auflaufform verteilen. Mit der Hälfte der Tomatensauce übergießen und die Hälfte der Limabohnensauce darauf verteilen. Die Schichtung wiederholen und mit einer dritten Lage Zucchini abschließen.
8. 25 Minuten im vorgeheizten Backofen backen. Die Lasagne heiß, zusammen mit einem großen grünen Salat, servieren.

REICH AN Vitamin B1 (Thiamin), B3 (Niacin), B6, C und E • Folsäure • Kalium • Eisen • Magnesium • Beta-Karotin • Ballaststoffen

GUT FÜR Herz ①②③ • Knochen ① • Verdauung ① • Immunsystem ① • Haut, Haare & Nägel ①③ • Psyche ①② • Müdigkeit ①③⑤ • Frauen ①

ZUCCHINI-SPAGHETTI MIT TOMATEN-PESTO

FÜR 2 PERSONEN • 230 KCAL PRO PORTION

Zucchini-Pasta ist für jeden Gemüseliebhaber eine Offenbarung! Man benötigt für die Spaghetti zwar einen speziellen Julienne-Sparschäler, aber die Investition lohnt sich! Das Beste an den Zucchini-Spaghetti ist, dass sie kalorienarm sind und man dadurch von dieser Bolognese – im Gegensatz zu den traditionellen Spaghetti bolognese – so viel essen kann, wie man möchte. Ein tolles Mittagessen, wenn man abnehmen möchte.

4 Zucchini
1 Prise Meersalzflocken
8 große Strauchtomaten
2 Handvoll Basilikumblätter, fein gehackt
1 EL Olivenöl
1 Knoblauchzehe, zerdrückt
Salz
1 EL Pinienkerne, geröstet, zum Garnieren

1 Die ungeschälten Zucchini mit einem Julienne-Sparschäler längs in Streifen schneiden (die weiche Mitte wegwerfen). Mit den Meersalzflocken mischen und beiseitestellen.

2 Einen Topf mit Wasser zum Kochen bringen. Die Tomaten an der Unterseite kreuzweise einschneiden und 20–30 Sekunden im kochenden Wasser blanchieren. Herausheben,in einer Schüssel mit Eiswasser abschrecken und die Haut von den Tomaten abziehen.

3 Die Tomaten halbieren, die Kerne entfernen und das Fruchtfleisch fein hacken. Das Fruchtfleich in einem antihaftbeschichteten Topf mit Basilikum, Öl und Knoblauch vermischen und mit Salz abschmecken.

4 Die Tomatensauce 2–3 Minuten sanft erhitzen. Die Zucchini-Spaghetti hineingeben und alles 1–2 Minuten durchwärmen. Mit den gerösteten Pinienkernen garniert sofort servieren.

REICH AN Vitamin B6, C und E • Folsäure • Kalium • Eisen • Magnesium • Lykopin • Ballaststoffen

GUT FÜR Herz ①②③ • Knochen ① • Verdauung ① • Immunsystem ① • Psyche ①② • Müdigkeit ①③⑤ • Männer ① • Frauen ①③

RÖSTGEMÜSE MIT KÜMMEL & ZITRONEN-MINZE-JOGHURT

FÜR 2 PERSONEN • 210 KCAL PRO PORTION

Blumenkohl ist sehr vielseitig und wandlungsfähig – ob als Couscous- oder Reisersatz, roh oder in Currys. In jeder Version sind seine Textur und sein Geschmack unverkennbar. Gebraten schmeckt er jedoch am besten. Dabei kommt seine herzhafte, erdige Note, gepaart mit seiner cremigen, weichen Konsistenz, am besten zum Vorschein. Dieses Gericht ist reich an Vitamin B1, das an der Umwandlung von Kohlenhydraten in Energie beteiligt ist.

1 Blumenkohl
3 große Möhren
1 EL Erdnussöl
abgeriebene Schale von 1 Biozitrone
1 Prise Meersalzflocken
1 Prise frisch gemahlener Pfeffer
1 TL Paprikapulver
1 TL Kümmelsamen
1 TL Sesamsamen

FÜR DEN ZITRONEN-MINZE-JOGHURT

2 EL Sojajoghurt
abgeriebene Schale und Saft von ½ Biozitrone
1 Prise Paprikapulver
3 Minzeblätter, fein gehackt
1 Prise Salz
1 Prise frisch gemahlener Pfeffer

1. Den Backofen auf 200 °C (180 °C Umluft) vorheizen. Ein Backblech mit Backpapier auslegen
2. Den Blumenkohl in einzelne Röschen zerteilen und diese halbieren. Dabei möglichst viel vom Strunk mitverwenden. In eine große Schüssel geben. Die Möhren schälen, diagonal in 1 cm dicke Scheiben schneiden und ebenfalls in die Schüssel geben.
3. Öl, Zitronenschale, Salz, Pfeffer, Paprikapulver, Kümmel- und Sesamsamen hinzufügen und gut vermischen, bis das Gemüse rundum mit der Gewürzmischung überzogen ist. Alles in eine gefettete Auflaufform geben und 20 Minuten im vorgeheizten Backofen backen.
4. Inzwischen den Joghurt mit den restlichen Zutaten glatt rühren und bis zum Verzehr in den Kühlschrank stellen.
5. Das geröstete Gemüse mit dem Zitronen-Minze-Joghurt beträufeln und heiß servieren.

REICH AN Vitamin B1 (Thiamin) und C • Folsäure • Kalium • Phytoöstrogenen • Beta-Karotin • Ballaststoffen

GUT FÜR Herz ①② • Knochen ① • Verdauung ① • Immunsystem ① • Haut, Haare & Nägel ①④ • Männer ① • Frauen ①③④

BLUMENKOHLRISOTTO MIT PISTAZIEN

FÜR 2 PERSONEN • 320 KCAL PRO PORTION

Hier kommt ein Risotto ohne Reis! Der Blumenkohl ist aber ein würdiger Stellvertreter. Wenn man den Strunk lange genug kocht und dann kleine, reiskorngroße Röschenstücke hinzugibt, erhält man die Cremigkeit eines Risottos und die leichte Bissfestigkeit, die man von Blumenkohl erwartet. Dieses leckere vegetarische Gericht erhält durch die Chili-Pistazien zusätzlichen Biss. Pistazien liefern zudem Protein und gesunde einfach ungesättigte Fettsäuren.

1 Blumenkohl
1 EL Rapsöl
3 Schalotten, fein gewürfelt
1 Knoblauchzehe, fein gehackt
1 daumengroßes Stück Ingwer, geschält und gerieben
2 Stangen Staudensellerie, fein gewürfelt
2 Möhren, fein gewürfelt
600 ml Gemüsebrühe (s. S. 283)
1 TL Chiliflocken
1 TL Sesamsamen
30 g Pistazien, geschält

1. Die äußeren Blumenkohlblätter entfernen. Die Röschen vom Strunk schneiden. Den Strunk in den Mixer geben und auf Reiskorngröße zerkleinern. In eine Schüssel geben. Die Röschen im Mixer auf die gleiche Größe zerkleinern und in eine zweite Schüssel geben. Beiseitestellen.
2. Etwas Öl in einem großen Topf erhitzen, zwei der Schalotten hineingeben und bei mittlerer Hitze 10 Minuten leicht anbräunen. Knoblauch und Ingwer hinzugeben und weitere 3 Minuten braten. Den zerkleinerten Strunk mit dem Sellerie, den Möhren und der Brühe hinzugeben. Aufkochen, dann 25 Minuten köcheln lassen.
3. Die zerkleinerten Röschen hinzugeben und 3 Minuten erhitzen.
4. Inzwischen das restliche Öl in einem zweiten Topf erhitzen, die verbleibende Schalotte mit Chiliflocken, Sesamsamen und Pistazien hineingeben und unter Rühren 2–3 Minuten sanft anbraten.
5. Die Pistazienmischung unter den Blumenkohlrisotto rühren und servieren.

REICH AN Vitamin B1 (Thiamin) und C • Folsäure • Kalium • Eisen • Beta-Sitosterin • Ballaststoffen

GUT FÜR Herz ①②③ • Verdauung ① • Immunsystem ① • Müdigkeit ① • Männer ①

FRÜHLINGSGEMÜSE-AUFLAUF MIT ZUCCHINI-KRUSTE

FÜR 4 PERSONEN • 190 KCAL PRO PORTION

Dieses vegetarische Gericht ist schon für sich allein toll, aber Fleischliebhaber können dazu auch gut eine Hähnchenbrust essen. Der Auflauf ist glutenfrei, und Sie können jedes Gemüse dafür verwenden, das gerade Saison hat. Die Kruste besteht nicht aus Teig, sondern aus langen Zucchinibändern. Zucchini enthalten viel Wasser und sind damit eines der kalorienärmsten Gemüse.

5 Zucchini
1 EL Rapsöl und etwas Öl zum Beträufeln
1 rote Zwiebel, fein gehackt
2 Knoblauchzehen, fein gehackt
2 Zweige Rosmarin
2 Zweige Thymian
2 Handvoll glatte Petersilie, fein gehackt
abgeriebene Schale von 1 Biozitrone
1 EL gluten- und weizenfreies Mehl
600 ml Gemüsebrühe (s. S. 283)
½ weiße Rübe, fein gewürfelt
2 Möhren, fein gewürfelt
1 Stange Staudensellerie, fein gewürfelt
1 Stange Lauch, in dünne Scheiben geschnitten
100 g Grünkohl, gehobelt
100 g frische Erbsen, gepalt, oder Tiefkühl-Erbsen

1 Die Zucchini mit dem Sparschäler in lange, dünne Bänder schneiden. Kurz vor dem Kern der Zucchini aufhören (Sie können das Innere würfeln und zusammen mit dem Kohl kochen). Die Bänder beiseitestellen.

2 Das Öl in einem großen Topf erhitzen. Die Zwiebel hineingeben und 10 Minuten darin leicht anbräunen. Knoblauch, Rosmarin, Thymian, Petersilie und Zitronenschale hinzugeben und weitere 2 Minuten braten. Das Mehl einrühren. Die Hälfte der Brühe hinzugeben und gut verrühren. Aufkochen, dann unter gelegentlichem Rühren 5 Minuten köcheln lassen.

3 Rübe, Möhren, Sellerie, Lauch und die restliche Brühe hinzugeben und nochmals aufkochen. 20 Minuten köcheln lassen, dann Kohl und Erbsen hinzufügen. Alles 5 Minuten weiterköcheln lassen.

4 Den Backofengrill vorheizen.

5 Das Gemüse in eine Auflaufform geben (den Rosmarinzweig herausnehmen und wegwerfen). Mit den Zucchinibändern bedecken und mit etwas Öl beträufeln. Auf mittlerer Schiene 10 Minuten unter dem Grill backen, bis die Zucchini knusprig sind. Sofort servieren.

REICH AN Vitamin B1 (Thiamin), B6 und C • Folsäure • Kalium • Eisen • Beta-Karotin • Ballaststoffen

GUT FÜR Herz ①② • Verdauung ① • Immunsystem ① • Haut, Haare & Nägel ①③ • Psyche ① • Müdigkeit ① • Frauen ①

ROTE-BETE-MÖHREN-TAJINE MIT BLUMENKOHL-COUSCOUS

FÜR 4 PERSONEN • 230 KCAL PRO PORTION

Traditionell bereitet man diesen marokkanischen Eintopf im Tajine-Topf zu, aber da die meisten so etwas sicherlich nicht in ihrem Küchenschrank haben, nehmen wir dafür einen Kochtopf. Auch auf diese Weise erhält man den süßen, herzhaften und duftigen Geschmack einer klassischen Tajine. Die Rote Bete verleiht diesem Gericht einen schönen erdigen Geschmack und sorgt zusammen mit den Möhren für leuchtende Farben. Möhren enthalten sehr viel Beta-Karotin, das der Körper in Vitamin A umwandelt und so für gesunde Haut und Augen sorgt.

1 EL Rapsöl
1 Zwiebel, fein gewürfelt
2 Knoblauchzehen, fein gehackt
1 EL frisch geriebener Ingwer
1 TL Kurkuma
1 TL gemahlener Koriander
1 TL Zimt
½ Bund Staudensellerie, gewürfelt
2 rohe Rote Bete, geschält und gewürfelt
4 Möhren, gewürfelt
300 ml Gemüsebrühe (s. S. 283)
400 g Kichererbsen (aus der Dose), abgespült und abgetropft
abgeriebene Schale von 1 Biozitrone
1 Handvoll Minzeblätter, fein gehackt
1 Handvoll Korianderblätter, fein gehackt
abgeriebene Schale von 1 Bio-Orange
Salz und frisch gemahlener Pfeffer

FÜR DAS BLUMENKOHL-COUSCOUS

1 großer Blumenkohl
Rapsöl zum Beträufeln
abgeriebene Schale und Saft von 1 Biozitrone
Salz und frisch gemahlener Pfeffer

1 Den Backofen auf 200 °C (180 °C Umluft) vorheizen. Ein Backblech mit Backpapier auslegen.
2 Für das „Couscous" die äußeren Blätter des Blumenkohls entfernen und die Röschen abtrennen. Den Strunk in den Mixer geben und auf die Größe von Couscous-Körnern zerkleinern. Den zerkleinerten Blumenkohl gleichmäßig auf dem Backblech ausbreiten. Die Röschen im Mixer auf die gleiche Größe zerkleinern und ebenfalls auf dem Blech verteilen. Beiseitestellen.
3 Das Rapsöl in einem großen Topf bei mittlerer Hitze erhitzen. Die Zwiebel hineingeben und 10 Minuten andünsten. Knoblauch und Ingwer hinzugeben und 3 Minuten dünsten. Kurkuma, Koriander, Zimt und etwas Wasser einrühren. Die Temperatur reduzieren und alles 3 Minuten köcheln lassen.
4 Sellerie, Rote Bete und Möhren hinzugeben und unter Rühren 2 Minuten garen, bis das Gemüse rundum mit den Gewürzen bedeckt ist. Die Brühe zugießen, aufkochen und 20 Minuten köcheln lassen. Das Gemüse sollte nun noch etwas Biss haben und nicht matschig sein.
5 Inzwischen das Blumenkohl-Couscous mit Öl, Zitronenschale und -saft beträufeln. 10 Minuten im Ofen backen. Aus dem Ofen nehmen und mit Salz und Pfeffer würzen.
6 Die Kichererbsen und die Zitronenschale zur Tajine geben und weitere 5 Minuten köcheln lassen. Vom Herd nehmen und 5 Minuten ziehen lassen, dann Minze, Koriander, Orangenschale und Salz und Pfeffer nach Geschmack einrühren. Zusammen mit dem Blumenkohl-Couscous servieren.

REICH AN Vitamin B6 und C • Folsäure • Kalium • Eisen • Beta-Karotin • Ballaststoffen

GUT FÜR Herz ①② • Verdauung ① • Immunsystem ① • Haut, Haare & Nägel ①③ • Müdigkeit ① • Frauen ①

SRI-LANKA-KÜRBISCURRY

FÜR 4 PERSONEN • 535 KCAL PRO PORTION (MIT REIS)

Je weiter man in Indien nach Süden kommt, desto mehr Kokospalmen findet man. Da überrascht es kaum, dass man auf der Insel Sri Lanka vor der äußersten Südspitze Indiens Kokosnüsse in jeder Form zum Kochen verwendet. Dieses Rezept ist eine Variante eines Hähnchencurrys, bei der der Kürbis in seiner duftend-pikanten Sauce die Hauptrolle spielt. Wenn es weniger Kalorien sein sollen, nehmen Sie einfach fettreduzierte Kokosmilch für dieses Rezept.

300 g Vollkornreis
Salz | 1 EL Kokosöl
1 TL Senfsamen
1 große Zwiebel, fein gewürfelt
2 Knoblauchzehen, fein gehackt
2 EL frisch geriebener Ingwer
1 rote Chili, Samen und Trennhäute entfernt, gewürfelt
5 Curryblätter
2 EL Currypulver
1 TL Kurkuma
2 Kardamomkapseln
4 Stangen Staudensellerie, in dünne Scheiben geschnitten
2 Eiertomaten, entkernt und gewürfelt
1 Butternusskürbis, geschält, entkernt und gewürfelt
100 g Cashewkerne, grob gehackt
600 ml Gemüsebrühe (s. S. 283)
200 ml Kokosmilch
frisch gemahlener Pfeffer
Korianderblätter, gehackt, zum Garnieren

1 Den Reis in einem mittelgroßen Topf mit der dreifachen Menge an Wasser bedecken und eine Prise Salz hinzugeben. Bei starker Hitze zum Kochen bringen, dann abdecken und 20 Minuten gar köcheln lassen. Gut abtropfen lassen und warm stellen.

2 Währenddessen das Curry vorbereiten. Das Kokosöl bei mittlerer Hitze in einem großen Topf erhitzen. Senfsamen und Zwiebel hineingeben und 5 Minuten leicht anbräunen. Knoblauch und Ingwer hinzufügen, die Temperatur reduzieren und weitere 2 Minuten köcheln lassen.

3 Chili, Curryblätter und -pulver, Kurkuma und Kardamom in den Topf geben und 1 weitere Minute köcheln. Bei Bedarf etwas Wasser hinzufügen, damit die Gewürze nicht am Topfboden ansetzen.

4 Sellerie, Tomaten, Kürbis und Cashews zu den Gewürzen geben und alles gut vermischen. Die Brühe zugießen und alles verrühren, dann abdecken und 15 Minuten bei mittlerer Hitze kochen.

5 Die Temperatur reduzieren und die Kokosmilch in das Curry geben. Alles unter gelegentlichem Rühren 5 Minuten sanft köcheln lassen. Das Curry mit Salz und Pfeffer abschmecken und vor dem Servieren mit Koriander bestreuen. Dazu passt brauner Reis.

REICH AN Vitamin B3 (Niacin), B6 und C • Folsäure • Kalium • Magnesium • Eisen • Zink • Beta-Karotin • Curcuminoiden • Ballaststoffen

GUT FÜR Herz ①②③ • Knochen ①② • Verdauung ① • Immunsystem ① • Haut, Haare & Nägel ①②③④ • Psyche ①② • Müdigkeit ①③⑤ • Männer ①② • Frauen ①

KÜRBIS-TOFU-CURRY

FÜR 2 PERSONEN • 515 KCAL PRO PORTION

Das Rösten ist eine der einfachsten Methoden, um einem Gericht Geschmack zu verleihen. Sind Kürbis und Tomaten erst einmal vorbereitet, ist die meiste Arbeit bereits getan. Das Kokosdressing bringt die klassische asiatische Geschmacksnote und passt perfekt zum Tofu, der seinerseits ein großartiger laktosefreier Lieferant von Kalzium und Protein ist.

1 kleiner Kürbis
1 EL mildes Currypulver
½ rote Zwiebel, fein gehackt
2 Knoblauchzehen, fein gehackt
40 ml Rapsöl
5 nicht ganz reife Tomaten, geviertelt
100 g fester Tofu, in kleine Würfel geschnitten

FÜR DAS DRESSING

2 EL Kokosjoghurt
1 EL Rapsöl
abgeriebene Schale und Saft von ½ Biozitrone
1 Handvoll Kürbiskerne, geröstet

FÜR DEN SALAT

100 g junge Spinatblätter
½ Salatgurke, geschält und gewürfelt
1 Handvoll Korianderblätter, fein gehackt
Salz und frisch gemahlener Pfeffer

1 Den Backofen auf 200 °C (180 °C Umluft) vorheizen. Ein Backblech mit Backpapier auslegen.
2 Den Kürbis halbieren, Kerne und Fasern entfernen. Das Fruchtfleisch in 1 cm dicke Halbmonde schneiden.
3 Currypulver, Zwiebel, Knoblauch und Öl in einer großen Schüssel gut miteinander verrühren. Kürbis, Tomaten und Tofu hineingeben und alles vermischen.
4 Auf dem Backblech verteilen und 25 Minuten im Ofen rösten, dabei das Blech regelmäßig rütteln, damit der Kürbis nicht ansetzt und anbrennt.
5 Inzwischen alle Dressingzutaten miteinander verquirlen.
6 Den Spinat klein schneiden und mit Gurke und Koriander vermischen. Den Spinatsalat mit Salz und Pfeffer abschmecken, die Hälfte des Dressings darübergeben und alles mischen.
7 Das Curry mit dem restlichen Dressing übergießen und zusammen mit dem Salat servieren.

REICH AN Vitamin B6, C und E • Folsäure • Eisen • Kalium • Magnesium • Kalzium • Tryptophan • Phytoöstrogenen• Curcuminoiden • Beta-Karotin • Lykopin • Ballaststoffen

GUT FÜR Herz ①②③ • Knochen ①② • Verdauung ① • Immunsystem ① • Haut, Haare & Nägel ①②③ • Psyche ①② • Müdigkeit ①③⑤ • Männer ① • Frauen ①③④

GRÜNES THAI-CURRY

FÜR 2 PERSONEN • 265 KCAL PRO PORTION

Das perfekte Gericht, wenn Sie Lust auf pikant gewürzte Seelennahrung haben. Die Basis dieses Thai-Currys ist eine grüne Currypaste voller Aromen sowie Limette und Kokosöl. Letzteres enthält zwar viele gesättigte Fettsäuren, aber auch solche, die vom Körper schnell in Energie umgewandelt werden.

abgeriebene Schale und Saft von 1 Biolimette
1 Stängel Zitronengras, grob gehackt
4 Limettenblätter
½ rote Chili, Samen und Trennhäute entfernt, grob gehackt
1 daumengroßes Stück Ingwer, ungeschält, gerieben
2 Knoblauchzehen
1 Handvoll Korianderblätter, gehackt
1 EL Tamari | Salz | 1 EL Kokosöl
50 g Cashewkerne | 200 ml Kokosmilch
1 Aubergine, in 2,5 cm große Stücke geschnitten
2 Stangen Staudensellerie, gewürfelt
1 rote Paprika, Samen und Trennhäute entfernt, in Streifen geschnitten
150 g Sprossenbrokkoli oder Brokkoliröschen
100 g frische Erbsen, gepalt, oder Tiefkühl-Erbsen
1 Zucchini, fein gewürfelt
frisch gemahlener Pfeffer

1 Für die Currypaste Limettenschale und -saft, Zitronengras, Limettenblätter, Chili, Ingwer, Knoblauch, Koriander, Tamari, 1 Teelöffel Salz und das Kokosöl in den Mixer geben und zu einer groben Paste pürieren.
2 Einen großen Topf stark erhitzen und die Cashews goldbraun anrösten. Die Currypaste hinzugeben, die Temperatur reduzieren und unter regelmäßigem Rühren 5 Minuten kochen.
3 Kokosmilch und 200 ml Wasser zugießen. Aubergine, Sellerie und Paprika hinzugeben. Aufkochen, dann 15 Minuten köcheln lassen.
4 Brokkoli, Erbsen und Zucchini hinzugeben und weitere 5 Minuten köcheln lassen. Kräftig salzen und pfeffern und zusammen mit Quinoa oder braunem Reis servieren.

REICH AN Vitamin B1 (Thiamin), B6 und C • Folsäure • Kalium • Chrom • Beta-Karotin • Ballaststoffen

GUT FÜR Herz ①② • Verdauung ① • Immunsystem ① • Haut, Haare & Nägel ①③ • Psyche ① • Frauen ①

ROTE-BETE-CURRY MIT TOMATEN & KOKOS

FÜR 2 PERSONEN • 180 KCAL PRO PORTION

Dieses leichte Curry hat gerade genügend Würze, um die Geschmacksknospen aufzuwecken, und enthält genug Kokosmilch, um sie hinterher wieder zu beruhigen. Indische Gewürze und Thai-Aromen verbinden sich so zu einem frischen, duftenden Geschmack. Die leuchtend gelbe Farbe stammt von den Curcuminoiden im Kurkuma, die entzündungshemmend wirken und unter anderem bei Schuppenflechte helfen sollen.

1 TL Kokosöl
1 große Zwiebel, fein gewürfelt
2 Knoblauchzehen, fein gehackt
1 daumengroßes Stück Ingwer, geschält und gerieben
1 TL gemahlener Kreuzkümmel
1 TL gemahlener Koriander
1 TL Kurkuma
1 Prise Zimt
2 Kardamomkapseln
3 Gewürznelken
1 grüne Chili, Samen und Trennhäute entfernt, in dünne Ringe geschnitten
5 Strauchtomaten, fein gewürfelt
4 rohe Rote Bete, geschält und gewürfelt
100 ml Kokosmilch
1 Handvoll Korianderblätter, fein gehackt
Saft von ½ Zitrone

1 Einen großen Topf bei starker Hitze erhitzen, das Kokosöl hineingeben und die Zwiebel 10 Minuten goldbraun anbraten. Die Temperatur reduzieren, Knoblauch und Ingwer hinzugeben und weitere 3 Minuten braten.
2 Gewürze, Chili, 100 ml Wasser und die Tomaten einrühren. Aufkochen, dann die Rote Bete hinzugeben. 20 Minuten gar köcheln lassen.
3 Kokosmilch, gehackten Koriander und Zitronensaft hinzugeben. Alles gut verrühren, dann 3 Minuten erhitzen. Das Curry vom Herd nehmen und 10 Minuten ziehen lassen. Zusammen mit Quinoa oder braunem Reis servieren.

REICH AN Vitamin B6 und C • Folsäure • Kalium • Eisen • Curcuminoiden• Lykopin • Ballaststoffen

GUT FÜR Herz ①② • Knochen ② • Verdauung ① • Immunsystem ① • Haut, Haare & Nägel ② • Psyche ① • Müdigkeit ① • Frauen ①

SCHWARZER-PFEFFER-TOFU

FÜR 2 PERSONEN • 310 KCAL PRO PORTION

Die Inspiration für dieses Gericht stammt von einem Rezept aus Yotam Ottolenghis Kochbuch *Plenty*. Tofu ist meist eher geschmacksneutral und wässrig, doch mit diesem einfachen, aber leckeren Rezept wendet sich das Blatt. Es eignet sich prima als Vorspeise oder auch zusammen mit braunem Reis und pfannengerührtem Pak Choi als Abendessen.

400 g Tofu
1 EL Vollkornreismehl
2 EL Rapsöl
1 EL Erdnussöl
2 rote Zwiebeln, in dünne Streifen geschnitten
5 rote Chilis, Samen und Trennhäute entfernt, in dünne Streifen geschnitten
3 Knoblauchzehen, fein gehackt
2 EL geriebener Ingwer
2 EL Tamari
1 TL flüssiger Honig
2 EL frisch gemahlener Pfeffer
1 TL Sesamsamen
2 Frühlingszwiebeln, in Stücke geschnitten

1 Den Tofu in 3 cm große Quadrate schneiden und rundum in Reismehl wenden. Überschüssiges Mehl abschütteln. Das Rapsöl in einer Pfanne erhitzen und den Tofu rundum goldgelb anbraten, dabei regelmäßig wenden. Auf Küchenpapier abtropfen lassen und beiseitestellen.
2 Die Pfanne mit Küchenpapier auswischen, das Erdnussöl hineingeben und bei mittlerer Hitze erhitzen. Zwiebeln, Chilis, Knoblauch und Ingwer hineingeben und 10 Minuten anbraten, bis die Zwiebeln glasig sind. Dann Tamari, Honig, Pfeffer und Sesamsamen hinzugeben und alles gut verrühren.
3 Den Tofu zum Aufwärmen wieder in die Pfanne geben und vorsichtig rühren, bis er mit den Gewürzen rundum überzogen ist. Mit Frühlingszwiebeln garniert, heiß servieren.

REICH AN Vitamin B6 und C • Folsäure • Kalium • Kalzium • Eisen • Phytoöstrogenen • Tryptophan • Ballaststoffen

GUT FÜR Herz ①②③ • Knochen ① • Verdauung ① • Immunsystem ① • Psyche ① • Müdigkeit ①③ • Männer ① • Frauen ①③④

GEBRATENE SHIITAKEPILZE MIT DAIKON

FÜR 2 PERSONEN • 475 KCAL PRO PORTION

Das Schöne an der asiatischen Küche ist die Fülle an Aromen bei ihren vegetarischen Gerichten. Die Schlüsselzutaten – Knoblauch, Ingwer und Sojasauce – lassen jedes Gericht glänzen. Wir verwenden bei diesem Gericht Tamari-Sojasauce, die bei der Herstellung von Misopaste entsteht. Sie ist weizenfrei und reich an Phytoöstrogenen.

6 getrocknete Shiitakepilze
200 g Vollkornreisnudeln | 2 EL Rapsöl
2 Knoblauchzehen, gehackt
1 TL frisch geriebener Ingwer
100 g braune Champignons, in dünne Scheiben geschnitten
3 EL Tamari
½ grüne Chili, Samen und Trennhäute entfernt, in Ringe geschnitten
2 Frühlingszwiebeln, in dünne Ringe geschnitten
½ Daikon, geschält und in Stifte geschnitten
Salz und frisch gemahlener Pfeffer

1. Die Shiitakepilze 45 Minuten in einer Schüssel mit heißem Wasser quellen lassen. Abgießen, dann die dicken Stiele entfernen (für eine Brühe aufheben). In dünne Scheiben schneiden.
2. Einen Topf mit Wasser zum Kochen bringen, die Nudeln hineingeben und 2 Minuten garen. Abgießen und unter kaltem Wasser abschrecken. Mit etwas Öl beträufeln und beiseitestellen.
3. 1 Esslöffel Öl in einem Wok erhitzen. Knoblauch, Ingwer und Pilze hineingeben und 2–3 Minuten pfannenrühren, bis die Pilze zu bräunen beginnen. Tamari und Chili hinzufügen und weitere 2 Minuten braten. Den Inhalt des Woks in eine Schüssel umfüllen und beiseitestellen.
4. Den Wok mit Küchenpapier auswischen und das restliche Öl hineingeben. Frühlingszwiebeln und Daikon hinzufügen und 2 Minuten pfannenrühren, dann die Pilze und die Nudeln hinzugeben. Alles 2 Minuten unter Rühren erwärmen, mit Salz und Pfeffer abschmecken und servieren.

REICH AN Vitamin B3 (Niacin), B6 und C • Folsäure • Kalium • Magnesium • Selen • Zink • Phytoöstrogenen • Ballaststoffen

GUT FÜR Herz ①②③ • Knochen ① • Verdauung ① • Immunsystem ① • Haut, Haare & Nägel ①④ • Psyche ①② • Müdigkeit ①③⑤ • Männer ①②

GEBRATENER SPITZKOHL MIT CHAMPIGNONS

FÜR 2 PERSONEN • 170 KCAL PRO PORTION

Für die meisten pfannengerührten Gerichte beginnt man mit den Zwiebeln, aber hier haben die Champignons den Vortritt, und zwar so, wie es die Köchin Julia Child empfiehlt: ohne dabei die Pfanne zu überfüllen. Die Pfanne muss dafür antihaftbeschichtet sein. Die Champignons werden zudem in mehreren Portionen gebraten, damit sie alle flach aufliegen. Auf diese Weise verhindert man, dass sie im Dampf gegart und schleimig werden. Dieses Gericht ist reich an Vitamin B2 (Riboflavin), das bei Migräne helfen kann.

1 TL geröstetes Sesamöl
100 g braune Champignons, in Scheiben geschnitten
50 g Wiesenchampignons, in Scheiben geschnitten
50 g Knopfchampignons, halbiert
1 rote Zwiebel, in dünne Streifen geschnitten
2 Frühlingszwiebeln, in dünne Ringe geschnitten
1 Knoblauchzehe, fein gehackt
1 EL Tamari | Saft von 1 Limette
1 EL flüssiger Honig
1 Handvoll Zuckerschoten, in dünne Streifen geschnitten
1 Spitzkohl, Strunk entfernt und Blätter dünn gehobelt
1 Handvoll Korianderblätter, fein gehackt

1. Das Sesamöl in einer Pfanne mit Antihaftbeschichtung bei mittlerer Hitze erhitzen. Ein Drittel der Pilze hineingeben und die Pilze 5 Minuten anbraten. Dann auf einen Teller geben. Mit dem Rest der Pilze ebenso verfahren.
2. Alle Pilze wieder in die Pfanne geben und Zwiebel, Frühlingszwiebeln und Knoblauch hinzufügen. Alles 2 Minuten braten, dann Tamari, Limettensaft und Honig einrühren.
3. Zuckerschoten und Kohl hinzugeben und weitere 3 Minuten unter Rühren braten. Der Kohl sollte aber noch etwas Biss behalten.
4. Die Mischung vom Herd nehmen und den Koriander einrühren. Vor dem Servieren 2 Minuten ruhen lassen.

REICH AN Vitamin B1 (Thiamin), B2 (Riboflavin), B6 und C • Folsäure • Kalium • Ballaststoffen

GUT FÜR Herz ①② • Verdauung ① • Immunsystem ① • Psyche ① • Müdigkeit ⑤

GEBRATENER BLUMENKOHLREIS MIT SHIITAKEPILZEN & TOFU

FÜR 2 PERSONEN • 620 KCAL PRO PORTION

Der Blumenkohl verleiht diesem Gericht eine knackige Textur, und das erst am Ende hinzugefügte Ei trägt die Aromen ganz hervorragend. Der Knüller ist aber die Garnitur: salzige Tamari mit Cashews und frischem Koriander. Shiitakepilze enthalten einen Ballaststoff namens Beta-Glukan, der dabei helfen kann, das Immunsystem zu stärken.

1 Blumenkohl, äußere Blätter entfernt
1 EL Kokosöl
2 Knoblauchzehen, fein gehackt
1 rote Chili, Samen und Trennhäute entfernt, in dünne Ringe geschnitten
5 frische Shiitakepilze, in Scheiben geschnitten
2 EL geröstetes Sesamöl
150 g fester Tofu, in 1 cm große Würfel geschnitten
4 Frühlingszwiebeln, in Ringe geschnitten
3 Eier
1 Handvoll Korianderblätter, grob gehackt
1 Handvoll Cashewkerne, geröstet und gehackt
2 EL Tamari

1. Die Blumenkohlröschen vom Strunk schneiden. Stiele und Strunk in den Mixer geben und auf Reiskorngröße zerkleinern. In eine Schüssel geben, dann die Röschen im Mixer auf die gleiche Größe zerkleinern.
2. Eine große Schüssel mit einem Küchenhandtuch auslegen und den Blumenkohl-„Reis“ hineingeben. Die Ecken des Tuchs zusammennehmen und überschüssige Flüssigkeit aus dem Blumenkohl pressen.
3. Einen Wok stark erhitzen und das Kokosöl hineingeben, dann Knoblauch, Chili und Pilze hinzufügen. Alles 2–3 Minuten pfannenrühren. Die Mischung in eine Schüssel geben und beiseitestellen.
4. Den Wok mit Küchenpapier auswischen, stark erhitzen und das Sesamöl hineingeben. Die Tofuwürfel hineingeben und rundum goldgelb anbraten. Den Blumenkohlreis und die Frühlingszwiebeln hinzugeben. Alles 1 Minute pfannenrühren, um den Blumenkohl rundum mit Öl zu überziehen. Die Pilzmischung wieder in den Wok geben und alles verrühren.
5. Eine Mulde in die Mitte der Mischung im Wok drücken. Die Eier in die Mulde aufschlagen und verrühren, bis das Eigelb aufplatzt und das Eiweiß den Blumenkohl überzieht. Mit Koriander und gehackten Cashews bestreuen, mit Tamari beträufeln und heiß servieren.

REICH AN B-Vitaminen • Vitamin C und D • Kalium • Magnesium • Zink • Kalzium • Eisen • Phytoöstrogenen • Tryptophan • Ballaststoffen

GUT FÜR Herz ①②③ • Knochen ① • Verdauung ① • Immunsystem ① • Haut, Haare & Nägel ①④ • Psyche ①② • Müdigkeit ①③⑤ • Männer ①② • Frauen ①③④

GEBRATENE OKRASCHOTEN MIT BLUMENKOHL & TOMATEN

FÜR 2 PERSONEN • 215 KCAL PRO PORTION

Okraschoten besitzen einen einzigartigen Geschmack und Textur. Roh sind sie leicht pelzig, gekocht jedoch entwickeln sie einen schönen Biss (können aber auch klebrig werden, wenn man sie zu lange kocht). Ihr erdiger, leicht nussiger Geschmack passt gut zu Currys und Wokgerichten.

1 EL Kokosöl
4 Frühlingszwiebeln, in dünne Ringe geschnitten
2 Knoblauchzehen, in dünne Scheiben geschnitten
200 g Okraschoten, schräg in Stücke geschnitten
1 grüne Chili, Samen und Trennhäute entfernt, fein gehackt
1 Prise gemahlener Ingwer
1 Prise gemahlener Kreuzkümmel
1 Prise Zimt
3 Curryblätter
1 Handvoll Cashewkerne
½ Blumenkohl, in einzelne Röschen zerteilt
400 g kleine Eiertomaten, halbiert
1 Handvoll Kerbel, grob gehackt
1 Zitrone, in Scheiben geschnitten

1. Das Kokosöl ca. 1 Minute in einem mittelgroßen Topf bei mittlerer Hitze erhitzen, dann Frühlingszwiebeln und Knoblauch hineingeben und alles 5 Minuten anbraten. Die Okraschoten hinzufügen und unter regelmäßigem Rühren weitere 5 Minuten braten.
2. Chili, alle Gewürze, Curryblätter und Cashewkerne einrühren. Nach einigen Sekunden Blumenkohl und Tomaten hinzugeben und die Temperatur reduzieren. Unter gelegentlichem Rühren alles 10 Minuten sanft köcheln lassen, bis die Tomaten weich sind, der Blumenkohl aber noch Biss hat.
3. Zum Servieren die Mischung mit Kerbel und Zitronenscheiben garnieren.

REICH AN Vitamin B3 (Niacin), B6, C und E • Folsäure • Eisen • Kalium • Kalzium • Magnesium • Lykopin • Beta-Karotin • Ballaststoffen

GUT FÜR Herz ①②③ • Knochen ① • Verdauung ① • Immunsystem ① • Haut, Haare & Nägel ①③ • Psyche ①② • Müdigkeit ①③⑤ • Männer ① • Frauen ①③

GETREIDE & HÜLSENFRÜCHTE

Die Grundlage für die vegetarischen Gerichte in diesem Kapitel bilden Getreide und Hülsenfrüchte. Diese Rezepte machen sowohl Vegetarier wie auch Fleischesser satt. Viele sind durch die Küchen anderer Länder inspiriert und zeigen, auf welch spannende Art man mit diesen einfachen Lebensmitteln kochen kann.

Getreide und Hülsenfrüchte sind reich an Ballaststoffen, die für ein gesundes Verdauungssystem unerlässlich sind. Eine ballaststoffreiche Ernährung ist gesund, da sie unter anderem den Cholesterinspiegel sowie das Risiko, an Darmkrebs oder Diabetes zu erkranken, senkt und bei der Gewichtskontrolle hilft. Außerdem enthalten Getreide und Hülsenfrüchte viele Proteine und andere wichtige Nährstoffe wie etwa B-Vitamine, Eisen, Zink und Kalium.

Die meisten großen Supermärkte bieten inzwischen auch Zutaten aus aller Welt und Biolebensmittel an. Dadurch hat sich das Angebot an Getreide und Hülsenfrüchten erweitert. Quinoa, Perlgraupen und Buchweizen, Adzukibohnen und Belugalinsen findet man inzwischen fast überall, und sie bieten eine wunderbare Alternative zu Gerichten auf Weizen- oder Fleischgrundlage.

Am Ende der meisten Rezepte haben wir die wichtigsten Nährstoffe aufgelistet, die in einer Portion enthalten sind, sowie erläutert, bei welchen gesundheitlichen Problemen es sich empfiehlt, das jeweilige Rezept regelmäßig in den Speiseplan aufzunehmen.
Weitere Informationen finden Sie auf S. 9.

AVOCADO-QUINOA-SALAT

FÜR 4 PERSONEN • 480 KCAL PRO PORTION

Leckeres Essen braucht Textur, etwas, das sich während des Kauens verändert und jeden Bissen zum Genuss macht. Genau das bietet die knackige Quinoa und die samtige Avocado in diesem Salat. Frühlingszwiebeln und der spritzig frische Geschmack der Zitrone machen dieses Gericht zu einem köstlichen Geschmackserlebnis. Quinoa hat eine niedrige glykämische Last und bietet viele Proteine – liefert so also wichtige Kohlenhydrate zur Regulierung des Blutzuckerspiegels.

25 g Sonnenblumenkerne
200 g Quinoa
Salz
2 reife Avocados
1 Handvoll Spinatblätter, grob gehackt
1 EL Korianderblätter, fein gehackt
2 Frühlingszwiebeln, in feine Ringe geschnitten
60 g Zuckererbsen
20 ml Rapsöl
Saft von 1 Zitrone
Pfeffer

1. Den Backofen auf 200 °C (180 °C Umluft) vorheizen. Die Sonnenblumenkerne auf einem Backblech verteilen und im vorgeheizten Ofen 8 Minuten goldbraun rösten. Abkühlen lassen.
2. Die Quinoa in einem Topf mit der dreifachen Menge Wasser bedecken und bei starker Hitze aufkochen lassen. Salz ins kochende Wasser geben und weitere 6–8 Minuten kochen, bis die Quinoa weich ist. In ein Sieb abgießen und mit kaltem Wasser abspülen. Beiseitestellen und gut abtropfen lassen.
3. Die Avocados schälen und die Kerne entfernen. Das Fruchtfleisch würfeln und in eine große Salatschüssel geben. Spinat, Koriander, Frühlingszwiebeln und Zuckererbsen dazugeben und alles gut vermischen.
4. Geröstete Sonnenblumenkerne, Quinoa, Rapsöl und Zitronensaft dazugeben, mit Salz und Pfeffer würzen und nochmals mischen, dann servieren.

REICH AN Vitamin B2 (Riboflavin) und B6 • Kalium • Magnesium • Eisen • Zink • Beta-Sitosterin

GUT FÜR Herz ①②③ • Knochen ① • Haut, Haare & Nägel ①④ • Psyche ① • Müdigkeit ⑤ • Männer ①② • Frauen ①

QUINOA-PIZZA

FÜR 4 PERSONEN • 664 KCAL PRO PORTION

Mit dem Teig unseres Quinoa-Brots als Pizzaboden entsteht eine gesunde und sättigende, gluten- und laktosefreie Pizza. Für das herzhafte Käse-Aroma sorgen Hefeflocken. Sie sind in den meisten Reformhäusern und Bioläden, aber auch in Supermärkten erhältlich. Das Saucenrezept ergibt etwas mehr Sauce, als für die Pizza benötigt wird. Sie können sie auch zu weizenfreier Pasta oder Zucchini-Spaghetti (s. S. 127) genießen.

FÜR DEN PIZZABODEN

Rezept für Quinoa-Brotteig
(s. S. 44)

FÜR DEN BELAG

400 g Kirschtomaten (aus der Dose), abgetropft
1 Knoblauchzehe
1 Handvoll Thymianblättchen
1 Prise Salz
4 große Fleischtomaten, in Scheiben geschnitten
2 Handvoll Brokkoliröschen
2 EL Hefeflocken

1 Den Backofen auf 200 °C (180 °C Umluft) vorheizen. Zwei Backbleche mit Backpapier auslegen (oder ein großes Backblech, wenn Sie eine große Pizza machen wollen).
2 Den Brotteig in vier Portionen teilen. Jedes Viertel zu einer 1 cm dicken runden Scheibe formen und auf die Backbleche legen. Die Pizzaböden im vorgeheizten Backofen 40 Minuten backen.
3 Inzwischen für die Tomatensauce Kirschtomaten, Knoblauch, Thymianblättchen und Salz in den Mixer geben und glatt pürieren.
4 Die Pizzaböden aus dem Ofen nehmen und gleichmäßig mit der Tomatensauce bestreichen. Erst mit den Tomatenscheiben und dann mit den Brokkoliröschen belegen und anschließend mit Hefeflocken bestreuen.
5 Die Pizzen wieder in den Ofen geben und 15 Minuten backen, bis der Brokkoli leicht gegrillt und weich ist. Die Pizza heiß servieren.

REICH AN Vitamin B3 (Niacin), B6 und C • Folsäure • Zink • Kalium • Magnesium • Eisen • Chrom • Lykopin • Ballaststoffen

GUT FÜR Herz ①②③ • Knochen ① • Verdauung ① • Immunsystem ① • Haut, Haare & Nägel ①④ • Psyche ①② • Müdigkeit ①③⑤ • Männer ①② • Frauen ①④

QUINOA-CASHEWKERN-SALAT

FÜR 2 PERSONEN • 405 KCAL PRO PORTION

Cashewkerne geben jedem Salat einen gewissen Biss und ein tolles Aroma. Sie sind außerdem sehr nahrhaft und eine gute Quelle für Magnesium. Dieser Salat liefert 50 Prozent der empfohlenen Tagesdosis des wichtigen Minerals, das vor allem zu einem gesunden Knochenwachstum beiträgt.

40 g Cashewkerne
100 g Quinoa
Salz
1 rote Paprika, Samen und Trennhäute entfernt, in feine Streifen geschnitten
50 g Edamame-Bohnen, Tiefkühlware aufgetaut
2 Stangen Sellerie, fein gewürfelt
½ rote Zwiebel, in feine Ringe geschnitten
10 g Sultaninen
2 Stängel Schnittlauch, fein gehackt
1 Handvoll Korianderblätter, fein gehackt
1 TL Rapsöl
Saft von 1 Zitrone
1 TL Meersalzflocken
1 TL frisch gemahlener Pfeffer

1 Den Backofen auf 200 °C (180 °C Umluft) vorheizen. Die Cashewkerne auf einem Backblech ausbreiten und im vorgeheizten Backofen 8 Minuten goldbraun rösten. Abkühlen lassen.
2 Die Quinoa in einem Topf mit der dreifachen Menge Wasser bedecken und zum Kochen bringen. Das Salz ins kochende Wasser geben und weitere 6–8 Minuten kochen, bis die Quinoa weich ist. Dann die Quinoa in ein Sieb abgießen und mit kaltem Wasser abspülen. Beiseitestellen und gut abtropfen lassen.
3 Die Quinoa in eine große Salatschüssel geben und mit den gerösteten Cashewkernen und den restlichen Zutaten vermischen. Der Salat kann auch gut am Vortag zubereitet und im Kühlschrank aufbewahrt werden.

REICH AN Vitamin B6 und C • Folsäure • Magnesium • Kalium • Eisen • Zink • Phytoöstrogenen • Beta-Karotin • Präbiotika

GUT FÜR Herz ①② • Verdauung ② • Immunsystem ① • Haut, Haare & Nägel ①③④ • Psyche ①② • Müdigkeit ①⑤ • Männer ①② • Frauen ①

QUINOA-SPARGEL-SALAT MIT MANDELN

FÜR 4 PERSONEN • 340 KCAL PRO PORTION

Dies ist ein wunderbar frischer Salat für die Spargelsaison. Spargel ist eine erstklassige Ballaststoffquelle für Inulin, einen präbiotischen Nahrungsstoff, der die Darmflora gesund hält.

200 g Quinoa | Salz
8 Stangen Spargel
1 Blumenkohl, in einzelne Röschen geteilt
40 g blanchierte (geschälte) Mandeln
abgeriebene Schale und Saft von 2 Biolimetten
1 TL Olivenöl
5 Zweige Thymian | Pfeffer
1 TL Rapsöl
1 Handvoll Schnittlauch, fein gehackt
1 Handvoll Sultaninen

1 Den Backofen auf 200 °C (180 °C Umluft) vorheizen. Ein Backblech mit Backpapier auslegen.
2 Die Quinoa in einem Topf mit der dreifachen Menge Wasser bedecken und zum Kochen bringen. Das Salz ins kochende Wasser geben und weitere 6–8 Minuten kochen, bis die Quinoa weich ist. In ein Sieb abgießen und unter kaltem Wasser abspülen, dann abtropfen lassen und in eine große Salatschüssel geben.
3 Die holzigen Enden des Spargels abschneiden. Die Spargelspitzen nach ca. 3,5 cm abschneiden, den Rest der Stangen in 1 cm lange Stücke schneiden. Spargelstücke, Blumenkohlröschen und Mandeln auf dem Backblech ausbreiten.
4 Limettenschale, Olivenöl und Thymian in einer kleinen Schüssel verrühren. Das Gemüse damit beträufeln und mit Salz und Pfeffer würzen. Im vorgeheizten Backofen 6 Minuten rösten – durch die kurze Röstzeit bekommt das Gemüse ein intensives Aroma, bleibt aber knackig.
5 Das geröstete Gemüse mit den Mandeln zur Quinoa geben und alles gut vermischen. Rapsöl, Limettensaft, Schnittlauch und Sultaninen unterheben und alles mit Salz und Pfeffer abschmecken, dann servieren.

REICH AN Vitamin B6, C und E • Folsäure • Kalium • Magnesium • Eisen • Beta-Karotin • Asparagin • Präbiotika • Ballaststoffen

GUT FÜR Herz ①②③ • Knochen ① • Verdauung ①② • Immunsystem ① • Haut, Haare & Nägel ①③ • Psyche ①② • Müdigkeit ①③⑤ • Frauen ①③

PERLGRAUPENSALAT MIT MELONE

FÜR 2 PERSONEN • 400 KCAL PRO PORTION

Diese Kombination mag zunächst etwas ungewöhnlich sein, schmeckt aber sehr gut. Die Melone gibt Süße und eine weiche Textur, die gut mit der Gerste harmoniert. In Cantaloupe-Melonen ist eine große Menge des Antioxidans Beta-Karotin enthalten – es sorgt auch für die appetitliche orange Färbung des Fruchtfleischs. Da Melonen im Sommer Saison haben, ist dieses Rezept der perfekte Salat für Balkon und Terrasse, der auch gut zu gegrilltem Fisch oder Fleisch passt.

150 g Perlgraupen
1 rote Zwiebel, in feine Ringe geschnitten
3 Strauchtomaten, in dünne Scheiben geschnitten
Saft von 2 Zitronen
1 Prise Meersalzflocken
1 EL Rapsöl
½ Cantaloupe-Melone
1 Prise Salz und frisch gemahlener Pfeffer

1 Die Perlgraupen in ein Sieb geben und unter kaltem Wasser abspülen. Abtropfen lassen und in einen Topf geben. Mit der dreifachen Wassermenge bedecken und bei starker Hitze aufkochen lassen. Dann 20–25 Minuten köcheln lassen, bis die Graupen weich sind. In ein Sieb abgießen und mit kaltem Wasser abspülen. Gut abtropfen lassen.
2 Die Graupen in eine Salatschüssel geben und mit roten Zwiebeln und Tomaten vermischen.
3 Zitronensaft, Meersalz und Rapsöl in einer kleinen Schüssel verquirlen, bis die Mischung leicht andickt. Dann über die Graupen geben und alles gut vermischen.
4 Die Samen aus der Melonenhälfte herausschaben. Die Melone in vier Spalten schneiden. Die Spalten schälen und das Fruchtfleisch in 2,5 cm große Würfel schneiden. Die Melonenwürfel in eine zweite Schüssel geben und mit Salz und Pfeffer würzen.
5 Die Melonenwürfel auf den Graupen verteilen.

REICH AN Vitamin B6, C und E • Kalium • Beta-Karotin • Lykopin • Ballaststoffen

GUT FÜR Herz ①② • Immunsystem ① • Haut, Haare & Nägel ①③ • Psyche ① • Männer ① • Frauen ③

TABOULÉ MIT PISTAZIEN

FÜR 2 PERSONEN • 350 KCAL PRO PORTION

Dieses arabische Gericht wird traditionell mit Bulgur (Weizenschrot) zubereitet. Wir verwenden für unsere weizenfreie Version Buchweizen, dessen Textur und Geschmack ähnlich ist (trotz seines Namens ist er nicht mit Weizen verwandt). Der Schlüssel für ein gutes Taboulé ist das richtige Mischungsverhältnis: d. h. viele Tomaten und Kräuter und nur etwas Buchweizen, nicht andersherum. Es ist als eigenständiges Gericht köstlich, schmeckt aber auch hervorragend zu glutenfreiem Brot oder als Beilage zu Fleisch oder Fisch. Zusammen mit Hummus in ein Salatblatt gewickelt ist es ein tolles Fingerfood für Partys.

- 100 g Buchweizenkörner
- 2 Handvoll glatte Petersilie
- 1 Handvoll Minzeblätter
- 300 g reife Strauchtomaten, entkernt und sehr fein gehackt
- ½ rote Zwiebel, fein gehackt
- Saft von 1 Zitrone
- 1 EL Olivenöl
- 1 TL Salz
- 1 Prise Pfeffer
- 1 Handvoll geschälte Pistazien, grob gehackt

1. Den Buchweizen in einem Topf mit der doppelten Menge Wasser bedecken, aufkochen lassen und 5 Minuten kochen, bis er weich ist. In ein Sieb abgießen und unter kaltem Wasser abspülen, dann gut abtropfen lassen.
2. Petersilie- und Minzeblätter fein hacken (nach Belieben einige Minzeblätter zum Garnieren beiseitelegen).
3. Den Buchweizen in eine große Salatschüssel geben und mit Tomaten, Zwiebeln, Petersilie, Minze, Zitronensaft, Öl, Salz und Pfeffer gut vermischen.
4. Die Taboulé mit Pistazien und Minzeblättern garnieren und servieren.

REICH AN Vitamin B1 (Thiamin), B6 und C • Folsäure • Kalium • Phytoöstrogenen • Lykopin

GUT FÜR Herz ① • Immunsystem ① • Psyche ① • Männer ① • Frauen ①③④

WILDREISSALAT MIT TOPINAMBUR & HEIRLOOM-TOMATEN

FÜR 2 PERSONEN • 410 KCAL PRO PORTION

Die süßen, knackigen Topinambur sind eine tolle Ergänzung für Wintersalate. Sie werden manchmal auch Erdartischocken, Erdbirnen, Rosskartoffeln oder auch Jerusalem-Artischocken genannt, sind aber mit diesen Früchten nicht verwandt, sondern die Knollen einer bestimmten Art der Sonnenblume. Topinambur enthält große Mengen des als Inulin bekannten, unlöslichen Faserstoffs, der als Präbiotikum die Darmgesundheit stärkt. In diesem Salat werden die gesunden Knollen mit Wildreis und Heirloom-Tomaten kombiniert, die in vielen verschiedenen Farben, Formen, Geschmacksrichtungen und Größen erhältlich sind. Diese alten Tomatensorten verleihen dem Gericht eine wunderbare Farbigkeit.

4 Topinambur, geputzt
1 TL Olivenöl
1 Prise Meersalzflocken
1 Prise frisch gemahlener Pfeffer
5 Heirloom-Tomaten, in dünne Scheiben geschnitten
1 rote Zwiebel, in dünne Ringe geschnitten
Saft von ½ Zitrone
1 TL flüssiger Honig
100 g Wildreis
100 g Rucola, fein gehackt
1 Handvoll Basilikumblätter, fein gehackt

1 Den Backofen auf 200 °C (180 °C Umluft) vorheizen. Die Topinambur in 1 cm dicke Scheiben schneiden, auf ein Backblech legen und mit Olivenöl beträufeln. Mit Salz und Pfeffer würzen und 40 Minuten im vorgeheizten Backofen goldbraun backen. Abkühlen lassen.
2 Tomaten und Zwiebeln in einer großen Salatschüssel vermischen und Zitronensaft und Honig dazugeben. Vorsichtig vermischen.
3 Den Wildreis in einem großen Topf mit der dreifachen Menge Wasser bedecken, zum Kochen bringen und 30–35 Minuten kochen, bis der Reis gar ist. In ein Sieb abgießen und unter kaltem Wasser abspülen, dann abtropfen lassen.
4 Den Wildreis mit Topinambur, Rucola und Basilikum zu Tomaten und Zwiebeln geben und nochmals vorsichtig vermischen, dann servieren.

REICH AN Vitamin B3 (Niacin), B6 und C • Kalium • Eisen • Magnesium • Beta-Karotin • Lykopin • Präbiotica • Ballaststoffen

GUT FÜR Herz ①②③ • Knochen ① • Verdauung ①② • Haut, Haare & Nägel ①③ • Psyche ①② • Müdigkeit ①③⑤ • Frauen ①

KICHERERBSENSALAT MIT JOGHURT

FÜR 2 PERSONEN • 305 KCAL PRO PORTION

Dieser Salat ist ein leckeres, schnelles Mittagessen. Etwas Zeit benötigt nur das Marinieren der Zwiebeln mit Zitronensaft. Diesen Schritt kann man zwar weglassen und den Salat einfach so zusammenmischen und sich schmecken lassen, verzichtet dann aber auf die schöne rosa Farbe, die die Zwiebeln annehmen. Es lohnt sich, bei diesem Salat auf die Qualität der Kichererbsen zu achten, da die teureren meist knackiger sind. Der Salat ist reich an Phytoöstrogenen, die PMS-Beschwerden lindern können.

- 1 rote Zwiebel, in dünne Ringe geschnitten
- 1 TL Meersalzflocken
- Saft von 1 Zitrone
- 1 Prise Chiliflocken
- 1 Gurke
- 400 g Kichererbsen (aus der Dose), abgespült und trocken getupft
- 1 Handvoll Minzeblätter, fein gehackt
- 1 Handvoll junge Spinatblätter
- 1 EL Sojajoghurt
- Salz und Pfeffer
- 1 Prise schwarze Sesamsamen

1. Die Zwiebelringe in einer kleinen Schüssel mit Meersalz, Zitronensaft und Chiliflocken vermischen und alles 5 Minuten marinieren, bis die Zwiebeln rosa werden.
2. Inzwischen die Gurke schälen, längs halbieren und dann quer in dünne Halbmonde schneiden.
3. Gurke, Kichererbsen, Minze, Spinat und Joghurt in einer großen Salatschüssel vermischen und nach Geschmack mit Salz und Pfeffer würzen. Mit Zwiebelringen und Sesamsamen garniert servieren.

REICH AN Vitamin E • Eisen • Phytoöstrogenen • Ballaststoffen

GUT FÜR Herz ① • Verdauung ① • Müdigkeit ① • Frauen ①③④

BOHNENSALAT MIT GEGRILLTEM MAIS

FÜR 2 PERSONEN • 400 KCAL PRO PORTION

Flageolet-Bohnen sind nichts anderes als die getrockneten Kerne grüner Bohnen, die nicht ganz reif geerntet wurden. Sie sind sehr cremig, haben einen neutralen Geschmack und eignen sich gut für Eintöpfe. Bei diesem Salat werden sie mit Cashewkernen und knusprigem, scharfem Mais zu einem leckeren sommerlichen Abendessen kombiniert. Cashewkerne sind eine besonders gute Quelle für Magnesium. Schlaflosigkeit deutet häufig auf einen Mangel an diesem Mineral hin.

1 Handvoll Cashewkerne
Saft von ½ Zitrone
2 EL Sojajoghurt
5 Minzeblätter
1 Prise Chiliflocken
1 Prise Salz
400 g Flageolet-Bohnen (aus der Dose), abgespült und abgetropft
1 Handvoll Spinatblätter, in Streifen geschnitten
2 Maiskolben, im Blatt
1 Prise Meersalzflocken
1 Prise gemahlener Sumach

1. Die Cashewkerne in einer Schüssel mit heißem Wasser 10 Minuten quellen lassen. Abgießen und in den Mixer geben. Zitronensaft, Joghurt, Minzeblätter, Chiliflocken, Salz und 50 ml Wasser zugeben und alles glatt pürieren.
2. Die Cashewmischung in eine große Schüssel füllen und Bohnen und Spinat dazugeben. Alles gut vermischen, dann im Kühlschrank kalt stellen.
3. Eine Grillpfanne erhitzen. Die Maiskolben noch in den Blättern in die Pfanne legen und 20 Minuten unter mehrfachem Wenden grillen, bis die Blätter braun sind.
4. Blätter und Stroh entfernen und die Maiskolben mit Meersalz würzen. Den Salat mit Sumach bestäuben und mit den Maiskolben servieren.

REICH AN Vitamin B1 (Thiamin) und B6 • Kalium • Magnesium • Selen • Beta-Karotin • Phytoöstrogenen • Ballaststoffen

GUT FÜR Herz ①②③ • Knochen ① • Verdauung ① • Haut, Haare & Nägel ①③ • Psyche ①② • Müdigkeit ③⑤ • Männer ① • Frauen ①③④

LIMABOHNEN MIT KIRSCH-TOMATEN & SALSA VERDE

FÜR 2 PERSONEN • 230 KCAL PRO PORTION

Salsa Verde (grüne Sauce) sollte jeder in sein Kochrepertoire aufnehmen, denn sie kann so vielen Gerichten eine herrliche Aromenfülle schenken. Der Trick bei Salsa Verde ist häufiges Abschmecken – etwas Zitronensaft und eine Prise Salz mehr können einen großen Unterschied machen. Dieses einfache vegetarische Rezept steckt voller Aromen. Die Salsa ist zudem ballaststoffreich, sättigt also länger bei weniger Kalorien, was beim Abnehmen sehr hilfreich ist.

400 g Limabohnen (aus der Dose)
1 Handvoll Sonnenblumenkerne
200 g Kirschtomaten, halbiert
1 EL Schnittlauch, fein gehackt
1 Handvoll Basilikumblätter
1 Prise Meersalzflocken
1 Prise frisch gemahlener Pfeffer

FÜR DIE SALSA VERDE

1 Handvoll glatte Petersilie
2 Zweige Basilikum, Blätter abgezupft
1 Zweig Thymian, Blätter abgezupft
½ Knoblauchzehe
10 Kapern
1 EL Olivenöl
Saft von 1 Zitrone
Salz und Pfeffer

1 Den Ofen auf 200 °C (180 °C Umluft) vorheizen.
2 Die Bohnen abtropfen, unter kaltem Wasser abspülen und trocken tupfen. Mit den Sonnenblumenkernen auf einem Backblech ausbreiten und im vorgeheizten Backofen 10 Minuten backen, bis sie leicht getrocknet und die Kerne goldgelb sind. Beides abkühlen lassen und dann in eine Salatschüssel geben. Mit Kirschtomaten, Schnittlauch, Basilikum, Salz und Pfeffer vorsichtig vermischen. Beiseitestellen.
3 Für die Salsa Verde Kräuter, Knoblauch und Kapern auf einem Schneidebrett sehr fein hacken und dann mit Öl, Zitronensaft und Gewürzen in den Mörser geben. Alles zu einer groben Paste zermahlen. Wenn es schneller gehen soll, alle Zutaten im Mixer mit Intervallschaltung zu einer groben Paste zerkleinern.
4 Den Limabohnensalat mit der Salsa Verde als Beilage servieren.

REICH AN Vitamin C • Kalium • Eisen • Lykopin • Ballaststoffen

GUT FÜR Herz ①② • Verdauung ① • Immunsystem ① • Müdigkeit ① • Männer ①

LINSEN & GERÖSTETE AUBERGINEN MIT PESTO

FÜR 2 PERSONEN • 465 KCAL PRO PORTION

Dieses leckere grüne Pesto verwandelt jeden Salat in ein Gedicht – hier kombinieren wir es mit Linsen und Auberginen zu einer herzhaften Seelennahrung. Olivenöl im Dressing – oder wie hier in dem Pesto – ist zudem gesund für das Herz.

- 1 rote Zwiebel, in Ringe geschnitten
- 1 Aubergine, in 1 cm große Würfel geschnitten
- 1 TL Olivenöl | Salz und Pfeffer
- 150 g Puy-Linsen
- 50 g sonnengetrocknete Tomaten, fein gehackt
- 10 Stängel Schnittlauch, fein gehackt

FÜR DAS PESTO

- 1 Handvoll Basilikumblätter
- 1 Handvoll Spinatblätter
- 1 Handvoll Cashewkerne
- 1 EL Olivenöl
- Saft von ½ Zitrone
- Salz und Pfeffer

1. Den Backofen auf 200 °C (180 °C Umluft) vorheizen. Ein Backblech mit Backpapier auslegen.
2. Die Zwiebel und die Aubergine auf dem Blech verteilen, mit Öl beträufeln und mit Salz und Pfeffer würzen. Im Backofen 15 Minuten rösten.
3. Inzwischen die Linsen in einen Topf mit Wasser geben und bei starker Hitze aufkochen. 10 Minuten köcheln lassen, bis die Linsen weich sind, aber noch Biss haben. In ein Sieb abgießen und 5 Minuten abtropfen lassen, dann in eine Schüssel geben.
4. Auberginen, Zwiebeln, Tomaten und Schnittlauch zu den Linsen geben und mit Salz und Pfeffer abschmecken. Alles gut mischen und abkühlen lassen.
5. Einige Basilikumblätter zum Garnieren beiseitelegen. Den Rest der Blätter fein hacken und mit den restlichen Zutaten für das Pesto in den Mörser geben, mit Salz und Pfeffer würzen und zu einer groben Paste zermahlen (alternativ im Mixer zu einer groben Paste zerkleinern).
6. Die Linsen mit dem Pesto beträufeln und mit Basilikumblättern garniert servieren.

REICH AN Kalium • Zink • Lykopin • Ballaststoffen

GUT FÜR Herz ①② • Verdauung ① • Immunsystem ① • Haut, Haare & Nägel ①④ • Männer ①②

LINSENSPROSSEN-SELLERIE-SALAT

FÜR 2 PERSONEN • 295 KCAL PRO PORTION

Um Salaten einen kräftigen Geschmack zu verleihen, sollte man Zwiebeln und Knoblauch stets anbraten und Nüsse oder Samen mit in den Salat geben. In diesem Salat gibt es beides und darüber hinaus noch Linsensprossen. Letztere schmecken sowohl roh als auch leicht gebraten köstlich und steuern einen gewissen Biss und ein wunderbar erdiges Aroma bei. Sprossen lassen sich aus allen Linsensorten ganz einfach selbst ziehen. Dazu die Linsen über Nacht in Wasser einweichen, abgießen, auf einen Teller legen, abdecken und an einen kühlen, dunklen Ort stellen, bis sie auskeimen. Das dauert meist 1–2 Tage. Die Sprossen vor Gebrauch abspülen. Alternativ können Sie Linsensprossen im Bioladen kaufen.

- 1 TL Olivenöl
- 1 TL Sonnenblumenkerne
- 1 rote Zwiebel, in dünne Ringe geschnitten
- 2 Knoblauchzehen, in dünne Scheiben geschnitten
- 20 g Linsensprossen
- Saft von ½ Zitrone
- 1 Prise Meersalzflocken
- 1 Prise frisch gemahlener Pfeffer
- 4 Stangen Sellerie, in dünne Scheiben geschnitten
- 1 gelbe Paprika, Samen und Trennhäute entfernt, in dünne Streifen geschnitten
- 1 Handvoll Radieschen, geviertelt
- 50 g Edamame-Bohnen, Tiefkühlware aufgetaut
- 100 g Zuckererbsen, in dünne Ringe geschnitten

1. Das Olivenöl in einer beschichteten Pfanne erhitzen und Sonnenblumenkerne, Zwiebeln und Knoblauch 3 Minuten unter gelegentlichem Rühren anbraten.
2. Die Linsensprossen zugeben und noch einmal 1 Minute braten. Die Sprossenmischung in eine große Salatschüssel geben und mit Zitronensaft, Meersalz und Pfeffer vermischen, dann abkühlen lassen.
3. Die restlichen Zutaten dazugeben, erneut mischen und servieren.

REICH AN Vitamin B6, C und E • Folsäure • Kalium • Beta-Karotin • Phytoöstrogenen • Ballaststoffen

GUT FÜR Herz ①② • Knochen ① • Immunsystem ① • Haut, Haare & Nägel ①③ • Psyche ① • Männer ① • Frauen ①③④

DHAL MIT GERÖSTETEM FENCHEL

FÜR 2 PERSONEN • 430 KCAL PRO PORTION

Jedes Restaurant in Indien hat sein eigenes Dhal-Rezept. Einige verwenden dafür rote Linsen mit Ingwer und Zwiebeln, was eine schöne gelbe Farbe und ein erdiges Aroma ergibt. Andere verwenden Tomaten für einen intensiven Geschmack und Farbe. Dieser Dhal ist kräftig gewürzt, dick wie ein Eintopf und schmeckt sehr lecker. Die Garnitur aus knusprig geröstetem Fenchel und gehackten Tomaten ergibt einen schönen Kontrast zu den weichen Linsen.

- 1 TL Rapsöl
- 1 TL Senfsamen
- 1 rote Zwiebel, fein gehackt
- 1 Knoblauchzehe, fein gehackt
- 1 daumengroßes Stück Ingwer, ungeschält gerieben
- 150 g rote Linsen
- 1 Möhre, fein gewürfelt
- 2 Stangen Sellerie, fein gewürfelt
- 1 Lorbeerblatt
- 1 TL gemahlener Kreuzkümmel
- 600 ml Gemüsebrühe (s. S. 283)
- Meersalzflocken und frisch gemahlener Pfeffer
- 1 Knolle Fenchel
- 1TL Chiliflocken
- abgeriebene Schale und Saft von 1 Biozitrone
- 1 Handvoll Korianderblätter, fein gehackt
- 3 reife Strauchtomaten, grob gehackt

1. Den Backofen auf 200 °C (180 °C Umluft) vorheizen. Ein Backblech mit Backpapier auslegen.
2. Öl in einem großen Topf erhitzen. Senfsamen hineingeben und 2 Minuten anbraten. Die Zwiebeln hinzufügen und bei starker Hitze anbraten. Knoblauch und Ingwer dazugeben und bei starker Hitze unter Rühren weitere 2 Minuten anbraten.
3. Linsen, Möhren, Sellerie, Lorbeerblatt, Kreuzkümmel und Brühe hinzufügen und alles mit Salz und Pfeffer würzen. Die Mischung zum Kochen bringen, die Temperatur reduzieren und unter gelegentlichem Rühren 20 Minuten köcheln lassen, bis die Linsen zerfallen.
4. Inzwischen die Wurzel der Fenchelknolle entfernen und die Knolle längs in dünne Scheiben schneiden. Die Scheiben auf das Backblech legen, mit Chiliflocken, Zitronenschale und Salz und Pfeffer bestreuen und im vorgeheizten Backofen 15 Minuten rösten. Dann die Fenchelscheiben herausnehmen und beiseitestellen.
5. Sobald die Linsen gar sind, das Lorbeerblatt herausnehmen und etwas Zitronensaft sowie den Koriander unterrühren. Mit dem Pürierstab (oder im Mixer) grob pürieren. Das Püree sollte nicht zu glatt werden, sondern noch einige ganze Linsen enthalten.
6. Den Dhal in tiefe Teller oder Schalen füllen, mit Tomaten und geröstetem Fenchel garnieren und servieren.

REICH AN Vitamin B3 (Niacin) und C • Folsäure • Kalium • Eisen • Magnesium • Kalzium • Zink • Beta-Karotin • Ballaststoffen

GUT FÜR Herz ①②③ • Knochen ① • Verdauung ① • Immunsystem ① • Haut, Haare & Nägel ①②④ • Psyche ② • Müdigkeit ①③⑤ • Männer ①② • Frauen ①

KICHERERBSEN-GRANATAPFEL-KÜRBIS-CURRY

FÜR 4 PERSONEN • 285 KCAL PRO PORTION

Die knackige Textur von Kichererbsen und ihre Fähigkeit, alle Aromen in sich aufzunehmen, scheint wie gemacht für Currys. Dieses Rezept vereint indische Gewürze mit typischen Zutaten der Küche des Nahen Ostens wie Granatapfel und Minze. Für Grippegeplagte ist dieses Curry das reinste Wundermittel: Eisen und Vitamin C stärken das Immunsystem und die in der Kokosnuss enthaltene Laurinsäure hilft dabei, die Viren zu bekämpfen.

½ großer Gartenkürbis
1 TL Kokosöl
1 große Zwiebel, fein gewürfelt
2 Knoblauchzehen, in dünne Scheiben geschnitten
1 daumengroßes Stück Ingwer, ungeschält gerieben
5 Curryblätter
1 EL Currypulver
4 Kardamomkapseln
1 rote Chili, Samen und Trennhäute entfernt, in dünne Ringe geschnitten
1 TL Salz
1 TL frisch gemahlener Pfeffer
1 Granatapfel
400 g Kichererbsen (aus der Dose), abgespült und abgetropft
200 ml Kokosnussmilch
Saft von 1 Limette
1 Handvoll Minzeblätter, fein gehackt und einige Blätter zum Garnieren

1 Die Kürbishälfte halbieren und Kerne und Fasern entfernen. Die Hälften in je vier Stücke schneiden, schälen und die Schalen entsorgen. Das Fruchtfleisch in 1 cm dicke Spalten schneiden.
2 Das Öl in einem großen Topf erhitzen. Die Zwiebeln darin 5 Minuten anbraten. Dann die Temperatur reduzieren und weitere 5 Minuten garen. Knoblauch, Ingwer und Curryblätter hinzufügen und alles noch einmal 3 Minuten anbraten. Currypulver, Kardamom, Chili, 100 ml Wasser sowie Salz und Pfeffer unterrühren und alles weitere 3 Minuten garen.
3 Die Kürbisspalten mit 150 ml Wasser in den Topf geben, umrühren und 20–25 Minuten köcheln lassen, bis sie weich sind.
4 Inzwischen den Granatapfel halbieren, mit der Schnittseite nach unten auf Küchenpapier legen und vorsichtig mit einem Holzlöffel auf die Schale klopfen, bis alle Samen herausfallen. Die Samen von der weißen Innenhaut befreien und beiseitestellen.
5 Kichererbsen und Kokosnussmilch in das Curry rühren und weitere 5 Minuten köcheln lassen. Zum Schluss den Limettensaft und die gehackte Minze unterrühren. Mit Granatapfelkernen und Minzeblättern garnieren und heiß servieren.

REICH AN Vitamin B1 (Thiamin), C und E • Eisen • Kalium • Phytoöstrogenen • Ballaststoffen

GUT FÜR Herz ①② • Verdauung ① • Immunsystem ① • Müdigkeit ① • Frauen ①③④

MUNGBOHNEN-CURRY & ZWIEBEL-GURKEN-SALAT MIT CASHEWKERNEN

FÜR 2 PERSONEN • 480 KCAL PRO PORTION

Mungbohnen werden als Zutat immer beliebter und sind daher inzwischen in fast allen Supermärkten erhältlich. Die außergewöhnlichen kleinen Bohnen haben ein erdiges, leicht nussiges Aroma und einen gewissen Biss. Sie passen daher gut zum kräftigen Geschmack von Currys. Die in diesem Rezept verwendeten Gewürze liefern fast die Hälfte der empfohlenen Tagesdosis an Eisen, das besonders gegen Müdigkeit hilft.

100 g getrocknete Mungbohnen
1 TL Olivenöl
1 rote Zwiebel, fein gewürfelt
1 daumengroßes Stück Ingwer, geschält und fein gehackt
1 Knoblauchzehe, fein gehackt
5 Curryblätter
1 TL Currypulver
1 TL gemahlene Kurkuma
½ TL gemahlener Koriander
1 TL gemahlener Kreuzkümmel
1 TL Garam Masala
150 g Kirschtomaten oder 6 Strauchtomaten, fein gewürfelt
1 Prise Salz
100 ml Kokosnussmilch
Saft von 1 Limette

FÜR DEN SALAT

½ rote Zwiebel, in feine Streifen geschnitten
1 Gurke, geschält und in Scheiben geschnitten
1 Handvoll Cashewkerne, geröstet
1 Handvoll Sonnenblumenkerne, geröstet
Saft von ½ Limette
1 TL Rapsöl

1 Die Mungbohnen in einem großen Topf mit der dreifachen Menge Wasser bedecken und aufkochen lassen. Dann noch 20 Minuten köcheln lassen, bis die Bohnen fast gar sind. Anschließend die Bohnen in ein Sieb abgießen und beiseitestellen.

2 Das Olivenöl in einem Topf erhitzen. Zwiebeln, Ingwer und Knoblauch darin unter Rühren 4 Minuten anbraten. Alle Gewürze mit etwas Wasser dazugeben, umrühren, die Tomaten hinzufügen und bei starker Hitze unter häufigem Rühren weiterkochen, bis die Tomaten weich werden. Die Temperatur reduzieren, 50 ml Wasser hinzufügen und unter gelegentlichem Rühren noch einmal 10 Minuten köcheln lassen.

3 Inzwischen alle Salatzutaten in einer Schüssel miteinander vermischen.

4 Salz, Kokosnussmilch und etwas Limettensaft zusammen mit den gekochten Mungbohnen in das Curry rühren. Alles weitere 5 Minuten köcheln lassen. Das Curry und den Salat mit gekochtem Naturreis oder Quinoa servieren.

REICH AN Vitamin B1 (Thiamin), B6, C und E • Folsäure • Kalium • Eisen • Curcuminoiden • Ballaststoffen

GUT FÜR Herz ①② • Knochen ② • Verdauung ① • Immunsystem ① • Haut, Haare & Nägel ② • Psyche ① • Müdigkeit ① • Frauen ③

PINTOBOHNEN-CHILI

FÜR 4 PERSONEN • 380 KCAL PRO PORTION

Der Traum jedes Kochs ist es, viele Zutaten in einen Topf zu geben und sie einfach sich selbst zu überlassen, um dann zu einem himmlischen fertigen Gericht zurückzukehren. Sie denken, das kann nicht funktionieren? Hier ist das Rezept dazu! Dieses Chili ist preiswert, macht satt, ist nährstoffreich und eine gute Proteinquelle. Die getrockneten, über Nach gequollenen Bohnen geben diesem Gericht zudem eine wesentlich interessantere Textur als Bohnen aus der Dose. Da sie 2 Stunden kochen, nehmen sie außerdem alle Aromen der Sauce wunderbar auf.

200 g getrocknete Pintobohnen
100 g getrocknete schwarze Bohnen
200 g getrocknete Kidneybohnen
1 TL Rapsöl
1 große Zwiebel, fein gehackt
1 Möhre, fein gewürfelt
2 Stangen Sellerie, fein gewürfelt
1 rote Paprika, Samen und Trennhäute entfernt, fein gewürfelt
2 Knoblauchzehen, fein gehackt
1 EL frisch geriebener Ingwer
½ rote Chili, Samen und Trennhäute entfernt, fein gehackt
400 g Kirschtomaten (aus der Dose)
1 TL Chilipulver | 1 TL Paprikapulver
Schnittlauch zum Garnieren
Limettenspalten zum Servieren

FÜR DIE GUACAMOLE

2 reife Avocados
½ rote Zwiebel, fein gehackt
½ grüne Chili, entkernt und grob gehackt
Saft von 1 Limette
Salz und Pfeffer

1 Alle Bohnen in eine große Schüssel geben, mit reichlich Wasser bedecken und über Nach quellen lassen. Dann die Bohnen in ein Sieb abgießen und abspülen. Die Bohnen in einen großen Topf geben, mit kaltem Wasser bedecken und zum Kochen bringen. 10 Minuten kochen, dann in ein Sieb abgießen und beiseitestellen.

2 Das Öl in einem großen Topf erhitzen und die Zwiebel 10 Minuten bei mittlerer Hitze darin leicht bräunen. Möhre, Sellerie und Paprika hinzufügen und alles weitere 5 Minuten anbraten. Knoblauch, Ingwer und Chili dazugeben und 5 Minuten anschwitzen.

3 Bohnen, Tomaten, Chilipulver, Paprikapulver und 250 ml Wasser in den Topf geben, vermischen und alles unter gelegentlichem Rühren 2 Stunden köcheln lassen.

4 Inzwischen die Guacamole zubereiten. Dafür die Avocados halbieren, den Stein entfernen, das Fruchtfleisch mit einem Löffel auslösen und in eine Schüssel geben. Mit einer Gabel grob zerdrücken. Dann Zwiebel, Chili und Limettensaft unterrühren und alles mit Salz und Pfeffer abschmecken.

5 Das Chili in Schalen füllen und mit Schnittlauch und etwas Guacamole garniert servieren. Die Limettenspalten zum Beträufeln dazu reichen.

REICH AN Vitamin B1 (Thiamin), B6, C und E • Folsäure • Kalium • Magnesium • Eisen • Beta-Karotin • Lykopin • Beta-Sitosterin • Ballaststoffen

GUT FÜR Herz ①②③ • Knochen ① • Verdauung ① • Immunsystem ① • Haut, Haare & Nägel ①③④ • Psyche ①② • Müdigkeit ①③⑤ • Männer ① • Frauen ①③

AZUKI-BOHNEN-EINTOPF

FÜR 2 PERSONEN • 350 KCAL PRO PORTION

Die kleinen, dunkelroten Bohnen mit ihrem süßlich-nussigem Geschmack werden wegen ihrer gesunden Eigenschaften in der japanischen Küche sehr geschätzt. Im Vergleich zu anderen Bohnen sind sie leicht verdaulich und verursachen weniger Blähungen. Wie alle Bohnen und Hülsenfrüchte sind sie gute Proteinquellen. Wer unter der Woche statt Fleisch Hülsenfrüchte isst, bekommt zusätzlich eine Ladung Ballaststoffe. Dieses herzhafte Gericht ist schnell und einfach zu kochen.

1 EL Rapsöl
1 rote Zwiebel, gewürfelt
2,5 cm großes Stück Ingwer, geschält und gerieben
1 Knoblauchzehe, fein gehackt
400 ml Gemüsebrühe (s. S. 283)
3 Stangen Sellerie, gewürfelt
1 Möhre, gewürfelt
1 Knolle Fenchel, in Scheiben geschnitten
400 g Azuki-Bohnen (aus der Dose), abgespült und abgetropft
1 Zucchini, gewürfelt
abgeriebene Schale von 1 Biozitrone
1 Handvoll Korianderblätter, fein gehackt
Salz und frisch gemahlener Pfeffer

1 Das Öl in einem großen Topf erhitzen und Zwiebeln, Ingwer und Knoblauch darin 5 Minuten anbraten. Die Brühe hinzufügen, Sellerie, Möhre und Fenchel unterrühren und 12 Minuten kochen, bis das Gemüse weich ist.
2 Die Azuki-Bohnen und die Zucchini dazugeben und alles weitere 5 Minuten kochen. Zitronenschale und Koriander unterrühren, mit Salz und Pfeffer abschmecken und servieren.

REICH AN Vitamin B6 und C • Folsäure • Kalium • Eisen • Magnesium • Kalzium • Zink • Beta-Karotin • Ballaststoffen

GUT FÜR Herz ①②③ • Knochen ① • Verdauung ① • Immunsystem ① • Haut, Haare & Nägel ①③④ • Psyche ①② • Müdigkeit ①③⑤ • Männer ①② • Frauen ①

LINSENAUFLAUF

FÜR 4 PERSONEN • 305 KCAL PRO PORTION

Dieses rustikale, herzhafte Gericht ist perfekt für kalte Wintertage. Sobald alles geschnitten ist, erledigt der Ofen den Rest der Arbeit, und man kann sich gemütlich zurücklehnen und die köstlichen Düfte aus der Küche genießen. Der Auflauf ist durch die Linsen sehr reich an Selen. Das Mineral unterstützt besonders das Immunsystem.

250 g Puy-Linsen | 1 EL Olivenöl
1 rote Zwiebel, fein gehackt
1 Aubergine, gewürfelt
3 Knoblauchzehen, geröstet (s. Pikante Blumenkohlsuppe mit Sellerie, S. 90)
1 TL Meersalzflocken
1 TL frisch gemahlener Pfeffer
1 Zucchini, gewürfelt
1 rote Paprika, Samen und Trennhäute entfernt, gewürfelt
400 g Kirschtomaten (aus der Dose)
1 TL gemahlener Kreuzkümmel
1 Prise Zimtpulver | 1 Handvoll Thymianblättchen
2 Lorbeerblätter
200 ml Gemüsebrühe (s. S. 283)
1 Handvoll Korianderblätter, fein gehackt
abgeriebene Schale und Saft von ½ Biozitrone

1 Den Ofen auf 200 °C (180 °C Umluft) vorheizen.
2 Die Linsen in einen großen Topf geben, mit kaltem Wasser bedecken, aufkochen und 5 Minuten kochen. In ein Sieb abgießen, abtropfen lassen und in eine große Schüssel geben.
3 Das Öl in einer Pfanne erhitzen und die Zwiebel 8 Minuten darin anschwitzen. Die Auberginen hinzufügen und unter gelegentlichem Wenden 5 Minuten anbraten. Die Auberginen zusammen mit den restlichen Zutaten zu den Linsen in die Schüssel geben und alles gut vermischen.
4 Die Mischung in eine Auflaufform geben und mit Alufolie abdecken. Im vorgeheizten Backofen 50–60 Minuten backen. Nach 20 Minuten einmal umrühren. Wenn die Linsen und das Gemüse weich sind, den Auflauf heiß mit dem Spinatsalat (s. S. 122) als Beilage servieren.

REICH AN Vitamin C • Folsäure • Selen • Kalium • Eisen • Zink • Beta-Karotin • Lykopin • Ballaststoffen

GUT FÜR Herz ①②③ • Verdauung ① • Immunsystem ① • Haut, Haare & Nägel ①③④ • Müdigkeit ① • Männer ①②

LINSEN-BURGER & KRAUTSALAT MIT ZUCKERERBSEN

FÜR 2 PERSONEN • 600 KCAL PRO PORTION

Dieser Burger ist wirklich einfach und noch dazu preiswert. Das Tolle an Weißkohl ist, dass man einen großen Kopf kauft und eine ganze Woche etwas davon hat – man kann ihn in Salaten verwenden, in Aufläufe geben, und Suppen verleiht er einen gewissen Biss. In diesem Rezept ist der Krautsalat ein leckerer Kontrast zum weichen Linsen-Burger. Für den Burger verwenden wir zwei Sorten Linsen – schwarze Belugalinsen und kleine rote Linsen. Beide sind eine gute Eisenquelle, was gerade bei fleischloser Ernährung wichtig ist.

FÜR DEN BURGER

100 g Belugalinsen
100 g rote Linsen | Salz
1 TL gemahlener Kreuzkümmel
1 Frühlingszwiebel, fein gehackt
1 Handvoll Koriander, fein gehackt
1 Handvoll Minzeblätter, fein gehackt
abgeriebene Schale von 1 Biozitrone
20 g Cashewkerne, grob gehackt
1 TL Erdnussöl
1 Ei, leicht verquirlt
1 EL gluten- und weizenfreies Mehl
1 Handvoll Kürbiskerne

FÜR DEN SALAT

20 g Sonnenblumenkerne
½ kleiner Weißkohl
100 g Zuckerschoten
2 Frühlingszwiebeln, fein gehackt
1 EL Korianderblätter, fein gehackt
4 Minzeblätter, fein gehackt
1 EL Zitronensaft
1 TL Rapsöl

1 Die Linsen in einen großen Topf geben, mit Wasser bedecken, eine Prise Salz hineingeben und aufkochen lassen. Dann 15 Minuten köcheln lassen, bis die Linsen weich sind, aber noch Biss haben. Die gekochten Linsen abseihen und vollständig abkühlen lassen.

2 Für den Salat zuerst die Sonnenblumenkerne in einer trockenen Pfanne 4 Minuten unter ständigem Rühren rösten. Abkühlen lassen. Den Kohl in dünne Streifen hobeln (oder schneiden) und in eine große Salatschüssel geben. Die Zuckerschoten in dünne Ringe schneiden und ebenfalls in die Schüssel geben. Frühlingszwiebeln, Koriander, Minze und geröstete Sonnenblumenkerne hinzufügen, alles mit Zitronensaft und Rapsöl vermischen und beiseitestellen (nach Belieben kalt stellen).

3 Den Backofen auf 200 °C (180 °C Umluft) vorheizen. Ein Backblech mit Backpapier auslegen.

4 Die abgekühlten Linsen in eine große Schüssel geben und Kreuzkümmel, Frühlingszwiebel, Koriander, Minze, Zitronenschale, Cashewkerne, Öl, Ei und Mehl hinzufügen. Alles gut vermischen und die Masse zu vier mittelgroßen Burgerpatties formen. Die Kürbiskerne darüberstreuen und leicht andrücken.

5 Die Burgerpatties auf das Backblech legen und im vorgeheizten Backofen 20 Minuten goldbraun backen. Warm und zusammen mit dem Krautsalat servieren.

REICH AN Vitamin B6, B12 und C • Eisen • Kalium • Zink • Magnesium • Selen • Tryptophan • Ballaststoffen

GUT FÜR Herz ①② • Knochen ① • Verdauung ① • Immunsystem ① • Haut, Haare & Nägel ①④ • Psyche ①② • Müdigkeit ①③⑤ • Männer ①② • Frauen ①

QUINOA-BURGER MIT KOHL & PISTAZIEN

FÜR 8 BURGER (FÜR 4 PERSONEN) • 315 KCAL PRO PORTION

Wer einige Rezepte aus diesem Buch kocht, wird schnell feststellen, dass wir Blumenkohl lieben. Seit kurzer Zeit führt unser Gemüsehändler nun auch Romanesco, einen limettengrünen Blumenkohl mit spitz zulaufenden Röschen, sowie Purple Cape, eine leuchtend violette Blumenkohlsorte. Für eine Party können Sie mit diesen Blumenkohlsorten drei verschiedenfarbige Burger-Versionen anbieten – zusammen mit Salat sind diese Burger auch ein leckeres Abendessen für Sommertage.

- 150 g Quinoa
- 30 g geschälte Pistazien
- 1 Blumenkohl, in einzelne Röschen geteilt
- 1 Knoblauchzehe, fein gehackt
- 1 Frühlingszwiebel, in dünne Ringe geschnitten
- 1 Ei, leicht verquirlt
- 1 Handvoll Grünkohl, fein gehackt
- 1 Handvoll Korianderblätter, fein gehackt
- 1 Handvoll glatte Petersilie, fein gehackt
- 1 TL Zwiebelsamen
- 1 EL Rapsöl und etwas Öl zum Anbraten (nach Belieben)
- 2 EL zarte Haferflocken
- 2 EL gluten- und weizenfreies Mehl
- 1 Prise Salz
- 1 Prise Pfeffer

ZUM SERVIEREN

- 8 große Weißkohlblätter
- 100 g Tomaten-Cashew-Creme (s. S. 62)

1. Die Quinoa in einem Topf mit der dreifachen Menge Wasser bedecken und aufkochen lassen. Dann 12 Minuten kochen, in ein Sieb abgießen, unter kaltem Wasser abspülen und abtropfen lassen.
2. Pistazien und Blumenkohlröschen im Mixer zu einer bröseligen Konsistenz zerkleinern. In eine große Schüssel geben und mit Quinoa und den restlichen Zutaten gut vermischen.
3. Die Masse auf einem Backblech verteilen und 1 Stunde in den Kühlschrank stellen, damit sie fest wird. Dann zu acht kleinen Burgerpatties formen.
4. Den Backofengrill vorheizen. Ein Backblech mit Backpapier auslegen.
5. Die Burgerpatties auf das Backblech legen und unter mehrfachem Wenden 12 Minuten im Backofen von beiden Seiten goldbraun und knusprig grillen (die Burger können auch in der Pfanne mit etwas Rapsöl 5 Minuten von jeder Seite gebraten werden, das Grillen im Backofen ist allerdings gesünder).
6. Die Burger mit einem Löffel der Tomaten-Cashew-Creme auf einem Weißkohlblatt anrichten und servieren.

REICH AN Vitamin B1 (Thiamin), B6 und C • Folsäure • Kalium • Magnesium

GUT FÜR Herz ②③ • Knochen ① • Immunsystem ① • Psyche ①② • Müdigkeit ⑤ • Frauen ①

GERÖSTETER BLUMENKOHL

FÜR 2 PERSONEN • 350 KCAL PRO PORTION

Meine Begeisterung für dieses Gemüse kennt keine Grenzen: Ich habe schon daran gedacht, bei meiner Hochzeit statt eines Brautstraußes einen Blumenkohl zu tragen – aber das geht vielleicht doch zu weit. Davon abgesehen ist der Blumenkohl aber ohne Zweifel sehr vielseitig: Ihn ganz zu rösten ist nur eine von vielen köstlichen Zubereitungsarten. Der Trick dabei ist sicherzustellen, dass der Blumenkohl im Backofen aufrecht stehen bleibt und nicht umfällt. Kohl ist allgemein einer der besten Vitamin-C-Lieferanten unter den Gemüsen. Vitamin C wird zum Collagenaufbau benötigt, das wichtig für die Haut ist.

1 großer Blumenkohl
1 EL Rapsöl
1 EL flüssiger Honig
1 Prise Zimtpulver und Paprikapulver
Salz und Pfeffer
5 Gewürznelken

FÜR DIE PERLGRAUPEN

100 g Perlgraupen
1 Handvoll Minzeblätter, fein gehackt
1 Handvoll glatte Petersilie, fein gehackt
½ rote Zwiebel, gehackt
Saft von 1 Zitrone
Salz und Pfeffer

1. Den Ofen auf 200 °C (180 °C Umluft) vorheizen.
2. Alufolie zu einer ca. 30 cm langen und 7 cm hohen Wurst oder Rolle formen. Die Folie fest zusammendrücken, damit die Rolle stabil wird. Die Rolle nun zu einem Ring formen und in die Mitte auf das Backblech setzen.
3. Die äußeren Blätter des Blumenkohls entfernen und den Kohlkopf in den Folienring setzen. Der Ring sorgt dafür, dass der Blumenkohl das Backblech nicht berührt.
4. Öl, Honig, Zimt, Paprikapulver und je eine Prise Salz und Pfeffer in einer kleinen Schüssel verrühren. Den Blumenkohl mit der Marinade bestreichen. Die Gewürznelken in den Blumenkohl stecken. Den Blumenkohl 30 Minuten im Ofen rösten, herausnehmen und abkühlen lassen.
5. Während der Kohl abkühlt, die Perlgraupen in einem großen Topf mit der dreifachen Menge Wasser bedecken und aufkochen lassen. Dann 25–30 Minuten köcheln lassen, bis die Perlgraupen weich sind. In ein Sieb abgießen und unter kaltem Wasser abspülen.
6. Die Perlgraupen in eine große Schüssel geben und Minze, Petersilie, Zwiebel, Zitronensaft und je eine Prise Salz und Pfeffer hinzufügen. Die Mischung warm stellen.
7. Den abgekühlten Blumenkohl in kleinere Portionen teilen und mit den Perlgraupen servieren.

REICH AN Vitamin B1 (Thiamin), B6 und C • Folsäure • Kalium • Eisen • Ballaststoffen

GUT FÜR Herz ② • Verdauung ① • Immunsystem ① • Psyche ① • Müdigkeit ① • Frauen ①

QUINOA, ROSENKOHL & CASHEWKERNE

FÜR 2 PERSONEN • 594 KCAL PRO PORTION

Wir haben dieses Gericht beim Londoner Straßenfest *Feast* zu Weihnachten gekocht. Es sollte etwas Wärmendes, Würziges, Weihnachtliches sein, daher entwickelten wir dieses Rezept mit Rosenkohl und einem Hauch Chili. Dazu servierten wir die dicke Rote-Linsen-Suppe (s. S. 89) als Sauce, was sehr gut ankam. Wir verwenden Quinoa in unserer Detox-Küche sehr gerne. Sie ist eine der besten Proteinquellen für Vegetarier, da sie alle essenziellen Aminosäuren enthält.

- 200 g Quinoa
- 1 TL Rapsöl
- 3 Schalotten, in feine Ringe geschnitten
- 1 Knoblauchzehe, fein gehackt
- 50 g Cashewkerne
- 1 Prise Chiliflocken
- 250 g Rosenkohl, halbiert
- 1 Handvoll Korianderblätter, fein gehackt
- Salz und Pfeffer

1. Die Quinoa in einem Topf mit der dreifachen Menge Wasser bedecken und aufkochen lassen. Dann 6–8 Minuten kochen, bis die Quinoa gerade weich ist. In ein Sieb abgießen und unter kaltem Wasser abspülen.
2. Das Öl in einer beschichteten Pfanne erhitzen. Die Zwiebeln darin 3 Minuten anbraten. Knoblauch und Cashewkerne dazugeben und alles weitere 3 Minuten braten, bis die Nüsse goldbraun werden.
3. Die Chiliflocken zusammen mit 2 Esslöffeln Wasser unterrühren, dann den Rosenkohl hineingeben. Alles weitere 3 Minuten kochen, bis der Kohl weich ist, aber noch Biss hat. Nun die Quinoa einrühren und 3 Minuten durchwärmen. Den Topf vom Herd nehmen und den Koriander unterrühren. Mit Salz und Pfeffer abschmecken und servieren.

REICH AN Vitamin B1 (Thiamin), B6 und C • Folsäure • Kalium • Magnesium • Ballaststoffen

GUT FÜR Herz ①②③ • Knochen ① • Verdauung ① • Immunsystem ① • Psyche ①② • Müdigkeit ③⑤ • Frauen ①

PERLGRAUPEN, ERBSEN, SPINAT, DICKE BOHNEN & HASELNÜSSE

FÜR 4 PERSONEN • 305 KCAL PRO PORTION

Dieses Gericht haben wir in unserem ersten Pop-up-Restaurant in London serviert. Perlgraupen sind bei unseren Gästen immer sehr beliebt. In Kombination mit grünem Gemüse und leicht gerösteten Haselnüssen ergeben sie ein wunderbar wärmendes Gericht, das zudem toll aussieht und lecker schmeckt. Unser Pop-up-Restaurant wurde am ersten Frühlingstag eröffnet, weshalb wir für unser Gericht frisches Frühlingsgrün verwenden wollten.

30 g blanchierte (geschälte) Haselnüsse
200 g Perlgraupen
200 g tiefgefrorene Erbsen
10 g frische oder aufgetaute dicke Bohnen, Kerne ausgelöst
1 Handvoll Spinatblätter, grob gehackt
1 EL Rapsöl
1 Frühlingszwiebel, in Ringe geschnitten
10 Minzeblätter
und einige Blätter zum Garnieren
1 Prise Meersalzflocken
1 Prise frisch gemahlener Pfeffer
Zitronenspalten zum Servieren

1 Den Backofen auf 200 °C (180 °C Umluft) vorheizen. Die Haselnüsse auf einem Backblech verteilen und im vorgeheizten Backofen 8 Minuten goldbraun rösten.
2 Die Haselnüsse in einen Mixer geben und in grobe Stücke zerkleinern.
3 Die Perlgraupen unter kaltem Wasser abspülen, in einen Topf geben und mit der vierfachen Menge Wasser bedecken. Aufkochen lassen, dann die Temperatur reduzieren und 20 Minuten weiterköcheln lassen. Die Erbsen hineingeben und erneut aufkochen lassen. Alles weitere 2 Minuten kochen, anschließend in ein Sieb abgießen.
4 Inzwischen dicke Bohnen, Spinat, Rapsöl, Frühlingszwiebel und Minze in den Mixer geben und zu einer groben Paste pürieren (die Paste sollte grob und stückig sein, da sie dem Gericht einen gewissen Biss verleiht).
5 Alle Zutaten in einer großen Schüssel miteinander vermischen. Mit Minzeblättern garniert servieren und Zitronenspalten zum Beträufeln dazu reichen. Das Gericht schmeckt sowohl heiß als auch kalt.

REICH AN Vitamin C und E • Folsäure • Ballaststoffen

GUT FÜR Herz ① • Knochen ① • Immunsystem ① • Frauen ③

PASTA MIT DICKEN BOHNEN & SPINAT-PESTO

FÜR 2 PERSONEN • 465 KCAL PRO PORTION

Dieses Gericht ist mit seinen leuchtend grasgrünen dicken Bohnen und seinem frischen Spinat-Pesto ein wahrer Augenschmaus. Mit Pasta kombiniert entsteht ganz schnell eine sommerliche Seelennahrung. Dicke Bohnen sind zudem reich an Kalium, das den Blutdruck reguliert.

30 g Pinienkerne
100 g dicke Bohnen
150 g glutenfreie Fussili
100 g tiefgefrorene Erbsen

FÜR DAS PESTO

100 g Spinatblätter
1 Handvoll Minzeblätter
1 Handvoll Schnittlauch
1 Handvoll glatte Petersilie
Saft von ½ Zitrone
1 EL Rapsöl | 1 TL Meersalzflocken

1 Den Backofen auf 200 °C (180 °C Umluft) vorheizen. Ein Backblech mit Backpapier auslegen.
2 Die Pinienkerne auf einem Backblech ausbreiten und im vorgeheizten Backofen 6 Minuten goldbraun rösten. Beiseitestellen.
3 Einen Topf mit Wasser zum Kochen bringen und die dicken Bohnen 4 Minuten darin kochen. In ein Sieb abgießen und unter kaltem Wasser abspülen, dann die Bohnenkerne aus ihren Schalen auslösen und beiseitestellen.
4 Einen Topf mit Wasser zum Kochen bringen, die Nudeln hineingeben und 8 Minuten kochen. Anschließend die Erbsen dazugeben und weitere 3 Minuten kochen, bis die Nudeln bissfest sind (Garangaben auf der Nudelpackung beachten).
5 Inzwischen Spinat und Kräuter für das Pesto fein hacken und mit Zitronensaft, Öl und Salz im Mörser zu einer groben Paste vermischen (alternativ alle Zutaten im Mixer zerkleinern).
6 Wenn die Nudeln gar sind, 1 Tasse Kochwasser abschöpfen, dann die Nudeln abgießen – sie sollten recht feucht bleiben, damit sich das Pesto später besser verteilt. Die Nudeln wieder in den Topf geben und auf den Herd stellen. Pesto und dicke Bohnen dazugeben und 3 Minuten unter Rühren durchwärmen. Nach Bedarf etwas von dem Kochwasser angießen. Mit gerösteten Pinienkernen garniert servieren.

REICH AN Vitamin B3 (Niacin), C und E • Folsäure • Magnesium • Kalium • Zink • Eisen • Beta-Karotin • Ballaststoffen

GUT FÜR Herz ①②③ • Knochen ① • Verdauung ① • Immunsystem ① • Haut, Haare & Nägel ①③④ • Psyche ② • Müdigkeit ①③⑤ • Männer ①② • Frauen ①③

PASTA MIT GEGRILLTEM BROKKOLI

FÜR 2 PERSONEN • 445 KCAL PRO PORTION

Dieses Gericht ist einfach, sättigend und gesund. Brokkoli ist das Lebensmittel mit dem höchsten Chromgehalt. Das Mineral wird zur Regulierung des Blutzuckerspiegels benötigt. Durch das Grillen behält das Gemüse nicht nur seinen Biss, sondern erhält auch ein intensiveres Aroma. Hier ist es mit glutenfreier Pasta kombiniert, es passt aber auch zu Naturreis, Quinoa oder Buchweizen.

1 Handvoll Cashewkerne
2 Handvoll Brokkoliröschen, mit Strunk
200 g glutenfreie Nudeln
1 TL Chiliflocken
1 TL Sesamsamen, geröstet
2 Frühlingszwiebeln, in dünne Ringe geschnitten
1 Prise Meersalzflocken
1 Prise frisch gemahlener Pfeffer
1 TL Olivenöl

1. Den Backofen auf 200 °C (180 °C Umluft) vorheizen. Die Cashewkerne auf einem Backblech ausbreiten und im vorgeheizten Backofen 8 Minuten goldbraun rösten. Beiseitestellen.
2. Die Brokkoliröschen vom Strunk abschneiden, dann den Strunk schälen und in lange Streifen schneiden. Einen Topf mit Wasser zum Kochen bringen und Brokkoliröschen und -streifen 1 Minute blanchieren. In ein Sieb abgießen und unter kaltem Wasser abschrecken.
3. Einen zweiten Topf mit Wasser zum Kochen bringen und die Nudeln darin 8–12 Minuten bissfest kochen, dann abschütten.
4. Inzwischen eine Grillpfanne erhitzen. Die Brokkoliröschen darin 2 Minuten trocken anbraten, dann wenden und weitere 2 Minuten anbraten. In eine Schüssel geben und die Brokkolistreifen auf die gleiche Weise anbraten.
5. Chiliflocken, Cashewkerne, geröstete Sesamsamen, Frühlingszwiebeln, Salz und Pfeffer mit dem Brokkoli vermischen. Dann zu den Nudeln geben und mit Olivenöl beträufeln.

REICH AN Vitamin B1 (Thiamin) und C • Folsäure • Kalium • Magnesium • Chrom • Ballaststoffen

GUT FÜR Herz ①②③ • Knochen ① • Verdauung ① • Psyche ② • Müdigkeit ⑤ • Frauen ①

QUINOA-RISOTTO MIT KÜRBIS & SPINAT

FÜR 2 PERSONEN • 255 KCAL PRO PORTION

Als wärmendes und dennoch leichtes Mittagessen ist dieser „Risotto“ genau das Richtige. Das Pesto gibt ihm ein intensives Aroma und hebt die Süße des Butternusskürbises hervor. Traditionell wird Risotto mit Parmesan serviert, der den salzigen Geschmack beisteuert und alle Aromen harmonisch vereint. Wir bestreuen den Risotto in diesem Rezept zum Schluss mit Meersalzflocken. Das Gericht ist auch für Veganer geeignet und eine gute Quelle für Eisen und Omega-3-Fettsäuren, die für Veganer sonst häufig nur schwer zugänglich sind.

½ Butternusskürbis, geschält und in 1 cm große Würfel geschnitten
200 g Quinoa
1 Handvoll Basilikumblätter
1 Handvoll Sonnenblumenkerne
1 EL Rapsöl
1 TL Salz
1 Handvoll Spinatblätter, grob gehackt
Meersalzflocken zum Bestreuen
1 große Eiertomate, fein gewürfelt

1. Den Backofen auf 200 °C (180 °C Umluft) vorheizen. Die Kürbiswürfel auf einem Backblech verteilen und im vorgeheizten Backofen 20 Minuten weich garen.
2. Inzwischen die Quinoa in einem Topf mit der dreifachen Menge Wasser bedecken und zum Kochen bringen. Weitere 6–8 Minuten köcheln lassen, bis die Quinoa gerade weich ist. In ein Sieb abgießen und unter kaltem Wasser abschrecken. Beiseitestellen.
3. Den Großteil der Basilikumblätter zusammen mit Sonnenblumenkernen, Rapsöl und Salz im Mixer zu einem glatten Pesto pürieren. Das Pesto in einen Topf geben und sanft erhitzen. Gerösteten Kürbis, Spinat und Quinoa dazugeben und alles 3 Minuten unter Rühren erwärmen. Zum Schluss mit Meersalz würzen.
4. Mit gewürfelten Tomaten und Basilikumblättern garniert servieren.

REICH AN Magnesium • Eisen • Kalium • Omega-3-Fettsäuren • Beta-Karotin

GUT FÜR Herz ②③ • Knochen ① • Haut, Haare & Nägel ①④ • Müdigkeit ①③

ZITRONENGRAS-KOKOS-REIS MIT EDAMAME-BOHNEN

FÜR 2 PERSONEN • 520 KCAL PRO PORTION

Man könnte dieses Gericht auch als ein Risotto mit asiatischen Aromen beschreiben. Zitronengras hat ein starkes Zitrusaroma, während die Kokosnuss die Schärfe mildert und für die wunderbar cremige Konsistenz sorgt. Mit knackigen Edamame-Bohnen kombiniert ergibt sich auf diese Weise ein interessanter Mix aus verschiedenen Geschmacksnoten und Texturen. Aufgrund ihrer Soja-Isoflavone (einer Art Phytoöstrogene) sind Edamame eine sehr gesunde Zutat, die bei der Senkung des Cholesterinspiegels helfen kann.

REICH AN Vitamin B3 (Niacin), B6 und C • Folsäure • Kalium • Magnesium • Eisen • Zink • Phytoöstrogenen • Ballaststoffen

GUT FÜR Herz ①②③ • Knochen ① • Verdauung ① • Immunsystem ① • Haut, Haare & Nägel ①④ • Psyche ①② • Müdigkeit ①③⑤ • Männer ①② • Frauen ①③④

- 150 g Naturreis
- 1 Stängel Zitronengras, grob in Ringe geschnitten
- 2 Limettenblätter
- ½ grüne Chili, entkernt
- 1 daumengroßes Stück Ingwer, ungeschält grob gehackt
- 1 Schalotte, grob gehackt
- 1 Handvoll Korianderblätter, fein gehackt und einige Blätter zum Garnieren
- 1 EL Kokosöl
- 150 ml Kokosnussmilch
- Salz
- 200 g Edamame-Bohnen, Tiefkühlware aufgetaut
- 1 Zucchini, klein gewürfelt
- Limettenspalten zum Servieren

1. Den Naturreis in einem Topf mit Wasser zum Kochen bringen. Dann den Reis 15 Minuten köcheln lassen, bis er halb gar ist. In ein Sieb abgießen und beiseitestellen.
2. Zitronengras, Limettenblätter, Chili, Ingwer, Schalottenwürfel, Koriander und Kokosöl im Mixer zu einer groben Paste pürieren. Alternativ die Zutaten fein hacken und dann im Mörser zu einer groben Paste zerstoßen.
3. Eine große, tiefe Pfanne erhitzen, die Gewürzpaste hineingeben und 2 Minuten unter Rühren trocken anrösten. Den halb gegarten Reis dazugeben und gut vermischen. Die Kokosnussmilch mit 100 ml Wasser unterrühren und mit Salz würzen. Alles aufkochen lassen, dann weitere 10 Minuten köcheln lassen.
4. Edamame-Bohnen und Zucchini unterrühren und alles weitere 3 Minuten garen. Mit Korianderblättern garnieren und mit Limettenspalten servieren.

NATURREIS-RISOTTO MIT PILZEN

FÜR 2 PERSONEN • 425 KCAL PRO PORTION

Pilz-Risotto ist ein vegetarischer Klassiker, der manchmal recht schwer sein kann. Mit Naturreis statt dem stärkereichen Risottoreis wird das Gericht leichter und hat eine gröbere Textur. Naturreis ist eine gute Quelle für B-Vitamine, die an der Umwandlung von Nahrung in Energie beteiligt sind. Mit der Mischung verschiedener Zucht- und Wildchampignons erhält der Risotto zudem einen wunderbar nussigen Geschmack.

1,2 l Gemüsebrühe (s. S. 283)
1 TL Erdnussöl
300 g weiße oder braune Champignons, in dünne Scheiben geschnitten
100 g Wiesenchampignons, in dünne Scheiben geschnitten
3 Schalotten, fein gewürfelt
2 Knoblauchzehen, fein gehackt
1 Zweig Rosmarin | 150 g Naturreis | 1 Prise Salz
1 Handvoll glatte Petersilie, fein gehackt
1 TL Trüffelöl

1 Die Brühe in einem großen Topf bei starker Hitze zum Kochen bringen. Die Temperatur reduzieren, sodass die Brühe sanft weiterköchelt.
2 Das Öl in einer großen beschichteten Pfanne erhitzen und die Pilze darin 5 Minuten anbraten, bis sie bräunen. Die Schalotten hinzufügen und weitere 5 Minuten braten, bis sie weich sind, dann Knoblauch und den Rosmarinzweig dazugeben. Die Temperatur reduzieren und noch einmal 3 Minuten garen.
3 Den Naturreis und das Salz mit in den Topf geben und alles umrühren. Nun kellenweise die Brühe hinzufügen. Nach jeder Kelle so lange rühren, bis die ganze Brühe aufgesogen ist. Erst dann die nächste Kelle dazugeben. So fortfahren, bis der Risotto Blasen wirft und gar ist (das dauert ca. 20 Minuten).
4 Die Petersilie unterrühren und mit einigen Tropfen Trüffelöl garniert sofort servieren.

REICH AN Vitamin B1 (Thiamin), B2 (Riboflavin), B3 (Niacin), B6 und C • Folsäure • Kalium • Selen • Eisen • Beta-Karotin • Ballaststoffen

GUT FÜR Herz ①② • Verdauung ① • Immunsystem ① • Haut, Haare & Nägel ①③ • Psyche ① • Müdigkeit ①⑤ • Männer ① • Frauen ①

GRAUPEN-RISOTTO MIT KÜRBIS & SALBEI

FÜR 4 PERSONEN • 315 KCAL PRO PORTION

Bei diesem Gericht sorgen die Perlgraupen für die cremige Konsistenz. Das Geheimnis liegt darin, die Graupen langsam zu kochen und die Flüssigkeit nach und nach dazuzugeben.

30 g Sonnenblumenkerne
1 l Gemüsebrühe (s. S. 283)
3 Stängel Salbei, Blätter abgezupft
1 TL Rapsöl
3 Bananen-Schalotten, in Ringe geschnitten
3 Knoblauchzehen, fein gewürfelt
200 g Perlgraupen
1 Butternusskürbis, geschält und in 1 cm große Würfel geschnitten
1 Handvoll grüne Bohnen, fein gehackt
Salz und Pfeffer
1 kleines Bund Schnittlauch, fein gehackt
abgeriebene Schale von 1 Biozitrone

1 Den Ofen auf 200 °C (180 °C Umluft) vorheizen.
2 Die Sonnenblumenkerne auf einem Backblech ausbreiten und im vorgeheizten Backofen 10 Minuten goldbraun rösten.
3 Die Brühe in einen Topf gießen, die Salbeiblätter dazugeben und erhitzen, bis die Brühe köchelt.
4 Das Öl in einer Pfanne erhitzen und die Schalotten darin 6 Minuten anbraten. Den Knoblauch dazugeben und weitere 3 Minuten braten.
5 Nun die Graupen in die Pfanne geben und rühren, bis sie rundum mit Öl benetzt sind. Eine Kelle Brühe dazugeben, köcheln lassen und dabei rühren, bis die Flüssigkeit aufgesogen ist.
6 Den Kürbis und eine weitere Kelle Brühe hinzufügen. Sobald die Brühe aufgesogen ist, eine weitere Kelle hineingießen und weiterrühren. So fortfahren, bis die ganze Brühe aufgesogen ist. Die Bohnen mit der letzten Kelle Brühe unterrühren. Dann den Topf vom Herd nehmen.
7 Mit Salz und Pfeffer abschmecken und Schnittlauch und Zitronenschale unterrühren. Alles 5 Minuten ziehen lassen, dann mit gerösteten Sonnenblumenkernen garnieren und servieren.

REICH AN Vitamin B1 (Thiamin), C und E • Folsäure • Kalium • Magnesium • Eisen • Beta-Karotin • Ballaststoffen

GUT FÜR Herz ①②③ • Knochen ① • Verdauung ① • Immunsystem ① • Haut, Haare & Nägel ①③ • Psyche ② • Müdigkeit ⑤ • Frauen ①③

EIER

Eier haben vor allem wegen ihres hohen Cholesteringehalts und einer in diesem Zusammenhang vermuteten Verbindung zu Herzerkrankungen einen schlechten Ruf. Dieser ist aber vollkommen unverdient: Heute weiß man, dass das in Eiern (und anderen Nahrungsmitteln) natürlich vorkommende Cholesterin den Cholesterinspiegel im Blut nur wenig beeinflusst und nicht zum Risiko von Herzerkrankungen beiträgt. Sie dürfen also so viele Eier essen, wie sie mögen. Dies ist auch eine gute Nachricht für Ihre körperliche Gesundheit, denn Eier sind mit das Nahrhafteste, was man essen kann. Sie sind eine fantastische Proteinquelle, reich an Vitamin B2 und B12, Selen und Jod, und zudem eine gute Quelle für Vitamin D. Zusätzlich sind sie reich an den Antioxidantien Lutein und Zeaxanthin, die vor Augenerkrankungen schützen sollen.

Eier sind wunderbar vielseitig. Mit ihnen lassen sich ganz einfach schnelle, sättigende Gerichte wie Omeletts und Frittatas zaubern sowie viele leckere Gemüsegerichte. Auf den folgenden Seiten finden Sie Rezepte, die wir in unserer Detox-Küche immer wieder als Mittags- oder Abendessen unter der Woche zubereiten.

Am Ende der meisten Rezepte haben wir die wichtigsten Nährstoffe aufgelistet, die in einer Portion enthalten sind, sowie erläutert, bei welchen gesundheitlichen Problemen es sich empfiehlt, das jeweilige Rezept regelmäßig in den Speiseplan aufzunehmen.
Weitere Informationen finden Sie auf S. 9.

SPARGEL MIT EIERCREME

FÜR 2 PERSONEN • 248 KCAL PRO PORTION

Auf dem Höhepunkt der Spargelsaison neigen wir in unserer Detox-Küche oft dazu, zu viel Spargel zu kaufen. Das köstliche Gemüse hat eine so kurze Saison, dass es fast kriminell erscheint, sie nicht vollständig auszunutzen. Daher bleibt oft etwas Spargel für uns Köche übrig. In diesem Fall werfen wir die Grillplatte an und setzen Wasser für die Eier auf – und in weniger als 10 Minuten haben wir ein reichhaltiges, leckeres Mittagessen. Spargel ist reich an Vitamin B12, das wichtig für die Produktion roter Blutkörperchen ist und so gegen Müdigkeit und Erschöpfung hilft.

- 4 Eier
- 8 Stangen Spargel
- 1 EL Rapsöl und etwas Öl zum Beträufeln
- Zitronensaft
- Salz und Pfeffer
- 1 Handvoll Kresse

1. Einen Topf mit Wasser zum Kochen bringen, dann die Eier vorsichtig hineingeben und 8–10 Minuten kochen. (Die Eier sind dann hart gekocht. Wer sie weicher bevorzugt, kann die Kochzeit entsprechend verkürzen.) Die Eier unter kaltem Wasser abschrecken, dann schälen.
2. Inzwischen eine Grillpfanne erhitzen.
3. Die holzigen Enden der Spargelstangen abbrechen (die unteren 2,5–5 cm, die eine hellere Färbung haben als der Rest der Stangen – sie lassen sich mit sanftem Druck meist leicht abbrechen). Den Spargel in eine Schüssel geben und mit etwas Öl beträufeln. Den Spargel unter gelegentlichem Wenden 5 Minuten in der heißen Grillpfanne braten. Dann den Spargel herausnehmen und beiseitestellen.
4. 1 Esslöffel Rapsöl, etwas Zitronensaft sowie Salz und Pfeffer in einer kleinen Schüssel verquirlen. Die Eier dazugeben und mit einer Gabel zerdrücken, bis eine cremige Eimasse entsteht.
5. Die Eiercreme mit Kresse garniert zum gegrillten Spargel servieren.

REICH AN Vitamin B2 (Riboflavin), B12 und D • Folsäure • Asparagin

GUT FÜR Knochen ① • Psyche ① • Müdigkeit ⑤ • Frauen ①

OFENSPARGEL MIT WACHTELEIERN

FÜR 2 PERSONEN • 310 KCAL PRO PORTION

Am Tag, an dem unser Gemüsehändler uns den ersten Spargel der Saison bringt, gibt es in unserer Detox-Küche dieses Gericht. Dieses Rezept ist saisonale Küche in Perfektion. Spargel ist eine gute Quelle für Glutathion, einen entgiftenden Stoff, der den Abbau von Karzinogenen fördert und die Zellen gegen freie Radikale schützt. Können Sie keine Wachteleier finden, funktioniert das Gericht auch gut mit – weniger – Hühnereiern.

10 große Stangen Spargel
abgeriebene Schale von 1 Biozitrone
1 TL Rapsöl
2 Knoblauchzehen, mit der Schale leicht zerdrückt
2 Zweige Thymian
2 Prisen Meersalzflocken
8 Wachteleier
1 Prise Selleriesalz

ZUM SERVIEREN

100 g Rucola
etwas Rapsöl und Zitronensaft

1 Den Backofen auf 200 °C (180 °C Umluft) vorheizen. Zwei je 20 × 20 cm große Stücke Backpapier auslegen.

2 Die holzigen Enden der Spargelstangen abbrechen und die Stangen dünn schälen. Die Stangen anschließend in zwei Bündel à fünf Stangen aufteilen und mit Küchengarn zusammenbinden. Die Bündel jeweils in die Mitte der Backpapierquadrate legen und mit Zitronenschale, Öl, Knoblauch, Thymian und Meersalz (zu gleichen Teilen) bestreuen bzw. beträufeln.

3 Den Spargel in das Backpapier einschlagen. Die Spargelpakete auf ein Backblech legen und im vorgeheizten Backofen 10 Minuten garen.

4 Inzwischen einen großen Topf mit Wasser zum Kochen bringen. Die Temperatur reduzieren, bis das Wasser nur noch sanft köchelt. Dann die Wachteleier mit einem Esslöffel vorsichtig hineingeben und 4 Minuten kochen. Die Eier herausnehmen und unter kaltem Wasser abschrecken (die Eigelbe sollten jetzt noch weich, aber nicht mehr flüssig sein). Die Eier schälen und mit Selleriesalz bestreuen.

5 Den Rucola mit etwas Öl und Zitronensaft mischen und auf zwei Teller geben. Die Spargelbündel darauf anrichten und die Wachteleier (ganz oder halbiert) darumherum verteilen.

REICH AN Vitamin B2 (Riboflavin), B3 (Niacin), B6, C und D • Folsäure • Eisen • Kalium • Kalzium • Tryptophan • Asparagin • Beta-Karotin • Ballaststoffen

GUT FÜR Herz ②③ • Knochen ① • Verdauung ① • Immunsystem ① • Müdigkeit ①③ • Frauen ①④

EIERSALAT MIT KAPERN

FÜR 2 PERSONEN • 220 KCAL PRO PORTION

Säuerlich-salzige Kapern und hart gekochte Eier sind eine leckere Kombination. Der Salat mag einfach erscheinen, ist aber köstlich und sättigend. Die Zutaten können nach Belieben gemischt oder sehr fein gehackt und dann gut vermischt werden. Rote und gelbe Paprika sind zudem von allen Gemüsen die beste Vitamin-C-Quelle.

4 zimmerwarme Eier
1 gelbe Paprika, Samen und Trennhäute entfernt, in Streifen geschnitten
100 g junge Spinatblätter
1 Handvoll Kapern, gewaschen
1 Prise Meersalzflocken
1 Prise frisch gemahlener Pfeffer
Schnittlauch zum Garnieren
Olivenöl zum Beträufeln

1 Einen mittelgroßen Topf mit Wasser zum Kochen bringen, die Eier vorsichtig hineingeben und 8–10 Minuten kochen. (Die Eier sind dann hart gekocht. Wer sie weicher bevorzugt, verkürzt die Kochzeit dementsprechend.) Die Eier herausnehmen und unter kaltem Wasser abschrecken.
2 Die Eier schälen und längs in vier Spalten schneiden.
3 Paprika, Spinat, Kapern, Salz und Pfeffer in einer Schüssel vorsichtig vermischen.
4 Das Gemüse auf Servierschalen verteilen und die Eierspalten daraufsetzen. Mit Schnittlauch garnieren und mit Olivenöl beträufelt servieren.

REICH AN Vitamin B6, B12, C und D • Folsäure • Kalium • Beta-Karotin • Tryptophan

GUT FÜR Herz ② • Knochen ① • Haut, Haare & Nägel ① • Psyche ① • Müdigkeit ③ • Männer ① • Frauen ①

BOHNEN-AVOCADO-TOMATEN-SALAT MIT ZWIEBELN & EIERN

FÜR 2 PERSONEN • 460 KCAL PRO PORTION

Dieser farbenfrohe Salat ist sehr aromatisch. Die Eier und Bohnen sind gehaltvoll und verwandeln den einfachen Salat in ein sättigendes, schnelles Hauptgericht. Das Gericht ist darüber hinaus ideal für Vegetarier, da es alle Aminosäuren liefert und viel Eisen beinhaltet.

- 4 Eier
- 1 reife Avocado
- ½ rote Zwiebel, in Ringe geschnitten
- Saft von 1 Zitrone
- 400 g Wachtelbohnen (aus der Dose), abgespült und abgetropft
- 4 reife Eiertomaten, geviertelt
- 1 TL flüssiger Honig
- 1 Handvoll Schnittlauch, grob geschnitten
- 1 EL Sonnenblumenkerne, geröstet
- Salz und frisch gemahlener Pfeffer

1. Einen Topf mit Wasser zum Kochen bringen, die Eier vorsichtig hineingeben und 8–10 Minuten kochen. (Die Eier sind nun hart gekocht. Wer sie weicher bevorzugt, verkürzt die Kochzeit dementsprechend.) Die Eier abgießen und unter kaltem Wasser abschrecken.
2. Inzwischen die Avocado schälen und entkernen, dann das Fruchtfleisch klein schneiden. Das Avocadofruchtfleisch mit der Zwiebel in eine Schüssel geben und mit Zitronensaft beträufeln. 5 Minuten ziehen lassen (die Zitrone sorgt dafür, dass die Avocado nicht braun wird, und lässt die Zwiebeln leuchtend rosa werden).
3. Bohnen, Tomaten, Honig, Schnittlauch und Sonnenblumenkerne mit in die Schüssel geben und alles gut vermischen.
4. Die Eier in vier Spalten schneiden und auf dem Salat anrichten. Mit Salz und Pfeffer würzen und servieren.

REICH AN Vitamin B1 (Thiamin), B6, C und E • Folsäure • Kalium • Eisen • Phytoöstrogenen • Ballaststoffen

GUT FÜR Herz ①② • Knochen ① • Verdauung ① • Immunsystem ① • Psyche ① • Müdigkeit ① • Frauen ①③④

GEBRATENER REIS MIT EIERN & ERBSEN

FÜR 4 PERSONEN • 430 KCAL PRO PORTION

Gebratener Reis mit Eiern ist ein klassisches Resteessen und ein einfach zu kochendes Gericht. Doch wie wird der Reis schön knusprig und nicht eine fahle, klebrige Masse? Das Geheimnis: Verwenden Sie dafür kalten Reis. Warmer Reis wird schnell zu weich. Ein saftiger Tomatensalat ist der perfekte Begleiter dazu.

- 400 g Naturreis
- 150 g tiefgefrorene Erbsen
- 1 EL Rapsöl
- 2 große Eier
- 1 EL Tamari
- 2 Frühlingszwiebeln, in Ringe geschnitten

ZUM SERVIEREN

- 2 reife Strauchtomaten, grob gehackt
- Salz und Pfeffer

1. Den Reis in einen Topf mit kaltem Wasser geben und zum Kochen bringen, dann 20 Minuten gar kochen. In ein Sieb abgießen, dann unter kaltem Wasser abschrecken und abkühlen lassen. Anschließend den abgekühlten Reis in eine Schüssel geben, mit Frischhaltefolie abdecken und 20 Minuten in den Kühlschrank stellen.
2. Inzwischen die Erbsen nach Packungsangabe in einem Topf mit kochendem Wasser garen. Abgießen und beiseitestellen.
3. Sobald der Reis ganz kalt ist, das Öl in einem Wok erhitzen. Den Reis dazugeben und rühren, bis alle Reiskörner mit Öl benetzt sind. Dann den Reis 3 Minuten unter ständigem Rühren braten. Er sollte dabei goldbraun werden.
4. Die Eier aufschlagen, in den Wok geben und zügig unter den Reis rühren. Alles weitere 2 Minuten braten, dann Tamari, Frühlingszwiebeln und Erbsen unter den Reis mischen. Tomaten würzen und mit dem gebratenen Reis servieren.

REICH AN Vitamin B1 (Thiamin), B3 (Niacin) und B12 • Folsäure • Magnesium

GUT FÜR Herz ③ • Psyche ① • Müdigkeit ③⑤

EIWEISS-BROKKOLI-OMELETT

FÜR 2 OMELETTES • 120 KCAL PRO PORTION

Eiweißomelett klingt erst einmal langweilig – für das Auge wie für die Geschmacksnerven –, aber dieses Omelett wird Sie überzeugen. Dieses wunderbar leichte, luftige Gericht ist eine kalorienarme Alternative zum traditionellen Omelett mit ganzen Eiern. Wir verwenden für dieses Rezept Brokkoli, man kann aber auch geröstete Paprika, Spinat oder Tomaten dafür nehmen.

- 1 Handvoll Brokkoliröschen, zerkleinert
- ½ Zwiebel, in dünne Ringe geschnitten
- 1 EL Sonnenblumenkerne
- 2 TL Rapsöl
- 3 große Eiweiße
- Salz und weißer Pfeffer
- Korianderblätter zum Garnieren

1. Den Ofen auf 180 °C (160 °C Umluft) vorheizen.
2. Brokkoliröschen, Zwiebeln und Sonnenblumenkerne auf einem Backblech verteilen, mit 1 Teelöffel Öl beträufeln und im vorgeheizten Ofen 10 Minuten rösten.
3. Inzwischen die Eiweiße in eine Schüssel geben und mit je einer Prise Salz und Pfeffer schaumig aufschlagen.
4. Das restliche Öl in einer Pfanne erhitzen. Das Eiweiß hineingeben und den gerösteten Brokkoli, die Zwiebeln und Sonnenblumenkerne daraufgeben. Bei mittlerer Hitze 3 Minuten braten, bis das Omelette auf der Unterseite goldbraun und fast fest ist.
5. Das Omelette in der Mitte zusammenfalten und mit Koriander garniert servieren.

REICH AN Vitamin C und E

GUT FÜR Immunsystem ① • Frauen ③

SCHALOTTENOMELETT

FÜR 1 OMELETT • 330 KCAL PRO PORTION

Die Inspiration für dieses Gericht kommt aus dem berühmten Taj Mahal Palace Hotel in Mumbai. Was für ein umwerfendes Gericht: ein einfaches Omelett mit süßen Schalotten und einem Hauch Schärfe von Chiliflocken. Es sind oft die einfachen Gerichte, die einem am besten in Erinnerung bleiben.

- 3 Eier
- 50 ml Reismilch
- 1 Prise Chiliflocken
- 1 Prise Meersalzflocken
- 1 Prise weißer Pfeffer
- 1 EL Rapsöl
- 2 Schalotten, in dünne Ringe geschnitten

1. Eier und Reismilch in einer großen Schüssel verquirlen. Chiliflocken, Meersalz und Pfeffer hinzugeben und ebenfalls verquirlen. Beiseitestellen.
2. In einer beschichteten Pfanne mit ca. 20 cm Durchmesser etwas Öl erhitzen. Dann die Schalotten dazugeben und bei starker Hitze einige Minuten anbraten. Die Temperatur reduzieren und die Schalotten weitere 6 Minuten bräunen. In eine Schüssel geben und beiseitestellen.
3. Das restliche Öl in die Pfanne geben und die Temperatur wieder erhöhen. Die Eimischung in die Pfanne gießen und bei starker Hitze 1 Minute anbraten, dann die Temperatur auf mittlere Hitze reduzieren. Die Schalotten gleichmäßig auf dem Omelett verteilen und weitere 2 Minuten braten, bis die Eimischung auf der Oberseite zu stocken beginnt.
4. Das Omelett zusammenfalten und die Hälften aufeinanderdrücken. Dann das Omelett auf einen Teller geben und sofort servieren. Wer es etwas schärfer mag, kann das Omelett noch mit einigen Chiliflocken garnieren.

REICH AN Vitamin B2 (Riboflavin), B12 und D • Folsäure • Selen • Eisen • Tryptophan

GUT FÜR Knochen ① • Psyche ① • Müdigkeit ①③⑤ • Männer ①

MAISKÜCHLEIN MIT TOMATEN-ZWIEBEL-SALAT

FÜR 8–10 KÜCHLEIN (FÜR 4 PERSONEN) • 165 KCAL PRO PORTION

Wenn Sie diese Maisküchlein probiert haben, werden Sie jedes Gemüse in Küchlein verwandeln wollen, das Ihnen unter die Finger kommt. Denken Sie jedoch daran, eine beschichtete Pfanne und nur etwas Öl dabei zu verwenden. So werden die Küchlein nicht matschig. Nehmen Sie besser frische Maiskörner vom Kolben für dieses Rezept. Maiskörner aus der Dose sind zu süß, selbst wenn sie zuckerfrei eingelegt sind, und zu weich. Die Küchlein sind eine tolle Vorspeise oder auch super als Fingerfood.

1 Maiskolben
1 Ei
50 ml Reismilch
1 Prise Salz
1 Prise Paprikapulver
75 g gluten- und weizenfreies Mehl
2 Frühlingszwiebeln, in feine Ringe geschnitten
1 TL Olivenöl zum Braten
Korianderblätter zum Garnieren

FÜR DEN SALAT

3 reife Strauchtomaten, in Scheiben geschnitten
½ Zwiebel, in feine Ringe geschnitten
Saft von ½ Zitrone
1 TL flüssiger Honig
1 Prise Salz

1 Den Backofengrill vorheizen. Falls nötig, Blätter und Stroh vom Maiskolben entfernen. Den Maiskolben unter mehrfachem Wenden 12 Minuten unter dem heißen Grill rundum goldbraun rösten. Herausnehmen und abkühlen lassen.

2 Sobald der Maiskolben kalt ist, die Maiskörner abschneiden. Dazu stellt man den Kolben am besten schräg in eine flache Schale und schneidet die Körner mit einem scharfen Messer rundum von oben nach unten ab. Den Kolben anschließend entsorgen. Die Maiskörner beiseitestellen.

3 Ei, Reismilch, Salz und Paprikapulver in einer großen Schüssel miteinander verquirlen. Das Mehl in die Schüssel sieben und mit der Eimischung zu einem flüssigen Teig verrühren. Dann Frühlingszwiebeln und Maiskörner unterrühren. Die Mischung 10 Minuten ziehen lassen.

4 Inzwischen alle Salatzutaten in einer großen Salatschüssel miteinander vermischen und den fertigen Salat beiseitestellen.

5 Das Olivenöl in einer großen beschichteten Pfanne erhitzen. Den Maisteig in mehreren Portionen braten. Dazu mit einem Esslöffel jeweils eine Portion Teig mit genügend Abstand in die Pfanne geben und von jeder Seite 2–3 Minuten goldbraun braten. Fertige Küchlein aus der Pfanne nehmen, auf einen Teller geben und mit Alufolie abgedeckt warm stellen, bis alle Küchlein fertig sind. Falls nötig, für die nächsten Küchlein wieder Öl in die Pfanne geben.

6 Die Küchlein mit Koriander garnieren und mit dem Tomatensalat servieren.

REICH AN Vitamin B1 (Thiamin), B6, B12 und C • Folsäure • Kalium

GUT FÜR Herz ② • Immunsystem ① • Psyche ① • Frauen ①

SÜSSKARTOFFEL-FRITTATA

FÜR 4 GROSSE STÜCKE • 300 KCAL PRO PORTION

Diese Frittata ist ein köstliches Mittag- oder Abendessen, eignet sich aber auch für Picknicks. Wer mag, kann die Süßkartoffeln durch Butternusskürbis ersetzen. Karamellisieren Sie die Süßkartoffeln zuerst im Ofen, damit ihr süßes Aroma voll zum Tragen kommt. Für die Zubereitung der Frittata benötigen Sie nur eine ofenfeste Pfanne.

3 Süßkartoffeln, geschält und in 2,5 cm große Würfel geschnitten
1 EL Olivenöl und etwas Öl zum Beträufeln
1 Zweig Rosmarin
½ rote Zwiebel, in Ringe geschnitten
1 Knoblauchzehe, zerdrückt
6 Eier
100 ml Reismilch
Salz und Pfeffer
1 Handvoll Kürbiskerne

1 Den Backofen auf 200 °C (180 °C Umluft) vorheizen. Ein Backblech mit Backpapier auslegen.
2 Die Süßkartoffelwürfel auf dem Backblech verteilen und mit Olivenöl beträufeln. Die Rosmarinblätter abzupfen, nach Belieben ganz lassen oder fein hacken und über die Süßkartoffen streuen. Die Süßkartoffel im vorgeheizten Backofen 20 Minuten rösten.
3 Zwiebeln und Knoblauch über die Süßkartoffen streuen und nochmals 10 Minuten in den Ofen geben, bis die Süßkartoffelwürfel weich und leicht gebräunt sind.
4 Inzwischen Eier und Reismilch in einer Schüssel mit Salz und Pfeffer verquirlen.
5 1 Esslöffel Olivenöl in einer beschichteten Pfanne mit ca. 24 cm Durchmesser stark erhitzen. Sobald es heiß ist, die Süßkartoffel-Zwiebel-Mischung in die Pfanne geben und gleichmäßig verteilen. Die Eimischung darübergießen, dann die Temperatur auf mittlere Hitze reduzieren. Das Ei etwas stocken lassen (es stockt zuerst an den Rändern).
6 Wenn die Oberseite der Frittata fast fest ist, die Kürbiskerne darüberstreuen und die Pfanne 10 Minuten in den Backofen geben.
7 Die fertige Frittata aus dem Ofen nehmen, einige Minuten abkühlen lassen und dann auf dem Schneidebrett in Stücke schneiden.

REICH AN Vitamin B2 (Riboflavin), B12 und D

GUT FÜR Knochen ① • Psyche ① • Müdigkeit ⑤

LODGE

KOHL-FENCHEL-FRITTATA MIT EDAMAME-BOHNEN

FÜR 4 PERSONEN • 254 KCAL PRO PORTION

Frittata schmeckt mit jedem Gemüse einfach göttlich. Zudem lassen sich auf diese Weise Reste sehr lecker verwerten und ergeben ein sättigendes Abendessen. Für diese Version verwenden wir Grünkohl, Fenchel und Edamame-Bohnen. Dunkelgrünes Gemüse, wie etwa Grünkohl, ist für Vegetarier und Veganer eine gute Quelle für Omega-3-Fettsäuren. Kohl liefert zudem das Spurenelement Kupfer, das bei der Eisenaufnahme behilflich ist. Für die Zubereitung einer Frittata benötigen Sie nur eine ofenfeste Pfanne.

1 Knolle Fenchel, in dünne Scheiben geschnitten
2 rote Zwiebeln, in dünne Ringe geschnitten
1 Knoblauchzehe, in dünne Scheiben geschnitten
1 EL Olivenöl und etwas Öl zum Beträufeln
6 Eier
100 ml Reismilch
1 Handvoll Schnittlauch, fein gehackt
1 EL Korianderblätter, fein gehackt
Salz und Pfeffer
100 g Grünkohl, in Streifen geschnitten
1 Handvoll Edamame-Bohnen, Tiefkühlware aufgetaut
1 Handvoll Sonnenblumenkerne

1 Den Backofen auf 200 °C (180 °C Umluft) vorheizen. Ein Backblech mit Backpapier auslegen.
2 Fenchel, Zwiebeln und Knoblauch auf dem Backblech verteilen, mit Olivenöl beträufeln und im vorgeheizten Backofen 12 Minuten rösten.
3 Eier und Reismilch in eine Schüssel geben, mit Schnittlauch und Koriander verquirlen und mit Salz und Pfeffer würzen.
4 1 Esslöffel Olivenöl in einer beschichteten Pfanne mit ca. 24 cm Durchmesser erhitzen. Dann das geröstete Gemüse aus dem Ofen in die Pfanne geben und Kohl und Edamame-Bohnen hinzufügen. Alles einige Minuten anbraten, bis der Grünkohl leicht zusammenfällt.
5 Das Gemüse mit der Eimischung übergießen. Die Temperatur auf mittlere Hitze reduzieren. Das Ei stocken lassen (es stockt zuerst an den Rändern). Sobald die Oberseite fest wird, die Frittata mit Sonnenblumenkernen bestreuen und die Pfanne 10 Minuten in den Ofen geben.
6 Die Frittata etwas abkühlen lassen und dann auf einem Schneidebrett in Stücke schneiden. Die Stücke heiß oder kalt servieren. Frittata schmeckt auch kalt gut und hält sich im Kühlschrank einen Tag.

REICH AN Vitamin B2 (Riboflavin), B12 und D • Folsäure • Eisen • Tryptophan

GUT FÜR Knochen ① • Psyche ① • Müdigkeit ①③⑤ • Frauen ④

FLEISCH

Ob Sie nun Fleisch essen oder nicht, ist eine ganz persönliche Entscheidung. Meist essen diejenigen, die gerne Fleisch essen, aber zu viel davon. Sicher ist, dass bei Weitem nicht jede Mahlzeit Fleisch enthalten muss, um vollwertig zu sein.

Es ist aber auch wahr, dass Fleisch sehr nährstoffreich ist. Es ist eine gute Proteinquelle und einer der Hauptlieferanten für Vitamin B12 und Eisen (sie helfen gegen Erkrankungen wie Eisenmangel oder Anämie, die Müdigkeit und Erschöpfung auslösen). Ausreichende Mengen dieser wichtigen Nährstoffe nehmen wir aber schon durch kleine Fleischmengen auf, was mehr Raum für nähr- und ballaststoffreiche Pflanzennahrung lässt.

Der Genuss von kleinen Mengen Fleisch ist also durchaus gesund. Übermäßiger Fleischgenuss dahingegen wird mit verschiedenen Erkrankungen in Zusammenhang gebracht. In unserer Detox-Küche verzichten wir deshalb vollständig auf rotes und vorverarbeitetes Fleisch und halten uns an mageres weißes Fleisch (Hähnchen und Pute) sowie Fisch.

Für die meisten Rezepte in diesem Buch verwenden wir Hähnchen- oder Putenbrust. Brustfleisch ist aus gutem Grund so beliebt: Es nimmt auch kräftige Aromen gut an und lässt sich vielseitig einsetzen – von Grillen über Rösten bis Braten und Schmoren. Außerdem schmeckt Brustfleisch meiner Meinung nach gut zu Obst, was eine leckere Kombination von herzhaft und süß ergibt. Hähnchen mit Quinoa und süßen Pfirsichen, eine gegrillte Hähnchenbrust in Cashew-Basilikum-Pesto-Kruste, Thai-Hühnchen in Nudelsuppe oder ein herzhafter Hähnchen-Gemüse-Pie sind für mich einfach unschlagbar leckere Gerichte.

Am Ende der meisten Rezepte haben wir die wichtigsten Nährstoffe aufgelistet, die in einer Portion enthalten sind, sowie erläutert, bei welchen gesundheitlichen Problemen es sich empfiehlt, das jeweilige Rezept regelmäßig in den Speiseplan aufzunehmen.
Weitere Informationen finden Sie auf S. 9.

TANDOORI-HÄHNCHEN MIT ANANASSALAT

FÜR 4 PERSONEN • 280 KCAL PRO PORTION

Ein gutes Tandoori-Hähnchen sollte würzig-scharf und leicht rauchig schmecken. Traditionell kommt das Raucharoma vom Garen im Tandoor – hier sorgt das geräucherte Paprikapulver dafür. Seien Sie bei den Chilis und anderen Gewürzen nicht zu zurückhaltend, der Ananassalat mildert die Schärfe durch seine Süße schön ab. Das Enzym Bromelain, das im Strunk der Ananas enthalten ist, hilft außerdem bei der Verdauung von Proteinen.

2 daumengroße Stücke Ingwer, geschält und gerieben
4 Knoblauchzehen, sehr fein gehackt
2 rote Chilis, Samen und Trennhäute entfernt, fein gehackt
Saft von 1 Zitrone
600 g Hähnchenbrustfilet, ohne Haut, in mundgerechte Stücke geschnitten
2 EL Sojajoghurt
1 EL geräuchertes Paprikapulver
1 TL gemahlene Kurkuma
2 EL Garam Masala
1 EL Olivenöl
Zitronenspalten zum Servieren

FÜR DEN SALAT

½ Ananas, geschält, Strunk entfernt und gewürfelt
1 rote Paprika, Samen und Trennhäute entfernt, fein gewürfelt
1 gelbe Paprika, Samen und Trennhäute entfernt, fein gewürfelt
2 Frühlingszwiebeln, fein gewürfelt
1 Handvoll Korianderblätter, fein gehackt
Salz und Pfeffer

1 Ingwer, Knoblauch, Chilis und Zitronensaft in einer großen Schüssel verquirlen. Die Filets hineinlegen und darin wenden, bis sie rundum benetzt sind. Abdecken und 20 Minuten im Kühlschrank marinieren.
2 Joghurt, Paprikapulver, Kurkuma, Garam Masala und Olivenöl zum Fleisch geben und alles gut vermischen. Wieder abdecken und 1 weitere Stunde im Kühlschrank marinieren.
3 Inzwischen acht Holzspieße 1 Stunde in Wasser einweichen.
4 Den Backofengrill auf mittlere Hitze vorheizen. Die Hähnchenstücke auf die Holzspieße stecken und auf mit Backpapier ausgelegte Backbleche legen. Die Spieße unter gelegentlichem Wenden 20 Minuten grillen.
5 Inzwischen für den Salat die gewürfelte Ananas, Paprika, Frühlingszwiebeln und Koriander in einer Schüssel vermischen und mit Salz und Pfeffer abschmecken.
6 Je zwei Hähnchenspieße mit einer großen Portion Salat und einer Zitronenspalte anrichten und servieren.

REICH AN Vitamin B3 (Niacin) und C • Kalium • Tryptophan • Beta-Karotin • Bromelain

GUT FÜR Herz ③ • Verdauung ④ • Immunsystem ① • Haut, Haare & Nägel ① • Psyche ① • Müdigkeit ③

CAJUN-HÄHNCHEN MIT AVOCADOSALAT & MANGO-SALSA

FÜR 4 PERSONEN • 415 KCAL PRO PORTION

Dieses Gericht steht und fällt mit der Marinade. Kräftige Gewürze und reichlich Knoblauch geben ihm einen rauchigen, aromatischen Geschmack. Durch leichtes Flachklopfen der Hähnchenbrüste wird die Fleischoberfläche größer und das Fleisch zarter. Das Hähnchen harmoniert perfekt mit dem leichten, cremigen Avocadosalat und der süßlich scharfen Mango-Salsa. Mangos enthalten das Antioxidans Beta-Karotin, das neben vielen anderen Vorzügen auch dabei helfen kann, im Alter geistig fit zu bleiben.

1 EL geräuchertes Paprikapulver
1 EL gemahlene Kurkuma
1 EL gemahlener Koriander
1 TL Chiliflocken
1 Knoblauchzehe, zerdrückt
1 TL Olivenöl | Salz
4 Hähnchenbrustfilets ohne Haut (à ca. 150 g)

FÜR DEN SALAT

150 g junge Spinatblätter
1 Handvoll Korianderblätter
1 Handvoll Minzeblätter
1 Handvoll glatte Petersilie
¼ rote Zwiebel, grob gewürfelt
1 TL Rapsöl | 2 reife Avocados
Salz und Pfeffer

FÜR DIE MANGO-SALSA

1 Mango, gewürfelt
4 Kirschtomaten, gewürfelt
1 Handvoll Korianderblätter, fein gehackt
Saft von 1 Limette
1 rote Chili, Samen und Trennhäute entfernt, fein gehackt
Salz und Pfeffer

1 Alle Gewürze mit Knoblauch, Öl und einer Prise Salz in einer großen Schüssel verrühren. Die Hähnchenbrüste in der Marinade wenden, bis sie rundum benetzt sind.
2 Eine Grillpfanne bei mittlerer Hitze erwärmen.
3 Inzwischen die Hähnchenbrüste einzeln auf ein Stück Frischhaltefolie legen, die Folie darüberlegen und die Brüste vorsichtig mit der Teigrolle auf ca. 1 cm Dicke plattieren. Die Folie vom Fleisch entfernen und die Hähnchenbrüste in der Grillpfanne von jeder Seite 6 Minuten grillen.
4 Inzwischen für den Salat Spinat, Koriander, Minze, Petersilie fein hacken und mit der roten Zwiebel sowie dem Öl in einer großen Schüssel vermischen. Die Avocados schälen, den Kern entfernen und das Fruchtfleisch würfeln. Die Avocadowürfel in die Schüssel geben und alles vorsichtig mischen. Mit Salz und Pfeffer abschmecken.
5 Alle Zutaten für die Salsa in einer weiteren Schüssel mit den Händen vermischen. Dabei die Tomaten leicht zerdrücken, sodass der Saft austritt. Zum Schluss mit Salz und Pfeffer abschmecken.
6 Die Hähnchenbrüste jeweils mit einer großen Portion Avocadosalat und der Mango-Salsa servieren.

REICH AN Vitamin B2 (Riboflavin), B3 (Niacin), B6, C und E • Folsäure • Kalium • Beta-Karotin • Tryptophan • Beta-Sitosterin • Ballaststoffen

GUT FÜR Herz ①②③ • Verdauung ① • Immunsystem ① • Haut, Haare & Nägel ① • Psyche ① • Müdigkeit ③⑤ • Männer ① • Frauen ①③

HÄHNCHEN-QUINOA-SALAT

FÜR 2 PERSONEN • 420 KCAL PRO PORTION

In diesem Rezept kombinieren wir zwei unserer Lieblingszutaten zu einem nährstoffreichen Salat, der lecker schmeckt und darüber hinaus richtig satt macht. Der sehr hohe Proteingehalt und die komplexen Kohlenhydrate der Quinoa machen ihn zum perfekten Mittagessen, wenn man zum Beispiel einen anstrengenden Nachmittag vor sich hat.

2 Hähnchenbrustfilets ohne Haut (à ca. 150 g)
2 Zweige Thymian
2 Zitronenscheiben
2 Knoblauchzehen, ungeschält, leicht zerdrückt
100 g Quinoa
Salz
100 g Zuckererbsen
150 g Rucola
100 g junge Spinatblätter
1 Handvoll Schnittlauch, grob gehackt
1 Handvoll glatte Petersilie
4 getrocknete Aprikosen, in Streifen geschnitten
Saft von 1 Zitrone
1 EL Rapsöl
1 TL Meersalzflocken
1 Prise frisch gemahlener Pfeffer

1 Den Ofen auf 200 °C (180 °C Umluft) vorheizen.
2 Die Hähnchenbrüste auf ein Backblech legen und jeweils einen Thymianzweig, eine Zitronenscheibe und eine Knoblauchzehe darauflegen. Das Fleisch im vorgeheizten Backofen ca. 20 Minuten braten. Dann das Fleisch herausnehmen und abkühlen lassen.
3 Die Quinoa in einem mittelgroßen Topf mit der dreifachen Menge Wasser bedecken und zum Kochen bringen. Salz in das kochende Wasser geben und 6–8 Minuten kochen, bis die Quinoa gerade weich ist. In ein Sieb abgießen und die Quinoa unter kaltem Wasser abspülen. Beiseitestellen und vollständig abtropfen lassen.
4 In einem kleinen Topf Wasser zum Kochen bringen, die Zuckererbsen hineingeben und maximal 2 Minuten blanchieren. Dann unter kaltem Wasser abschrecken.
5 Die restlichen Zutaten in einer Salatschüssel mischen, zum Schluss Quinoa und Zuckererbsen unterheben.
6 Die Hähnchenbrüste in breite Streifen schneiden und in den Salat geben. Den Salat in der Schüssel servieren.

REICH AN Vitamin B2 (Riboflavin), B6, C und E • Folsäure • Kalium • Magnesium • Eisen • Kalzium • Selen • Beta-Karotin • Tryptophan • Ballaststoffen

GUT FÜR Herz ①②③ • Knochen ① • Verdauung ① • Immunsystem ① • Haut, Haare & Nägel ① • Psyche ①② • Müdigkeit ①③⑤ • Männer ① • Frauen ①③

PESTO-HÄHNCHEN MIT QUINOA-PFIRSICH-SALAT

FÜR 4 PERSONEN • 600 KCAL PRO PORTION

Dieses Pesto-Hähnchen ist mein Lieblingsrezept, wenn Freunde zum Essen kommen. Es schmeckt wirklich jedem. Das Basilikum gibt dem Pesto seinen klassischen Geschmack. Die Kombination mit Nüssen und Samen verleiht ihm ein kräftiges, abgerundetes Aroma, und der Spinat verstärkt noch die leuchtend grüne Farbe des Pestos. Süße, reife Sommerpfirsiche sind eine tolle Ergänzung zu diesem Gericht, unterstreichen die intensiven Aromen und geben eine wunderbare Textur.

4 Hähnchenbrustfilets ohne Haut (à ca. 150 g)
1 TL Olivenöl
Meersalzflocken und frisch gemahlener Pfeffer
300 g Quinoa
4 Stangen Sellerie, fein gewürfelt
Saft von 1 Zitrone
1 TL Rapsöl
2 reife Wildpfirsiche (Plattpfirsiche)

FÜR DAS PESTO

70 g Cashewkerne
50 g Sonnenblumenkerne
2 Handvoll junge Spinatblätter
5 Stängel Basilikum, Blätter abgezupft
1 EL Rapsöl
Meersalzflocken und frisch gemahlener Pfeffer

1 Den Ofen auf 200 °C (180 °C Umluft) vorheizen.
2 Die Hähnchenbrüste auf ein Backblech legen, mit Olivenöl beträufeln und mit je einer Prise Meersalz und Pfeffer würzen. Das Fleisch im vorgeheizten Backofen 20 Minuten braten.
3 Inzwischen die Quinoa in einem Topf mit der dreifachen Menge kaltem Wasser bedecken und zum Kochen bringen. Dann die Temperatur reduzieren und die Quinoa 6–8 Minuten köcheln lassen, bis sie gerade weich ist. In ein Sieb abgießen, abspülen und abtropfen lassen. Die gekochte Quinoa in einer Schüssel mit Sellerie, Zitronensaft, Rapsöl und je 1 Teelöffel Meersalz und Pfeffer gut vermischen.
4 Alle Zutaten für das Pesto mit 1 Teelöffel Meersalz und 1 Prise Pfeffer in den Mixer geben und zu einer groben Paste zerkleinern.
5 Die Pfirsiche um den Stein herum einschneiden, halbieren und den Stein entfernen. Die Pfirsichhälften in mundgerechte Stücke schneiden und mit Meersalz und Pfeffer bestreuen.
6 Das gebratene Hähnchenfleisch aus dem Ofen nehmen und in Streifen schneiden. Mit dem Quinoa-Salat, den Pfirsichen und dem Pesto servieren.

REICH AN B-Vitaminen • Kalium • Magnesium • Zink • Selen • Eisen

GUT FÜR Herz ② • Immunsystem ① • Haut, Haare & Nägel ① • Psyche ①② • Müdigkeit ①⑤ • Männer ①② • Frauen ①③

WIRSINGROULADEN MIT HÄHNCHEN

FÜR 8 ROULADEN (FÜR 2 PERSONEN) •
277 KCAL PRO PORTION

Diese Wirsingrouladen können als Vorspeise für acht Personen oder auch als Hauptgericht für zwei Personen dienen. Sie lassen sich gut im Voraus zubereiten, sodass sie nur noch gedämpft werden müssen. Zu stark gegartes Gemüse verliert sein Vitamin C, da es wasserlöslich ist. Daher werden die Kohlblätter hier nur kurz blanchiert, damit sie geschmeidig genug sind, um sie rollen zu können. Wenn Sie kein gehacktes Hähnchenfleisch finden können, bitten Sie Ihren Metzger darum, das Fleisch durch den Fleischwolf zu drehen.

1 Wirsing
150 g Naturreis
1 TL Olivenöl
1 Zwiebel, fein gewürfelt
1 Knoblauchzehe, fein gehackt
1 Zweig Thymian
1 Handvoll Majoran, Blätter abgezupft und fein gehackt
1 TL gemahlener Kreuzkümmel
1 TL Paprikapulver
400 g Hähnchenbrustfilet ohne Haut, fein gehackt
1 TL Salz
1 TL Pfeffer

1 Die acht größten äußeren Blätter des Kohls ablösen und 3 Minuten in einem Topf mit kochendem Wasser blanchieren. Dann die Blätter herausheben, in Eiswasser abschrecken, abtropfen lassen und beiseitestellen.
2 Den Reis in einem Topf mit der doppelten Menge Wasser bedecken, zum Kochen bringen und 20 Minuten köcheln lassen. In ein Sieb abgießen und abtropfen lassen.
3 Das Öl in einer Pfanne mit Antihaftbeschichtung erhitzen. Knoblauch und Zwiebeln darin 10 Minuten leicht anbraten. Thymian, Majoran, Kreuzkümmel, Paprikapulver und Hackfleisch zugeben und unter Rühren 5 Minuten braten, bis das Hähnchenfleisch rundum angebraten und krümelig ist. Vom Herd nehmen und das Fleisch mit dem Reis vermischen. Mit Salz und Pfeffer abschmecken.
4 Für die Rouladen jeweils eine Handvoll Hähnchenmischung in die Mitte eines Kohlblatts geben. Das untere Ende des Blatts über die Fleischmischung falten, dann die Seite nach innen falten und das Kohlblatt nach oben aufrollen. Die Rouladen mit der Naht nach unten auf einen großen Teller legen und 30 Minuten im Kühlschrank fest werden lassen.
5 Wasser in einem Dampfgarer oder Topf zum Kochen bringen. Den Dämpfeinsatz darübersetzen, die Kohlrouladen hineinlegen und 10 Minuten im heißen Wasserdampf dämpfen. Die Rouladen heiß servieren.

REICH AN Vitamin B1 (Thiamin), B3 (Niacin), B6 und C • Folsäure • Kalium • Selen • Tryptophan

GUT FÜR Herz ③ • Immunsystem ① • Psyche ① • Müdigkeit ③ • Männer ① • Frauen ①

PHAT THAI MIT NATURREISNUDELN

FÜR 2 PERSONEN • 690 KCAL PRO PORTION

Phat Thai, eines unserer langjährigen Lieblingsgerichte und das thailändische Nationalgericht, hat die perfekte Balance von süß und sauer. Die Tamarindenpaste gibt ihm zusätzlich eine zitrusfrische Note – achten Sie jedoch darauf, dass die Tamarindenpaste zuckerfrei ist. Alternativ können Sie Limettensaft verwenden. Das Gericht strotzt nur so vor B-Vitaminen wie Vitamin B12, das unter anderem Depressionen vorbeugt.

120 g Naturreisnudeln
4 TL Fischsauce
½ TL Tamarindenpaste, mit 50 ml Wasser verrührt
30 g flüssiger Honig
½ TL Chiliflocken und einige Flocken zum Servieren
40 ml Erdnussöl
1 Hähnchenbrustfilet (ca. 150 g), in dünne Streifen geschnitten
8 rohe große Garnelen, Schalen und Darm entfernt
2 Frühlingszwiebeln, in Ringe geschnitten
2 Knoblauchzehen, fein gehackt
2 große Eier
1 EL kleine getrocknete Garnelen
100 g Bohnensprossen (aus dem Kühlregal)
1 große Handvoll Korianderblätter
50 g Cashewkerne, geröstet, grob gehackt
Limettenspalten zum Servieren

1 Einen Topf mit Wasser zum Kochen bringen und die Nudeln maximal 1 Minute darin kochen, dann in ein Sieb abgießen. Unter kaltem Wasser abspülen, dann beiseitestellen.
2 Für die Sauce Fischsauce, Tamarindenpaste, Honig und Chiliflocken in einem kleinen Topf 3 Minuten sanft erhitzen. Beiseitestellen.
3 2 EL Öl in einem großen Wok erhitzen. Das Fleisch hineingeben und 5–7 Minuten unter ständigem Rühren rundum anbraten. Die Garnelen hineingeben und alles weitere 3 Minuten unter Rühren braten. Frühlingszwiebeln und Knoblauch dazugeben und unter Rühren weitere 3–4 Minuten braten.
4 Die Nudeln zugeben und 30 Sekunden braten, dann die Sauce gut unterrühren.
5 Den Wokinhalt an die Seite des Woks schieben und das restliche Öl hineingeben. Die Eier in den Wok aufschlagen und verquirlen. Braten, bis Rührei entsteht, dann mit den restlichen Zutaten im Wok vermischen. Getrocknete Garnelen, Bohnensprossen und Koriander unterheben.
6 Das Phat Thai mit Cashewkernen und Chiliflocken garnieren und heiß mit den Limettenspalten servieren.

REICH AN B-Vitaminen • Vitamin C • Selen • Magnesium • Kalium • Zink • Eisen • Tryptophan

GUT FÜR Herz ③ • Knochen ① • Immunsystem ① • Haut, Haare & Nägel ①④ • Psyche ①② • Müdigkeit ①③⑤ • Männer ①② • Frauen ①③

HÄHNCHEN-WRAPS MIT CASHEWKERNEN & ESTRAGON

FÜR 2 PERSONEN • 380 KCAL PRO PORTION

In dieser Version von Hähnchen-Wraps mit Mayonnaise ersetzen wir die Mayonnaise durch Cashewcreme. So schmecken die Wraps genauso cremig, sind aber viel gesünder. Die Füllung wird zudem in knackige Kohlblätter gewickelt – eine tolle, glutenfreie Alternative zu traditionellen Wraps.

30 g Cashewkerne
1 Hähnchenbrustfilet ohne Haut (ca. 150 g)
1 EL Olivenöl und etwas Öl zum Beträufeln
Salz und Pfeffer
abgeriebene Schale von 1 Biozitrone
1 TL Schnittlauch, fein gehackt und etwas Schnittlauch zum Servieren
1 TL Estragon, Blättchen abgezupft und gehackt
4 Weißkohlblätter
2 Handvoll Rucola
Zitronensaft zum Beträufeln

1 Den Backofen auf 200 °C (180 °C Umluft) vorheizen. Die Cashewkerne 20 Minuten in einer Schüssel mit warmem Wasser quellen lassen.
2 Inzwischen die Hähnchenbrust auf ein Backblech legen, mit Olivenöl beträufeln und mit Salz und Pfeffer würzen. 20 Minuten im vorgeheizten Backofen braten, bis sie durchgegart ist (zum Testen die Brust in der Mitte durchschneiden). Herausnehmen und abkühlen lassen.
3 Die Cashewkerne abgießen und in einen Mörser geben. 1 TL Olivenöl, Zitronenschale und 1 EL Wasser hinzugeben und alles zu einer glatten Paste zerstoßen. Alternativ die Cashewcreme im Mixer oder mit dem Pürierstab zubereiten.
4 Die abgekühlte Hähnchenbrust in kleine Stücke schneiden und in einer Schüssel mit Schnittlauch, Estragon und Cashewcreme vermischen.
5 Die Hähnchenfüllung auf die Kohlblätter verteilen, etwas Rucola und Schnittlauch dazugeben, alles mit etwas Zitronensaft beträufeln und in die Blätter einwickeln.

REICH AN Vitamin B1 (Thiamin), B3 (Niacin) und B6 • Selen • Tryptophan

GUT FÜR Herz ③ • Psyche ① • Müdigkeit ③⑤ • Männer ① • Frauen ①

SALATRÖLLCHEN MIT HÄHNCHENFÜLLUNG

FÜR 2 PERSONEN • 285 KCAL PRO PORTION

Die besondere Zutat für dieses auf einem chinesischen Klassiker basierende Gericht sind Wasserkastanien. Das typisch chinesische Lebensmittel hat eine einzigartige Textur. Frische Wasserkastanien schmecken am besten, da sie den meisten Biss haben, sind aber schwer zu finden. Daher verwenden wir Wasserkastanien aus der Dose. Eine Portion dieses Gerichts liefert bereits 35 Prozent der empfohlenen Tagesdosis an Selen. Das Spurenelement schützt vor Infektionen. Viele Europäer nehmen es leider nicht in ausreichender Menge zu sich.

300 g Hähnchenbrustfilet ohne Haut, gehackt oder sehr fein gewürfelt
140 g Wasserkastanien (aus der Dose), abgetropft und fein gewürfelt
2 EL Tamari
1 Frühlingszwiebel, fein gewürfelt
1 Knoblauchzehe, fein gewürfelt
1 Handvoll Schnittlauch, fein gehackt
1 Kopf Eisbergsalat
2 EL Naturreis, gepufft

1 Das Hähnchenfleisch mit Wasserkastanien, Tamari, Frühlingszwiebel, Knoblauch und Schnittlauch in einer Schüssel gut vermischen und einige Minuten marinieren.
2 Eine Pfanne mit Antihaftbeschichtung bei mittlerer Hitze erwärmen. Das Hähnchenfleisch hineingeben und unter Rühren 12 Minuten gar braten. Dann vom Herd nehmen.
3 Vier oder sechs der äußeren Salatblätter vorsichtig ablösen, ohne dass sie zerreißen. Zum Servieren beiseitelegen. Den Strunk vom Salatkopf entfernen und den Salat in feine Streifen schneiden. Mit dem gepufften Reis unter die Hähnchenmischung rühren, bis der Salat durch die Hitze des Fleischs leicht zusammenfällt.
4 1 EL Hähnchenmischung auf jedes Salatblatt geben. Den unteren Rand der Salatblätter über die Füllung falten, dann die Seiten nach innen falten und die Salatblätter aufrollen. Sofort servieren.

REICH AN Vitamin B1 (Thiamin), B3 (Niacin) und B6 • Folsäure • Kalium • Selen • Tryptophan

GUT FÜR Herz ②③ • Psyche ① • Müdigkeit ③ • Männer ① • Frauen ①

PUTEN-CASHEW-CURRY

FÜR 4 PERSONEN • 450 KCAL PRO PORTION

Mit ihrer cremigen Konsistenz und ihrem kräftigen Aroma sind Cashewkerne eine tolle Ergänzung zu jedem Gericht. Hier nutzen wir sie für die Currypaste, die für eine gute Bindung sorgt und alle Aromen des Gerichts miteinander verbindet. Dieses Curry deckt die Tagesdosis an Vitamin B6 vollständig ab – ein Nährstoff, den unser Körper benötigt, um Nahrung in Energie umzuwandeln.

100 g Cashewkerne
2 reife Strauchtomaten, grob gehackt
½ grüne Chili, Samen und Trennhäute entfernt, klein gewürfelt
2 Knoblauchzehen, gehackt
1 daumengroßes Stück Ingwer, geschält und grob gehackt
Saft von 1 Zitrone
400 g Putenbrustfilet ohne Haut, gewürfelt
2 EL gemahlene Mandeln
1 EL gemahlener Kreuzkümmel
1 EL gemahlener Koriander
1 EL gemahlene Kurkuma
1 EL Kokosöl
1 Zwiebel, gewürfelt
1 Blumenkohl, in einzelne Röschen zerteilt
100 ml Kokosnussmilch
100 g frische Erbsen, gepalt oder Tiefkühlerbsen, aufgetaut

1. Die Cashewkerne 20 Minuten in warmem Wasser quellen lassen, dann abgießen. Mit Tomaten, Chili, Knoblauch, Ingwer und Zitronensaft in den Mixer geben und zu einer glatten Paste pürieren. Dann in eine große Schüssel geben.
2. Das Putenfleisch mit der Currypaste vermischen. Mit gemahlenen Mandeln, Kreuzkümmel, Koriander und Kurkuma bestreuen und verrühren. Dann das Fleisch abdecken und 20 Minuten im Kühlschrank marinieren.
3. Inzwischen das Öl in einem großen Topf erhitzen und die Zwiebeln 5 Minuten anbraten. Das Fleisch mit der Marinade dazugeben und 5–7 Minuten rundum anbraten.
4. Blumenkohl, Kokosnussmilch und 100 ml Wasser unterrühren und alles kurz aufkochen lassen. Unter gelegentlichem Rühren 15 Minuten bei schwacher Hitze köcheln lassen. Nun die Erbsen unterrühren und weitere 5 Minuten köcheln lassen.
5. Das Curry beispielsweise zusammen mit Naturreis und Gurkensalat servieren.

REICH AN B-Vitaminen • Vitamin C • Kalium • Zink • Eisen • Magnesium • Selen • Curcuminoide • Tryptophan • Ballaststoffen

GUT FÜR Herz ②③ • Knochen ①② • Verdauung ① • Immunsystem ① • Psyche ①② • Müdigkeit ①③⑤ • Männer ①② • Frauen ①

KAENG MASAMAN MIT SÜSSKARTOFFEL & PUTE

FÜR 4 PERSONEN • 600 KCAL PRO PORTION (MIT REIS)

Ein Kaeng Masaman (thailändisches Massaman-Curry) wird traditionell mit Rindfleisch und Erdnüssen zubereitet. Wir haben diese Zutaten in unserer Version des Gerichts gegen Putenfleisch und Cashewkerne ausgetauscht, was mindestens genauso gut schmeckt. Cashewkerne sind reich an Magnesium, dessen Mangel u.a. Migräne auslösen kann. Lassen Sie sich von der langen Zutatenliste nicht abschrecken – das Curry ist einfach zu kochen. Der Okra-Ingwer-Reis passt gut dazu.

1 ½ EL Rapsöl
2 große Zwiebeln, fein gewürfelt
250 g Putenbrustfilet ohne Haut, gewürfelt
2 gehäufte EL frisch geriebener Ingwer
2 Knoblauchzehen, fein gehackt
1 TL gemahlener Koriander
1 TL gemahlener Kreuzkümmel
1 Prise gemahlener Zimt
1 Prise gemahlene Gewürznelken
1 rote Chili, Samen und Trennhäute entfernt, gehackt
1 Stängel Zitronengras, fein gehackt
1 TL Fischsauce
400 ml Kokosnussmilch
4 Kardamomkapseln
1 Sternanis
2 mittelgroße Süßkartoffeln, geschält und gewürfelt
Limettenspalten zum Servieren

FÜR DEN REIS

200 g Naturreis
1 EL Kokosöl
150 g Okraschoten
1 EL frisch geriebener Ingwer
Salz und Pfeffer
1 Handvoll Korianderblätter, fein gehackt

1 Etwas Rapsöl in einem großen Topf bei mittlerer Hitze erwärmen. Die Zwiebeln darin 10 Minuten leicht anbräunen. Das Putenfleisch dazugeben und unter Rühren rundum anbraten.
2 Ingwer, Knoblauch, gemahlene Gewürze, Chili, Zitronengras und Fischsauce in einem kleinen Mixer zu einer glatten Paste pürieren. Die Paste mit dem restlichen Rapsöl verdünnen.
3 Die Currypaste zum Fleisch geben und unter Rühren 2 Minuten bei schwacher Hitze garen. Dabei die Gewürze nicht anbrennen lassen!
4 Die Kokosnussmilch mit 100 ml Wasser verrühren, dann mit Kardamomkapseln und Sternanis zum Curry geben. Alles zum Kochen bringen und unter gelegentlichem Rühren 20 Minuten köcheln lassen. Die Süßkartoffen unterrühren und weitere 20 Minuten köcheln lassen, bis sie weich sind.
5 Inzwischen den Naturreis in einem großen Topf mit der dreifachen Menge kaltem Wasser bedecken und bei starker Hitze zum Kochen bringen. 20 Minuten kochen, bis der Reis gar ist.
6 Das Kokosöl in einer Pfanne erhitzen und die Okraschoten mit dem Ingwer 6 Minuten darin leicht anbraten. Den fertigen Reis abgießen und mit den Okraschoten vermischen. Alles mit Salz und Pfeffer würzen und die Korianderblätter darübergeben.
7 Das Curry mit dem Okra-Ingwer-Reis servieren und dazu Limettenspalten zum Beträufeln reichen.

REICH AN Vitamin B1 (Thiamin), B3 (Niacin) und C • Folsäure • Kalium • Magnesium • Tryptophan • Beta-Karotin • Ballaststoffen

GUT FÜR Knochen ① • Verdauung ① • Immunsystem ① • Haut, Haare & Nägel ① • Psyche ①② • Müdigkeit ③⑤ • Frauen ①

PUTEN-BURGER MIT ROT-WEISSEM KRAUTSALAT

FÜR 4 BURGER (FÜR 2 PERSONEN) • 350 KCAL PRO PORTION

Wie wäre es einmal mit einer ganz anderen Art, das Geflügel für den klassischen Weihnachtsbraten zuzubereiten, dessen Fleisch leider meist als trocken und geschmacksarm verschrien ist? Inzwischen ist Putenfleisch auch in den meisten Supermärkten ganzjährig erhältlich. Und das ist gut so, denn Putenfleisch ist gesund: Es enthält die Aminosäure Tryptophan, die im Gehirn zum „Wohlfühlhormon" Serotonin umgewandelt wird. Testen Sie daher statt Hähnchen-Burger das nächste Mal einfach einmal diese leckeren Puten-Burger mit Kräutern.

300 g Putenbrustfilet ohne Haut
1 Ei
1 TL getrockneter Thymian
1 Prise getrockneter Estragon
1 Handvoll glatte Petersilie, fein gehackt
1 Handvoll Schnittlauch, fein gehackt
abgeriebene Schale von 1 Biozitrone
100 g Maiskörner (frisch oder Tiefkühlware, aufgetaut)
1 EL gluten- und weizenfreies Mehl

FÜR DEN KRAUTSALAT

½ kleiner Rotkohl, in feine Streifen gehobelt
¼ kleiner Weißkohl, in feine Streifen gehobelt
½ rote Zwiebel, in feine Streifen geschnitten
1 Knoblauchzehe, fein gehackt
Saft von 1 Zitrone
1 Handvoll Korianderblätter, fein gehackt und einige Blätter zum Garnieren
1 Handvoll Schnittlauch, fein gehackt
1 Handvoll glatte Petersilie, fein gehackt
2 EL Sojajoghurt

1 Den Backofengrill auf mittlerer Hitze vorheizen.
2 Die Hälfte der Putenbrust klein würfeln und in eine große Schüssel geben. Den Rest der Putenbrust in den Mixer geben und auf Intervallschaltung zu feinem Brät (Fleischpaste) zerkleinern. Zu den Fleischwürfeln in die Schüssel geben.
3 Ei, Thymian, Estragon, Petersilie, Schnittlauch, Zitronenschale, Maiskörner und Mehl dazugeben und alles mit den Händen gut vermischen. Die Fleischmasse mit den Händen zu mittelgroßen Burgerpatties formen.
4 Die Burgerpatties auf ein Backblech legen und auf mittlerer Schiene im vorgeheizten Backofen von jeder Seite 8 Minuten goldbraun grillen.
5 Inzwischen die Salatzutaten in einer großen Schüssel miteinander vermischen.
6 Die Burgerpatties zusammen mit dem Salat servieren.

REICH AN B-Vitaminen • Vitamin C • Folsäure • Kalium • Eisen • Selen • Tryptophan • Ballaststoffen

GUT FÜR Herz ①②③ • Verdauung ① • Immunsystem ① • Psyche ① • Müdigkeit ①③ • Männer ① • Frauen ①

HÄHNCHEN-BURGER MIT ROTE-BETE-RELISH

FÜR 4 PERSONEN • 165 KCAL PRO PORTION

Diesen beliebten Hähnchen-Burger hatten wir schon von Anfang an auf unserer Speisekarte. Er wird aus qualitativ hochwertigem Fleisch hergestellt und mit einem scharfen Relish serviert. Für das in Supermärkten fertig abgepackt erhältliche Hähnchen-Hackfleisch werden meist alle Teile des Geflügels verwertet. Wer beste Qualität wünscht, bereitet das Hackfleisch daher besser selbst zu.

300 g Hähnchenhackfleisch oder Hähnchenbrustfilet ohne Haut, fein gehackt
1 Ei
1 EL Rapsöl
1 Handvoll Korianderblätter, fein gehackt
1 EL getrockneter Thymian
1 Handvoll Schnittlauch, fein gehackt
abgeriebene Schale von 1 Biozitrone
1 TL Salz
1 TL frisch gemahlener Pfeffer

FÜR DAS ROTE-BETE-RELISH

4 große rohe Rote Bete, geschält und in 2,5 cm große Würfel geschnitten
1 EL Rapsöl
1 TL Kapern
3 reife Strauchtomaten, gewürfelt
1 grüne Chili, Samen und Trennhäute entfernt, fein gewürfelt
½ rote Zwiebel, fein gewürfelt
1 Knoblauchzehe, fein gehackt

1 Den Ofen auf 200 °C (180 °C Umluft) vorheizen.

2 Ein quadratisches Stück Alufolie abschneiden, die Rote Bete in der Mitte der Alufolie aufhäufeln und mit Öl beträufeln. Die Folienecken zusammennehmen und zu einem Päckchen zusammendrehen. Auf ein Backblech setzen und 30 Minuten im vorgeheizten Backofen backen, bis die Rote Bete weich ist, aber noch Biss hat. Die Rote Bete herausnehmen und abkühlen lassen. Den Backofen für die Burger weiter heizen.

3 Die abgekühlte Rote Bete mit Kapern, Tomaten, Chili, Zwiebel und Knoblauch in den Mixer geben. Mit Intervallschaltung zu einem groben Relish zerkleinern. Das Relish in eine Schüssel füllen und beiseitestellen.

4 Für die Burgerpatties das Hackfleisch mit den Händen in einer großen Schüssel mit den restlichen Zutaten vermischen. Das Fleisch dabei aber nicht zu stark zusammendrücken, da die Burger sonst zu fest werden. Die Mischung zu vier Burgerpatties formen und auf ein Backblech legen.

5 Die Burgerpatties im vorgeheizten Backofen unter einmaligem Wenden 25 Minuten braten. Jeden Burgerpattie mit 1 EL Rote-Bete-Relish garnieren und mit grünem Salat als Beilage servieren.

REICH AN Vitamin B3 (Niacin) und C • Folsäure • Kalium

GUT FÜR Herz ②③ • Immunsystem ①

GERÖSTETES STUBENKÜKEN MIT ROSENKOHL

FÜR 2 PERSONEN • 450 KCAL PRO PORTION

Stubenküken sind ideal für Gerichte für zwei Personen. Sie lassen sich sehr einfach zubereiten und sind doppelt so schnell fertig wie Hähnchen – aus der Karkasse können Sie auch noch eine köstliche Brühe kochen. Für ein Abendessen mit Freunden ist dieses Geflügel ideal: Von den kleinen Vögeln passen mehrere gleichzeitig in den Ofen und immer zwei Gäste können sich ein Küken teilen. Rosenkohl gehört zu derselben Familie wie Brokkoli, Blumenkohl, Grünkohl und Pak Choi. Sie alle enthalten Nährstoffe, die zum Schutz vor bestimmten Krebsarten beitragen.

1 Stubenküken
1 Zitrone, in Scheiben geschnitten
3 Zweige Thymian
1 Prise Meersalzflocken
1 Prise frisch gemahlener Pfeffer
600 ml Hühnerbrühe (s. S. 283)
2 Stangen Lauch, fein gewürfelt
200 g Rosenkohl, halbiert
1 EL Kürbiskerne
1 EL Sonnenblumenkerne
1 EL Pistazien, geschält
1 Handvoll glatte Petersilie, fein gehackt
1 Handvoll Korianderblätter, fein gehackt

1 Den Backofen auf 200 °C (180 °C Umluft) vorheizen. Ein Backblech mit Backpapier auslegen.
2 Das Stubenküken auf das Backblech legen und mit Zitronenscheiben, Thymianzweigen, Meersalz und Pfeffer bedecken. Dann 25 Minuten im vorgeheizten Backofen braten.
3 Inzwischen die Hühnerbrühe in einen Topf geben und zum Kochen bringen. Den Lauch dazugeben und 5 Minuten köcheln lassen, bis er weich wird. Dann den Rosenkohl zugeben und weitere 4 Minuten köcheln lassen, bis er gerade weich ist, aber noch Biss hat. Die überschüssige Brühe abgießen und das Gemüse im Topf warm halten.
4 Das Stubenküken aus dem Ofen nehmen und einige Minuten ruhen lassen, dann tranchieren oder in der Mitte durchschneiden.
5 Inzwischen die Samen und Nüsse auf einem zweiten Backblech ausbreiten und 6 Minuten im Ofen goldbraun rösten. Zum Gemüse geben, die Kräuter hinzufügen und alles vermischen. Das Gemüse mit dem Stubenküken servieren.

REICH AN Vitamin B2 (Riboflavin), B3 (Niacin), B6, C und E • Folsäure • Kalium • Eisen • Zink • Selen • Beta-Sitosterin • Tryptophan • Präbiotika • Ballaststoffen

GUT FÜR Verdauung ② • Immunsystem ① • Psyche ① • Müdigkeit ①③⑤ • Männer ①② • Frauen ①③

HÄHNCHEN-GEMÜSE-PASTETE

FÜR 6 PERSONEN • 320 KCAL PRO PORTION

Pürierte Limabohnen sind ein perfekter Ersatz für Kartoffelpüree – sie haben die gleiche Farbe und Textur und lassen sich genauso gut goldbraun überbacken wie Kartoffelpüree. Bei diesem Rezept verwenden wir Butternusskürbis, Erbsen und Paprika für die Füllung der Pastete, man kann sie aber auch gut dafür nutzen, Gemüsereste aus dem Kühlschrank zu verwerten – experimentieren ist durchaus erwünscht. Ohne das Hähnchenfleisch und mit mehr Gemüse wird aus der Pastete schnell ein leckeres vegetarisches Gericht.

1 EL Rapsöl
2 Schalotten, in Ringe geschnitten
1 Stange Lauch, fein gewürfelt
2 Knoblauchzehen, gehackt
4 Hähnchenbrustfilets ohne Haut (à ca. 150 g), grob gewürfelt
1 EL gluten- und weizenfreies Mehl
400 ml Gemüsebrühe (s. S. 283)
1 Handvoll glatte Petersilie, fein gehackt
2 Stängel Estragon, Blättchen fein gehackt
1 Lorbeerblatt
2 Möhren, gewürfelt
½ Butternusskürbis, geschält, entkernt und gewürfelt
1 rote Paprika, Samen und Trennwände entfernt, in Streifen geschnitten
100 g weiße Champignons, halbiert
100 g frische Erbsen, gepalt oder Tiefkühlerbsen, aufgetaut

FÜR DIE PÜREEHAUBE

1 Blumenkohl, in einzelne Röschen zerteilt
2 x 400 g Limabohnen (aus der Dose), abgetropft
1 Knoblauchzehe, sehr fein gehackt
200 ml Reismilch
Salz und Pfeffer

1 Das Öl in einem großen Topf erhitzen. Schalotten, Lauch und Knoblauch 5 Minuten anbraten. Das Hähnchenfleisch hinzufügen und 5–6 Minuten rundum goldgelb anbraten. Alles mit Mehl bestäuben und gut verrühren. Dann die Hälfte der Gemüsebrühe unter ständigem Rühren darübergießen, damit das Mehl keine Klumpen bildet.

2 Die restliche Brühe mit Petersilie, Estragon, Lorbeerblatt, Möhren, Kürbis, Paprika und Pilzen hinzufügen und unter gelegentlichem Rühren weitere 15 Minuten köcheln lassen, bis das Gemüse weich ist. Alles in eine Auflaufform geben und die Erbsen darauf verteilen.

3 Den Ofen auf 200 °C (180 °C Umluft) vorheizen.

4 Für die Püreehaube einen Topf mit Wasser zum Kochen bringen, den Blumenkohl hineingeben und 10 Minuten köcheln lassen. Dann den gekochten Blumenkohl abgießen und in einen Mixer geben. Bohnen, Knoblauch und Reismilch dazugeben und alles 2 Minuten glatt pürieren. Mit Salz und Pfeffer abschmecken.

5 Das Püree auf der Gemüse-Hähnchen-Füllung verteilen. Im vorgeheizten Backofen 25 Minuten goldbraun überbacken. Heiß servieren.

REICH AN Vitamin B3 (Niacin), B6 und C • Folsäure • Kalium • Selen • Beta-Karotin • Tryptophan • Ballaststoffen

GUT FÜR Herz ①②③ • Verdauung ① • Immunsystem ① • Haut, Haare & Nägel ① • Psyche ① • Müdigkeit ③ • Männer ① • Frauen ①

ZITRONENHÄHNCHEN

FÜR 4 PERSONEN • 340 KCAL PRO PORTION

Dieses ursprünglich aus Marokko stammende Gericht ist das Resultat der endlosen Suche meiner Mutter nach dem perfekten Rezept für Zitronenhähnchen. Sie will es zwar noch weiter verfeinern, bis dahin ist dieses Rezept aber das beste Zitronenhähnchen der Welt – zumindest für mich. Wir servieren dazu gedämpftes Blumenkohl-„Couscous", das den köstlich zitronigen Bratensaft wunderbar aufsaugt. Dieses leckere Wintergericht ist vollgepackt mit Vitamin C und Selen, die beide das Immunsystem stärken. Die darin enthaltenen B-Vitamine beugen Müdigkeit vor. Eine gebackene Version für das Blumenkohl-Couscous finden Sie auf S. 132.

3 große Zwiebeln, fein gewürfelt
2 EL Olivenöl
4 Hähnchenbrustfilets ohne Haut (à ca. 150 g), quer in 3 Stücke geschnitten
2 Handvoll glatte Petersilie, fein gehackt
1 EL frisch geriebener Ingwer
1 Prise Safranfäden
10 große grüne Oliven, entsteint
3 eingelegte Zitronen, fein gehackt und einige Scheiben zum Garnieren
1,2 l Hühnerbrühe (s. S. 283)
Salz und Pfeffer
Korianderblätter zum Garnieren

FÜR DAS BLUMENKOHL-COUSCOUS

1 Blumenkohl, äußere Blätter entfernt
1 EL Rapsöl
1 Prise Safranfäden
Salz und Pfeffer

1 Das Olivenöl in einem großen Topf erhitzen und die Zwiebeln 10 Minuten darin anbraten. Das Hähnchenfleisch dazugeben und unter gelegentlichem Wenden von beiden Seiten 6–8 Minuten goldbraun anbraten. Petersilie, Ingwer, Safran, Oliven und gehackte eingelegte Zitronen hinzugeben. Mit Brühe übergießen und zum Kochen bringen, dann alles 10 Minuten köcheln lassen.
2 Inzwischen den Backofengrill auf mittlerer Hitze vorheizen.
3 Das Hähnchenfleisch aus dem Topf nehmen und in eine Auflaufform legen. Unter dem vorgeheizten Grill 10 Minuten von beiden Seiten goldbraun braten. Dann das Fleisch warm halten.
4 Inzwischen die Temperatur des Herds verringern und die Sauce mindestens 40 Minuten einreduzieren lassen, bis sie dickflüssig und aromatisch ist. Das Hähnchenfleisch wieder in die Sauce geben und mit Salz und Pfeffer abschmecken.
5 Während die Sauce einreduziert, den Blumenkohl-Couscous zubereiten. Dazu den Backofen auf 180 °C (160 °C Umluft) vorheizen. Die Strünke der Blumenkohlröschen abschneiden und den Hauptstrunk schälen. Die kleinen Strünke mit dem Hauptstrunk in den Mixer geben und zerkleinern, sodass sie eine couscousartige Konsistenz erhalten. Die zerkleinerten Strünke in eine Schüssel geben. Die Röschen ebenfalls in den Mixer geben und zerkleinern (am besten in mehreren Portionen arbeiten). Die zerkleinerten Röschen mit Öl und Safran in die Schüssel geben, alles mit Salz und Pfeffer würzen und gut vermischen.
6 Ein quadratisches Stück Alufolie auf ein Backblech legen (das Quadrat sollte mindestens drei Mal so groß sein wie das Backblech). Den Blumenkohl-Couscous in die Mitte der Folie häufeln und dann fest einwickeln. Den Couscous 20 Minuten im vorgeheizten Backofen dämpfen.
7 Das Zitronenhähnchen mit Korianderblättern und Zitronenscheiben garnieren und mit dem Blumenkohl-Couscous als Beilage servieren.

REICH AN Vitamin B1 (Thiamin), B3 (Niacin), B6 und C • Folsäure • Kalium • Selen • Tryptophan

GUT FÜR Herz ②③ • Immunsystem ① • Psyche ① • Müdigkeit ③ • Männer ① • Frauen ①

F I S C H

Gut zubereiteter Fisch in Kombination mit einer ordentlichen Portion Gemüse ergibt eine wirklich leckere und nahrhafte Mahlzeit. In den nachfolgenden Rezepten stellen wir unterschiedliche, aber doch einfache Kochtechniken vor, um Fisch zuzubereiten – Dämpfen, Grillen, Backen und Rösten – , kombiniert mit verschiedenen Aromen, Gewürzen, Kräutern und wunderbaren Beilagen. Unsere Vorschläge sollen Sie so zu neuen Fisch-Zubereitungsarten inspirieren.

Zu einer gesunden Ernährung gehört Fisch einfach dazu – die aktuelle Empfehlung liegt bei mehreren Fischmahlzeiten pro Woche, eine davon mit einem Fettfisch wie Lachs, Forelle, Thunfisch, Sardinen oder Hering , denn diese enthalten viele gesunde Omega-3-Fettsäuren (in Fettfischen finden sich aber auch Inhaltsstoffe, die in großen Mengen schädlich sein können, deshalb bitte nicht mehr als vier Fischmahlzeiten pro Woche essen; im Falle einer Schwangerschaft sollten es sogar nur zwei sein). Fisch und Krustentiere enthalten allgemein viele essenzielle Vitamine und Mineralstoffe, darunter Zink und die Vitamine B6, B12 und D, außerdem Selen, das in unserer Ernährung oft zu kurz kommt.

Ein breites Spektrum an unterschiedlichen Fischarten ist nicht nur für eine ausgewogene Ernährung wichtig, auch die Fischbestände sollten durch eine breitere Auswahl unsererseits geschützt werden. Aus diesem Grund verwenden wir in unseren Rezepten keine gefährdeten Fischarten. Beim Kauf von Fisch sollte man zudem auf Label achten, die garantieren, dass der Fisch aus nachhaltiger Fischerei stammt.

Am Ende der meisten Rezepte haben wir die wichtigsten Nährstoffe aufgelistet, die in einer Portion enthalten sind, sowie erläutert, bei welchen gesundheitlichen Problemen es sich empfiehlt, das jeweilige Rezept regelmäßig in den Speiseplan aufzunehmen.
Weitere Informationen finden Sie auf S. 9.

KREBS & CHILIS MIT GURKENSALAT

FÜR 2 PERSONEN • 185 KALORIEN PRO PORTION

In Goa wird frischer Krebs ganz schlicht mit einigen Salatblättern, Koriandergrün und einer Limettenspalte serviert. Die aromatischen Kräuter und der frische Zitrusgeschmack ergänzen das süße Krebsfleisch perfekt. Diese Zubereitungsweise war die ursprüngliche Inspiration für den folgenden Salat, der ein deftiges Mittag- oder Abendessen ergibt. Dieser Salat enthält mehr als 100 Prozent der empfohlenen Tagesdosis Selen – ein Antioxidans, das für ein gutes Immunsystem unverzichtbar ist.

200 g weißes Krebsfleisch
½ rote Chili, Samen und Trennhäute entfernt und fein gewürfelt
Saft von 1 Limette
1 Handvoll Korianderblätter, fein gehackt
1 Eissalat
Limettenspalten zum Servieren

FÜR DEN GURKENSALAT

1 Gurke
1 Handvoll Minzeblätter, fein gehackt
2 Frühlingszwiebeln, fein gehackt
1 Handvoll grüne Bohnen, in 5 mm große Stücke geschnitten
Saft von ½ Zitrone
1 TL Rapsöl
1 EL Sojajoghurt

1. Das Krebsfleisch mit Chili, Limettensaft und Koriander mischen und beiseitestellen.
2. Die Gurke schälen, der Länge nach halbieren und den Mittelteil mit einem Teelöffel aushöhlen. Die Gurke fein würfeln und in eine Schüssel geben. Minze, Frühlingszwiebeln, Bohnen, Zitronensaft, Öl und Joghurt zugeben und vermischen.
3. Zwei große Blätter vom Salat abtrennen. Die Blätter waschen und mit Küchenpapier trocken tupfen. Jeweils die Hälfte des Gurkensalats auf eines der Salatblätter häufeln. Mit Krebsfleisch krönen und mit Limettenspalten servieren.

REICH AN Vitamin B2 (Riboflavin) und C • Folsäure • Selen • Kalium • Tryptophan

GUT FÜR Herz ② • Psyche ① • Müdigkeit ③⑤ • Männer ①

SALAT AUS RIESEN-GARNELEN, KOHLRABI & BIRNEN

FÜR 2 PERSONEN • 265 KALORIEN PRO PORTION

Kohlrabi erfreut sich in den letzten Jahren immer größerer Beliebtheit: Der Kreuzblütler ist trotz seines seltsamen Aussehens, das entfernt an den Kopf eines Aliens erinnert, leicht zuzubereiten – also nicht vom Äußeren abschrecken lassen, er ist ein sehr leckeres Nahrungsmittel. Fein geschnitten oder gewürfelt und roh belassen, nur mit etwas Zitrone und einigen Gewürzen serviert, schmeckt er köstlich. Kohlrabi ist reich an Bioflavonoiden, die zusammen mit anderen Nährstoffen Zellschädigungen verhindern, die Krebs verursachen können.

30 g Walnüsse
1 TL Erdnussöl
1 TL frisch geriebener Ingwer
200 g Riesengarnelen, geschält, mit Schwanz
1 kleiner Kohlrabi
abgeriebene Schale und Saft von 1 Biozitrone
Salz und Pfeffer
1 Birne (Conference)
½ TL schwarze Sesamsamen

1. Ofen auf 200 °C (180 °C Umluft) vorheizen. Walnüsse auf einem Backblech verteilen und 8 Minuten im Ofen rösten. In einen Mörser geben und leicht zerstoßen. Beiseitestellen.
2. Das Erdnussöl 1 Minute in einer Pfanne erhitzen, dann Ingwer und Garnelen zugeben und ca. 4 Minuten braten, bis die Garnelen rosa sind. Beiseitestellen und abkühlen lassen.
3. Inzwischen den Kohlrabi schälen und in sehr dünne Scheiben schneiden. Eine Mandoline eignet sich dafür am besten, wer keine hat, kann den Kohlrabi auch einfach per Hand schneiden. Die Scheiben in eine große Schüssel geben und mit Zitronensaft, 1 Prise Salz und etwas Pfeffer würzen.
4. Die Birne entkernen und in dünne Scheiben schneiden. Zu dem Kohlrabi in die Schüssel geben und vermischen. Auf zwei Teller verteilen.
5. Garnelen, Walnüsse, Zitronenschale und schwarze Sesamsamen in einer Schüssel vermischen. Auf die Kohlrabi-Birnen-Mischung geben und servieren.

REICH AN Vitamin B12 und C • Folsäure • Kalium • Selen • Tryptophan

GUT FÜR Herz ② • Immunsystem ① • Psyche ① • Müdigkeit ③ • Männer ①

SALAT AUS RIESENGARNELEN & MANGO

FÜR 2 PERSONEN • 325 KALORIEN PRO PORTION

Auf den ersten Blick mag es seltsam sein, eine süße Frucht mit einem Meeresfrüchtesalat zu kombinieren, doch das ist typisch für die asiatische Küche. Die Mango verändert das Gericht komplett: Sie verleiht ihm eine süße Note und weiche Konsistenz und ergänzt so die Meeresfrüchte perfekt. Garnelen sind reich an Zink, einem wichtigen Mineralstoff gerade für Männer.

1 Mango
1 Karotte, in Streifen geschnitten
½ Gurke, in Streifen geschnitten
150 g rohe Riesengarnelen, geschält, mit Schwanz
1 Handvoll Korianderblätter
Salz und Pfeffer

FÜR DAS DRESSING

1 TL Olivenöl | ½ TL Tamari
1 daumengroßes Stück Ingwer, ungeschält, grob gehackt
½ rote Chili, grob gehackt
Salz und Pfeffer

1. Die Mango halbieren, dabei um den Kern herumschneiden; Kern entfernen. Eine Hälfte für das Dressing beiseitelegen. Das Fruchtfleisch der anderen Hälfte in langen Streifen einschneiden, dann umstülpen und die Stücke von der Haut abschneiden. In eine Schüssel geben und Karotten- sowie Gurkenstreifen zufügen.
2. Wasser in einem Topf zum Kochen bringen, dann die Temperatur reduzieren und die Garnelen zugeben. Ca. 3 Minuten köcheln lassen, bis die Garnelen rosa sind, dann abgießen. Die Garnelen mit dem Koriander zum Mangosalat geben und mit Salz und Pfeffer würzen.
3. Für das Dressing das Fleisch der anderen Mangohälfte mit den restlichen Zutaten in einen Mixer geben und zu einer weichen, flüssigen Creme verarbeiten. Über den Salat träufeln.

REICH AN Vitamin B2 (Riboflavin), B6, B12 und C • Zink • Selen • Kalzium • Magnesium • Beta-Karotin • Tryptophan • Ballaststoffen

GUT FÜR Herz ①②③ • Knochen ① • Verdauung ① • Immunsystem ① • Haut, Haare & Nägel ①③ • Psyche ①② • Müdigkeit ③⑤ • Männer ① • Frauen ①

GEBRATENER TINTENFISCH MIT CHAMPIGNONSALAT

FÜR 4 PERSONEN • 225 KALORIEN PRO PORTION

Wer noch nie Tintenfisch zubereitet hat: Es lohnt sich! Er ist fettarm, aber reich an Protein. Auf Nachfrage bereitet der Fischhändler Ihnen den Tintenfisch küchenfertig vor, dann muss er nur noch gebraten werden. Er ist einfach zuzubereiten – man sollte dabei aber auf die Zeit achten, da der Tintenfisch noch weiter gart, nachdem man ihn vom Herd genommen hat. Wurde er zu lange gekocht, wird er zäh.

8 Tintenfische, küchenfertig, mit Tentakeln
1 TL Rapsöl
Saft von ½ Limette

FÜR DEN SALAT

10 Kirschtomaten, geviertelt
1 Gurke, gewürfelt
100 g Champignons, dünn geschnitten
100 g Zuckermais (aus der Dose), abgetropft
2 Frühlingszwiebeln, dünn geschnitten
einige Stängel Koriander
einige Minzeblätter

FÜR DAS DRESSING

1 Handvoll Korianderblätter, fein gehackt
1 Handvoll Minzeblätter, fein gehackt
Saft von 1 Limette
1 TL Rapsöl
Salz und Pfeffer

1 Alle Zutaten für den Salat in einer Schüssel vermischen. Mit Frischhaltefolie abdecken und kühl stellen.
2 Die Zutaten für das Dressing in einer kleinen Schüssel verrühren.
3 Die Tintenfische aufschneiden, dann jeweils der Länge nach halbieren, sodass der Körper mit der Innenseite nach oben aufliegt. Das Fleisch mit einem Rautenmuster einritzen.
4 Eine Grillpfanne erhitzen.
5 Das Öl in die Pfanne geben und die Tintenfische mit der eingeritzten Seite nach unten hineinlegen. Die Tintenfische flach nach unten drücken und 2 Minuten auf jeder Seite braten.
6 Die Tintenfische auf einen Teller geben und in kleinere Stücke schneiden. Mit Limettensaft beträufeln und mit dem Salat vermischen. Das Dressing hinzufügen und alles servieren.

REICH AN Vitamin B6 und B12 • Folsäure • Selen • Kalium • Tryptophan

GUT FÜR Herz ② • Psyche ① • Müdigkeit ③ • Männer ① • Frauen ①

PFANNENGERÜHRTE RIESENGARNELEN

FÜR 2 PERSONEN • 335 KALORIEN PRO PORTION

Dieses einfache und nahrhafte pfannengerührte Gericht ist in fünf Minuten fertig, wenn die Zutaten erst einmal vorbereitet sind. Das Pfannengericht enthält bereits drei der täglichen fünf Obst-Gemüse-Rationen. Es schmeckt süßlich, aber auch pikant und befriedigt somit alle Geschmacksnerven – und ist dabei noch überraschend sättigend.

1 TL Olivenöl | 150 g Riesengarnelen, geschält
30 g Cashewkerne
4 Frühlingszwiebeln, diagonal in dünne Ringe geschnitten
1 daumengroßes Stück Ingwer, ungeschält gerieben
2 Knoblauchzehen, fein gehackt
1 EL Tamari
1 rote Chili, Samen und Trennhäute entfernt und fein gehackt
Saft von 1 Limette | 1 TL flüssiger Honig
½ rote Paprika, Samen und Trennhäute entfernt und fein gewürfelt
100 g Zuckererbsen, in dünne Streifen geschnitten
100 g Brokkoli (mit zartem Strunk)
1 Handvoll junge Spinatblätter, grob gehackt
2 Köpfe Pak Choi, der Länge nach halbiert
1 Handvoll Korianderblätter, fein gehackt
Limettenspalten zum Servieren

1 Einen Wok erhitzen und das Olivenöl zugeben. Dann Garnelen, Cashewkerne, Frühlingszwiebeln, Ingwer und Knoblauch zugeben und 1 Minute unter Rühren braten. Tamari, Chili, Limettensaft, Honig und 2 EL Wasser zufügen und weitere 2 Minuten unter Rühren braten.
2 Die rote Paprika und das grüne Gemüse zugeben. Dabei den Wok schwenken, damit sich die Sauce gleichmäßig verteilt. 2 Minuten braten, bis das Gemüse gar, aber noch bissfest ist. Mit Korianderblättern garnieren und mit Limettenspalten servieren.

REICH AN B-Vitaminen • Vitamin C • Kalium • Kalzium • Magnesium • Selen • Zink • Beta-Karotin • Tryptophan • Ballaststoffen

GUT FÜR Herz ①②③ • Knochen ① • Verdauung ① • Immunsystem ① • Haut, Haare & Nägel ①③ • Psyche ①② • Müdigkeit ⑤ • Männer ①② • Frauen ①

SALAT MIT GARNELEN, CASHEWNÜSSEN & SCHWARZEM REIS

FÜR 2 PERSONEN • 520 KALORIEN PRO PORTION

Diese Kombination aus Blumenkohl, gerösteten Cashewkernen und saftigen Riesengarnelen ist köstlich. Die Farbe des schwarzen Reises ist durch Antioxidantien aus der Familie der Flavonoide bedingt. Man nennt sie auch Anthocyane, und sie sollen sehr gut für die Herzgesundheit sein.

100 g schwarzer Reis oder Wildreis
50 g Cashewkerne
½ Blumenkohl, in einzelne Röschen zerteilt
1 Frühlingszwiebel, in dünne Ringe geschnitten
Saft von ½ Limette | 1 TL Erdnussöl
1 Handvoll Korianderblätter, fein gehackt und einige Blätter zum Garnieren
1 Zweig Minze, Blätter abgezupft, fein gehackt
150 g rohe Riesengarnelen, geschält
Zitronenspalten zum Servieren

1 Den Ofen auf 200 °C (180 °C Umluft) vorheizen.
2 Den Reis in einen Topf mit Wasser geben und zum Kochen bringen. 20–25 Minuten köcheln lassen, dann abgießen und beiseitestellen.
3 Inzwischen die Cashewkerne auf einem Blech verteilen und 8 Minuten im Backofen goldbraun rösten. Herausnehmen und beiseitestellen.
4 Blumenkohlröschen in eine hitzebeständige Schüssel geben. Mit kochendem Wasser bedecken und 3 Minuten ziehen lassen, dann durch ein Küchensieb abgießen und unter fließend kaltem Wasser abspülen. Wieder in die Schüssel geben und Frühlingszwiebel, Cashewkerne, Limettensaft, Öl, Koriander und Minze zufügen. Alles miteinander vermischen.
5 Einen Topf mit Wasser zum Kochen bringen. Garnelen zugeben und 4 Minuten pochieren, bis sie sich rosa färben. Abgießen und zur Blumenkohlmischung geben. Die Schüssel schütteln, um Öl und Kräuter gleichmäßig zu verteilen.
6 Den Salat auf den Reis geben. Mit Korianderblättern garnieren und mit Zitronenspalten servieren.

REICH AN B-Vitaminen • Vitamin C • Folsäure • Eisen • Kalium • Zink • Selen • Tryptophan • Ballaststoffen

GUT FÜR Herz ①②③ • Verdauung ① • Immunsystem ① • Haut, Haare & Nägel ①④ • Psyche ① • Müdigkeit ①③ • Männer ①② • Frauen ①

ZUCCHINI-SPAGHETTI MIT RIESENGARNELEN

FÜR 2 PERSONEN • 285 KALORIEN PRO PORTION

In diesem Zucchini-Spaghetti-Rezept wenden wir einen genialen Trick an: Der Esser hat das Gefühl, er würde eine riesige Schüssel Pasta verspeisen. Serviert wird die italienisch inspirierte Seelennahrung mit einer süßen Sauce und saftigen Riesengarnelen. Das Gericht ist gut für die Knochen, da es viel Kalzium, Magnesium und Phosphor enthält.

5 Zucchini
1 TL Meersalzflocken
1 TL Olivenöl
1 rote Zwiebel, fein gehackt
1 rote Chili, Samen und Trennhäute entfernt, in dünne Ringe geschnitten
200 g Kirschtomaten, halbiert
1 Knoblauchzehe, in dünne Scheiben geschnitten
150 g rohe Riesengarnelen, geschält
1 Handvoll Korianderblätter, fein gehackt

1. Zunächst mithilfe eines Julienneschälers die Zucchini-Spaghetti herstellen (Zucchini nur bis zur weichen Mitte mit den Kernen abschälen). Statt einem Julienneschäler kann auch eine Reibe verwendet werden. Das hat zwar nicht den gleichen optischen Effekt, schmeckt aber genauso gut. Die Zucchini-Spaghetti in eine Schüssel geben und mit Meersalz bestreuen, dann beiseitestellen.
2. Das Olivenöl in einer Pfanne mit Antihaftbeschichtung erhitzen, Zwiebel zugeben und 5 Minuten braten. Chili, Kirschtomaten und Knoblauch zugeben und unter gelegentlichem Rühren 5 Minuten dünsten. 50 ml Wasser zugießen, Garnelen zugeben und 5 Minuten köcheln lassen, bis sich die Garnelen rosa färben.
3. Die Zucchini-Spaghetti mit einem Küchentuch trocken tupfen, in die Pfanne geben und vermischen. Mit Korianderblättern bestreuen und sofort servieren.

REICH AN Vitamin B1 (Thiamin), B6, B12 und C • Kalium • Magnesium • Kalzium • Eisen • Zink • Phosphor • Beta-Karotin • Lykopin • Tryptophan • Ballaststoffen

GUT FÜR Herz ①②③ • Knochen ① • Verdauung ① • Immunsystem ① • Haut, Haare & Nägel ①③ • Psyche ①② • Müdigkeit ①③⑤ • Männer ①② • Frauen ①③

PASTA MIT SCHARFEN GARNELEN & TOMATEN

FÜR 4 PERSONEN • 200 KALORIEN PRO PORTION

Diese Kombination von Curry und Tomatensauce ist eine Verschmelzung von asiatischer und italienischer Küche – beide haben unsere Detox-Küche stark beeinflusst. Das Gericht eignet sich ideal für ein Familientreffen. Am besten, man serviert es in einer großen Schüssel, die mitten auf den Tisch gestellt wird. Vor allem Männer sollten reichlich davon essen: Es enthält Zink und das Antioxidans Lykopin und kann sich positiv auf die Gesundheit und Fruchtbarkeit von Männern auswirken.

1 EL Olivenöl
4 Schalotten, in dünne Ringe geschnitten
1 TL gemahlener Koriander | 1 TL Garam Masala
2 Knoblauchzehen, gehackt
100 g Kirschtomaten, geviertelt
150 g glutenfreie Spaghetti | 1 TL Salz
300 g rohe Riesengarnelen, geschält
1 EL Korianderblätter, fein gehackt
1 Prise Chiliflocken

1. Das Öl in einer Pfanne mit Antihaftbeschichtung erhitzen. Schalotten hinzufügen und 5 Minuten braten, bis sie leicht gebräunt sind. Auf mittlere Hitze reduzieren und gemahlenen Koriander und Garam Masala zugeben. Alles 1 Minute unter Rühren braten, dann Knoblauch, Tomaten und 50 ml Wasser zugeben. Unter gelegentlichem Rühren alles weitere 10 Minuten dünsten, bis die Tomaten weich sind.
2. Inzwischen Wasser in einem großen Topf zum Kochen bringen. Pasta mit 1 TL Salz zugeben und 7–8 Minuten garen. Eine halbe Tasse der Kochflüssigkeit abschöpfen, dann Pasta abgießen. Die Nudeln in den leeren Topf zurückgeben und das abgeschöpfte Kochwasser hinzufügen.
3. Die Garnelen zur Tomatensauce geben und 4–5 Minuten garen, bis sie rosa sind.
4. Die Garnelen und Tomatensauce zur Pasta geben, Korianderblätter und Chili hinzufügen. Alles bei niedriger Hitze 2–3 Minuten in der Pfanne schwenken, dann servieren.

REICH AN Vitamin B6, B12 und C • Magnesium • Kalium • Zink • Lykopin • Ballaststoffen

GUT FÜR Herz ②③ • Knochen ① • Verdauung ① • Immunsystem ① • Haut, Haare & Nägel ①④ • Psyche ①② • Müdigkeit ③⑤ • Männer ①② • Frauen ①

GESCHMORTER SALAT, AUSTERNPILZE & GARNELEN

FÜR 2 PERSONEN • 210 KALORIEN PRO PORTION

In diesem Rezept spielt der Salat nicht die Nebenrolle, er ist der Star der Show. Durch das Schmoren werden die Blätter etwas weicher, während sie den Geschmack von Eschalotten, Austernpilzen, Knoblauch und Ingwer aufsaugen. Pilze haben eine hohe Konzentration an Glutaminsäure, einer natürlich vorkommenden Form des Natriumglutamats – sie sind also ideale Geschmacksverstärker. Außerdem enthalten sie reichlich Vitamin B, das der Körper braucht, um Nahrung in den Zellen in Energie umzuwandeln.

1 EL Rapsöl
3 Schalotten, fein gewürfelt
150 g Austernpilze, in Streifen geschnitten
1 EL frisch geriebener Ingwer
1 Knoblauchzehe, fein gehackt
150 g rohe Riesengarnelen, geschält
300 ml heiße Gemüsebrühe (s. S. 283)
1 TL Fischsauce
4 Köpfe Mini-Romanasalat, der Länge nach halbiert
Salz und Pfeffer
Korianderblätter zum Garnieren, gehackt
Zitronenspalten zum Servieren

1. Das Öl in einem Wok erhitzen, die Schalotten zugeben und einige Minuten braten, bis sie weich sind. Die Austernpilze zufügen und unter gelegentlichem Rühren 5 Minuten braten, bis sie goldbraun sind. Ingwer, Knoblauch und Garnelen zugeben und weitere 2 Minuten braten.
2. Die heiße Brühe und Fischsauce zugießen und zum Kochen bringen. Die Salathälften zugeben und 2 Minuten köcheln lassen, bis sie etwas weicher sind. Vorsicht, Sie sollen nicht matschig werden! Mit Salz und Pfeffer würzen.
3. Mit Korianderblättern bestreuen und sofort mit Zitronenspalten servieren.

REICH AN Vitamin B1 (Thiamin), B12 und E • Folsäure • Kalium • Selen • Eisen • Tryptophan

GUT FÜR Immunsystem ① • Psyche ① • Müdigkeit ①③ • Männer ① • Frauen ③

SALAT MIT LACHS, GRÜNEN BOHNEN, ORANGE & HASELNUSS

FÜR 4 PERSONEN • 410 KALORIEN PRO PORTION

Dieser Salat enthält eine unserer Lieblings-Geschmackskombinationen: Haselnüsse und Orange. Es ist ein wunderbar farbenprächtiges Gericht. Die Haselnusskruste wird unter dem Grill zudem ganz besonders knusprig und lecker. Lachs ist eine der wenigen Vitamin-D-Quellen, die durch unsere Nahrung aufgenommen werden kann: Es ist besonders wichtig für starke Knochen.

- 60 g Haselnüsse
- 2 TL Rapsöl
- abgeriebene Schale und Saft von 1 Bio-Orange
- 4 Stück Lachsfilet (à 110–130 g)
- 300 g grüne Bohnen
- 200 g Rucola
- Salz und Pfeffer
- 150 g Kirschtomaten
- 1 Orange, geschält und in Spalten zerteilt

1. Den Backofengrill auf mittlere Hitze vorheizen. Ein Backblech mit Backpapier auslegen.
2. Die Hälfte der Haselnüsse im Mörser zerstoßen, dann in eine kleine Schüssel geben. Rapsöl und Orangenschale zufügen und vermischen.
3. Die Haut von den Lachsfilets entfernen, den Fisch auf das Backblech legen und 6 Minuten im Ofen grillen. Filets wenden und mit der Haselnussmischung bestreichen, dann weitere 4 Minuten grillen. Den Lachs aus dem Backofen nehmen und leicht abkühlen lassen.
4. Inzwischen Wasser in einem Topf zum Kochen bringen. Die grünen Bohnen hineingeben und ca. 1 Minute blanchieren. Durch ein Küchensieb abgießen und unter kaltem Wasser abspülen, um den Garprozess zu unterbrechen und die leuchtend grüne Farbe zu erhalten. Die Bohnen in eine Schüssel geben und Rucola, Orangensaft und Salz und Pfeffer zufügen.
5. Als Nächstes die Tomaten eine nach der anderen in den Salat geben: Dabei die Tomaten zwischen Daumen und Zeigefinger zerdrücken, sodass der Saft heraustropft. Die halbierten Orangensegmente zugeben und alles vorsichtig vermischen.
6. Eine Pfanne bei mittlerer Hitze erwärmen und die restlichen Haselnüsse zugeben. 3–4 Minuten trocken rösten, bis sie leicht gebräunt sind. Die Nüsse dabei in der Pfanne schwenken, damit sie gleichmäßig gebräunt werden, ohne anzubrennen. Zum Salat geben und vermischen.
7. Die Lachsfilets zusammen mit dem Salat als Beilage servieren.

REICH AN B-Vitaminen • Vitamin C, D und E • Kalium • Selen • Omega-3-Fettsäuren • Tryptophan

GUT FÜR Herz ①② • Knochen ①② • Verdauung ③④ • Immunsystem ① • Haut, Haare & Nägel ①②③ • Psyche ① • Müdigkeit ②③ • Männer ①② • Frauen ①③④

GEDÄMPFTER LACHS MIT GEMÜSE UND PESTO

FÜR 2 PERSONEN • 465 KALORIEN PRO PORTION

Gesund, frisch und sättigend – dies ist ein zuverlässiges Gericht für Werktage, um gut durch die Woche zu kommen. Durch das Dämpfen in Alufolie bleiben im Lachs alle Aromen und Nährstoffe erhalten. Der Lachs wird mit Pesto und gebackener Aubergine, Zucchini und Süßkartoffel serviert. Süßkartoffeln sind sehr nahrhaft und stärkehaltig, haben jedoch nur eine geringe glykämische Last – sie sind daher perfekt, wenn man sein Gewicht reduzieren will.

2 Lachsfilets (à 110–130 g)
2 Zitronenscheiben
2 Zweige Thymian
Meersalzflocken und Pfeffer
1 Aubergine, in 1 cm große Würfel geschnitten
2 Zucchini, in 2,5 cm große Würfel geschnitten
1 kleine Süßkartoffel, ungeschält, in 2,5 cm große Stücke geschnitten
1 TL Olivenöl, zum Beträufeln

FÜR DAS PESTO

1 Handvoll Basilikumblätter
1 Handvoll Schnittlauch
1 Handvoll Cashewkerne
1 Knoblauchzehe
2 EL Olivenöl
abgeriebene Schale von 1 Biozitrone
Salz und frisch gemahlener Pfeffer

1 Den Ofen auf 200 °C (180 °C Umluft) vorheizen. Ein Backblech mit Backpapier auslegen.
2 Zwei große Rechtecke Aluminiumfolie zurechtschneiden und jeweils ein Lachsfilet in die Mitte legen. Jedes Filet mit einer Zitronenscheibe und einem Thymianzweig krönen und jeweils mit 1 Prise Meersalz und Pfeffer würzen. Lachs in die Folie wickeln und die Päckchen auf ein weiteres Backblech geben. Im vorgeheizten Ofen 20 Minuten backen.
3 Inzwischen das Gemüse auf dem ausgelegten Backblech verteilen. Olivenöl darüberträufeln und mit Salz und Pfeffer würzen. Ebenfalls 20 Minuten im Ofen backen.
4 Während Lachs und Gemüse im Ofen garen, die Pestozutaten in einen Mixer geben (einige Basilikumblätter zum Garnieren beiseitelegen) und zu einer groben Paste verarbeiten. Jeweils mit 1 Prise Salz und Pfeffer würzen. Das Pesto in einen Topf geben und erwärmen.
5 Das Gemüse aus dem Ofen nehmen und vorsichtig mit dem Pesto vermischen. Das Pestogemüse mit einigen Basilikumblättern garnieren und mit dem Lachsfilet servieren.

REICH AN Vitamin B6, B12, C und D • Folsäure • Kalium • Eisen • Selen • Beta-Karotin • Omega-3-Fettsäuren • Tryptophan • Ballaststoffen

GUT FÜR Herz ①②③ • Knochen ①② • Verdauung ① • Immunsystem ① • Haut, Haare & Nägel ①②③ • Psyche ① • Müdigkeit ①③ • Männer ① • Frauen ①③④

LACHS & BRAUNE REISNUDELN

FÜR 2 PERSONEN • 460 KALORIEN PRO PORTION

Eine große Schüssel Nudeln essen zu dürfen, ist etwas Wunderbares, und bei diesem asiatisch inspirierten Lachsgericht darf man das auch. Saurer Limettensaft, schmackhafter Sesam, salzige Tamari und süßer Lachs – hier werden die Geschmacksknospen so richtig gekitzelt. Wer es schärfer mag, kann eine fein geschnittene, rote Chili zugeben. Das Gericht enthält über 200 Prozent der empfohlenen Tagesmenge an Vitamin B12, das für die Produktion der roten Blutkörperchen mitverantwortlich ist.

2 Lachsfilets (à 110–130 g)
1 daumengroßes Stück Ingwer, ungeschält, gerieben
Saft von ½ Limette
1 EL Tamari
1 TL geröstetes Sesamöl
Salz
100 g braune Reisnudeln
2 Handvoll kleine Brokkoliröschen
Limettenspalten zum Servieren

1 Den Ofen auf 200 °C (180 °C Umluft) vorheizen.
2 Den Lachs auf ein Backblech geben und mit Ingwer bestreuen. Im vorgeheizten Ofen 12 Minuten backen, bis der Fisch gar ist. Den Lachs aus dem Ofen nehmen und abkühlen lassen.
3 Die Haut vom Lachs entfernen. Die Filets können entweder im Ganzen bleiben, und jeder sticht sich selbst Stücke mit der Gabel ab, oder man zerteilt den Lachs gleich mit den Fingern. Lachs und Ingwer in eine Schüssel geben und Limettensaft, Tamari und Sesamöl zugießen.
4 Wasser in einem großen Topf zum Kochen bringen. Etwas Salz hinzufügen, dann Nudeln und Brokkoli zugeben und 1 Minute kochen. Beides abgießen.
5 Nudeln und Brokkoli auf zwei Teller verteilen und mit dem Lachs krönen. Tamarisauce darübergießen und mit Limettenspalten servieren.

REICH AN Vitamin B3 (Niacin), B6, B12, C und D • Kalium • Chromium • Selen • Omega-3-Fettsäuren • Tryptophan • Ballaststoffen

GUT FÜR Herz ①②③ • Knochen ①② • Verdauung ①④ • Immunsystem ① • Haut, Haare & Nägel ①②③ • Psyche ① • Müdigkeit ②③ • Männer ② • Frauen ①③④

FISCHKÜCHLEIN MIT LACHS & DILL

FÜR 2 PERSONEN • 250 KALORIEN PRO PORTION

Lachs mit Dill ist eine dieser klassischen Geschmackskombinationen, die ihre Wirkung nie verfehlen. Der unverwechselbare milde Anisgeschmack unterstreicht das leicht süßliche Aroma des Lachses, und die fedrigen, weichen Blätter verleihen dem Gericht eine schöne Textur und Farbe. Die Omega-3-Fettsäuren in Fettfisch wie Lachs helfen bei einer Reihe von entzündlichen Erkrankungen wie Psoriasis und rheumatoider Arthritis. Wer diesbezügliche Probleme hat, sollte bis zu vier Mahlzeiten pro Woche in seine Diät integrieren.

1 EL Kapern, fein gehackt
1 Handvoll Schnittlauch, fein gehackt
1 Handvoll Dill, fein gehackt
abgeriebene Schale von 1 Biozitrone
1 Prise Salz
1 Prise frisch gemahlener Pfeffer
1 Ei
1 Lachsfilet (à 200–220 g), ohne Haut
1 EL gluten- und weizenfreies Mehl
1 EL Rapsöl

1. Den Backofengrill auf mittlerer Hitze vorheizen. Ein Backblech mit Backpapier auslegen.
2. Kapern, Schnittlauch, Dill, Zitronenschale, Salz und Pfeffer in einer großen Schüssel vermischen. Ei zufügen und alles vermengen.
3. Den Lachs fein würfeln – es ist wichtig, ihn möglichst klein zu schneiden, sonst fallen die Fischküchlein später auseinander. Den Fisch in die Schüssel geben und Mehl zufügen. Mit den Händen alles gut vermischen. Aus der Masse zwei Küchlein formen.
4. Das Öl in einer Pfanne erhitzen. Die Fischküchlein 2–3 Minuten auf jeder Seite braten, dann auf das Backblech legen. 8 Minuten auf jeder Seite grillen. Die Fischküchlein am besten mit einem grünen Salat als Beilage heiß servieren.

REICH AN B-Vitaminen • Vitamin D • Selen • Tryptophan • Omega-3-Fettsäuren

GUT FÜR Herz ①②③ • Knochen ①② • Verdauung ③④ • Haut, Haare & Nägel ①② • Psyche ① • Müdigkeit ②③ • Männer ①② • Frauen ①③④

GEGRILLTER LACHS MIT INGWER

FÜR 2 PERSONEN • 240 KALORIEN PRO PORTION

Dieses simple Gericht ist ein Grundrezept unserer Detox-Küche. Es entstand in Zusammenarbeit mit unserem Freund Archie, aber wir sind uns bis heute nicht einig, wer von uns nun eigentlich auf das Rezept gekommen ist. Es ist gut für die Herztätigkeiten, da es reich an Omega-3-Fettsäuren ist. Ingwer und Knoblauch haben jedoch auch gerinnungshemmende Eigenschaften, die für eine bessere Durchblutung sorgen können.

2 Lachsfilets (à 110–130 g)
1 rote Chili, Samen und Trennhäute entfernt, fein gehackt
1 Knoblauchzehe, fein gehackt
2 EL Tamari
1 daumengroßes Stück Ingwer, ungeschält, gerieben
1 EL geröstetes Sesamöl

1. Den Backofengrill auf mittlerer Hitze vorheizen.
2. Den Lachs mit der Haut nach unten auf ein Backblech legen. Die restlichen Zutaten in einer Schüssel vermischen und gleichmäßig über die Filets verteilen.
3. Die Filets 12 Minuten grillen (sie müssen nicht gewendet werden). Sobald sie gar sind, die Haut entfernen. Zusammen mit Blattkohl und Naturreis servieren.

REICH AN Vitamin B3 (Niacin), B6, B12 und D • Tryptophan • Omega-3-Fettsäuren

GUT FÜR Herz ①②③ • Knochen ①② • Verdauung ③④ • Haut, Haare & Nägel ①②③ • Psyche ① • Müdigkeit ②③ • Männer ①② • Frauen ①③④

POCHIERTE FORELLE MIT FENCHELGRATIN

FÜR 2 PERSONEN • 420 KALORIEN PRO PORTION

Forelle schmeckt ganz besonders lecker, wenn sie pochiert wird. Die weiche Textur, die der Fisch durch diese Garmethode erhält, bildet den perfekten Gegensatz zum würzigen Geschmack des Fisches. Die in Forellen und anderen Fettfischen enthaltenen Omega-3-Fettsäuren können helfen, die Symptome rheumatoider Arthritis zu lindern wie beispielsweise Gelenkschmerzen. Als Beilage zu diesem Fischgericht eignet sich hervorragend ein leichtes Fenchelgratin.

1,2 l Gemüsebrühe (s. S. 283)
2–3 Lorbeerblätter | 2 Forellenfilets

FÜR DAS GRATIN

1 große Knolle Fenchel (ca. 200 g)
1 TL Fenchelsamen | 1 TL Koriandersamen
3 Scheiben glutenfreies Brot
abgeriebene Schale von 1 Biozitrone
1 Handvoll Schnittlauch, gehackt
1 Handvoll Korianderblätter, gehackt
1 EL Olivenöl | 1 TL Meersalzflocken
½ TL frisch gemahlener Pfeffer

1. Den Ofen auf 200 °C (180 °C Umluft) vorheizen.
2. Den Fenchel putzen, dann der Länge nach in ca. 1,5 cm dicke Scheiben schneiden. Einen Topf mit Wasser zum Kochen bringen. Fenchel zugeben und 4 Minuten blanchieren. Abgießen und auf einem tiefen Backblech auslegen.
3. Die restlichen Gratin-Zutaten in einen Mixer geben und zu einer groben Krume verarbeiten. Gleichmäßig über dem Fenchel verteilen und 25 Minuten backen.
4. Inzwischen die Brühe in einen flachen Topf gießen und Lorbeerblätter zugeben. Zum Kochen bringen, dann die Temperatur reduzieren. Fisch hineingeben und ca. 8 Minuten pochieren.
5. Die Filets vorsichtig aus der Brühe heben und zusammen mit dem Fenchelgratin servieren.

REICH AN Vitamin B6, B12, C und D • Folsäure • Kalium • Magnesium • Kalzium • Selen • Omega-3-Fettsäuren • Beta-Karotin • Tryptophan • Ballaststoffen

GUT FÜR Herz ③ • Knochen ①② • Verdauung ① • Immunsystem ① • Haut, Haare & Nägel ①③ • Psyche ①② • Müdigkeit ③⑤ • Männer ① • Frauen ①③④

HEILBUTT MIT KICHERERBSENEINTOPF & PESTO

FÜR 4 PERSONEN • 340 KALORIEN PRO PORTION

Dieser rustikale, italienisch beeinflusste Eintopf ist ein wärmendes und sättigendes Abendessen. Jede Portion ist mit einem Stück frischem Heilbutt gekrönt, der mit seiner zarten Konsistenz hervorragend die Flüssigkeit aufnimmt. Das Rapsöl und die Sonnenblumenkerne enthalten viel Vitamin E. Unser Körper braucht dieses Antioxidans für unser Immunsystem, damit es sich gegen Viren zur Wehr setzen kann.

1 EL Rapsöl
4 Heilbuttfilets (à 110–130 g)

FÜR DEN EINTOPF
1 EL Rapsöl | 1 Zwiebel, gehackt
1 Knolle Fenchel, fein gehackt
2 Stangen Sellerie, in dünne Streifen geschnitten
2 kleine Karotten, in dünne Streifen geschnitten
1 gelbe Paprika, Samen entfernt und in dünne Streifen geschnitten
400 g Kirschtomaten (aus der Dose)
1 Handvoll glatte Petersilie, Blätter fein gehackt
1 TL getrockneter Oregano
1 TL getrockneter Thymian
300 ml Gemüsebrühe (s. S. 283)
400 g Kichererbsen (aus der Dose), abgespült und abgetropft
Salz und Pfeffer

FÜR DAS PESTO
1 Bund Basilikum
1 Handvoll glatte Petersilie
1 Knoblauchzehe
1 Handvoll Sonnenblumenkerne, geröstet
1 EL Olivenöl
abgeriebene Schale von ½ Biozitrone
Salz und Pfeffer

1 Zunächst den Eintopf zubereiten. Dafür Öl in einem Topf erhitzen, dann Zwiebel und Fenchel einige Minuten darin braten, bis die Zwiebel leicht glasig ist. Sellerie, Karotten und Paprika zugeben und weitere 5 Minuten unter gelegentlichem Rühren garen.
2 Dosentomaten, Kräuter und Brühe zugeben und alles umrühren. Die Mischung zum Kochen bringen und 2 Minuten kochen. Dann die Temperatur reduzieren, den Topf mit einem Deckel verschließen und alles 40 Minuten köcheln lassen.
3 Einige Basilikumblätter zum Garnieren beiseitelegen. Für das Pesto entweder die Kräuter und den Knoblauch sehr fein hacken und dann die Sonnenblumenkerne gemeinsam mit den anderen Zutaten in einem Mörser zerstoßen oder alles in einen Mixer geben und die Zutaten zu einer groben Paste zerkleinern.
4 Nach 40 Minuten die Kichererbsen in den Eintopf rühren und weitere 7 Minuten köcheln lassen, bis sie gar sind. Mit Salz und Pfeffer abschmecken.
5 Inzwischen in einer großen Pfanne das Rapsöl erhitzen. Dann die Heilbuttfilets mit der Haut nach unten in die Pfanne geben. Beim Hineingeben die Filets vorsichtig mit den Fingerspitzen ein paar Sekunden nach unten drücken, damit sie flach aufliegen und gleichmäßig garen können. Die Filets ca. 4 Minuten braten, danach behutsam wenden und weitere 2 Minuten braten.
6 Den Eintopf in vier Servierschüsseln geben und jeweils mit einem Heilbuttfilet krönen. Mit dem Pesto und einigen Basilikumblättern garnieren.

REICH AN Vitamin B6, B12, C und E • Folsäure • Kalium • Eisen • Magnesium • Kalzium • Lykopin • Beta-Karotin • Tryptophan • Ballaststoffen

GUT FÜR Herz ①②③ • Knochen ① • Verdauung ① • Immunsystem ① • Haut, Haare & Nägel ①③ • Psyche ①② • Müdigkeit ①③⑤ • Männer ① • Frauen ①③

KERALISCHES FISCHCURRY

FÜR 4 PERSONEN • 205 KALORIEN PRO PORTION

Dieses köstliche Gericht wird in Kerala mit einer Frucht namens *kocum* (Garcinia indica) zubereitet, die geschmacklich der Tamarinde ähnelt. Da *kocum* bei uns nicht erhältlich ist, kann man sie durch Limettensaft ersetzen, der vergleichbar säuerlich schmeckt. Dieses leichte Curry ist ein perfektes Essen für unter der Woche.

1 TL Kokosnussöl
½ TL Bockshornkleesamen
½ TL Senfsamen
1 rote Zwiebel, in dünne Ringe geschnitten
1 daumengroßes Stück Ingwer, ungeschält, gerieben
1 Knoblauchzehe, fein gehackt
1 grüne Chili, fein gehackt
5 Curryblätter
1 TL Chilipulver
1 TL gemahlener Koriander
½ TL gemahlene Kurkuma
4 Rispentomaten, gewürfelt
Saft von 1 Limette
400 g weißes Fischfilet, ohne Haut, gewürfelt
1 TL Salz
200 ml Kokosmilch

1. Kokosöl bei mittlerer Hitze in einer Pfanne erwärmen. Bockshornklee- und Senfsamen zugeben und 1–2 Minuten braten. Zwiebel, Ingwer, Knoblauch, grüne Chili und Curryblätter zufügen und unter Rühren ca. 5 Minuten braten, bis die Zwiebel glasig ist.
2. Chilipulver, Koriander und Kurkuma einrühren, dann Tomaten, 100 ml Wasser und Limettensaft zugeben und gut vermischen. Alles zum Kochen bringen, anschließend die Temperatur reduzieren. Fisch und Salz zugeben und das Curry noch einmal 10 Minuten köcheln lassen.
3. Kokosmilch zugießen und umrühren. Das Curry weitere 3 Minuten köcheln lassen, dann zusammen mit Naturreis oder Quinoa servieren.

REICH AN Vitamin B6, B12 und C • Selen • Kalium

GUT FÜR Herz ② • Psyche ① • Männer ① • Frauen ①

GEBACKENE MEERBRASSE MIT GESCHMORTEM PORREE

FÜR 2 PERSONEN • 380 KALORIEN PRO PORTION

Frische Meerbrasse schmeckt so köstlich, dass sie ohne eine extravagante Beilage auskommt. Der aromatisch geschmorte Porree passt perfekt dazu und ergänzt mit seiner knackigen Konsistenz den weichen Fisch. Porree enthält reichlich Präbiotika, die zur Darmgesundheit beitragen, indem sie die Darmbakterien gedeihen lassen.

2 Meerbrassenfilets
abgeriebene Schale von 1 Biozitrone
1 Knoblauchzehe, in feine Scheiben geschnitten
1 EL Olivenöl
1 Prise Meersalzflocken

FÜR DEN PORREE

3 Stangen Porree
1 EL Olivenöl
1 Knoblauchzehe, in feine Scheiben geschnitten
1 EL Sonnenblumenkerne
300 ml Gemüsebrühe (s. S. 283)
Salz und Pfeffer

1. Den Ofengrill auf mittlerer Hitze vorheizen.
2. Die Meerbrasse auf ein Schneidebrett legen und die Haut vorsichtig einritzen, ohne ins Fleisch zu schneiden. Die Filets mit der Haut nach oben auf ein Backblech legen.
3. Zitronenschale, Knoblauch und Olivenöl in einer Schüssel vermischen. Den Fisch damit beträufeln und mit Meersalz würzen. 12 Minuten grillen (Filets nicht wenden).
4. Inzwischen die Porreestangen der Länge nach durchschneiden und jede Hälfte in drei lange Streifen zerteilen. Das Öl in einer Pfanne mit Antihaftbeschichtung erhitzen. Dann Porree, Knoblauch und Sonnenblumenkerne zugeben und die Pfanne schwenken, um alles gleichmäßig zu garen. 2 Minuten braten, dann Brühe und je 1 Prise Salz und Pfeffer zugeben. 10 Minuten köcheln lassen.
5. Die gegrillte Meerbrasse auf dem Porree anrichten und servieren.

REICH AN Vitamin B1 (Thiamin), B6, B12, C und E • Folsäure • Kalium • Eisen • Tryptophan • Präbiotika • Ballaststoffen

GUT FÜR Herz ① • Verdauung ② • Immunsystem ① • Psyche ① • Müdigkeit ①③ • Frauen ①③

GEDÄMPFTE MEERBRASSE MIT INGWER, GRÜNER CHILI & PAK CHOI

FÜR 2 PERSONEN • 230 KALORIEN PRO PORTION

Das weiche, süße Fleisch der Meerbrasse bildet bei diesem Rezept die perfekte Basis für die Schärfe von Ingwer und Chili. Der Fisch wird hier in Alufolie gewickelt und dann gedämpft. So durchdringen die intensiven Aromen das Fleisch, das dadurch wunderbar saftig wird. Serviert wird der Fisch mit dem leckersten asiatischen Gemüse – Pak Choi, einem leicht süßlichen chinesischen Blätterkohl, der hier nur kurz mit Knoblauch und Tamari gedünstet wird.

2 Meerbrassenfilets
1 daumengroßes Stück Ingwer, geschält und in Juliennestreifen geschnitten
1 grüne Chili, Samen und Trennhäute entfernt und in feine Streifen geschnitten
1 Frühlingszwiebel, in feine Ringe geschnitten
2 Zitronenscheiben | 1 TL Rapsöl
1 Knoblauchzehe, in feine Scheiben geschnitten
1 EL Tamari
200 g Pak Choi, der Länge nach in acht Teile geschnitten
Limettenspalten zum Servieren

1. Den Ofen auf 200 °C (180 °C Umluft) vorheizen (oder in einem Dampfkochtopf Wasser zum Kochen bringen).
2. Zwei Stücke Alufolie à 20 × 20 cm auslegen. Darauf jeweils ein Meerbrassenfilet und die Hälfte des Ingwers, der Chili und der Frühlingszwiebel platzieren. Die Filets mit einer Zitronenscheibe krönen. Die Folie über den Fisch legen und die Enden zu Päckchen einschlagen.
3. Die Päckchen auf ein Blech legen und 15 Minuten im Ofen backen (oder die Päckchen in den Einsatz des Dampfkochtopfs legen und 10 Minuten garen).
4. Inzwischen das Öl in einer großen Pfanne erhitzen, den Knoblauch zufügen und 1 Minute braten, bis er goldbraun ist. Tamari und 1 EL Wasser zugießen, dann den Pak Choi zugeben und 1 Minute kochen.
5. Den gedämpften Fisch mit dem Pak Choi servieren. Limettenspalten dazu reichen.

REICH AN Vitamin B6, B12 und C • Kalzium • Eisen • Tryptophan

GUT FÜR Knochen ① • Immunsystem ① • Psyche ① • Müdigkeit ① • Frauen ①

SEELACHS MIT TEMPURA AUS GRÜNEN BOHNEN

FÜR 2 PERSONEN • 415 KALORIEN PRO PORTION

Dieses Gericht ist die leichtere Version des klassischen britischen *Fish & Chips*. Der saftige Seelachs eignet sich perfekt zum Braten, und die in einem Tempurateig frittierten grünen Bohnen passen wunderbar dazu. Diese „Chips“ sind vielleicht nicht die gesündeste Beilage, die wir uns ausgedacht haben, aber immer noch besser als Pommes frites.

200 ml Rapsöl
2 Seelachsfilets (à 100–120 g)
125 g gluten- und weizenfreies Mehl
1 Prise Salz
1 Ei
200 ml Mineralwasser mit Kohlensäure
250 g grüne Bohnen
Zitronenspalten zum Servieren

1 Den Ofen auf 200 °C (180 °C Umluft) vorheizen.
2 In einer Pfanne etwas Rapsöl erhitzen. Die Seelachsfilets mit der Haut nach unten in die heiße Pfanne legen und einige Sekunden mit den Fingerspitzen auf den Pfannenboden drücken. 5 Minuten braten. Den Fisch auf ein Backblech legen und im Ofen 8 Minuten braten.
3 Inzwischen das restliche Rapsöl in einem Topf auf 160 °C erhitzen (um festzustellen, ob das Öl die richtige Temperatur hat, einen Brotwürfel hineingeben, der in 30 Sekunden braun werden sollte). Mehl, Salz, Ei und Mineralwasser in einer Schüssel zu einem dünnflüssigen Teig verrühren. Die grünen Bohnen darin wenden, sodass sie von einer dünnen Teigschicht bedeckt sind.
4 Die Bohnen aus dem Teig heben, überschüssigen Teig abtropfen lassen und dann vorsichtig ins heiße Öl geben. Jeweils nur sechs Bohnen gleichzeitig frittieren, damit sie nicht zusammenkleben. 45–60 Sekunden frittieren, bis sie rundum goldbraun sind. Danach herausnehmen und auf Küchenpapier abtropfen lassen. Die frittierten Bohnen warm halten, während die restlichen Bohnen frittiert werden.
5 Den Seelachs mit den frittierten grünen Bohnen und den Zitronenspalten servieren.

REICH AN B-Vitaminen • Vitamin C • Selen • Kalium • Magnesium

GUT FÜR Knochen ① • Immunsystem ① • Psyche ①② • Müdigkeit ③⑤ • Männer ① • Frauen ①

SEELACHS-GARNELEN-FISCHKÜCHLEIN MIT ZUCCHINI-SPAGHETTI

FÜR 2 PERSONEN • 460 KALORIEN PRO PORTION

Fischküchlein sind eine Spezialität unseres Freundes Ed, die wir in diese weizenfreie Variante verwandelt haben. Das Geheimnis liegt darin, den Fisch tatsächlich in winzige Stücke zu schneiden, anstatt ihn im Mixer zu zerkleinern. Die Konsistenz wird so deutlich interessanter. Die Zucchini-Spaghetti sorgen für die nötige Frische und sind ein kalorienarmer Ersatz für gewöhnliche Pasta. Wer es etwas reichhaltiger möchte, kann dazu noch Naturreis servieren.

- 1 Seelachsfilet, ohne Haut (à 150 g)
- 6 rohe Riesengarnelen, geschält
- 1 Knoblauchzehe, fein gehackt
- 1 TL Kapern, grob gehackt
- abgeriebene Schale von 1 Biozitrone
- 1 Prise Chiliflocken
- 1 gehäufter EL gluten- und weizenfreies Mehl
- ½ TL Natron
- 1 EL Olivenöl
- Salz und Pfeffer
- 2 Zucchini
- Zitronenspalten zum Servieren

FÜR DAS PESTO

- 30 g Sonnenblumenkerne
- 1 EL Korianderblätter, fein gehackt
- 4 Minzeblätter
- 3 Stängel Schnittlauch, gehackt
- 30 g Cashewkerne
- Saft von ½ Zitrone
- 2 EL Rapsöl
- Salz und Pfeffer

1. Die Seelachsfilets und Garnelen in 5 mm kleine Würfel schneiden und in eine große Schüssel geben. Knoblauch, Kapern, Zitronenschale, Chili, Mehl, Natron, etwas Olivenöl und je 1 Prise Salz und Pfeffer zufügen. Mit den Händen gut vermischen. Die Masse halbieren und jeweils zu einem Fischküchlein formen. Beiseitestellen.
2. Für das Pesto alle Zutaten in einem Mixer zu einer groben Paste verarbeiten.
3. Das restliche Olivenöl bei mittlerer Hitze in einer Pfanne mit Antihaftbeschichtung 30 Sekunden erwärmen. Dann die Fischküchlein zugeben und auf jeder Seite 6 Minuten braten.
4. Inzwischen für die Zucchini-Spaghetti die Zucchini mit einem Julienneschäler bis zur weichen Mitte mit den Kernen abschälen. Statt eines Julienneschälers kann auch eine Reibe verwendet werden. Das hat zwar nicht den gleichen optischen Effekt, schmeckt aber genauso gut.
5. Einen kleinen Topf bei mittlerer Temperatur erwärmen, das Pesto hinzufügen und 3 Minuten durchwärmen. Die Zucchini-Spaghetti zugeben und unter gelegentlichem Rühren weitere 3 Minuten garen.
6. Die Fischküchlein auf den Zucchini-Spaghetti mit Pesto anrichten und alles mit Zitronenspalten servieren.

REICH AN Vitamin B1 (Thiamin), B12, C und E • Folsäure • Kalium • Selen • Magnesium • Eisen

GUT FÜR Herz ②③ • Knochen ① • Immunsystem ① • Psyche ①② • Müdigkeit ③⑤ • Männer ① • Frauen ③

SEELACHS „EN PAPILLOTE" MIT BRAUNEN TELLERLINSEN

FÜR 2 PERSONEN • 375 KALORIEN PRO PORTION

Fisch „en papillote" (in Papier) ist eine schnelle Art der Zubereitung, die alle Aromen bewahrt und verhindert, dass das Gericht verkocht: Nach 12–14 Minuten in einem Papierpäckchen lässt sich der Fisch leicht zerteilen und ist wunderbar saftig. In diesem Rezept wird der Seelachs mit zitronig schmeckenden Linsen serviert. Doch auch gebratenes Gemüse passt perfekt dazu.

2 Seelachsfilets (à 100–110 g)
2 Zitronenscheiben
2 Knoblauchzehen, ungeschält, zerdrückt
2 Zweige Thymian
1 TL Olivenöl
Salz und Pfeffer

FÜR DIE LINSEN

130 g braune Tellerlinsen
600 ml Gemüsebrühe (s. S. 283)
1 Lorbeerblatt
1 TL Meersalzflocken und Pfeffer
1 EL Olivenöl
3 Schalotten, in Ringe geschnitten
1–2 Knoblauchzehen, in Scheiben geschnitten
2 Handvoll junge Spinatblätter
abgeriebene Schale und Saft von 1 Biozitrone
1 TL Rapsöl

1 Den Ofen auf 200 °C (180 °C Umluft) vorheizen.
2 Zwei 30 × 30 cm große Quadrate aus Backpapier auslegen und in die Mitte je ein Seelachsfilet platzieren. Auf die Filets jeweils 1 Zitronenscheibe, 1 Knoblauchzehe und 1 Thymianzweig legen. Alles mit Olivenöl beträufeln und mit Salz und Pfeffer würzen.
3 Die Papierecken zu Päckchen zusammennehmen und mit Küchenschnur fest zusammenbinden. Die Päckchen auf ein Backblech legen und im vorgeheizten Backofen 12–14 Minuten backen, bis der Fisch gerade gar ist.
4 Inzwischen die braunen Tellerlinsen in einem Topf mit Gemüsebrühe, Lorbeerblatt, Meersalz und 1 Prise Pfeffer zum Kochen bringen und 15 Minuten kochen, bis sie gar sind. In einem Sieb abtropfen lassen und in eine große Schüssel geben.
5 Das Olivenöl in einer Pfanne mit Antihaftbeschichtung erhitzen, Schalotten und Knoblauch zugeben und 5 Minuten braten, bis sie glasig werden. Spinat und Zitronenschale zufügen und 1 Minute mitdünsten, bis der Spinat zusammenfällt.
6 Den Spinat mit Zitronensaft und Rapsöl zu den Linsen geben. Alles abschmecken und vorsichtig vermischen. Mit dem Seelachs servieren.

REICH AN B-Vitaminen • Selen • Kalium • Eisen • Magnesium • Zink • Ballaststoffen

GUT FÜR Herz ①②③ • Knochen ① • Verdauung ① • Haut, Haare & Nägel ①④ • Psyche ①② • Müdigkeit ①⑤ • Männer ①② • Frauen ①

MAKRELEN-GURKEN-GAZPACHO

FÜR 2 PERSONEN • 370 KALORIEN PRO PORTION

An einem heißen Tag gibt es nichts Besseres als eine erfrischende Gurken-Gazpacho. Mit frischen Makrelenfilets verwandelt sie sich in eine vollwertige Mahlzeit. Makrele schmeckt am besten zwischen April und September, weshalb sich dieses Gericht ideal als sommerliches Mittagessen eignet. Es enthält mindestens zwei der täglich benötigten Obst-Gemüse-Portionen sowie eine ordentliche Portion Omega-3-Fettsäuren.

1 TL Olivenöl
2 Makrelenfilets
1 Sojajoghurt
Zesten von ½ Biozitrone

FÜR DIE GAZPACHO
1 Gurke
1 reife Avocado
1 gelbe Paprika, Samen und Trennhäute entfernt und grob gehackt
1 Knoblauchzehe
2 Frühlingszwiebeln, grob gehackt
3 Zweige Minze, Blätter abgezupft
Saft von 1 Zitrone
1 Handvoll Schnittlauch

1. Für die Gazpacho die Gurke der Länge nach halbieren und die Kerne entfernen. Dann die Gurke grob hacken und in einen Mixer geben. Die Avocado halbieren, den Kern entfernen und das Fruchtfleisch in den Mixer geben. Gelbe Paprika, Knoblauch, Frühlingszwiebeln, Minzeblätter, Zitronensaft, Schnittlauch und 75 ml kaltes Wasser zufügen. Alles 2 Minuten fein pürieren. In einen Krug umfüllen und in den Kühlschrank stellen.
2. Inzwischen in einer großen Pfanne etwas Öl erhitzen. Dann vorsichtig die Makrelenfilets mit der Haut nach unten in die Pfanne legen. Mit den Fingerspitzen die Filets einige Sekunden flach auf den Pfannenboden drücken und 3 Minuten braten. Die Filets danach vorsichtig wenden und nochmals 2 Minuten braten.
3. Die Gazpacho aus dem Kühlschrank nehmen und in zwei Schüsseln gießen. Jeweils mit einem warmen Makrelenfilet und etwas Sojajoghurt krönen, mit etwas Zitronenschale bestreuen und servieren.

REICH AN B-Vitaminen • Vitamin C, D und E • Kalium • Selen • Omega-3-Fettsäuren • Beta-Sitosterin • Ballaststoffen

GUT FÜR Herz ①②③ • Knochen ①② • Verdauung ① • Immunsystem ① • Haut, Haare & Nägel ①②③ • Psyche ① • Müdigkeit ②③ • Männer ①② • Frauen ①③④

MAKRELE MIT WILDREIS, PAPRIKA UND JOGHURTSALAT

FÜR 2 PERSONEN • 600 KALORIEN PRO PORTION

Frisch gebratener Fisch zusammen mit einem cremigen, herben Dressing ist sehr lecker. Sojajoghurt bietet eine milchfreie Alternative, die wir bei diesem Rezept durch etwas Zitronenschale aufpeppen. Die Zitrone passt zudem gut zum rauchig-salzigen Geschmack der Makrele.

150 g Wildreis
1 TL Rapsöl
1 rote Zwiebel, in Ringe geschnitten
1 Knoblauchzehe, fein gehackt
1 rote Paprika, Samen und Trennhäute entfernt und in feine Ringe geschnitten
1 grüne Paprika, Samen und Trennhäute entfernt und in feine Ringe geschnitten
100 g frische Erbsen, gepalt
2 Makrelenfilets
1 Handvoll Korianderblätter, grob gehackt
1 Handvoll glatte Petersilie, Blätter fein gehackt
Salz und Pfeffer
5 EL Sojajoghurt
½ Gurke, geschält, halbiert und fein geschnitten
abgeriebene Schale von 1 Biozitrone
1 Handvoll Minzeblätter, fein gehackt
1 Handvoll Schnittlauch, fein gehackt

1. Wasser in einem Topf zum Kochen bringen. Wildreis zugeben und 20–25 Minuten kochen, bis er gar ist.
2. Inzwischen in einer Pfanne etwas Rapsöl erhitzen und Zwiebel, Knoblauch und Paprika zugeben. 10 Minuten braten, bis das Gemüse gar ist. Die Erbsen hinzufügen und nochmals 3 Minuten braten. In eine große Schüssel füllen.
3. Die Pfanne mit einem Küchenpapier säubern, das restliche Rapsöl darin erhitzen. Sobald es heiß ist, vorsichtig die Makrelenfilets mit der Haut nach unten in die Pfanne legen. Die Filets mit den Fingerspitzen einige Sekunden flach auf dem Pfannenboden drücken und 3 Minuten braten. Vorsichtig wenden und nochmals 2 Minuten braten.
4. Den Wildreis abtropfen lassen und wieder in den Topf geben. Paprikamischung, Koriander und Petersilie mit dem Reis vermischen. Mit Salz und Pfeffer würzen und warm halten.
5. Den Joghurt mit Gurke, Zitronenschale, Minze und Schnittlauch vermischen und abschmecken.
6. Den Wildreissalat auf zwei Tellern verteilen und je ein Makrelenfilet obenauf legen. Mit etwas Gurkenjoghurt krönen. Dazu können Sie gedämpfte grüne Bohnen servieren.

REICH AN B-Vitaminen • Vitamin C und D • Kalium • Selen • Eisen • Omega-3-Fettsäuren • Beta-Karotin • Phytoöstrogenen • Ballaststoffen

GUT FÜR Herz ①②③ • Knochen ② • Verdauung ① • Immunsystem ① • Haut, Haare & Nägel ①②③ • Psyche ① • Müdigkeit ②③ • Männer ①② • Frauen ①③④

GEGRILLTE MAKRELE MIT INGWER-SAFRAN-REIS

FÜR 2 PERSONEN • 585 KALORIEN PRO PORTION

Gegen intensive Aromen kommt nur ein fetthaltiger, schmackhafter Fisch wie die Makrele an. Die Makrele steckt voller gesunder Omega-3-Fettsäuren, die nicht nur gut fürs Herz, sondern auch stark entzündungshemmend sind.

200 g Naturreis | 1 TL Salz
2 Gewürznelken | 2 Lorbeerblätter
1 kleine Prise Safranfäden
1 Handvoll Edamame-Bohnen, Kerne ausgelöst, Tiefkühlware aufgetaut
2 Makrelenfilets
1 daumengroßes Stück Ingwer, ungeschält, gerieben
1 grüne Chili, Samen und Trennhäute entfernt
Saft von 1 Limette | 1 Prise Meersalzflocken
1 TL Olivenöl
2 Handvoll Spinatblätter, gehackt
1 Handvoll Kirschtomaten, fein gehackt
frisch gemahlener Pfeffer

1. Den Backofengrill auf mittlerer Hitze vorheizen. Backblech mit Backpapier auslegen.
2. Den Reis in einen Topf geben und mit der dreifachen Menge an Wasser bedecken. Zum Kochen bringen, Salz, Nelken, Lorbeerblatt und Safran zufügen und 16 Minuten kochen. Die Edamame-Bohnen zugeben und weitere 2 Minuten kochen, bis der Reis gar ist. In einem Sieb abtropfen lassen, Nelken und Lorbeerblätter entfernen.
3. Während der Reis kocht, die Makrelenfilets mit der Haut nach unten auf das Backblech legen. Auf jedes Filet die Hälfte des Ingwers, der Chili, des Limettensafts und des Meersalzes geben und alles mit etwas Olivenöl beträufeln. 6 Minuten grillen, bis die Filets gar sind.
4. Die Makrelenfilets auf den Reis legen, mit gehacktem Spinat und Tomaten garnieren und mit Pfeffer würzen. Sofort servieren.

REICH AN B-Vitaminen • Vitamin D • Selen • Kalium • Magnesium • Phytoöstrogenen • Omega-3-Fettsäuren • Tryptophan • Beta-Karotin

GUT FÜR Herz ①②③ • Knochen ①② • Verdauung ① • Immunsystem ① • Haut, Haare & Nägel ①②③ • Psyche ①② • Müdigkeit ②③⑤ • Männer ①② • Frauen ①③④

SAUTIERTES THUNFISCH-STEAK MIT ROTE-BETE-SALAT

FÜR 2 PERSONEN • 360 KALORIEN PRO PORTION

Frische Thunfischsteaks sind ein schnelles, köstliches Gericht, das sich gut unter der Woche zubereiten lässt. Sautiert bewahrt dieser fleischige Fisch sein intensives Aroma. Beim Kauf sollte man darauf achten, dass das Fleisch der Steaks dunkelrot ist. Der Blauflossen-Thunfisch zählt zu den gefährdeten Arten – also besser eine andere Thunfischart kaufen. Die Steaks werden mit einem chilischarfen Rote-Bete-Rosinen-Salat serviert. Das Gericht enthält reichlich Vitamin B12, das zur Blutbildung benötigt wird und Erschöpfung entgegenwirkt.

2 rohe Rote Bete | Saft von 1 Zitrone
½ grüne Chili, Samen und Trennhäute entfernt und in feine Würfel geschnitten
1 rote Zwiebel, in feine Ringe geschnitten
1 Handvoll Rosinen |1 Prise Salz
1 Prise Pfeffer | 2 TL Olivenöl
2 Thunfischsteaks, trocken getupft
1 Handvoll Korianderblätter, grob gehackt
1 TL schwarze Sesamsamen
Limettenspalten zum Servieren

1. Die Rote Bete schälen und fein reiben. In eine Schüssel geben und mit Zitronensaft, grüner Chili, roter Zwiebel, Rosinen, Salz und Pfeffer vermischen. Beiseitestellen.
2. Das Öl in einer Pfanne erhitzen und die Thunfischsteaks vorsichtig in die Pfanne legen. Wer sein Steak medium haben will, brät den Thunfisch 3 Minuten auf jeder Seite. Möchte man es lieber ganz durch, sollte man das Steak 5 Minuten auf jeder Seite braten, jedoch nach 2 Minuten pro Seite die Hitze reduzieren.
3. Den Thunfisch auf Küchenpapier legen und überschüssiges Öl abtupfen. Die Steaks auf Tellern anrichten und Korianderblätter und schwarze Sesamsamen darüberstreuen. Jedes Steak in 4–5 Stücke schneiden.
4. Die Thunfischstücke mit Rote-Bete-Salat und Limettenspalten servieren.

REICH AN B-Vitaminen • Vitamin C • Folsäure • Selen • Kalium • Omega-3-Fettsäuren

GUT FÜR Herz ①② • Knochen ② • Verdauung ③④ • Immunsystem ① • Haut, Haare & Nägel ①②③ • Psyche ① • Müdigkeit ② • Männer ① • Frauen ①③④

SÜSSE LECKERBISSEN

Die Rezepte in diesem Kapitel sind wirkliche Leckerbissen – köstlich und verführerisch. Viele glauben, ohne raffinierten Zucker könne man keine leckeren Süßspeisen herstellen, doch diese Rezepte zeigen, wie es geht. In unserer Detox-Küche verwenden wir nur natürliche Zucker – wie sie in Obst (und einigen Gemüsen) vorkommen, Honig und süße Gewürze – und diese in Maßen – sowie rohes Kakaopulver für einen kräftigen Schokoladengeschmack.

Unsere süßen Leckerbissen sind zwar kalorienreich, aber sie sind ja auch als „Verwöhnhäppchen" gedacht, die man nur gelegentlich genießt. Dank ihrer natürlichen Zucker (aus Honig und Obst) und Fette (aus Nüssen und Samen) liefern sie auch wertvolle Nährstoffe, die sie gesünder machen als Kekse oder Kuchen, die mit Süßstoff oder raffiniertem Zucker hergestellt werden. Wer sich natürlich und vollwertig ernährt, bekommt eben mehr für sein Geld.

Die Detox-Bäckerei ist mitunter eine Herausforderung. Sie müssen aber keine Angst haben, dass Sie nun jedes Mal vor der Ofentür sitzen und bangen müssen, ob Ihr Kuchen wohl aufgeht. Anfangs ist das Backen ohne Weizen, Milchprodukte und raffinierten Zucker zwar etwas knifflig, man hat den Dreh aber schnell heraus. Sie werden bald merken, wie einfach unsere Rezepte sind, und werden diese Leckerbissen ohne Gewissensbisse genießen können.

Am Ende der meisten Rezepte haben wir die wichtigsten Nährstoffe aufgelistet, die in einer Portion enthalten sind, sowie erläutert, bei welchen gesundheitlichen Problemen es sich empfiehlt, das jeweilige Rezept regelmäßig in den Speiseplan aufzunehmen.
Weitere Informationen finden Sie auf S. 9.

BANANENBROT

FÜR 8 STÜCKE • 335 KCAL PRO STÜCK

Das perfekte Rezept, um überreife Bananen aufzubrauchen – denn je reifer die Bananen sind, desto süßer und luftiger wird das Brot. Orangenschale, Zimt und Muskatnuss unterstreichen die Süße der Bananen noch und lassen das Brot verführerisch duften. Bananen sind zudem gute Lieferanten für Kalium. So liefert eine Scheibe des Brots bereits 20 Prozent der empfohlenen Tagesdosis. Den Teig können Sie sowohl von Hand als auch mit der Küchenmaschine rühren.

350 g Bananen | 50 g flüssiger Honig
50 g Kokosöl | 1 TL gemahlener Zimt
1 Prise frisch geriebene Muskatnuss
½ TL Speisenatron
abgeriebene Schale von ½ Bio-Orange
½ Vanilleschote, längs aufgeschnitten
4 Eier | 200 g gemahlene Mandeln
2 EL grobe Kokosflocken
2 EL Kokosraspeln

1. Den Backofen auf 200 °C (180 °C Umluft) vorheizen. Eine 20 × 24 cm große Kastenform mit Backpapier auslegen.
2. Die Bananen schälen, von einer Banane eine Scheibe für die Dekoration abschneiden und beiseitelegen. Die restlichen Bananen in eine große Schüssel geben und mit der Gabel zu einer groben Paste zerdrücken. Honig, Kokosöl, Zimt, Muskatnuss, Speisenatron und Orangenschale zugeben. Das Mark aus der Vanilleschote schaben und ebenfalls hinzufügen. Alles gut vermischen. Die Eier zugeben und alles mit einem Holzlöffel verrühren. Dann die Mandeln unterrühren, bis ein geschmeidiger Teig entsteht.
3. Den Teig in die Kastenform geben, mit den Kokosflocken und -raspeln bestreuen und mit der Bananenscheibe dekorieren. 50 Minuten im Backofen backen. Zur Probe mit einem Zahnstocher in die Mitte des Brots stechen: Bleibt kein Teig mehr daran kleben, ist es fertig.
4. Das Brot aus dem Ofen nehmen und 20 Minuten in der Form abkühlen lassen. Dann aus der Form lösen und auf einem Kuchengitter auskühlen lassen. Das Bananenbrot hält sich im Kühlschrank in einem luftdicht verschließbaren Behälter bis zu 5 Tage.

REICH AN Vitamin E • Beta-Sitosterin

GUT FÜR Herz ① • Männer ① • Frauen ③

ORANGEN-CRANBERRY-DROPS

FÜR 18 DROPS • 90 KCAL PRO STÜCK

Diese kleinen Plätzchen verkaufen wir in unserem Geschäft zur Weihnachtszeit. Wir wollten eine kleine Geschenktüte mit Weihnachtsgebäck schaffen, und die Drops rundeten sie geschmacklich wunderbar ab. Nüsse und Samen sind eine gute Quelle für einfach ungesättigte Fettsäuren, die der Herzgesundheit zuträglicher sind als gesättigte Fettsäuren.

50 g gluten- und weizenfreies Mehl
½ TL Backpulver
100 g gemahlene Mandeln
25 g Mandelblättchen und
1 EL Mandelblättchen zum Dekorieren
25 g Kürbiskerne
25 g Sonnenblumenkerne
abgeriebene Schale von ½ Bio-Orange
1 Prise gemahlener Zimt
1 Prise gemahlene Gewürznelken
1 Prise frisch geriebene Muskatnuss
1 TL flüssiger Honig
50 g getrocknete Cranberries
3 Eiweiß

1 Den Backofen auf 200 °C (180 °C Umluft) vorheizen. Ein Backblech mit Backpapier auslegen.
2 Mehl und Backpulver in eine große Schüssel sieben und bis auf die Eiweiß alle Zutaten hinzufügen. Mit den Händen alles gut vermischen.
3 In einer zweiten Schüssel die Eiweiß steif schlagen. Dann das Eiweiß vorsichtig mit einem großen Metalllöffel unter die Mehlmischung ziehen, bis alles gut vermischt ist.
4 Die Masse zu kleinen Kugeln formen und auf das Backblech setzen. Auf jede Kugel ein Mandelblättchen setzen.
5 Die Drops 12–14 Minuten im vorgeheizten Backofen goldgelb backen. 5 Minuten auf dem Backblech abkühlen lassen, dann auf ein Kuchengitter setzen und auskühlen lassen. In einem luftdicht verschließbaren Behälter halten sich die Drops bis zu 5 Tage.

MINI-MÖHREN-ORANGEN-MUFFINS

FÜR 12 MINI-MUFFINS • 140 KCAL PRO STÜCK

Diese Muffins sind kleine Geschmacksbomben. Während sie im Ofen backen, erfüllt ein verführerischer Duft die Küche. Kombiniert mit Obst, wie Heidelbeeren, sind sie ein wunderbarer Nachtisch oder Snack. Möhren und andere orangenfarbene Gemüse und Früchte enthalten wertvolle Nährstoffe, die die Augengesundheit fördern.

75 g gluten- und weizenfreies Mehl
¼ TL Backpulver
55 g gemahlene Mandeln
1 EL Pfeilwurzelstärke
1 Prise Salz
1 TL gemahlener Zimt
1 EL gemahlener Piment
4 Eiweiß
110 g flüssiger Honig
1 ½ EL Rapsöl
2 Möhren, geraspelt
abgeriebene Schale von 1 Bio-Orange

1 Den Backofen auf 200 °C (180 °C Umluft) vorheizen. Papierförmchen in die 12 Mulden eines Mini-Muffin-Blechs setzen.
2 Mehl und Backpulver in eine große Schüssel sieben. Mandeln, Pfeilwurzelstärke, Salz und Gewürze hinzufügen und mit einem Holzlöffel verrühren.
3 Eiweiß, Honig und Öl im Mixer oder der Küchenmaschine mit Intervallschaltung dickflüssig verschlagen.
4 Die Eimischung nach und nach unter die Trockenzutaten heben, dann Möhren und Orangenschale hinzugeben und alles gut mit dem Holzlöffel verrühren. Die Mischung in einen Krug geben – das erleichtert später das Verteilen auf die Muffinförmchen. Dann die Förmchen jeweils etwas mehr als bis zur Hälfte mit Teig füllen.
5 Die Muffins 35 Minuten im vorgeheizten Backofen backen, dann auf ein Kuchengitter setzen und vollständig auskühlen lassen. In einem luftdicht verschließbaren Behälter halten sie sich bis zu 3 Tage.

MINI-MINCE-PIES

FÜR 12 MINI-PIES • 160 KCAL PRO STÜCK

Diese kleinen Pies sind herrlich knusprig, goldfarben und flach – so wie Mince-Pies sein sollten. Wir ersetzen den traditionellen Mürbeteig in diesem Rezept durch Mandelteig, der einfacher herzustellen ist. Wer den Deckel verzieren möchte, nimmt dazu am besten einen Sternausstecher.

FÜR DIE FÜLLUNG

100 g Rosinen
50 g Sultaninen
50 g getrocknete Gojibeeren
abgeriebene Schale und Saft von 1 Bio-Orange
1 TL flüssiger Honig
1 TL gemahlener Zimt

FÜR DEN TEIG

250 g gemahlene Mandeln
2 EL flüssiger Honig
2 EL Rapsöl
1 Ei
½ Vanilleschote, längs aufgeschnitten
1 EL gluten- und weizenfreies Mehl zum Bestäuben

1 Die Zutaten für die Füllung in einer Schüssel gut verrühren. Mit Frischhaltefolie abdecken und im Kühlschrank mindestens 3 Stunden oder über Nacht einweichen lassen.
2 Für den Teig Mandeln, Honig, Öl und Ei in eine zweite große Schüssel geben. Das Mark aus der Vanilleschote schaben und in die Schüssel geben. Alles mit den Händen zu einer bröseligen Masse vermischen. Mit 50 ml Wasser auf der Arbeitsfläche zu einem geschmeidigen Teig verkneten. Den Teig in Frischhaltefolie einschlagen und 1 Stunde im Kühlschrank ruhen lassen.
3 Den Backofen auf 200 °C (180 °C Umluft) vorheizen. Ein Mini-Muffin-Blech mit 12 Mulden mit Mehl ausstäuben.
4 Den Teig aus dem Kühlschrank nehmen und auf einer leicht bemehlten Arbeitsfläche 3 mm dünn ausrollen. Mit einem runden Ausstecher 3 cm große Kreise ausstechen und als Böden in die Mulden legen. Die Teigränder wieder verkneten und einen Deckel für jeden Pie ausstechen (am dekorativsten wird er mit einer Sternform).
5 Die Füllung auf die Mulden verteilen und mit den Teigdeckeln belegen. 25 Minuten im vorgeheizten Backofen goldgelb und knusprig backen. Die fertigen Pies in der Form leicht abkühlen lassen, dann vorsichtig herauslösen – warm kann der Teig noch krümelig sein, er wird aber fest, sobald er abkühlt.

REICH AN Vitamin E

GUT FÜR Frauen ③

HAFER-SCONES

FÜR 12 SCONES • 210 KCAL PRO STÜCK

Diese Scones sind das perfekte Verwöhnprogramm zum Tee. Durch den weizenfreien Teig werden sie etwas krümeliger als klassische Scones, aber mit etwas Nussbutter und Konfitüre (s. Aprikosen-Ingwer-Konfitüre, S. 71) sind sie einfach köstlich. Sie enthalten reichlich Mangan. Das Mineral trägt zur Funktion der Schilddrüsenhormone bei, die unseren Stoffwechsel steuern.

300 g zarte Haferflocken und einige Flocken zum Bestreuen
½ TL Speisenatron
100 g flüssiger Honig
2 EL Olivenöl
1 Prise gemahlener Zimt
1 Banane
150 g Sultaninen

ZUM SERVIEREN

Cashew-Butter (s. S. 63)
Konfitüre

1. Den Backofen auf 200 °C (180 °C Umluft) vorheizen. Ein Backblech mit Backpapier auslegen.
2. Haferflocken, Natron, Honig, Öl, Zimt und die geschälte Banane im Mixer zu einer geschmeidigen Masse verarbeiten. Die Mischung in eine Schüssel geben und die Sultaninen mit einem Holzlöffel unterrühren.
3. Den Teig auf einer leicht bemehlten Arbeitsfläche ca. 2,5 cm dick ausrollen. Mit einem Ausstecher 5 cm große Kreise ausstechen – es sollten 12 Kreise werden (die Teigränder daher wieder verkneten und erneut ausrollen). Die Teigkreise mit Haferflocken bestreuen.
4. Die Scones auf das Beckblech legen und 15–20 Minuten im vorgeheizten Backofen goldgelb backen. Vor dem Servieren abkühlen lassen.

REICH AN Ballaststoffen

GUT FÜR Herz ① • Verdauung ①

APFEL-BROMBEER-CUPCAKES MIT KOKOS

FÜR 12 CUPCAKES • 150 KCAL PRO STÜCK

Dieser Cupcake ist weizen-, milchprodukt- und zuckerfrei, aber genauso verführerisch wie seine traditionellen Pendants. Der Apfel sorgt für eine wunderbar weiche Konsistenz, und die Beeren geben eine leichte Säure, die perfekt die Süße der Kokosnuss ergänzt. Wie andere blaue oder violette Früchte enthalten Brombeeren Ellagsäure. Die Substanz mit antioxidativer Wirkung hilft dabei, den Körper vor Krebs zu schützen.

100 g gluten- und weizenfreies Mehl
100 g gemahlene Mandeln
1 EL Pfeilwurzelstärke
1 TL Salz
¼ TL Backpulver
1 TL gemahlener Zimt
2 Tafeläpfel, geschält, entkernt und fein gewürfelt
5 Eier
1 EL Rapsöl
3 EL Kokosmilch
3 EL flüssiger Honig
24–36 Brombeeren (2–3 pro Cupcake)
Kokosraspel zum Bestreuen

1. Den Backofen auf 200 °C (180 °C Umluft) vorheizen. Papierförmchen in die 12 Mulden einer Cupcake-Form setzen.
2. Alle Trockenzutaten in eine Schüssel sieben.
3. Die Apfelwürfel mit etwas Wasser in einen kleinen Topf geben und 6–8 Minuten bei schwacher Hitze garen, bis sie weich sind. Falls sie am Topfboden ansetzen, etwas mehr Wasser zugeben. Die weichen Äpfel abgießen und mit Eiern, Öl, Kokosmilch und Honig im Mixer zu einem Mus pürieren.
4. Das Apfelmus in die Schüssel geben und unter die Trockenzutaten heben. Den Teig in einen Krug geben und so auf die Papierförmchen verteilen, dass diese etwas mehr als zur Hälfte gefüllt sind. Jeweils 2–3 Brombeeren in jedes Förmchen geben und zum Schluss mit Kokosraspeln bestreuen.
5. Die Cupcakes 30–35 Minuten im vorgeheizten Backofen backen, bis die Kruste fest ist. 10 Minuten in der Backform abkühlen lassen, dann auf ein Kuchengitter setzen und vollständig auskühlen lassen. Sie schmecken am besten frisch, halten sich aber auch einen Tag lang.

GEWÜRZ-MUFFINS

FÜR 8 MUFFINS • 380 KCAL PRO STÜCK

Diese Muffins sind traumhaft süß und aromatisch. In unserer Detox-Küche stellen wir viel Kürbispüree her und frieren es ein, da es sich toll für Kuchen verwenden lässt und ihnen ein erdig-süßes Aroma verleiht. Das Rapsöl in diesen Muffins liefert bereits 30 Prozent der empfohlenen Tagesdosis an Vitamin E, das eine antioxidative Wirkung hat und somit das Immunsystem stärkt.

FÜR DAS KÜRBISPÜREE

- 200 g Gartenkürbis, geschält und entkernt, Fruchtfleisch gewürfelt
- 1 EL Rapsöl
- 1 TL gemahlener Zimt

FÜR DIE MUFFINS

- 300 g gluten- und weizenfreies Mehl
- 1 ½ TL Backpulver
- ½ TL Speisenatron
- ½ TL Salz
- 1 TL gemahlener Zimt
- 1 EL frisch geriebener Ingwer
- 300 g flüssiger Honig
- 100 ml Rapsöl
- einige Himbeeren

1. Den Backofen auf 190 °C (170 °C Umluft) vorheizen. Papierförmchen in 8 Mulden eines Muffinblechs setzen.
2. Die Kürbiswürfel für das Püree in eine Auflaufform geben, mit Rapsöl beträufeln und mit Zimt bestreuen. 40 Minuten im vorgeheizten Backofen weich garen. Abkühlen lassen, dann in den Mixer geben und glatt pürieren.
3. Mehl, Backpulver, Speisenatron, Salz, Zimt und Ingwer in einer Schüssel vermischen. Honig und Öl in einer zweiten Schüssel verquirlen, dann über die Trockenzutaten geben und alles gut verrühren, bis ein glatter Teig entsteht.
4. Das Kürbispüree vorsichtig unter den Teig heben, bis es gleichmäßig verteilt ist.
5. Den Teig gleichmäßig auf die Muffinformen verteilen, dann die Himbeeren daraufgeben. Die Muffins 15–20 Minuten im vorgeheizten Backofen backen, bis sie eine feste Kruste haben. Im Muffinblech abkühlen lassen und zimmerwarm servieren.

REICH AN Vitamin E

GUT FÜR Männer ① • Frauen ③

ROTE-BETE-APFEL-MÖHREN-KUCHEN MIT INGWER

FÜR 12 STÜCKE • 305 KCAL PRO STÜCK

Dieser wunderbar farbenfrohe Kuchen ist saftig und süß zugleich. Er wird mit Sonnenblumenöl gebacken, einer guten Vitamin-E-Quelle: Ein Esslöffel davon liefert bereits 50 Prozent der empfohlenen Tagesdosis. Wir verwenden Sonnenblumenöl nicht täglich, es eignet sich aber gut zum Backen.

- 175 g flüssiger Honig
- 175 ml Sonnenblumenöl | 3 Eier
- 2 kleine Äpfel, geschält, entkernt und geraspelt
- 100 g Möhren, geraspelt
- 100 g rohe Rote Bete, geraspelt
- 1 EL gemahlener Ingwer
- 1 daumengroßes Stück Ingwer, geschält und fein gerieben
- 30 g Walnüsse, grob gehackt | 50 g Rosinen
- 50 g entsteinte Datteln, fein gehackt
- abgeriebene Schale von 1 Bio-Orange
- 170 g gluten- und weizenfreies Mehl
- 1 TL Speisenatron | 1 TL Backpulver
- 1 TL gemahlener Zimt
- ½ TL frisch geriebene Muskatnuss
- 10 g Leinsamen
- Olivenöl zum Einfetten

1. Den Backofen auf 190 °C (170 °C Umluft) vorheizen. Eine Springform mit 18 cm Durchmesser mit Olivenöl einfetten (dazu die Fingerspitzen mit Öl benetzen und Boden und Wände der Form damit einreiben).
2. Honig, Sonnenblumenöl und Eier in einer Schüssel verquirlen und schaumig aufschlagen. Äpfel, Möhren und Rote Bete unter die Eimischung rühren. Ingwer, Walnüsse, Rosinen, Datteln und Orangenschale unterheben. Dann Mehl, Natron, Backpulver, Zimt und Muskat darübersieben und gut einarbeiten.
3. Den Teig in die Springform geben und mit Leinsamen bestreuen. 40 Minuten im vorgeheizten Backofen backen. Zur Probe einen Zahnstocher in die Mitte des Kuchens stecken. Bleibt kein Teig mehr daran kleben, ist der Kuchen fertig. 10 Minuten in der Form abkühlen lassen, dann herauslösen und auf einem Kuchengitter auskühlen lassen. In einem luftdicht verschließbaren Behälter hält sich der Kuchen bis zu 3 Tage.

REICH AN Vitamin E

GUT FÜR Frauen ③

APFEL-INGWER-KUCHEN

FÜR 8 STÜCKE • 205 KCAL PRO STÜCK

Der Duft von Apfelkuchen im Ofen hat etwas sehr Heimeliges. Dieser Kuchen hat eine leicht krümelige Konsistenz, ist etwas saftiger als der sonst übliche Biskuitteig und wunderbar süß. Da der Kuchen keine starken Bindemittel enthält, ist es wichtig, ihn vor dem Anschneiden völlig auskühlen und ruhen zu lassen, sonst fällt er auseinander. Rotschalige Äpfel sind reich an dem Antioxidans Quercetin, das eine stark entzündungshemmende Wirkung hat.

- 2 Eier | 2 EL Rapsöl
- 100 g flüssiger Honig
- 6 große, rotschalige Tafeläpfel, entkernt und in 1 cm große Würfel geschnitten
- 200 g gemahlene Mandeln
- 100 g Mandelblättchen
- 1 daumengroßes Stück Ingwer, geschält und fein gerieben
- 1 TL gemahlener Ingwer
- 1 TL Lebkuchengewürz
- ½ Vanilleschote, längs aufgeschnitten
- 70 g Pekannüsse

1. Den Backofen auf 180 °C (160 °C Umluft) vorheizen. Den Boden einer Springform mit 18 cm Durchmesser mit Backpapier auslegen.
2. Eier, Öl und Honig in einer großen Schüssel einige Minuten lang schaumig aufschlagen. Äpfel, gemahlene Mandeln, Mandelblättchen, gemahlenen und geriebenen Ingwer und die Gewürzmischung hineingeben. Das Mark aus der Vanilleschote schaben und mit in die Schüssel geben. Alles gut verrühren.
3. Die Teigmasse in die vorbereitete Springform geben und die Pekannüsse darauf verteilen. Im vorgeheizten Backofen ca. 1 Stunde und 10 Minuten backen. Zur Probe einen Zahnstocher in die Mitte des Kuchens stecken. Bleibt kein Teig mehr daran kleben, ist der Kuchen fertig.
4. Den Kuchen aus dem Ofen nehmen und 30 Minuten in der Form abkühlen lassen. Anschließend im Kühlschrank mindestens 2 Stunden vollständig auskühlen lassen.
5. Den Kuchen aus der Form lösen und servieren. In einem luftdicht verschließbaren Behälter hält er bis zu 5 Tage.

REICH AN Vitamin E

GUT FÜR Frauen ③

KOKOSMAKRONEN

FÜR 18 MAKRONEN • 150 KCAL PRO STÜCK

1 EL Kakaobutter
100 g Kokosnuss, frisch geraspelt
100 g gemahlene Mandeln
1 ½ EL flüssiger Honig
1 Prise Meersalzflocken
½ Vanilleschote, längs aufgeschnitten
2 Eiweiß

1. Den Backofen auf 170 °C (150 °C Umluft) vorheizen. Ein Backblech mit Backpapier auslegen.
2. Die Kakaobutter entweder in der Mikrowelle oder im heißen Wasserbad zerlassen. Die zerlassene Butter im Mixer mit den Kokosraspeln, Mandelmehl, Honig und Salz glatt rühren. Das Mark aus der Vanilleschote schaben und mit in den Mixer geben. Alles verrühren, dann die Kokosmasse in eine Schüssel geben.
3. In einer zweiten Schüssel das Eiweiß steif schlagen und anschließend vorsichtig unter die Kokosmasse heben.
4. Die Kokosmasse mit feuchten Händen zu Kugeln formen und diese auf das Backblech setzen. 20–25 Minuten im vorgeheizten Backofen backen, bis die Oberfläche der Makronen fest ist. 5 Minuten auf dem Blech abkühlen lassen, dann auf einem Kuchengitter vollständig auskühlen lassen. In einem luftdicht verschließbaren Behälter halten die Makronen sich bis zu 3 Tage.

ROTE-BETE-BROWNIES

FÜR 9 BROWNIES • 260 KCAL PRO STÜCK

Brownies sind häufig viel zu süß, diese sind jedoch perfekt. Die Rote Bete sorgt für die Saftigkeit, gibt ihnen ein wunderbar erdiges Aroma und die kräftige dunkle Färbung. Kakaopulver aus Rohkakao ist zuckerfrei und enthält viel mehr Nährstoffe als das übliche Pulver für Trinkschokolade.

150 g rohe Rote Bete, geschält und fein gewürfelt
50 g Haselnüsse
100 g gluten- und weizenfreies Mehl
1 TL Backpulver
60 g Kakaopulver
150 g flüssiger Honig
½ TL Salz
3 Eier
75 ml Rapsöl

1 Den Backofen auf 200 °C (180 °C Umluft) vorheizen. Den Boden und die Seiten einer 20 × 20 cm großen Kuchenform mit Backpapier auslegen.
2 Die Rote-Bete-Würfel mit 50 ml Wasser in eine mikrowellengeeignete Schüssel geben. Die Rote Bete mit Frischhaltefolie abdecken und bei hoher Leistung in der Mikrowelle 7 Minuten garen. Alternativ die Rote Bete in Alufolie wickeln und 40 Minuten im vorgeheizten Backofen garen.
3 Die Haselnüsse im Mixer grob zerkleinern. In eine große Schüssel geben und Mehl, Back- und Kakaopulver dazusieben.
4 Die weiche Rote Bete im Mixer glatt pürieren. Das Püree anschließend zu den Trockenzutaten geben und alles vermischen.
5 Honig, Salz, Eier und Öl in den Mixer geben und ca. 3 Minuten glatt rühren. Die Eimischung zur Rote-Bete-Masse geben und mit einem Holzlöffel vorsichtig unterheben (die Rote-Bete-Masse soll dabei luftig bleiben).
6 Die Mischung in die vorbereitete Kuchenform geben und 30 Minuten im vorgeheizten Backofen backen. Zur Probe einen Zahnstocher in die Mitte des Kuchens stecken. Bleibt kein Teig mehr daran kleben, ist der Kuchen fertig. Vor dem Anschneiden vollständig auskühlen lassen.

BRATÄPFEL

FÜR 4 PERSONEN • 180 KCAL PRO PORTION

Mit wenig raffiniertem Zucker, Fett und Kohlenhydraten ist dieses Rezept ein leckerer und schnell zubereiteter Nachtisch. Äpfel enthalten den nicht löslichen Faserstoff Pektin, der den Cholesterinspiegel kontrollieren hilft und somit die Herzgesundheit fördert.

50 g Pekannüsse
6 Äpfel (Braeburn)
2 EL flüssiger Honig
1 Prise gemahlener Zimt
1 Prise Salz

ZUM SERVIEREN

4 EL Sojajoghurt
½ Vanilleschote, längs aufgeschnitten

1. Den Backofen auf 200 °C (180 °C Umluft) vorheizen. Ein Backblech mit Backpapier auslegen.
2. Die Pekannüsse in einen Gefrierbeutel geben und mit der Teigrolle vorsichtig in kleine Stücke zerklopfen.
3. Die Äpfel schälen, halbieren und das Kerngehäuse herausschneiden. Dann mit der Schnittseite nach oben auf das Backblech legen.
4. Honig, Zimt und Salz in einer kleinen Schüssel verrühren. Die Äpfel mit dem gewürzten Honig beträufeln und mit Pekannüssen bestreuen. 20–25 Minuten im vorgeheizten Backofen backen, bis die Äpfel weich und goldbraun sind.
5. Den Sojajoghurt in eine Schüssel geben, das Mark aus der Vanilleschote schaben und in den Joghurt rühren.
6. Die Äpfel auf Tellern anrichten, 1 EL Vanillejoghurt daraufsetzen und heiß servieren.

REICH AN Phytoöstrogenen • Ballaststoffen

GUT FÜR Herz ① • Männer ① • Frauen ①③④

APFEL-HIMBEER-CRUMBLE

FÜR 8 PERSONEN • 280 KCAL PRO PORTION

Diese zuckerfreie Version des britischen Klassikers schmeckt mindestens genauso gut wie das Original. Wir haben für dieses Rezept ein paar Gewürze hinzugefügt, um die Süße des Apfels zu unterstreichen. Die Himbeeren sorgen für eine leckere säuerliche Note und die kräftige Farbe.

300 g Himbeeren
10 Tafeläpfel, geschält, entkernt und in Scheiben geschnitten
1 Zimtstange
1 Sternanis
1 EL flüssiger Honig

FÜR DIE STREUSEL

200 g zarte Haferflocken
100 g gemahlene Mandeln
50 g gluten- und weizenfreies Mehl
1 EL Rapsöl
3 EL flüssiger Honig
1 Prise gemahlener Zimt

1. Den Ofen auf 200 °C (180 °C Umluft) vorheizen.
2. Die Hälfte der Himbeeren mit Apfelscheiben, Zimtstange, Sternanis, Honig und 80 ml Wasser in einen Topf geben und bei mittlerer Hitze zum Kochen bringen. Alles 10 Minuten sanft köcheln lassen. Falls nötig, etwas mehr Wasser zugeben. Zimtstange und Sternanis herausnehmen und die Früchte in eine ca. 20 × 20 cm große Auflaufform geben. Die restlichen Himbeeren darüberstreuen.
3. Die Zutaten für die Streusel in einer großen Schüssel mit den Fingern zu einer krümeligen Masse vermischen.
4. Die Streusel über die Früchte geben und alles 20–25 Minuten im vorgeheizten Backofen backen, bis die Streuseldecke goldbraun und knusprig ist.

REICH AN Vitamin E • Ballaststoffen

GUT FÜR Herz ① • Verdauung ① • Frauen ③

KIRSCH-MANDEL-TARTE

FÜR 8 PERSONEN • 290 KCAL PRO PORTION

Kirschen und Mandeln sind eine klassische Kombination, die wunderbare Kuchen ergibt. Bei diesem Rezept wird ein krümeliger Nussboden mit herrlich süßen Kirschen belegt. Zimt, Orange und Vanille runden den Geschmack ab. Kirschen sind eine natürliche Quelle für Melatonin, ein Hormon, dass dabei hilft, den Schlaf zu regulieren. Ein Stück dieser Tarte ist also ein perfekter Mitternachtssnack!

FÜR DEN TEIG

175 g zarte Haferflocken
120 g gemahlene Mandeln
abgeriebene Schale von 1 Bio-Orange
2 EL flüssiger Honig
½ Vanilleschote, längs aufgeschnitten
1 Ei
1 EL gluten- und weizenfreies Mehl zum Bestäuben

FÜR DIE FÜLLUNG

150 g gemahlene Mandeln
60 ml Rapsöl
2 EL flüssiger Honig
1 Vanilleschote, längs aufgeschnitten
3 Eier
500 g Kirschen, entsteint und halbiert

1 Für den Teig Haferflocken, gemahlene Mandeln, Orangenschale und Honig in den Mixer geben. Das Mark aus der Vanilleschote schaben und mit dem Ei in den Mixer geben. Alles zu einem glatten Teig verarbeiten (wer keinen Mixer hat, kann die Zutaten von Hand verrühren und dann zu einem Teig verkneten).

2 Die Arbeitsfläche mit Mehl bestäuben und den Teig darauf mit den Händen zu einer Kugel verkneten. Die Teigkugel in Frischhaltefolie wickeln und 30 Minuten im Kühlschrank ruhen lassen.

3 Den Backofen auf 200 °C (180 °C Umluft) vorheizen. Eine Tarteform mit 20 cm Durchmesser und abnehmbarem Boden mit Mehl ausstäuben.

4 Den Teig aus dem Kühlschrank nehmen und auf der Arbeitsfläche ca. 3 mm dünn ausrollen. Den Teig vorsichtig in die Tarteform legen und an Boden und Rändern leicht andrücken. Den überhängenden Teig abschneiden. Den Teig mehrfach mit der Gabel einstechen, mit Backpapier abdecken, mit Reis oder Backgewichten beschweren und 10 Minuten im vorgeheizten Backofen blindbacken. Reis oder Backgewichte und Papier entfernen und den Kuchenboden abkühlen lassen.

5 Inzwischen die Füllung zubereiten (den Backofen währenddessen weiter heizen). Dafür gemahlene Mandeln, Öl, Honig, Vanillemark und Eier in eine große Schüssel geben und zu einer glatten Masse verrühren.

6 Die Füllung in den vorgebackenen Boden füllen und mit den Kirschen bedecken. Die Tarte 15–20 Minuten im vorgeheizten Backofen backen, bis die Füllung fest ist. Abkühlen lassen und die Tarte zimmerwarm servieren.

REICH AN Vitamin E • Magnesium • Melatonin

GUT FÜR Herz ②③ • Knochen ① • Müdigkeit ③⑤ • Frauen ①③

POCHIERTE LAVENDEL-BIRNEN

FÜR 4 PERSONEN • 90 KCAL PRO PORTION

Dieses Dessert ist lecker, kalorien- und fettarm und daher für alle Schleckermäuler geeignet, die gerne abnehmen möchten. Das blumige, süßliche Aroma des Lavendels ist sehr durchdringend und darf deshalb nur sparsam eingesetzt werden. In der richtigen Dosis ergänzt der Lavendel aber das Aroma der Birne bei diesem eleganten Dessert wunderbar.

1 EL flüssiger Honig
1 Zimtstange
abgeriebene Schale von 1 Biozitrone
1 Zweig Lavendel und einige Lavendelblüten zum Garnieren
4 Birnen (Conference)

1. Einen Topf mit ausreichend Wasser füllen (die Birnen sollten später bedeckt sein). Dann Honig, Zimt, Zitronenschale und Lavendel dazugeben und alles zum Kochen bringen.
2. Die Birnen schälen und ebenfalls in den Topf geben. Abdecken und alles 20 Minuten bei schwacher Hitze garen, bis die Birnen weich sind.
3. Die Birnen aus der Flüssigkeit heben und auf Servierschüsseln verteilen. Die Flüssigkeit erneut erhitzen und zu einer Fruchtsauce einreduzieren lassen.
4. Die Sauce über die Birnen geben. Abkühlen lassen, dann 2 Stunden im Kühlschrank ziehen lassen. Mit ein paar Lavendelblüten garniert servieren.

REICH AN Ballaststoffen

GUT FÜR Herz ① • Verdauung ①

HEISSE PFIRSICHE AUF HIMBEERCOULIS & HASELNÜSSEN

FÜR 4 PERSONEN • 150 KCAL PRO PORTION

Im Hochsommer findet man sie: die perfekten reifen Pfirsiche, deren saftiges Fruchtfleisch die Schale fast schon zu sprengen scheint. Dann ist genau die richtige Zeit für diesen fantastischen Sommernachtisch mit duftenden Pfirsichen und säuerlich-süßen Himbeeren. Obstdesserts sind eine tolle Möglichkeit, den Ballaststoffanteil in unseren täglichen Mahlzeiten zu erhöhen und so die Verdauung zu unterstützen.

150 g Himbeeren
50 g Haselnüsse
1 EL flüssiger Honig
4 reife Pfirsiche

1 Den Backofen auf 180 °C (160 °C Umluft) vorheizen. Ein kleines Backblech mit Backpapier auslegen.
2 Die Himbeeren für das Coulis 2 Minuten im Mixer pürieren. Durch ein Sieb streichen, um die Kerne zu entfernen, dann beiseitestellen.
3 Haselnüsse und Honig vermischen und auf das Backblech geben. 10 Minuten im vorgeheizten Backofen rösten. Abkühlen lassen, dann in einen Gefrierbeutel geben und mit der Teigrolle zu kleinen Stücken zerklopfen.
4 Eine Grillpfanne erhitzen. Sie sollte so heiß wie möglich sein, damit die Pfirsiche nicht ansetzen. Die Pfirsiche entsteinen und in acht Spalten schneiden. Die Spalten in die Grillpfanne legen und von jeder Seite 30 Sekunden grillen.
5 Die Pfirsiche auf Tellern anrichten und mit den Haselnüssen bestreuen. Dann die Coulis um und über die Pfirsiche gießen und servieren.

REICH AN Vitamin C

GUT FÜR Immunsystem ①

ANANAS-CARPACCIO MIT KOKOSBAISER

FÜR 4 PERSONEN • 285 KCAL PRO PORTION

Kokosbaiser ist wunderbar süß, verleiht Desserts einen gewissen Biss und passt gut zu frischem Obst und Beeren. Das leuchtend gelbe Ananas-Carpaccio wirkt mit den weißen Baiserflocken auch optisch sehr verführerisch. Nach einem reichhaltigen Essen unterstützt dieses erfrischende Dessert dank des in der Ananas enthaltenen Enzyms Bromelain zudem die Verdauung.

2 Eiweiß
1 EL flüssiger Honig
150 g Kokosraspel
1 reife Ananas
1 Handvoll Minzeblätter, fein gehackt

1 Den Backofen auf 180 °C (160 °C Umluft) vorheizen. Ein großes Backblech mit mindestens 1 cm hohem Rand mit Backpapier auslegen.
2 Die Eiweiß in einer Schüssel steif schlagen, dann Honig und Kokosraspel vorsichtig unterheben. Die Eiweißmasse auf das Backblech geben und mit den feuchten Händen ca. 1 cm dick flach drücken. 15 Minuten im vorgeheizten Backofen backen. Das Baiser abkühlen lassen, dann in Splitter brechen.
3 Die Ananas schälen und den Mittelstrunk mit einem Ausstecher entfernen (alternativ die Ananas halbieren und den Mittelstrunk herausschneiden). Die Ananas in sehr dünne Ringe (oder Halbmonde) schneiden.
4 Die Ananasringe auf einem großen Teller anrichten. Die Kokosbaisersplitter darüberstreuen. Den Teller mit Minzeblättern dekorieren und servieren.

REICH AN Bromelain • Ballaststoffen

GUT FÜR Verdauung ①④

SCHOKOKUCHEN MIT AVOCADOS & HIMBEEREN

FÜR 16 PERSONEN • 420 KCAL PRO PORTION

Dieser Kuchen ist eine Kreation von Virginia, einer unserer talentierten Köchinnen. Er ist so, wie ein Schokokuchen sein sollte: locker, cremig und richtig schokoladig. Dieser Kuchen muss nicht im Ofen gebacken werden, und die Avocadocreme ist eine tolle Alternative zur traditionellen Sahnecreme.

900 g Datteln, entsteint
360 g blanchierte (gehäutete) Haselnüsse
120 g Kakaopulver | 300 g Himbeeren
125 g Haselnüsse, geröstet und grob gehackt

FÜR DIE CREME
4 reife Avocados
4 EL flüssiger Honig | 150 g Kakaopulver

1. Für den Kuchen Datteln und Haselnüsse in eine Schüssel geben, mit heißem Wasser bedecken und 20–30 Minuten quellen lassen.
2. Inzwischen für die Creme die Avocados schälen und die Kerne entfernen. Dann das Fruchtfleisch der Avocados mit Honig und Kakaopulver in den Mixer geben und glatt pürieren. Die Creme abschmecken und falls nötig mehr Honig oder Kakaopulver unterrühren, je nachdem, ob die Creme zu bitter oder zu sehr nach Avocado schmeckt. In den Kühlschrank stellen.
3. Datteln und Haselnüsse in einem Sieb abtropfen lassen, dann in den Mixer geben und mit dem Kakaopulver zu einer dickflüssigen Masse verarbeiten. Im Kühlschrank kalt stellen.
4. Den Boden einer runden Kuchenform mit 15 cm Durchmesser mit Backpapier auslegen.
5. Den Boden und den Rand der Kuchenform mit ca. der Hälfte der Kuchenmischung gleichmäßig bedecken. 200 g Himbeeren darauflegen. Den Rest der Kuchenmischung darüber verteilen. Die Masse leicht andrücken und glatt streichen. 2 Stunden im Kühlschrank fest werden lassen.
6. Den Kuchen vor dem Servieren aus der Form lösen und mit der Schokoladencreme umhüllen. Mit den restlichen Himbeeren und den gerösteten Haselnüssen dekorieren. Der Kuchen hält sich im Kühlschrank über Nacht.

REICH AN Vitamin E • Kalium • Magnesium • Eisen • Ballaststoffen

GUT FÜR Herz ①② • Knochen ① • Verdauung ① • Psyche ② • Müdigkeit ①⑤ • Frauen ①③

KARAMELLSCHNITTEN

FÜR 25 SCHNITTEN • 112 KCAL PRO STÜCK

Selbst der größte Heißhunger auf Süßes sollte nach einem dieser köstlichen Schnitten mit Datteln gestillt sein. Eine Portion deckt bereits 16 Prozent des Tagesbedarfs an Vitamin E, das eine antioxidative Wirkung hat und beispielsweise für die Gesundheit der Haut wichtig ist. Wir verwenden in unserer Detox-Küche meist ungefilterten Imkerhonig, der weniger süß ist als verarbeiteter Honig und mehr Nährstoffe enthält. Er ist gut für die Verdauung und ein toller Energielieferant. Die Schnitten schmecken besonders gut als Nachtisch zu einer Tasse Pfefferminztee.

400 g Datteln, entsteint
200 g gemahlene Mandeln
100 g Pekannüsse, geröstet und fein gehackt
1 gehäufter EL Kakaobutter, zerlassen

FÜR DAS KARAMELL-TOPPING
100 g Imkerhonig
1 EL Kokosöl
1 EL Kakaopulver

1. Die Datteln 10 Minuten in einer hitzebeständigen Schüssel mit heißem Wasser einweichen. Abgießen und dann in zwei gleich große Portionen teilen. Eine Hälfte für das Topping beiseitestellen. Die restlichen Datteln im Mixer glatt pürieren und in eine große Schüssel geben.
2. Den Rest der Zutaten für den Boden in die Schüssel geben und mit dem Dattelpüree vermischen. Den Boden einer 15 × 15 cm großen Kuchenform mit Backpapier auslegen. Den Teig in die Form geben und mit den Händen flach drücken. Alternativ eine größere Backform wählen, den Teig nur in einer Ecke andrücken und 15 × 15 cm groß flach drücken. Der Teig sollte dick genug sein, um stabil zu sein. Dann den Teig 30 Minuten ins Gefrierfach geben.
3. Inzwischen die Datteln für das Topping im Mixer glatt pürieren. Die restlichen Zutaten für das Topping und 50 ml heißes Wasser zugeben und einige Minuten glatt pürieren.
4. Den Kuchenboden aus dem Gefrierfach nehmen und mit der Karamellcreme bestreichen. Anschließend noch einmal 2 Stunden im Kühlschrank fest werden lassen.
5. Zum Servieren in 3 cm große Quadrate schneiden. Im Gefrierfach halten sich die Karamellschnitten bis zu 2 Wochen. Vor dem Servieren auftauen.

SCHOKO-CHILI-TRÜFFEL

FÜR 12 TRÜFFEL • 60 KCAL PRO STÜCK

Diese Trüffel sehen so fein und köstlich aus, dass alle glauben, man hätte Stunden mit deren Zubereitung in der Küche verbracht. Aber eigentlich sind sie sehr einfach herzustellen. Die Chili gibt ihnen eine leichte Schärfe, man kann stattdessen aber auch Orangenschale verwenden. Da sie sehr reichhaltig sind, sollte man sie möglichst klein belassen. Man kann die Trüffel zusätzlich in Kakaopulver, Nüssen oder Samen wälzen. Kakaopulver enthält das Stimulanz Theobromin, das weniger Nebenwirkungen als Koffein hat.

2 EL Cashewkerne
5 Datteln, entsteint
2 gehäufte EL Kakaopulver
1 EL flüssiger Honig
½ TL Salz | ½ TL gemahlener Zimt
¼ rote Chili, Samen und Trennhäute entfernt, sehr fein gehackt
1 Vanilleschote, längs aufgeschnitten
1 EL Kakaobutter
1 EL Kokosöl

ZUM DEKORIEREN
Kakaopulver, Nüsse, sehr fein gehackt, Kokosraspel oder Sesamsamen

1 Die Cashewkerne 20 Minuten in einer Schüssel mit heißem Wasser quellen lassen, abgießen.
2 Die Cashewkerne mit Datteln, Kakaopulver, Honig, Salz, Zimt und Chili in einen Mixer geben. Das Mark aus der Vanilleschote schaben und zugeben. Alles im Mixer glatt pürieren.
3 Kakaobutter und Kokosöl in einem kleinen Topf bei schwacher Hitze zerlassen oder 1 Minute in die Mikrowelle geben. Das Fett bei laufendem Mixer nach und nach mit den restlichen Zutaten verrühren, bis alles gut vermischt ist.
4 Die Mischung auf ein Backblech streichen, abkühlen lassen und mindestens 1 Stunde im Kühlschrank fest werden lassen.
5 Sobald die Mischung fest ist, in kleine Stücke teilen und mit den Händen zu Kugeln von 2,5 cm Durchmesser formen. Die Kugeln in Kakaopulver, gehackten Nüssen, Kokosraspeln oder Sesamsamen wälzen. Sehr dekorativ wirkt es, wenn man die Dekorationszutaten miteinander mischt. In einem luftdicht verschließbaren Behälter halten sich die Trüffel bis zu 5 Tage.

REICH AN Theobromin

SCHOKOLADENMOUSSE MIT INGWER & AVOCADO

FÜR 4 PERSONEN • 315 KCAL PRO PORTION

Wenn man erzählt, woraus diese Schokoladenmousse besteht, sind viele zunächst skeptisch. Avocado als Süßspeise mag etwas seltsam klingen, aber sie ergibt eine geschmeidige und sehr fein schmeckende Creme, die den leicht bitteren Kakao- und den kräftigen Ingwergeschmack wunderbar harmonieren lässt. Im Kakao ist zudem eine Substanz enthalten, die unser Wohlbefinden steigert – es ist dieselbe Substanz, die unser Gehirn freisetzt, wenn wir verliebt sind.

2 EL Kokosöl
2 reife Avocados
1 Vanilleschote, längs aufgeschnitten
1 TL fein geriebener Ingwer
3 EL Kokoswasser
3 EL Kakaopulver
3 EL flüssiger Honig

1 Das Kokosöl in einem kleinen Topf 5 Minuten sanft erhitzen, bis es zerlassen ist. Den Topf vom Herd nehmen.
2 Die Avocados halbieren und die Kerne entfernen. Das Fruchtfleisch aus der Schale lösen und in den Mixer geben. Das Mark aus der Vanilleschote schaben und zum Fruchtfleisch geben.
3 Ingwer und Kokoswasser ebenfalls in den Mixer geben und alles glatt pürieren. Kokosöl, Kakaopulver und Honig hinzufügen und weitere 2 Minuten mixen (alternativ alle Zutaten von Hand vermischen. Die Konsistenz wird dann aber nicht so glatt).
4 Die Mischung auf vier kleine Auflaufformen oder Dessertschalen verteilen und 1–2 Stunden im Kühlschrank fest werden lassen. Servieren.

REICH AN Kalium • Magnesium • Beta-Sitosterin • Phenylethylamin • Ballaststoffen

GUT FÜR Herz ①② • Knochen ① • Verdauung ① • Psyche ①② • Müdigkeit ⑤ • Männer ① • Frauen ①

ERDBEER-KÄSE-KUCHEN

FÜR 10 STÜCKE • 285 KCAL PRO STÜCK

Ein milchproduktfreier Käsekuchen klingt zunächst einmal fast unvorstellbar. Aus Kokos, Sojajoghurt und reifen Beeren entsteht aber eine wunderbar cremige Masse, die sich hinter keinem Käsekuchen verstecken muss. Der Boden besteht aus Datteln, Nüssen und Samen, ist also herrlich süß und zudem knusprig. Die Paranüsse liefern zusätzliche Nährstoffe, denn sie sind eine der besten Selenquellen, die es gibt. Die Creme schmeckt auch mit anderen Früchten wie Himbeeren, Heidelbeeren oder auch Mango lecker.

FÜR DEN BODEN

100 g Paranüsse | 100 g Haselnüsse
100 g Sonnenblumenkerne
20 Datteln, entsteint und 10 Minuten in heißem Wasser eingeweicht
2 EL Kokosöl | 1 Prise Salz

FÜR DIE CREME

250 g Erdbeeren und einige Erdbeeren zum Dekorieren
50 ml flüssiger Honig
100 g Sojajoghurt
175 g Kokosmilchjoghurt

1. Die Nüsse und Kerne für den Boden in einer trockenen Pfanne goldbraun rösten. Dann in den Mixer geben und zu einer krümeligen Konsistenz zerkleinern. Die abgetropften Datteln mit Kokosöl und Salz ebenfalls in den Mixer geben und kurz verrühren.
2. Eine Springform mit 20 cm Durchmesser mit Backpapier auslegen. Die Masse auf dem Boden der Springform verteilen, andrücken und im Tiefkühlfach fest werden lassen.
3. Inzwischen für die Füllung Erdbeeren und Honig in den (gesäuberten) Mixer geben und glatt pürieren. Soja- und Kokosmilchjoghurt zugeben und alles glatt rühren.
4. Die Füllung auf dem Kuchenboden verteilen und alles wieder ins Tiefkühlfach stellen. Mindestens 2 Stunden fest werden lassen.
5. Den Kuchen aus dem Gefrierfach nehmen, aus der Form lösen und mit Erdbeeren dekorieren. Sofort servieren.

REICH AN Vitamin C und E • Selen • Phytoöstrogenen

GUT FÜR Immunsystem ① • Männer ① • Frauen ①③④

ERDBEER-BANANEN-EIS

FÜR 4 PERSONEN • 156 KCAL PRO PORTION

Es ist immer eine gute Idee, im Hochsommer einige Bananen im Tiefkühlfach zu haben. Sie ergeben tolle Smoothies und schmecken auch aufgeschnitten und mit frischen Beeren und Kokosjoghurt serviert lecker. Am allerbesten schmeckt gefrorene Banane aber in diesem tollen fettarmen Eis, das voller Vitamin C steckt. Die Eiscreme ist so lecker, dass Sie Ihr Gefrierfach wahrscheinlich bald nur noch mit Bananen füllen werden.

4 Bananen
12 Erdbeeren, geputzt
200 ml Mandelmilch
½ Vanilleschote, längs aufgeschnitten

1. Die Bananen schälen und mit den Erdbeeren in einen Gefrierbeutel geben. Über Nacht ins Tiefkühlfach geben.
2. Am nächsten Tag die gefrorenen Bananen und Erdbeeren mit der Mandelmilch in den Mixer geben. Das Mark aus der Vanilleschote schaben und hinzugeben. Alles kurz glatt pürieren.
3. In einen fürs Tiefkühlfach geeigneten Behälter geben und vor dem Servieren noch einmal 30 Minuten ins Tiefkühlfach geben.

REICH AN Vitamin C

GUT FÜR Immunsystem ①

MANGO-HIMBEER-SORBET

FÜR 4 PERSONEN • 170 KCAL PRO PORTION

Sorbet ist etwas zeitaufwendiger in der Herstellung, aber das cremige, erfrischende Ergebnis lohnt die Mühe. Wenn Sie keine Eismaschine besitzen, können Sie die Eismasse während des Gefriervorgangs auch immer wieder im Mixer zerkleinern. Sehr lecker schmeckt das Sorbet mit frischen Himbeeren und etwas Granola (s. S. 30). Neben Vitamin C enthält dieses Dessert auch Beta-Karotin, das das Immunsystem stärkt.

200 g Himbeeren
200 g Mango, geschält, entsteint und Fruchtfleisch gehackt
abgeriebene Schale und Saft von 1 Biolimette
Saft von 1 Zitrone
180 g flüssiger Honig

1 Alle Zutaten mit 200 ml Wasser in den Mixer geben und glatt pürieren. Die Mischung in die Eismaschine füllen und gefrieren lassen. Soll das Sorbet sehr fein werden, noch einmal durchrühren, dann 1 ½ Stunden ins Tiefkühlfach geben und wieder durchrühren.
2 Alternativ die Mischung in einen für das Tiefkühlfach geeigneten Behälter füllen und 30–40 Minuten ins Tiefkühlfach stellen, bis die Oberfläche gefroren ist. Herausholen, wieder in den Mixer geben, rühren und noch einmal im Behälter ins Tiefkühlfach stellen. Diesen Vorgang zwei- bis dreimal wiederholen, bis das Sorbet eine geschmeidige Konsistenz hat.
3 Das fertige Sorbet vor dem Servieren noch einmal einige Stunden ins Tiefkühlfach stellen, um es „ziehen" zu lassen. Ist es sehr hart, das Sorbet vor dem Servieren einige Minuten im Kühlschrank antauen lassen.

REICH AN Vitamin C

GUT FÜR Immunsystem ①

APFEL-LITSCHI-GRANITA

FÜR 4 PERSONEN • 120 KCAL PRO PORTION

Dieses erfrischende, halb gefrorene sizilianische Dessert ist perfekt für heiße Sommertage oder als kleiner Gaumenerfrischer nach einem reichhaltigen Abendessen. Granita hat eine leicht flüssige Konsistenz und etwas größere Eiskristalle als ein Sorbet. Eine Portion von diesem Granita enthält fast eine vollständige Tagesdosis an Vitamin C – eine gute Nachricht, gerade wenn man zu Sommererkältungen neigt. Zudem beruhigt es den rauen Hals und sorgt für ausreichend Flüssigkeit, wenn die Erkältung Sie schwer erwischt hat.

4 Tafeläpfel
500 g Litschis, geschält, entsteint und einige Litschis zum Servieren
Saft von ½ Limette

1 Die Äpfel waschen und dann entsaften. Den Saft mit Litschis und Limettensaft in den Mixer geben und glatt pürieren.
2 Die Mischung in eine flache Schale füllen und 30 Minuten ins Tiefkühlfach geben, bis die Oberfläche gefroren ist. Dann das Eis mit der Gabel aufbrechen und zerstoßen, bis die Eiskristalle zerkleinert sind und alles gut durchgemischt ist. Wieder ins Tiefkühlfach stellen.
3 Diesen Vorgang drei- bis viermal wiederholen, bis die gewünschte Konsistenz erreicht ist – die Eiskristalle sollten zum Schluss sehr fein sein. Mit einigen Litschis servieren. Die Granita schmeckt am besten, wenn man sie am Tag der Zubereitung serviert, sie hält sich aber auch einige Tage im Tiefkühlfach.

REICH AN Vitamin C

GUT FÜR Immunsystem ①

DIE WICHTIGSTEN BRÜHEN

In unserer Detox-Küche stellen wir Brühen immer selbst her. Manchmal ist das zuhause aus Zeitmangel nicht möglich. Dann ist die Marigold Organic Swiss Vegetable Bouillon die Brühe unserer Wahl. Sie hat einen kräftigen, reinen Geschmack und ist frei von Konservierungsstoffen, künstlichen Farbstoffen und Stabilisatoren.

GEMÜSEBRÜHE

FÜR CA. 1 LITER

1 Zwiebel, halbiert
8 Stangen Sellerie, grob gehackt
2 Möhren, grob gehackt
1 Steckrübe, grob gehackt
1 Brokkolistrunk, gewürfelt
1 Handvoll glatte Petersilie, grob gehackt
2 Lorbeerblätter
4 weiße Pfefferkörner

1 Alle Zutaten in einem großen Topf mit 2,4 l Wasser bedecken. Alles zum Kochen bringen, dann die Temperatur reduzieren und 1 Stunde köcheln lassen.
2 Den Topfinhalt durch ein Sieb abgießen und die Brühe in einer Schüssel auffangen, das Gemüse entfernen. Die Brühe wieder in den Topf geben und 20 Minuten einreduzieren lassen, dann abkühlen lassen.
3 Die Brühe in Eiswürfeltabletts gießen und einfrieren – so hält sie sich am längsten. Im Kühlschrank in einem luftdicht verschließbaren Behälter ist sie bis zu 1 Woche haltbar.

HÜHNERBRÜHE

FÜR CA. 1 LITER

400 g Hühnerknochen (möglichst Rückgrat und Hals)
2 Stangen Lauch, grob gehackt
4 Stangen Sellerie, grob gehackt
1 Möhre, grob gehackt
1 Zwiebel, halbiert
½ Knolle Fenchel, grob gehackt
4 weiße Pfefferkörner
1 Lorbeerblatt
1 Zweig Thymian
1 Handvoll glatte Petersilie, grob gehackt

1 Die Hühnerknochen in einem großen Topf mit 2,4 l Wasser bedecken. Alles zum Kochen bringen, dann die Temperatur reduzieren und 20 Minuten köcheln lassen.
2 Den Schaum von der Oberfläche abschöpfen, erst dann die restlichen Zutaten dazugeben. Weitere 2 Stunden köcheln lassen. Die Brühe beim Abseihen der Festzutaten auffangen und abkühlen lassen (die Festzutaten entfernen).
3 Die Brühe in Eiswürfeltabletts gießen und einfrieren – so hält sie sich am längsten. Im Kühlschrank in einem luftdicht verschließbaren Behälter ist sie bis zu 1 Woche haltbar.

ERNÄHRUNG

ERNÄHRUNGSGRUNDLAGEN

von Rob Hobson

Man wird überschüttet mit Informationen über gesunde Ernährung: Vieles ist seriös, anderes eher gewagt, z. B. wenn sich Ernährungskonzepte auf einzelne Nährstoffe oder Nahrungsmittel konzentrieren bzw. sie als Allheil- und Wundermittel anpreisen. Deshalb sollen an dieser Stelle die Grundlagen der Ernährung dargestellt werden.

Die Ernährungswissenschaft ist eine relativ junge Lehre, und unentwegt machen neue Erkenntnisse über die gesündesten Ernährungsformen Schlagzeilen. Leider werden diese in den Medien oft falsch ausgelegt oder zu sehr propagiert, was zu Verwirrung führt und zu der (falschen) Annahme, dass ein einziges Nahrungsmittel bzw. ein spezieller Nährstoff die Gesundheit verbessern kann (dann gerne als „Superfood" bezeichnet – ein wenig wissenschaftliches Modewort).

Im Folgenden möchte ich Sie über aktuelle Ernährungsempfehlungen informieren, Ihnen neue Forschungsergebnisse vorstellen, die in letzter Zeit an Bedeutung gewonnen haben, und Ihnen zeigen, wie sich diese im Alltag umsetzen lassen. Einige Erkenntnisse sind recht komplex, aber ich habe mich bemüht, sie so einfach darzulegen, dass man sie auch ohne Doktortitel versteht. Interessanterweise lässt sich unser Detox-Modell sowohl mit traditionellen als auch moderneren Vorstellungen über gesunde Ernährung vereinbaren.

Ausgewogenheit & Vielfalt Über die Jahre betrachtet scheinen die Ernährungstrends meist auf ein und dieselbe Botschaft hinauszulaufen, nämlich dass der Schlüssel zur Gesundheit in einer ausgewogenen, vielseitigen, nährstoffreichen Ernährung liegt. Was man unter „ausgewogen" verstehen soll, wird in Fachkreisen noch eifrig diskutiert. Im Allgemeinen setzt sich eine ausgewogene Ernährung aus den Hauptnährstoffgruppen (s. Kreisdiagramm rechts) zusammen, wobei die meisten Nährstoffe aus pflanzlichen Quellen stammen.

In manchen Fällen ist der Ein- oder Ausschluss gewisser Nahrungsmittel hilfreich, um bestimmte Krankheiten oder Gesundheitsprobleme in den Griff zu bekommen, sollte aber immer im Rahmen einer ausgeglichenen, vielseitigen Ernährung vollzogen werden.

Kilokalorien = Energie Die Grundlagen der Ernährung haben sich über die Jahre nicht wesentlich verändert. Über unsere Nahrung gewinnen wir Energie, die wir zur Erhaltung aller Körperfunktionen und unserer Aktivitäten benötigen. Diese Energie wird in Kilokalorien bemessen, die wir aus Kohlenhydraten, Fetten und Proteinen (Makronährstoffen) gewinnen. Andere Nährstoffe unterstützen Stoffwechselprozesse, schützen vor Krankheiten und fördern das Wohlbefinden: Vitamine, Mineralstoffe und Spurenelemente (Mikronährstoffe).

Alle Rezepte in unserem Buch haben eine Kalorienangabe, weil Kalorienzählen immer noch die einfachste Art ist, die tägliche Energiezufuhr und das Körpergewicht zu kontrollieren. Dennoch sind nicht alle Kilokalorien gleichwertig: Besonders wichtig sind gesunde Nahrungsmittel mit hoher Nährstoffdichte aus den Hauptnahrungsmittelgruppen (Vollkornbrot ist z. B. hochwertiger als Weißbrot).

DIE HAUPTNAHRUNGSMITTELGRUPPEN

Alle Nahrungsmittel können in die fünf Gruppen eingeteilt werden, die im Diagramm unten dargestellt sind. (Wir meinen damit glutenfreie, milchproduktfreie und zuckerfreie Lebensmittel entsprechend den Grundprinzipien unserer Detox-Küche.) Größtenteils pflanzliche Lebensmittel, gesunde Alternativen zu Milchprodukten, Proteine und gesunde Fette sollten Sie mit allem versorgen, was Sie für eine optimale Gesundheit brauchen.

OBST & GEMÜSE Die Erkenntnis ist zwar nicht neu, kann aber dennoch nicht oft genug wiederholt werden: Essen Sie mehr Obst und Gemüse! Leisten sie doch mit ihrem hohen Gehalt an Ballaststoffen, Vitaminen, Mineralstoffen und Antioxidantien einen wesentlichen Beitrag zu einer gesunden Ernährung und zum Schutz vor Krankheiten. So sollten Sie in jedem Fall versuchen, *mindestens fünf Portionen täglich zu essen* (wobei es mehr Gemüse als Obst sein sollte). Neuere Forschungsergebnisse legen sogar nahe, dass es für eine maximale Wirkung eher zehn Portionen sein sollten. Bei Obst und Früchten sollten es nicht mehr als ein paar Portionen pro Tag sein, und Fruchtsäfte sollten möglichst nur zum Frühstück getrunken werden. Denn sie besitzen einen hohen natürlichen Zuckergehalt und werden schnell verdaut, da ihnen die Ballaststoffe entzogen wurden, was sich auf den Blutzuckerspiegel auswirkt (wer viel Saft trinkt, erhöht außerdem die Kalorienzufuhr).

STÄRKEHALTIGE PRODUKTE Nahrungsmittel wie Getreide, Saaten, Kartoffeln, glutenfreie Brote und Pasta liefern leicht verwertbare Energie (Stärke ist ein in Pflanzen vorkommendes Kohlenhydrat). Versuchen Sie deshalb, in *fast jede Mahlzeit ein stärkehaltiges Produkt zu integrieren*. Vollwertsorten wie Naturreis, Quinoa (eigentlich der Samen einer Gräserart, wird aber wie Getreide verwendet), Gerste und Hafer sind darüber hinaus wertvolle Ballaststoffquellen, die für eine gute Verdauung sorgen und den Blutzuckerspiegel regulieren.

Unser heutiges Essen enthält zu viel Weizen, der Verdauungsprobleme verursachen kann. Moderne, hochgezüchtete und stark verarbeitete Weizensorten (in Weißmehlprodukten wie Pasta, Pizza und Weißbrot), die einen großen Teil unseres Weizenkonsums ausmachen, können zu erheblichen Schwankungen des Blutzuckerspiegels führen. Und das schlägt sich langfristig negativ

GESUNDE ERNÄHRUNG

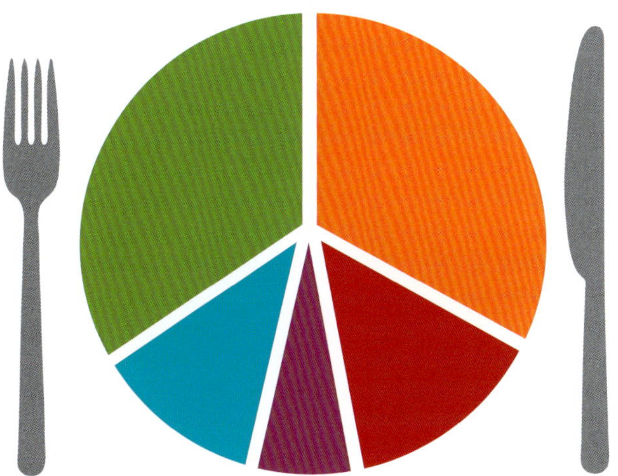

Dieser Teller veranschaulicht, wie hoch der wöchentliche Anteil jeder Lebensmittelgruppe in der Ernährung sein sollte. Die meisten Nahrungsmittel stammen aus pflanzlichen Quellen wie Gemüse, Obst, Vollkorn, Hülsenfrüchten, Nüssen und Saaten.

auf die Gesundheit aus (die Forschung beginnt, einen Zusammenhang zwischen übermäßigem Konsum verarbeiteter Kohlenhydrate sowie Zucker und Herz-Kreislauf-Erkrankungen und anderen gesundheitlichen Problemen zu erkennen).

In unserer Detox-Küche verwenden wir statt Weizen wertvollere Kohlenhydratalternativen wie Reis, Quinoa, Gerste, Mais und Buchweizen sowie stärkehaltige Gemüsesorten wie Süßkartoffeln.

MILCHPRODUKTALTERNATIVEN In unserer Detox-Küche werden keine Milchprodukte verwendet, da sie mittlerweile bei immer mehr Menschen Verdauungsbeschwerden verursachen (das Ausmaß kann von der konsumierten Menge abhängen). In manchen Fällen können dadurch bestehende gesundheitliche Probleme verschlimmert werden.

Zwar sind Milchprodukte eine gute Kalziumquelle, doch lässt sich dieses wichtige „Knochenmineral" auch durch viele andere Nahrungsmittel zuführen wie mit Kalzium versetzte Pflanzenmilch, Sesam und Tahin, Trockenfrüchte, Tofu, dunkelgrünes Blattgemüse wie Grünkohl, bestimmte Nussarten wie Mandeln, und auch getrocknete Kräuter sind eine gute Quelle. Daneben enthalten diese Nahrungsmittel viele weitere wertvolle Vitalstoffe. Mit *zwei bis drei Portionen* davon haben Sie Ihren täglichen Kalziumbedarf gedeckt.

PROTEINREICHE NAHRUNGSMITTEL Sie sind nicht nur wichtig für das Wachstum und die Regeneration von Körperzellen; proteinreiche Lebensmittel wie Fleisch, Fisch, Eier oder Hülsenfrüchte helfen auch, den Appetit zu kontrollieren und so besser sein Gewicht zu halten. Deshalb sollte *jede Mahlzeit auch eine Proteinquelle enthalten*. Verlassen Sie sich dabei nicht nur auf tierisches Protein, sondern greifen Sie auch zu anderen Proteinquellen wie Hülsenfrüchten, Nüssen und Sojaprodukten.

Sojaprodukte stehen häufiger einmal zur Diskussion, wenn es um Nahrungserzeugung geht. Ein Streitthema ist genetisch verändertes Soja (so sind bereits 90 Prozent der US-Ernte genmanipuliert), bei der die DNS der Pflanzen verändert ist und dadurch eine Spezies entsteht, wie sie in der Natur eigentlich nicht vorkommt: Genmanipuliertes Soja ist ertragreicher und resistenter gegen Schädlinge und Krankheiten. Einige Experten glauben, dass die genetische Modifikation mehr Schaden als Nutzen bringt, doch fehlt bislang der wissenschaftliche Nachweis. In unserer Detox-Küche verlassen wir uns lieber auf Zutaten, die gedeihen, wie es die Natur vorgesehen hat, und vermeiden deshalb genveränderte Produkte.

Einmal pro Woche sollten Sie Fettfisch in Ihren Speiseplan einbauen, der eine hervorragende Quelle für Omega-3-Fettsäuren ist. Die allgemeine Empfehlung lautet, zwei Portionen Fisch pro Woche zu essen, davon sollte eine aus Fettfisch bestehen. Ebenso wird empfohlen, Fettfisch auf maximal vier Portionen pro Woche (zwei bei Schwangeren) zu beschränken, um dem Risiko einer zu großen Schwermetallanreicherung im Körper vorzubeugen.

FETT-, SALZ- & ZUCKERREICHE PRODUKTE Süßigkeiten, Kuchen oder herzhafte Snacks sollten den kleinsten Teil der Ernährung ausmachen, auch wenn Sie ganz hilfreich für alle sind, die an Körpergewicht zulegen wollen/müssen (eine Gruppe, die in Zeiten, da Übergewicht ein immer größeres Problem darstellt, oft vergessen wird; s. S. 346). In den Rezepten und Ernährungsplänen unserer Detox-Küche verwenden wir statt raffiniertem Zucker natürliche Alternativen wie Obst und Honig und arbeiten mit gesunden Ölen wie kalt gepresstem Oliven- oder Rapsöl sowie Fetten, wie sie in Avocados und Nüssen enthalten sind. Oliven- und Rapsöl empfehlen wir wegen ihrer hohen Anteile an einfach ungesättigten und Omega-3-Fettsäuren. Zum Braten und Backen verwenden wir natives Kokosöl, weil es sehr hitzebeständig ist.

MAKRONÄHRSTOFFE

Als Makronährstoffe werden die energieliefernden Hauptbestandteile der Nahrung bezeichnet, die in Kilokalorien (kcal) gemessen werden. Der Körper benötigt ein Mindestmaß an Energie, um sämtliche Funktionen und Abläufe aufrechtzuerhalten. Man spricht dabei vom Grundumsatz, der bei den meisten gesunden Erwachsenen bei täglich über 1000 kcal liegt (eine Zahl, die die meisten überrascht). Für körperliche Aktivitäten – sei es nun Gartenarbeit oder ein Marathonlauf – wird zusätzliche Energie benötigt.

Makronährstoffe umfassen Kohlenhydrate, Fette und Proteine. Letztere bestehen aus einzelnen, kleineren Bausteinen (Aminosäuren). Einige davon kann der Körper selbst herstellen, während andere mit der Nahrung zugeführt werden müssen.

Zwar werden die Makronährstoffe im Körper auf ganz unterschiedliche Weise verarbeitet, um aber als Brennstoff zu dienen, müssen sie alle erst in Glukose umgewandelt werden, die einfachste Form von Zucker (Einfachzucker) und die Hauptenergiequelle für die Körperzellen.

KOHLENHYDRATE

Kohlenhydrate können vom Körper relativ einfach in Energie, sprich Glukose, umgewandelt werden und sind deshalb die einfachste Energiequelle. Deshalb galt lange die Empfehlung, dass der tägliche Energiebedarf zu etwa 50 Prozent durch Kohlenhydrate gedeckt werden sollte (heute geht man von etwas weniger aus). Der Großteil unserer Kohlenhydrate stammt aus pflanzlichen Quellen; die einzige Ausnahme bildet Milchzucker (Laktose).

KOMPLEXE KOHLENHYDRATE Unverarbeitete kohlenhydratreiche Nahrungsmittel (z. B. bei Reis durch Abschleifen der Außenschichten) enthalten natürliche Stärke und Ballaststoffe. Modifizierte Stärke findet man z. B. in Lebensmitteln wie Pasta, Gebäck und anderen Weißmehlprodukten.

Natürliche Stärke wird aufgrund des hohen Ballaststoffgehalts nur langsam im Körper aufgespalten, wodurch der Blutzuckerspiegel weniger schwankt und man länger satt bleibt. Zudem ist sie nährstoffreicher. Solche Stärken werden gemeinhin als „komplexe Kohlenhydrate“ bezeichnet und sollten den Großteil der aufgenommenen Kohlenhydrate ausmachen. Nahrungsmittel mit reichlich komplexen Kohlenhydraten sind z. B. Haferflocken, Naturreis, Gerste, Buchweizen (in Sobanudeln), Quinoa und stärkehaltiges Gemüse wie Süßkartoffeln und Butternusskürbis; auch Bohnen und Linsen liefern diese Kohlenhydrate.

Ich halte viel davon, komplexe Kohlenhydrate in den Speiseplan einzubauen. Nichts gegen Low-Carb- oder proteinreiche Diäten (jedem das Seine), aber bislang haben sich alle meine Klienten mit einer ballaststoffreichen Vollkornernährung über mehr Energie, eine verbesserte Verdauung und ein paar Kilo weniger gefreut, was von den Kunden unserer Detox-Küche bestätigt wird. Außerdem finde ich diese Ernährungsform nicht so restriktiv und langfristig nachhaltiger.

Natürliche Zucker (wie Fruchtzucker/Fruktose), die in Obst und Gemüse oder Honig vorkommen, sind keine komplexen Kohlenhydrate, liegen aber oft in Form von Ballaststoffen vor (so in Obst und Gemüse), was bedeutet, dass sie sich im Vergleich zu verarbeiteten Zuckern weniger auf den Blutzuckerspiegel auswirken. Zu den verarbeiteten (raffinierten) Zuckern, wie sie in Süßigkeiten und Süßspeisen, Softdrinks und Backwaren Verwendung finden, gehören alle Arten von weißem und braunem Zucker ebenso wie Agavendicksaft und Ahornsirup. Der Großteil an Zucker in der Ernährung sollte aber aus natürlichen Quellen stammen.

Bei der Umwandlung von Kohlenhydraten zu Glukose, die dem Körper als Brennstoff dient, produziert der Körper das Hormon Insulin, das die Glukose in die Körperzellen transportiert. Wenn die Zellen ausreichend versorgt sind, wird überschüssige Glukose größtenteils in Form von Glykogen in den Muskeln und der Leber eingelagert, der Rest wird zu Fett (Triglyzeride) im ganzen Körper (Insulin steuert auch den Transport von Triglyzeriden in die Fettzellen). Läuft dieser Prozess langsam ab, schnellt der Blutzuckerspiegel nicht so stark in die Höhe, und man wird länger und konstanter mit Energie versorgt, statt kurz vor Energie zu platzen, um sich danach schlapp und antriebslos zu fühlen.

Wie schnell die Nahrung im Körper zersetzt wird und wie stark sich das auf den Blutzuckerspiegel auswirkt (und auf unsere Energie), wird durch den glykämischen Index (GI) angegeben. Weil komplexe Kohlenhydrate langsamer umgewandelt werden, haben sie einen niedrigeren GI (s. S. 290).

GLYKÄMISCHER INDEX VS. GLYKÄMISCHE LAST

Der glykämische Index (GI) wurde entwickelt, um den Effekt von Lebensmitteln auf den Blutzuckerspiegel bewerten zu können, sprich, wie schnell ein Nahrungsmittel im Körper umgewandelt und verdaut wird. Nahrungsmittel mit einem hohen GI werden schnell verdaut und verwertet, was zu einem starken Anstieg des Blutzuckerspiegels führt, während andere mit niedrigem GI länger verdaut werden und sich weniger stark auf den Blutzuckerspiegel auswirken.

Das Problem mit dem GI ist, dass dabei die Portionsgröße nicht berücksichtigt wird. Deshalb haben definitiv gesunde Nahrungsmittel wie bestimmte Obst- und Gemüsesorten wie Melonen oder Karotten einen hohen GI, was sie scheinbar ungesund macht.

Die glykämische Last (GL) trägt diesem Faktor Rechnung und gibt deshalb verlässlichere Angaben darüber, wie stark ein Nahrungsmittel den Blutzuckerspiegel beeinflusst. Es scheint nicht praktikabel, für jedes einzelne Gericht, das Sie essen, die GL zu berechnen – dafür ist das Leben wahrlich zu kurz! Vereinfacht gesagt haben Lebensmittel, die süß schmecken, ebenso wie Weißmehlprodukte eine höhere GL. Reduzieren Sie sie also auf ein Minimum!

Ballaststoffreiche Nahrungsmittel wie Obst (nicht aber Fruchtsäfte), Gemüse, Vollkornprodukte, Hülsenfrüchte, Nüsse und Saaten haben eine niedrige GL und sollten im Wesentlichen Ihren Speiseplan bestimmen. Nahrungsmittel mit hoher GL lassen sich in ihrer Wirkung auf den Blutzuckerspiegel durch die Kombination mit Proteinen und Fetten abschwächen, z. B. wenn weißer Reis (hohe GL) mit Gemüse und Lachs serviert wird.

Ein konstanter Blutzuckerspiegel beugt Energie- und Stimmungsschwankungen sowie Heißhungerattacken vor, was besonders hilfreich ist, wenn Sie abnehmen wollen, und ist ein Faktor bei der Prävention und Kontrolle bestimmter Krankheiten wie etwa einer Insulinresistenz, die bei zahlreichen Erkrankungen wie Diabetes eine Rolle spielt.

EINFACHE KOHLENHYDRATE Dabei handelt es sich um modifizierte Stärke und Zucker, die auf der vorherigen Seite schon angesprochen wurden. Produkte mit überwiegend einfachen Kohlenhydraten enthalten fast keine Ballaststoffe mehr (viele ziehen eine solche Kost immer noch der Vollwerternährung vor), was ihren Nährwert erheblich schmälert. Sie werden vom Organismus leichter und schneller verwertet, sprich, sie haben eine hohe glykämische Last (s. links).

Ein Übermaß an solchen „leeren Kohlenhydraten“ kann zu einem erhöhten Anstieg des den Blutzucker regulierenden Hormons Insulin führen, wodurch Triglyzeride in Form von Fett eingelagert werden und die Gefahr für koronare Herzerkrankungen, Diabetes und Fettleber steigt. Ein gesundes Körpergewicht, der Verzehr komplexer Kohlenhydrate (s. S. 289) sowie die Reduzierung gesättigter Fettsäuren zugunsten gesünderer Fette (wie kalt gepressten Oliven- oder Rapsöls) sorgen für einen normalen Körperfettanteil.

Verarbeitete Zucker & Fruktose Der hohe Zuckerkonsum in westlichen Gesellschaften ist mittlerweile ein großes Diskussionsthema. Aus ernährungsphysiologischer Sicht nehmen die meisten von uns zu viel Zucker zu sich, vor allem verarbeitete Zucker beispielsweise in Softdrinks, Süßigkeiten, Fertiggerichten und Backwaren. Die beste Art, den Zuckerkonsum zu kontrollieren und so die Gesundheit zu unterstützen, ist, Mahlzeiten selbst mit frischen Produkten zuzubereiten, statt auf Convenience-Produkte zurückzugreifen. In unserer Detox-Küche verwenden wir zum Süßen nur Zucker aus natürlichen Quellen wie aus Früchten und Honig (in relativ kleinen Mengen).

Zucker wird auch deshalb verteufelt, weil er in unterschiedlichster Form als billiger Geschmacksträger, Konservierungs- und Füllstoff in industriell verarbeiteten Lebensmitteln eingesetzt wird. Er findet sich auf den Inhaltsangaben von Verpackungen häufig versteckt hinter Bezeichnungen wie Dextrose, Maltose, Fruktose etc.

Zwar kommt Fruktose ganz natürlich in Obst, Früchten und Honig vor, von der Lebensmittelindustrie eingesetzte Fruktose wird aber durch einen Prozess gewonnen, bei dem ein Teil der Glukose aus Maissirup in Fruktose umgewandelt und die Süßkraft verstärkt wird, sodass er wie Saccharose (Haushaltszucker) schmeckt.

Fruktose verhält sich im Körper etwas anders als andere Zuckerarten: Sie kann nur von der Leber verwertet werden, wo sie sich anreichert und, wenn nicht genug Glukose vorhanden ist, verbrannt wird. Der Überschuss wird in Triglyzeride umgewandelt (Fettmoleküle zur Einlagerung im Körper), die in den Blutkreislauf gelangen und freie Radikale produzieren (s. rechts).

Der übermäßige Verzehr von Fruktose in industriell verarbeiteten Produkten wird mitverantwortlich gemacht für die Zunahme von Übergewicht und den damit verbundenen Zivilisationskrankheiten in Ländern, in denen Convenience-Produkte einen großen Teil der Ernährung ausmachen. Begründet wird dies damit, dass der menschliche Körper Fruktose in großen Mengen nicht verarbeiten kann, da ernährungsgeschichtlich diese Art von Zucker nur zugeführt wurde, wenn es saisonal frische Früchte gab. Das bedeutet aber nicht, dass Sie nun kein Obst mehr essen sollen, da die Fruktosemenge darin relativ gering ist.

Wie so oft werden auch solche neuen Erkenntnisse und Forschungsergebnisse in den Medien übertrieben dargestellt und stiften dann nur Verwirrung in der Öffentlichkeit. Übergewicht und Fettleibigkeit sind natürlich ein großes gesundheitliches Problem, aber wenn Sie lediglich die verarbeiteten Produkte weglassen, erreichen Sie schon eine massive Einschränkung der Zuckerzufuhr und können besser kontrollieren, was Sie essen. Und wenn Sie schnell etwas für unterwegs brauchen, dann greifen Sie zu etwas mit wenig Zucker (unter 5 g pro 100 g).

In Maßen ist verarbeiteter Zucker in der Ernährung ja auch ganz in Ordnung. Vielleicht wollen Sie die Ernährungsprinzipien unserer Detox-Küche nicht vollständig übernehmen, sondern hier und da einen unserer Detox-Pläne ausprobieren, um Ihrem Körper eine kleine Frischekur zu gönnen. Wenn Sie gerade keinen Plan einhalten, ist es dennoch sinnvoll, bewusst darauf zu achten, was und wie Sie essen. Vermeiden Sie es aber, bestimmte Lebensmittel als grundsätzlich gut oder schlecht anzusehen, denn das beeinflusst nur Ihre Haltung und nimmt Ihnen die Freude am Essen.

FREIE RADIKALE

Wenn Sie einen Apfel schälen oder aber sich in den Finger schneiden, tritt ein Prozess in Gang, der als „Oxidation" bezeichnet wird und bei dem die Zellen mit dem Luftsauerstoff reagieren. Dieser Prozess ist ein natürlicher Vorgang, der in allen Zellen vonstattengeht, ob nun bei einem Apfel oder in Ihrem Körper. Dabei verändern sich die Zellen – der Apfel färbt sich braun; Hautzellen sterben ab (sie werden in einem fortlaufenden Regenerationsprozess durch neue Zellen ersetzt).

Diese Reaktionen finden zwischen Atomen statt, aus denen Zellen aufgebaut sind. In manchen Fällen werden die Atome instabil und werden dann als „freie Radikale" bezeichnet. Problematisch wird es dann, wenn sich vermehrt freie Radikale bilden und mit anderen Zellbestandteilen reagieren, was zu einer Fehlfunktion oder zum Absterben der Zelle führt.

Freie Radikale sind nicht grundsätzlich schlecht, z. B. werden manche vom Immunsystem zur Abwehr schädlicher Bakterien oder Infektionen eingesetzt. Dem Körper stehen über die Nahrung Antioxidantien zur Verfügung, um mit kleinen Mengen an freien Radikalen zurechtzukommen, die bei normaler Zellaktivität entstehen. Durch Umwelteinflüsse wie Sonnenschäden, Stress, Rauchen oder schlechte Ernährung (die unter anderem zu einer nicht ausreichenden Versorgung des Körpers mit schützenden Antioxidantien führt) kann es zu einer vermehrten Bildung von freien Radikalen kommen.

Übrigens, es bringt leider gar nichts, durch sehr große Mengen von Antioxidantien in Nahrungsergänzungspräparaten den Körper vor Krankheiten schützen zu wollen. Diverse Studien haben gezeigt, dass dies genau den gegenteiligen Effekt hat, nämlich dass bestimmte Beschwerden und Krankheiten sogar verschlimmert werden können (z. B. beim Antioxidans Beta-Karotin, das in großen Mengen das Krebsrisiko bei Rauchern sogar erhöhen kann).

In bestimmten Fällen, wenn z. B. die Nährstoffaufnahme gestört ist, können Nahrungsergänzungsmittel durchaus sinnvoll sein, um den Mangel auszugleichen. Grundsätzlich gilt aber: Nährstoffe immer zuerst über die Nahrung aufnehmen!

BALLASTSTOFFE (FASERN)

Ballaststoffe sind unverdauliche Pflanzenfasern, das heißt, sie passieren den Verdauungstrakt relativ unverändert. Streng genommen zählen sie nicht zu den Makronährstoffen, sollen aber dennoch hier angeführt werden, da sie in erster Linie aus Kohlenhydraten bestehen und als wesentlicher Bestandteil für eine gesunde Ernährung gelten (auch wenn wir erst langsam ihre Bedeutung für die Vorbeugung von Krankheiten und eine gute Gesundheit verstehen). Derzeit wird eine tägliche Ballaststoffzufuhr von mindestens 30 g empfohlen, die über Vollkornprodukte, Obst und Gemüse, Nüsse und Saaten erreicht wird. Viele Menschen verfehlen diese Menge allerdings.

Alle pflanzlichen Nahrungsmittel enthalten Ballaststoffe, bei denen man zwei Arten unterscheidet: wasserlösliche und wasserunlösliche. In vielen pflanzlichen Lebensmitteln liegen sie in unterschiedlicher Gewichtung vor. Lösliche Ballaststoffe wie in Linsen, Haferflocken, Gerste und pektinreichem Obst wie Äpfeln und Birnen binden Wasser, quellen und weichen den Stuhl auf. Unlösliche Fasern wie in Kleie, Nüssen und Saaten werden nicht verdaut. Vielmehr vergrößern sie die Stuhlmenge und verbessern den Stuhlabgang.

Beide Arten haben gesundheitsfördernde Funktionen. Lösliche Fasern wirken sich günstig auf den Cholesterinspiegel aus (womöglich kennen Sie den Ballaststoff Beta-Glucan von Haferflockenpackungen). Sie bilden eine gelartige Substanz, in der Cholesterin gebunden wird und so nicht wieder vom Körper absorbiert werden kann, was wiederum das Risiko für Herz-Kreislauf-Erkrankungen und Schlaganfälle reduziert.

Unlösliche Ballaststoffe lockern Verstopfungen und beugen Verdauungsbeschwerden wie Divertikulitis und Hämorrhoiden vor, da der Stuhl weicher und voluminöser wird. Der World Cancer Research Fund empfiehlt die Zufuhr unlöslicher Ballaststoffe zur Vorbeugung von Darmkrebs.

Eine gesunde Verdauung ist die Grundlage für körperliches Wohlbefinden, und dafür sind Ballaststoffe das A und O. Zudem dienen sie der Regulierung des Blutzuckerspiegels bei Diabetes und fördern ein gesundes Körpergewicht. Die meisten Rezepte unserer Detox-Küche sind ballaststoffreich (über 30 Prozent der empfohlenen Tagesdosis), weshalb wir sie meist nicht extra ausgewiesen haben. Besonders faserreiche Rezepte sind als günstig für Verdauung oder bei Diabetes in der Nährstoffliste gekennzeichnet.

PROTEINE

Proteine haben eine wichtige Funktion für Wachstum und Entwicklung jeder einzelnen Körperzelle – ob im Gehirn, von Haaren und Nägeln, Knochen oder bei der Hormonproduktion, unter anderem von Insulin, das unerlässlich für die Regulierung des Blutzuckerspiegels ist, und dem stimmungsaufhellenden Endorphin. Nur 15 Prozent unserer Kalorienaufnahme müssen aus Protein bestehen; die täglich erforderliche Menge liegt bei Frauen bei 48 g, bei Männern bei 57 g.

Proteine setzen sich aus kleineren Molekülen, den Aminosäuren, zusammen. Der menschliche Körper benötigt 20 verschiedene Aminosäuren, um die lebenswichtigen Proteine zu synthetisieren. Elf davon können vom Körper selbst produziert werden, die restlichen neun müssen über die Nahrung zugeführt werden. Diese werden als „essenzielle Aminosäuren“ bezeichnet.

Zwar enthält auch pflanzliche Kost Proteine, doch gelten sie als unvollständig, weil sie nicht alle essenziellen Aminosäuren enthalten, wie sie in Fleisch enthalten sind. Aus diesem Grund müssen Menschen, die auf Fleisch verzichten, pflanzliche Proteinquellen kombinieren, um ihren Bedarf zu decken, und z. B. Reis mit Erbsen mischen (s. Vegetarier & Veganer, S. 376).

Proteine sind auch hilfreich beim Abnehmen, da proteinhaltige Lebensmittel sehr sättigend sind. Jedoch kann der Trend, auf Kohlenhydrate zugunsten großer Mengen Proteine zu verzichten – wie es manche Diäten empfehlen –, zu Mangelerscheinungen (insbesondere Vitamin-B-Mangel) führen und ist langfristig kaum nachhaltig.

FETTE

Fette übernehmen wichtige Aufgaben bei vielen Stoffwechselprozessen im Körper. In erster Linie dienen sie der Energiespeicherung, stellen aber auch eine schützende Isolierschicht für alle lebenswichtigen Organe dar, sind an der Produktion wachstums- und entwicklungsfördernder Hormone beteiligt und für die Absorption fettlöslicher Vitamine wie A, D, E und K erforderlich (wofür täglich mindestens 25 g Fett benötigt werden).

Von den drei Makronährstoffen liefert Fett die meisten Kilokalorien: In jedem Gramm stecken doppelt so viele Kilokalorien wie in Kohlenhydraten und Proteinen. Jedoch ist es ein Irrglaube, dass fetthaltiges Essen dick macht. Zu viel Fett bedeutet natürlich, dass Sie mehr Kilokalorien aufnehmen, als Sie brauchen. Doch hat auch alles andere, was über Ihren Energiebedarf hinausgeht, dieselbe Wirkung: Sie nehmen zu.

Problematisch bei Fett ist, dass viele Lebensmittel mit hohem Fettgehalt industriell verarbeitete Produkte sind und meist auch zu viel Zucker und Salz enthalten. Auch stehen bestimmte Fette in Zusammenhang mit einem erhöhten Krankheitsrisiko. Deshalb ist es umso wichtiger, die richtigen Fette zu essen, um gesund zu bleiben.

Fette bestehen aus Fettsäuren, bei denen man hauptsächlich zwei Typen unterscheidet: gesättigte und ungesättigte. Die empfohlene Gesamtmenge sollte je nach Alter 30 bis 35 Prozent der täglichen Energiezufuhr ausmachen.

GESÄTTIGTE FETTSÄUREN Hauptlieferanten für gesättigte Fettsäuren sind tierische Fette, z.B. in Butter, Milchprodukten, Wurst und Fleisch, die bei Raumtemperatur häufig in fester Form vorliegen, sowie industriell verarbeitete Produkte. Studien zeigen, dass wir zu viele gesättigte Fette zu uns nehmen, hauptsächlich in Form von Milchprodukten (insbesondere Käse) und Fleisch. Ein stark erhöhter Konsum von gesättigten Fetten wird für einen zu hohen Cholesterinspiegel verantwortlich gemacht, und seit langen Jahren schon gilt die Empfehlung, einem gesunden Herzen zuliebe die Aufnahme von gesättigten Fetten einzuschränken.

Cholesterin ist eine fettähnliche wachsartige Substanz, die an vielen wichtigen Körperfunktionen beteiligt ist, darunter an der Bildung von Hormonen und Vitamin D. Ein zu hoher Gesamtcholesterinwert allerdings kann zu Arteriosklerose (verengte Blutgefäße durch Ablagerungen) führen, einer der Risikofaktoren für Herzerkrankungen. Doch leidet nicht jeder Herzpatient auch an einem hohen Cholesterinspiegel, und manche Kulturen, in denen die höchsten Cholesterinwerte gemessen werden, haben die niedrigsten Raten an Herz-

TRANSFETTSÄUREN

Transfettsäuren, die durch die Härtung pflanzlicher Öle entstehen, werden in der Lebensmittelindustrie eingesetzt, um die Lagerfähigkeit und Textur von Lebensmitteln zu verbessern, ohne den Geschmack zu beeinflussen. Sie sind die wirklich „bösen Jungs“ unter den Fetten, und ich rate Ihnen dringend, sie komplett aus Ihrer Ernährung zu verbannen.

Transfettsäuren stören das Cholesteringleichgewicht zugunsten des schlechten LDL-Cholesterins, während das gute HDL-Cholesterin gesenkt wird. Eine Fettstoffwechselstörung (Dyslipidämie) mit einem zu hohen LDL- und einem zu niedrigen HDL-Wert in Verbindung mit einem hohen Triglyzeridwert (in den Zellen eingelagertes Fett) kann sich negativ auf die Gesundheit auswirken und insbesondere zu Herz-Kreislauf-Erkrankungen führen (s. Herz, S. 302). Transfettsäuren steigern auch die Entzündungswerte im Körper (s. Immunsystem, S. 326), die bei einer Reihe von chronischen Beschwerden zugrunde liegen und zu Insulinresistenz (Prädiabetes) und möglicherweise auch zu Herzerkrankungen führen können.

Irrtümlicherweise wurde Margarine früher als fettarme, gesunde, weil herzschützende Alternative zu Butter beworben, enthielt gleichzeitig aber viele Transfettsäuren. Heute haben die meisten Hersteller Transfettsäuren aus ihren Margarinen verbannt. Dennoch finden sich Transfettsäuren immer noch in vielen Convenience-Produkten und in Fast Food, auch wenn die Lebensmittelindustrie in den letzten Jahren bemüht ist, die Mengen zu reduzieren, sodass sie sich im Schnitt im Rahmen der empfohlenen Höchstgrenzen bewegen. In jedem Fall sollten Sie beim Lebensmitteleinkauf auf die Begriffe „gehärtet“, „hydrogenisiert“ oder „teilweise hydrogenisiert“ in den Zutatenlisten auf der Verpackung achten, um Transfettsäuren zu identifizieren. Die beste Strategie ist, von solchen Produkten Abstand zu nehmen.

erkrankungen. Dies hat Forscher vor die Frage gestellt, welche Verbindungen zwischen gesättigten Fetten, Cholesterin und Herzerkrankungen bestehen (mehr dazu unter Cholesterin, s. S. 304).

Auch wenn unser Verzehr an gesättigten Fettsäuren Anlass zur Sorge gibt, scheinen ein zu hohes Maß an Transfettsäuren (s. S. 293) und auch eine hohe Zufuhr bestimmter mehrfach ungesättigter Fettsäuren (Omega-6-Fettsäuren) mindestens genauso gesundheitsschädlich zu sein.

Zwar mögen Nahrungsmittel, die einen hohen Anteil an gesättigten Fettsäuren haben, wie Butter, Sahne und durchwachsenes Fleisch, nicht so schlecht sein wie angenommen. Doch rate ich Ihnen, fettreiche Nahrungsmittel nur sehr maßvoll zu konsumieren, insbesondere industriell verarbeitete Produkte, da sie in der Regel auch viel Zucker und Salz enthalten und bei häufigem Verzehr zu Gewichtszunahme führen (und Übergewicht als solches ist bereits ein Risikofaktor für andere gesundheitliche Beschwerden). Der Fokus sollte vielmehr auf einer ausgewogenen Ernährung liegen, bei der Vollkornprodukte, Obst und Gemüse sowie magere Proteine und gesunde Fette (wie Olivenöl und Fettfisch) die Hauptrolle spielen.

UNGESÄTTIGTE FETTSÄUREN Diese Fettsäuren, oft auch als „gesunde Fette" bezeichnet, finden sich in Ölen, aber auch in Nüssen, Saaten, Fettfisch oder Avocados. Es gibt zweierlei Typen: einfach und mehrfach ungesättigte Fettsäuren. Einfach ungesättigte Fettsäuren (wie sie in kalt gepresstem Olivenöl vorkommen) können vom Körper selbst produziert werden – übrigens ebenso wie gesättigte Fettsäuren. Mehrfach ungesättigte Fettsäuren müssen über die Nahrung zugeführt werden. Der Großteil der Gesamtfettaufnahme sollte aus beiden ungesättigten Fettsäurearten bestehen, da sie die Gesundheit auf vielfache Weise fördern, so wirken sie beispielsweise regulierend auf den Cholesterinwert.

ESSENZIELLE FETTSÄUREN Omega-3 und Omega-6 sind mehrfach ungesättigte Fettsäuren, die zugeführt werden müssen, da sie der Körper nicht selbst herstellen kann. Die ernährungsphysiologisch wichtigsten sind die Omega-3-Fettsäuren EPA und DHA, wie sie in Fettfisch (Makrele, Forelle, Lachs, Thunfisch oder Sardinen) vorkommen, weil sie durch ihre cholesterinregulierenden Eigenschaften das Herz schützen, Gerinnseln vorbeugen und den Blutfettwert positiv beeinflussen (Risikofaktor für Herzerkrankungen).

Eine weitere Omega-3-Fettsäure ist Alpha-Linolensäure (ALA), die in pflanzlicher Kost wie Lein- oder Chia-Samen und deren Ölen zu finden ist (streuen Sie zerdrückte Samen aufs Frühstücksmüsli oder auf Smoothies), ebenso wie in Walnüssen und dunkelgrünem Blattgemüse wie Grünkohl. Unser Organismus kann einige Fettsäuren in EPA und DHA umwandeln, was bei einer vegetarischen oder veganen Ernährung lebenswichtig ist.

Omega-3-Fettsäuren wirken im Körper entzündungshemmend, was vor Beschwerden bzw. Krankheiten schützt. Omega-6-Fettsäuren wiederum können in zu hohen Mengen entzündungsfördernd wirken, und tendenziell nehmen wir über einige Öle wie Sonnenblumen-, Soja-, Pflanzen- und Maiskeimöl (die auch bei industriell verarbeiteten Produkten viel zum Einsatz kommen) zu viel Omega-6-Fettsäuren auf. Eine Omega-3-reiche Kost hilft, das Verhältnis zwischen Omega-3- und -6-Fettsäuren auszugleichen, was der Gesundheit nur zuträglich ist.

Natürlich übernehmen auch Omega-6-Fettsäuren wichtige Aufgaben und sind unerlässlich für eine normale Hirnfunktion, für Zellwachstum und -regeneration, und auch nicht alle sind entzündungsfördernd. So wirkt Gamma-Linolensäure (GLA), wie sie in Nachtkerzenöl vorkommt, tatsächlich entzündungshemmend und wird nicht zuletzt aus diesem Grund gerne zur Behandlung von PMS-Symptomen angewandt.

NICHT ESSENZIELLE FETTSÄUREN Einfach ungesättigte Fettsäuren, die vom Körper synthetisiert werden können, werden als „nicht essenziell" bezeichnet. Dazu gehören Omega-9-Fettsäuren, von denen die wichtigste Oleinsäure (Ölsäure) ist. Sie enthält wertvolle Antioxidantien: Polyphenole, die herzschützende Eigenschaften haben, da sie antithrombotisch und cholesterinsenkend wirken. Die beste Quelle für Oleinsäure ist kalt gepresstes Olivenöl, das häufig als das gesündeste Öl überhaupt betrachtet wird und eine unverzichtbare Zutat für die oft gepriesene Mittelmeerkost ist.

MIKRONÄHRSTOFFE

Mikronährstoffe – Vitamine, Mineralstoffe und Spurenelemente – werden zwar in sehr kleinen Mengen benötigt, sie sind aber unerlässlich für alle Körperfunktionen. Eine ausgeglichene, abwechslungsreiche Ernährung ist die beste Garantie, den Bedarf an allen Mikronährstoffen zu decken. Bei unserem stressigen modernen Alltag, bei Krankheit, Extremdiäten oder großer physischer Belastung durch Arbeit oder Sport kann es aber schon einmal vorkommen, dass man nicht alle erforderlichen Nährstoffe über die Nahrung aufnimmt. Und so manches Mal wirkt sich eine solche Unterversorgung spürbar auf Wohlbefinden und Gesundheit aus.

VITAMINE & MINERALSTOFFE

Diese essenziellen Nährstoffe sind unerlässlich für viele Körpervorgänge wie Immunabwehr, Stoffwechsel, Zellwachstum und -regeneration (s.Tabelle auf S. 298/299).

Vitamine werden in zwei Gruppen unterteilt: wasser- und fettlösliche. Letztere, die in höchster Konzentration in fetthaltigen Nahrungsmitteln vorkommen, können in der Leber und im Fettgewebe gespeichert werden, müssen also nicht täglich zugeführt werden. Wasserlösliche Vitamine hingegen, die größtenteils in Obst und Gemüse vorkommen, müssen täglich aufgenommen werden, weil sie wieder aus dem Körper ausgeschwemmt werden.

Mineralstoffe sind in allen Nahrungsmitteln enthalten, wobei sich viele durch einen besonders hohen Gehalt eines Mineralstoffs auszeichnen: So steckt in Fleisch besonders viel Eisen und in Milchprodukten sehr viel Kalzium.

Um einem Mangel vorzubeugen, greifen viele zu Vitamin- und Mineralstoffpräparaten (Supplementen), was völlig überflüssig ist, solange man sich einigermaßen abwechslungsreich ernährt (besonders mit Obst und Gemüse). Der Körper kann nur verwerten, was er wirklich braucht, sodass der Effekt eines Präparats nicht exponentiell mit der Einnahme steigt. Solche Supplemente haben dennoch ihre Berechtigung, beispielsweise bei einer unzureichenden Nährstoffverwertung, restriktiven Diäten, bestimmten Krankheiten und Mangelerscheinungen.

ANTIOXIDANTIEN & SEKUNDÄRE PFLANZENSTOFFE Ein Antioxidans ist ein Molekül, das die Oxidation anderer Moleküle verhindert (ein Prozess, bei dem freie Radikale entstehen, s.S. 291). Bestimmte Vitamine und Mineralstoffe haben antioxidative Eigenschaften ebenso wie andere Substanzen, die in Pflanzen vorkommen und als „sekundäre (oder bioaktive) Pflanzenstoffe“ bezeichnet werden (s.unten). Der schützende Effekt antioxidativer Mikronährstoffe sowie der von den Vitaminen A, C und E oder dem Spurenelement Selen bei der Bindung freier Radikaler ist seit Längerem bekannt.

Neuere Forschungen haben erbracht, dass auch sekundäre Pflanzenstoffe diese positive Wirkung haben. Sie sind nicht lebensnotwendig und unterscheiden sich darin von den Mikronährstoffen, ohne die wir nicht lebensfähig wären. Dennoch können sie eine starke gesundheitsfördernde Wirkung haben und das Risiko für viele Krankheiten mindern.

In Pflanzen dienen sekundäre Pflanzenstoffe diversen Zwecken, beispielsweise als Farb- und Geschmacksstoffe oder zur Abwehr von Schädlingen und Krankheiten, und auch im menschlichen Organismus können sie eine gesundheitsfördernde bzw. präventive und heilende Funktion innehaben. Es gibt Tausende sekundäre Pflanzenstoffe, und viele sind noch längst nicht identifiziert. Die Wissenschaft steht also noch am Anfang, um ihre Identitäten und extrem komplexen Wirkweisen im menschlichen Körper zu erforschen.

Antioxidantien und sekundäre Pflanzenstoffe tragen nachweislich zur Senkung gesundheitlicher Risiken bei, beispielsweise bei kardiovaskulären Erkrankungen, Krebs oder demenziellen Erkrankungen.

FARBEN MISCHEN Auch wenn die Wissenschaft komplex ist, so ist die Botschaft doch ganz simpel: Um von der positiven Wirkung von Antioxidantien und sekundären Pflanzenstoffen zu profitieren, sollten Sie eine möglichst große Farbpalette pflanzlicher Nahrungsmittel zu sich nehmen. Um die Aufnahme von Pflanzenstoffen zu maximieren, empfiehlt es sich, nicht nur die Auswahl der Pflanzenkost abwechslungsreich zu gestalten, sondern auch die Zubereitungsmethoden zu variieren und Obst und Gemüse roh und gegart zu verzehren (z. B. ofengebackene Süßkartoffeln oder Tomaten in einen Salat geben), da bestimmte Pflanzenstoffe je nach Zubereitungsart für den Organismus besser verwertbar sind.

- Rot Die meisten roten oder rötlichen Obst- und Gemüsesorten enthalten das Antioxidans **Lykopin**, ein zur Gruppe der Karotinoide gehörender Pflanzenstoff, die vom Körper in Vitamin A umgewandelt werden. Vitamin A ist neben den Vitaminen C und E der wirkungsvollste Radikalfänger. Lykopin kann das Risiko für Prostatakrebs senken und fördert die Darmgesundheit. Rote Beeren enthalten darüber hinaus **Ellagsäure** (unterstützt das Immunsystem) und **Anthocyane**, die entzündungshemmend wirken, die Gedächtnisleistung unterstützen und degenerative Alterungsprozesse verlangsamen. Des Weiteren werden diesen Antioxidantien schützende Wirkungen vor Tumorentwicklungen und kardiovaskulären Erkrankungen ebenso wie antivirale und antibakterielle Eigenschaften zugesprochen.

- Gelb & orange Die wichtigste Antioxidantiengruppe in gelbem und orangefarbenem Obst und Gemüse sind die **Karotinoide** (die auch in grünem Blattgemüse vorkommen). Sie werden im Körper in Vitamin A umgewandelt, das unverzichtbar für die Haut- und Augengesundheit ist. Eines dieser Karotinoide, das **Beta-Karotin**, senkt das Risiko für Herzerkrankungen und bestimmte Tumoren, stärkt das Immunsystem, mindert den kognitiven Verfall und möglicherweise auch das Risiko für demenzielle Erkrankungen. Ebenfalls in dieses Farbspektrum fallen die **Flavonoide** (aus der Gruppe der Polyphenole). Sie wirken entzündungshemmend, beugen Krebs und Herzerkrankungen vor und verlangsamen

FARBENLEHRE DES ESSENS

Durch Gemüse und Obst in unterschiedlichen Farben decken Sie eine große Bandbreite an Nährstoffen ab. Neben Vitaminen und Mineralstoffen enthalten Obst und Gemüse viele gesundheitsfördernde bioaktive Stoffe, die unter anderem als Farbstoff dienen. Diese Stoffe sind zwar nicht lebensnotwendig, aber die Wissenschaft zeigt, dass sie einen überaus positiven Effekt auf die Gesundheit haben. Die Grafik unten illustriert Beispiele für Obst und Gemüse aus jeder Farbgruppe.

neurodegenerative Krankheiten wie Alzheimer und Parkinson. Die Absorption von Karotinoiden kann durch die Kombination von gelben bzw. orangefarbenen Nahrungsmitteln mit gesunden Fetten wie in Avocados und Olivenöl unterstützt werden.

- Grün Zwei Antioxidantien aus grünem Gemüse, nämlich **Lutein** (auch in gelbem Obst und Gemüse) und **Zeaxanthin**, sind Pigmente, die auch im Auge vorkommen und die wichtig sind für das Sehvermögen. Menschen, die größere Mengen dieser beiden Vitalstoffe zu sich nehmen, haben erwiesenermaßen ein geringeres Risiko, an altersbedingter Makuladegeneration zu erkranken, der Hauptursache für die Erblindung bei Senioren. Zeaxanthin hemmt die Tumorentwicklung in Brust und Lungen und schützt vor Herzerkrankungen und Schlaganfällen. Ein weiteres Antioxidans, **Luteolin**, das z. B. in grüner Paprika und Stangensellerie vorkommt, reduziert entzündliche Prozesse im Gehirn und zentralen Nervensystem. Grünes Obst und Gemüse wie grüne Chilischoten liefern außerdem das entzündungshemmende **Quercetin**.

- Violett & blau Obst und Gemüse in diesen Farben enthalten Antioxidantien aus der Gruppe der **Anthocyane**, die als entzündungshemmend gelten. Dadurch unterstützen sie die Gedächtnisleistung und reduzieren das Risiko für bestimmte Tumorarten. Vor allem Heidelbeeren sind Gegenstand wissenschaftlicher Forschungen bezüglich ihrer Wirkung auf degenerative Erkrankungen wie Alzheimer. Blaue Trauben enthalten große Mengen des Polyphenols **Resveratrol**, das Blutfette bindet und Blutgerinnseln (die zu Herzinfarkten und Schlaganfällen führen können) vorbeugt und somit das Herz-Kreislauf-System schützt. Brombeeren enthalten **Ellagsäure** und **Catechine**, die vor Krebs schützen.

- Weiß Zwiebeln, Lauch und Knoblauch enthalten **Quercetin** und **Allicin**, die beide ein großes antibakterielles Potenzial besitzen und die Kapillaren schützen. Pilze enthalten **Polyphenole**, die Herzerkrankungen vorbeugen können. **Glucosinolate** und **Thiocyanate**, zwei Antioxidantien im Blumenkohl, wirken ebenfalls herzschützend, tumorvorbeugend und außerdem verdauungsregulierend.

	Vitamin	Aufgaben	Vorkommen
Fett-lösliche Vitamine	Vitamin A (Retinol)	Gesunde Haut, Haare und Zähne; Antioxidans zum Schutz vor Infektionen, Herzerkrankungen und Krebs	Leber, Fettfisch, Eier und Milchprodukte Provitamin A in Form von Beta-Karotin: Obst und Gemüse in leuchtenden Farben wie Kürbis, Mangos, Tomaten, Paprika, Karotten, grünes Gemüse wie Grünkohl und Brokkoli
	Vitamin D	Absorption von Kalzium, das für die Knochen unerlässlich ist; Immunabwehr, Muskelfunktion	Wird in der Haut unter UV-Einfluss gebildet, ist aber auch in Eiern, Fettfisch und Shiitakepilzen enthalten
	Vitamin E	Antioxidans für die Gesundheit von Haut, Herz und Immunsystem	Sonnenblumenöl und -kerne, Avocados, Papayas, Brokkoli, Nüsse (vor allem Mandeln), Edamame, Petersilie
	Vitamin K	Knochenaufbau und Blutgerinnung	Eier, Fettfisch, Avocados, dunkelgrünes Gemüse wie Rosenkohl, Grünkohl, Spinat und Brokkoli
Wasser-lösliche Vitamine	Vitamin B1 (Thiamin)	Energiegewinnung, Verdauung von Kohlenhydraten, Herzfunktionen	Leber, Vollkornprodukte, Quinoa, Hülsenfrüchte, Grünkohl, Brokkoli, Avocados und Spinat
	Vitamin B2 (Riboflavin)	Energieproduktion, Gesundheit von Haaren und Nägeln	Eier, Milchprodukte, Leber, Spargel, Brokkoli, Mangold, Spinat, Mandeln
	Vitamin B3 (Niacin)	Energiegewinnung, Körperregeneration, Zellwachstum	Mageres Fleisch, Geflügel, Eier, Pilze, Spargel, Heilbutt, Lachs, Erdnusscreme, Hülsenfrüchte wie Kidneybohnen und Kichererbsen
	Vitamin B5 (Pantothensäure)	Energiegewinnung, Stimulierung der Nebennieren (Stressregulierung), gesundes Immunsystem	Vollkorngetreide, Quinoa, Nüsse, Hühnchen, Eier, Leber, Sonnenblumenkerne, Mais, Brokkoli, Blumenkohl
	Vitamin B6 (Pyridoxin)	Gesundes Immun- und Nervensystem	Geflügel und mageres rotes Fleisch, Eier, Fettfisch, Tofu, Kartoffeln, Kohl, Lauch, Spinat, Paprika, weißer Fisch, Bananen
	Vitamin B12 (Cobalamin)	Energiegewinnung, Zellwachstum, Verdauung, Nervenfunktion, gesunde Blutzellen, Vorbeugung perniziöser Anämie	Fleisch, Sardinen, Jakobsmuscheln, Eier, Sojamilch, Algen, Spirulina
	Biotin	Energiegewinnung, Gesundheit von Haut, Haaren und Nägeln	Mangold, Bierhefe, Naturreis, Nüsse, Edamame, Eigelb
	Folsäure	Wachstums- und Entwicklungsvorgänge, Risikoreduzierung für Neuralrohrdefekt beim Neugeborenen, stärkt das Immunsystem, beugt Anämien vor	Eier, Karotten, Aprikosen, Kürbis, Melone, Spinat, Brokkoli, Okra, Blumenkohl, Hülsenfrüchte wie Linsen, Kichererbsen und schwarze Bohnen
	Vitamin C	Antioxidans für ein starkes Immunsystem, gute Haut und zur Wundheilung; schützende Eigenschaften vor Krebs und Herzerkrankungen	Obst und Gemüse, vor allem Beeren, Kiwis, Orangen, Granatäpfel, Paprika, Kartoffeln, Kürbis und Brokkoli

	Mineral	Aufgaben	Vorkommen
Mineralstoffe & Spurenelemente	Chrom	Verbesserung der Insulinausschüttung und in Folge eine Normalisierung des Blutzuckerspiegels	Brokkoli, Leber, Eier, Meeresfrüchte, Nüsse, Saaten, Pflaumen, Vollkornprodukte wie Naturreis und Quinoa
	Eisen	Notwendig für gesundes Wachstum und Entwicklung, essenziell für die Produktion roter Blutzellen (zur Vorbeugung eisenbedingter Anämie)	Mageres rotes Fleisch, Leber, Eier, Linsen, Hafer, Trockenfrüchte, Hirse, Grünkohl, Avocados
	Kalium	Muskel- und Nervenfunktionen; blutdrucksenkend, zur Vorbeugung von Müdigkeit und Reizbarkeit	Avocados, Bananen, Trockenfrüchte, alle Gemüsesorten (vor allem Spinat und Mangold)
	Kalzium	Knochen- und Zahnaufbau, Herzgesundheit, Muskelfunktionen, Blutdruckregulierung	Dunkelgrünes Blattgemüse (außer Spinat und Mangold), Sardinen, Tofu, Mandeln, Sesam (auch Tahin), Trockenfrüchte
	Magnesium	Notwendig für gesunde Knochen, Muskeln und Nervensystem; wichtig zur Stressbewältigung	Dunkelgrünes Gemüse, Cashewkerne, Saaten, Heilbutt, Fleisch, Trockenfrüchte, Tomaten, Auberginen, Zwiebeln
	Selen	Wichtiges Antioxidans für ein gesundes Immunsystem; unterstützt die Regulierung des Schilddrüsenhormons	Paranüsse, Meeresfrüchte, Kleie, Tomaten, Brokkoli, in den meisten Obst- und Gemüsesorten, abhängig vom Mineralgehalt der Erde
	Zink	Unverzichtbar für ein gesundes Immunsystem; wichtig für die Geschlechtsentwicklung, Hirnfunktionen und das Nervensystem	Meeresfrüchte, mageres rotes Fleisch, Pute, Vollkornprodukte wie Haferflocken, Naturreis, Buchweizen und Quinoa, Eier, Cashewkerne, Mandeln, Tahin, Sesam, Linsen, Miso, Kürbiskerne, Pinienkerne

DETOX-PLÄNE

Auch wenn es noch einiges zu erforschen gilt, wenn es darum geht, wie unser Organismus Nahrung und Nährstoffe verwertet, so haben die Ernährungswissenschaften bislang schon viele interessante Ergebnisse erbracht, die uns helfen, unsere Gesundheit und die Qualität unserer Ernährung zu verbessern. Was wir mit Bestimmtheit wissen, ist, dass die Ernährung neben einer aktiven, gesunden Lebensweise ein Schlüsselfaktor für den Schutz vor Krankheiten darstellt und Gesundheit und Wohlbefinden gewährleistet.

Dieses Kapitel stellt eine Reihe von weitverbreiteten Beschwerden und Zivilisationskrankheiten vor und zeigt auf, wie sich durch eine gesunde Ernährung wissenschaftlich nachweisbar eine Linderung der Symptome erzielen lässt. Zwar wirken Nährstoffe nie allein, doch können der Verzehr bestimmter Nahrungsmittel und die darin enthaltenen Nährstoffe durch ihre positive Wirkung auf bestimmte Stoffwechselvorgänge wie Immunsystem oder Hormonhaushalt und die Verfügbarkeit in den Körperzellen Linderung verschaffen. Alle unserer Detox-Rezepte enthalten Hinweise darauf, welche speziellen Nährstoffe sie in besonders hohen Mengen enthalten und bei welchen gesundheitlichen Beschwerden oder Krankheiten sie deshalb helfen können.

Es ist wichtig zu verstehen, dass kein einzelnes Nahrungsmittel und kein Präparat auf wundersame Weise eine Krankheit oder Beschwerden heilen oder den Schaden durch einen jahrelangen ungesunden Lebensstil ungeschehen machen kann. Doch in jedem Fall macht ein vernünftiger Ernährungsansatz (wir finden die 80/20-Regel gut, s. S. 9) bereits einen großen Unterschied, wie Sie sich fühlen. Schäden werden repariert, und langfristig wird die Gesundheit gefördert. Die Prinzipien unserer Detox-Küche werden Ihnen eine neue Sicht auf gesundes Essen näherbringen.

In allen folgenden Abschnitten finden Sie einen Detox-Plan, in dem Gerichte aufgelistet sind, die wir für besonders empfehlenswert bei der jeweiligen Krankheit oder den Beschwerden halten. Die Rezepte sind besonders reich an speziellen Nährstoffen, die sich positiv auf Ihren Gesundheitszustand auswirken können.

Auf der gegenüberliegenden Seite finden Sie zwei Detox-Pläne für je drei Tage. Die Rezepte sind kalorienarm und nicht für einen längeren Zeitraum gedacht. Vielmehr sind sie der ideale Einstieg für einen unserer einwöchigen Detox-Pläne, die auf Ihre Bedürfnisse abgestimmt sind.

Bei den unten stehenden sowie allen folgenden Detox-Plänen sollten Sie nach den Mahlzeiten frischen Minztee und über den Tag verteilt reichlich Kräutertee trinken, um genügend Flüssigkeit aufzunehmen und die Verdauung zu unterstützen.

DETOX FÜR DEN EINSTIEG

	TAG 1	TAG 2	TAG 3
Frühstück	Cashew-Goji-Riegel (S. 80)	Gebackene Eier mit Spinat & Tomaten (S. 38)	Chia-Samen-Pudding mit Coulis (S. 35)
Getränk	Möhren-Rote-Bete-Apfel-Sellerie-Smoothie (S. 57)	Gurken-Birnen-Minze-Weizengras-Saft (S. 57)	Avocado-Apfel-Kiwi-Spinat-Smoothie (S. 55)
Mittagessen	Quinoa-Cashewkern-Salat (S. 150)	Limabohnen mit Kirschtomaten & Salsa Verde (S. 160)	Gebackene Aubergine mit Granatapfel (S. 121)
Nachmittagssnack	Edamame-Kern-Salat (S. 73)	Sprossenbrokkoli & Tahin (S. 66)	Pistazien-Hafer-Riegel (S. 79)
Abendessen	Wirsingrouladen mit Hähnchen (S. 208)	Gegrillter Lachs mit Ingwer (S. 238) und Möhren-Gurken-Bandsalat (S. 105)	Puten-Burger mit rot-weißem Krautsalat (S. 214)
Süßes	Bananenbrot (S. 255)	Kokosmakronen (S. 263)	Schokoladenmousse mit Ingwer & Avocado (S. 276)

FRISCHEKUR

	TAG 1	TAG 2	TAG 3
Frühstück	Wachsweiche Eier mit Avocado-Salat (S. 38)	Bircher-Müsli mit Äpfeln, Heidelbeeren & Zimt (S. 26)	Avocado-Salat mit gerösteten Nüssen & Kernen (S. 36)
Getränk	Gurken-Birnen-Minze-Weizengras-Saft (S. 57)	Avocado-Apfel-Kiwi-Spinat-Smoothie (S. 55)	Möhren-Rote-Bete-Apfel-Sellerie-Smoothie (S. 57)
Vormittagssnack	Möhren-Gurken-Bandsalat (S. 105)	Rotkohl-Apfel-Salat mit Estragon (S. 104)	Radieschen-Gurken-Salat mit Dill (S. 102)
Mittagessen	Grüner Papaya-Salat (S. 101)	Gefüllte Zucchini mit Roter Bete & Schalotten (S. 118)	Erbsen-Zucchini-Salat (S. 98)
Nachmittagssnack mit Getränk	Edamame-Kern-Salat (S. 73) mit Möhren-Rote-Bete-Apfel-Sellerie-Smoothie (S. 57)	Grünkohlchips mit Cashewkernen & Paprika (S. 74) und Chia-Samen-Kokos-Ananas-Smoothie (S. 52)	Brokkolistrunk-Cashew-Aufstrich (S. 63) mit Gurken-Birnen-Minze-Weizengras-Saft (S. 57)
Abendessen	Zucchini-Spargel-Salat mit Rucola-Pesto (S. 112)	Grünes Thai-Curry (S. 137)	Erbsen-Rucola-Suppe (S. 95)

HERZ

Kardiovaskuläre Erkrankungen umfassen Blutkreislauf, Gefäße und Herz, so z. B. Arteriosklerose, Herzinfarkt und Schlaganfall. Herz-Kreislauf-Erkrankungen sind die häufigste Todesursache in Deutschland, obwohl sie in vielen Fällen durch einfache Umstellungen der Lebensgewohnheiten wie eine gesunde Ernährung, Gewichtskontrolle und regelmäßige Bewegung vermeidbar wären. Drei der größten ernährungsbedingten Risikofaktoren für kardiovaskuläre Erkrankungen sind: zu hohe Cholesterinwerte, Bluthochdruck und Diabetes Typ 2. Sie lassen sich durch die richtige Ernährung, bei der ungesunde durch gesunde Fette ersetzt und verarbeitete Kohlenhydrate eingeschränkt werden und die reichlich Ballaststoffe, pflanzliche Kost sowie magere Proteine enthält, ganz einfach minimieren.

Die Mär vom Fett Lange galt die Annahme, dass eine fettarme Ernährung zur Gewichtsreduktion beiträgt sowie Herz- und anderen chronischen Erkrankungen vorbeugt. Doch solange die fettarme Kost auch ideal galt, wurde unsere Gesellschaft dicker und dicker. Die Lebensmittelindustrie brachte fettreduzierte Produkte auf den Markt, die Gesundheit und Schlankheit versprachen, statt Fett aber umso größere Mengen Salz, Zucker und andere Füllstoffe enthielten.

DETOX FÜRS HERZ

	TAG 1	TAG 2	TAG 3
Frühstück mit Getränk	Quinoa-Haferflocken-Porridge mit Brombeer-Kompott (S. 33) und Möhren-Rote-Bete-Apfel-Sellerie-Smoothie (S. 57)	Bircher-Müsli mit Rote Bete & Apfel (S. 25) und Himbeer-Heidelbeer-Kokos-Smoothie (S. 49)	Quinoa-Haferflocken-Porridge mit Brombeer-Kompott (S. 33) und Gurken-Birnen-Minze-Weizengras-Saft (S. 57)
Vormittagssnack	Edamame-Kern-Salat (S. 73)	Mandeln (30 g)	Guacamole (S. 59) mit Gemüsesticks
Mittagessen	Perlgraupensalat mit Melone (S. 151)	Brennnessel-Grünkohl-Suppe (S. 92)	Limabohnen mit Kirschtomaten & Salsa Verde (S. 160)
Nachmittagssnack	Heidelbeeren (80 g)	Sprossenbrokkoli & Tahin (S. 66)	Kakaomilch (S. 53)
Abendessen	Pfannengerührte Riesengarnelen (S. 230)	Tandoori-Hähnchen mit Ananassalat (S. 201)	Puten-Cashew-Curry (S. 212)

Tatsächlich ist aber nicht die Gesamtmenge an Fett entscheidend für Gewichtszunahme und Gesundheit, sondern vielmehr, welche Fette (wie gesättigte oder Transfettsäuren, s. S. 293) und wie viele Kilokalorien wir uns insgesamt einverleiben. Bei einer fettarmen Ernährung besteht die Gefahr, nicht ausreichend gesunde Fette aufzunehmen, die erwiesenermaßen eine schützende Wirkung auf die allgemeine Gesundheit und das Herz haben.

Ein weiterer Nachteil einer fettarmen Diät ist, dass die fehlenden Kilokalorien aus Fett häufig durch einfache Kohlenhydrate kompensiert werden (wie Zucker, Weißmehl), die hohe Insulinausschüttungen zur Folge haben. Diese wiederum führen zu verstärkter Fetteinlagerung und – darauf lassen jüngste Forschungsergebnisse schließen – erhöhtem „schlechtem" Cholesterin (s. S. 304). Mit der Zeit kann der übermäßige Verzehr solcher Kohlenhydrate das Risiko für Herz-Kreislauf-Erkrankungen und Diabetes genauso (wenn nicht sogar noch stärker) steigern wie zu viele gesättigte Fettsäuren.

So setzt sich stetig die Erkenntnis durch, dass große Mengen gesättigter Fettsäuren nicht allein verantwortlich für Herz-Kreislauf-Erkrankungen sind, sondern dass Transfettsäuren und „leere Kohlenhydrate" wie Zucker mindestens genauso schädlich sein können.

TAG 4	TAG 5	TAG 6	TAG 7
Bircher-Müsli mit Äpfeln, Heidelbeeren & Zimt (S. 26) und Möhren-Rote-Bete-Apfel-Sellerie-Smoothie (S. 57)	Erdbeer-Soja-Joghurt (S. 29) mit Avocado-Apfel-Kiwi-Spinat-Smoothie (S. 55)	Weiche Eier mit Avocado-Salat (S. 38) und Himbeer-Heidelbeer-Kokos-Smoothie (S. 49)	Chia-Samen-Pudding mit Brombeer-Limetten-Coulis (S. 35) und Möhren-Rote-Bete-Apfel-Sellerie-Smoothie (S. 57)
Mandeln (30 g)	Pistazien-Hafer-Riegel (S. 79)	Mandeln (30 g)	Cashew-Goji-Riegel (S. 80)
Kürbissuppe mit Kokos & Chili (S. 87)	Grünkohl-Brokkoli-Salat mit Schalotten und Chilis (S. 108)	Gegrillte Makrele mit Ingwer-Safran-Reis (S. 253)	Quinoa-Cashewkern-Salat (S. 150)
Radieschen & Blumenkohl mit Hummus (S. 66)	Rote-Bete-Hummus (S. 65) mit Gemüsesticks	Avocado-Bohnen-Stampf auf Vollkornreiswaffeln (S. 60)	Edamame-Kern-Salat (S. 73)
Salat mit Lachs, grünen Bohnen, Orange & Haselnuss (S. 235)	Mexikanischer Bohneneintopf (S. 139)	Grünes Thai-Curry (S. 137)	Kürbis-Tofu-Curry (S. 135)

① CHOLESTERIN

Cholesterin ist eine körpereigene fettartige Substanz, die unter anderem in der Leber produziert wird. Cholesterin hängt häufig der Makel des Schlechten an, dabei ist die Substanz an vielen wichtigen Stoffwechselvorgängen beteiligt wie der Produktion von Sexualhormonen (Testosteron und Östrogen), von Steroidhormonen wie Cortisol (das bei der Regulierung des Blutzuckerspiegels eingreift) und von Vitamin D. Mittlerweile wissen wir, dass natürlich vorkommendes Cholesterin in Nahrungsmitteln den Cholesterinwert im Blut nicht ansteigen lässt, da bei einer erhöhten Zufuhr der Körper einfach weniger eigenes Cholesterin produziert und umgekehrt.

Die Leber bildet und verteilt Cholesterin im Körper, wenn und wo es benötigt wird (beispielsweise bei der Hormonproduktion). Dass der Körper Cholesterin selbst erzeugt, ist für viele Menschen neu. Selbst wenn Sie sich also nur von Salat und anderen fettarmen Lebensmitteln ernähren würden, würde sich im Körper immer noch Cholesterin messen lassen, da es der Körper für diverse Stoffwechselvorgänge selbst produziert.

Cholesterin wird an Trägereiweiße (Lipoproteine) gebunden im Blut transportiert, die hauptsächlich in zwei Arten vorkommen: Moleküle mit hoher Dichte, „high-density lipoproteins“ (HDL), sowie Moleküle mit niedriger Dichte, „low-density lipoproteins“ (LDL).

Das Cholesterin wird mit LDL-Molekülen, die den höheren Anteil am Gesamtcholesterin haben, von der Leber in die Körperzellen transportiert. Überschüsse können sich an den Arterienwänden ablagern und die Blutgefäße langsam verstopfen (Arteriosklerose), was das Risiko für Herzerkrankungen und Schlaganfälle erhöht.

Die HDL-Fraktion wiederum saugt möglichst viel überschüssiges Cholesterin aus Zellen und Gewebe auf und führt es zurück zur Leber, wo das Cholesterin wiederverwendet oder in Gallensalze umgewandelt wird (Gallensalze werden für die Verdauung von Nahrungsfetten benötigt). Dieser Prozess gilt als herzschützend, da dabei der LDL-Cholesterin-Wert im Blut auf einem gesunden Maß gehalten wird.

Der Einfachheit halber merkt man sich am besten, welches Cholesterin welche Rolle übernimmt. Weil zu viel LDL-Cholesterin schädigend sein kann, gilt es als „schlecht“, HDL-Cholesterin hingegen gilt als „gut“.

Finger weg Zu viele gesättigte Fettsäuren lassen den LDL-Cholesterin-Wert ansteigen und erhöhen die Blutfettwerte. Diese Fette, Triglyzeride genannt, werden im ganzen Körper als Energiespeicher eingelagert (wenn Sie ein rohes Steak durchschneiden, sind die Triglyzeride als feine Linien zu erkennen). Eine Blutfettmessung ist ein geeigneter Marker, um bei einer Person das Risiko für Herz-Kreislauf-Erkrankungen zu bestimmen, und gibt zudem Hinweise auf ein erhöhtes Risiko für Diabetes und Fettleber. Weniger fettes Essen (und „leere Kohlenhydrate“) senken auch die Blutfettwerte. Deshalb wird

EMPFEHLENSWERT

- Äpfel
- Avocados
- Birnen
- Butternusskürbisse
- Chia-Öl
- Edamame
- Haferkleie
- Haferflocken
- Ingwer
- Kalt gepresstes Olivenöl
- Knoblauch
- Lachs
- Leinöl
- Miso
- Mit Pflanzensterolen versetzte Lebensmittel (s. S. 306)
- Nüsse (Para-, Walnüsse)
- Quinoa
- Rapsöl
- Rohkakao
- Saaten (Kürbis-, Sonnenblumenkerne)
- Sardinen
- Süßkartoffeln
- Tamari
- Tofu
- Thunfisch
- Weintrauben
- Zwiebeln

EINSCHRÄNKEN

- Industriell verarbeitete Lebensmittel
- verarbeitete Kohlenhydrate (inkl. Zucker)

Rezepte bei zu hohem Cholesterin, s. S. 399

bei Cholesterinproblemen immer wieder angeraten, gesättigte Fettsäuren weitgehend aus der Ernährung zu verbannen.

Zu den übelsten Fettarten, die Sie konsumieren können, gehören Transfettsäuren. Sie führen zu einer Erhöhung des schlechten LDL-Cholesterins und der Blutfette, während gleichzeitig die gute HDL-Fraktion gesenkt wird. Eine solche Umkehr von LDL und HDL gilt als besonders gefährlich. Transfettsäuren entstehen unter anderem bei der Hydrogenisierung, der industriellen Härtung von Pflanzenölen. Sie kamen früher häufig in Margarine vor (s. S. 293) und sind immer noch in Backwaren, frittierten Lebensmitteln oder auch Fertigsaucen vorhanden. Prüfen Sie beim Einkauf also immer die Zutatenliste auf Begriffe wie „hydrogenisiert" und „gehärtet".

„Schlechtes" Cholesterin ist nicht immer schlecht Zu viele gesättigte Fettsäuren in der Ernährung führen zu einer Erhöhung des LDL-Cholesterins. Mittlerweile wird aber hinterfragt, ob sie tatsächlich ein so großes Risiko für Herz-Kreislauf-Erkankungen darstellen wie lange behauptet. Neuere Forschungen haben gezeigt, dass LDL-Cholesterin nicht gleich LDL-Cholesterin ist. Denn es existiert eine größere, als harmloser geltende Fraktion, die durch den Verzehr von gesättigten Fettsäuren erhöht wird und weniger schädlich für die Arterien ist. Werden nun gesättigte Fettsäuren reduziert, ist genau diese Cholesterinfraktion davon betroffen, und die Frage bleibt, ob diese Reduzierung eigentlich relevant ist. Durch die verminderte Aufnahme von gesättigten Fettsäuren verringert sich nämlich auch die HDL-Fraktion, was ebenfalls ungünstig ist.

Dieselbe Theorie rückt die Wirkung einer weiteren LDL-Fraktion ins Licht, die durch eine übermäßige Zufuhr „leerer Kohlenhydrate" (wie Zucker und Weißmehlprodukte) gebildet wird und negativere Folgen für die Herzgesundheit haben könnte. Diese sehr kleine und dichte LDL-Fraktion gilt deshalb als schädlich, weil sie durch die kleine Größe leichter über die Blutbahn in Blutgefäße vordringen kann und wesentlich anfälliger für Oxidation durch freie Radikale ist (s. S. 291). Die Oxidation wird weiter verstärkt durch zu große Mengen an Omega-6-Fettsäuren (aus pflanzlichen Ölen und darin frittierten Lebensmitteln) und Transfettsäuren sowie durch schlechte Lebensgewohnheiten (wie Rauchen und Bewegungsmangel). Oxidiertes LDL lagert sich an den Wänden der Blutgefäße ab (Arteriosklerose) und erhöht so das Risiko für Herz- und andere Erkrankungen.

Deshalb muss also der Verzehr von Lebensmitteln mit einem natürlich hohen Gehalt an gesättigten Fettsäuren wie durchwachsenes Fleisch, Butter und andere Vollfettmilchprodukte nicht unbedingt schädlich für Ihre Gesundheit sein. Doch gilt es immer zu bedenken, dass industriell verarbeitete Lebensmittel mit vielen gesättigten Fettsäuren häufig auch viel Zucker und Salz enthalten, die bei übermäßigem Verzehr durchaus gesundheitsschädlich sind.

Cholesterinwert senken Die oben erläuterten Theorien mögen etwas widersprüchlich erscheinen. Allerdings ist ein erhöhter Cholesterinwert nur ein Risikofaktor für die Gesundheit des Herzens, und schlechte Lebensgewohnheiten wie Rauchen können einen viel größeren Einfluss darauf haben. Wenn Sie auf Ihren Cholesterinspiegel achten müssen, berücksichtigen Sie diese einfachen Ratschläge:

- Behalten Sie die Zufuhr von gesättigten Fettsäuren im Auge, und meiden Sie verarbeitete Produkte.
- Geben Sie komplexen Kohlenhydraten aus Vollwertprodukten den Vorzug vor „leeren“ verarbeiteten Kohlenhydraten und Zucker.
- Ihre Fettzufuhr sollte im Wesentlichen aus gesunden Fetten wie kalt gepresstem Oliven- oder Rapsöl oder anderen Lebensmitteln wie Omega-3-reichem Fettfisch (wirkt entzündungshemmend, beugt Blutgerinnseln vor und gleicht den Cholesterinwert aus), Nüssen, Avocados und Saaten stammen. Hingegen sollten Pflanzenöle und verarbeitete Nahrungsmittel mit hohem Omega-6-Gehalt reduziert werden.
- Bauen Sie reichlich Obst und Gemüse in den Speiseplan ein für eine hohe Zufuhr an gesundheitsfördernden Antioxidantien.

Zur Senkung des Cholesterinspiegels sind neben den richtigen Fetten auch spezielle Lebensmittel hilfreich: „Functional foods“ wie bestimmte Margarinen, Joghurts und Getränke mit **Pflanzensterolen** können den Cholesterinwert nachweislich um bis zu 10 Prozent senken. Natürlich reich an Pflanzensterolen sind unter anderem Avocado, Mandeln, Koriandergrün, Rohkakao, Kürbissamen und Olivenöl, die mit dem enthaltenen Beta-Sitosterol cholesterinsenkend wirken.

Nahrungsmittel, die viele **wasserlösliche Ballaststoffe** enthalten wie Linsen, Vollkorngetreide und Trockenfrüchte (Beta-Glucan) ebenso wie Saaten, Hülsenfrüchte und pektinreiches Obst (Äpfel, Birnen und Trauben), können ebenfalls zur Senkung des Cholesterinwerts beitragen, weil sie im Verdauungstrakt Cholesterin binden und es mit dem Stuhl ausscheiden. Essen Sie zwei bis drei Portionen ballaststoffreiche Kost pro Tag, z. B. Haferflocken zum Frühstück, ein paar Trauben am Vormittag und ein Gericht mit Hülsenfrüchten zum Mittag. Sie sollten außerdem viel Obst und Gemüse essen und – bei einer ballaststoffreichen Kost umso wichtiger – viel trinken.

Untersuchungen zur cholesterinsenkenden Portfolio-Diät haben die positive Wirkung von **Isoflavonoiden** in Sojaprodukten herausgestellt. Integrieren Sie also Sojaprodukte wie Edamame, Tofu, Tamari und Miso in den Speiseplan. Allerdings ist Männern und Frauen, die vor der Menopause stehen, von großen Mengen Isoflavonoiden (ob als Nahrungsergänzung oder in natürlicher Form) abzuraten.

Die Portfolio-Diät empfiehlt auch den Verzehr von täglich 30 g Mandeln, die die Synthese des schlechten LDL-Cholesterins zu hemmen scheinen. Mandeln liefern zudem herzfreundliche (einfach ungesättigte) Fettsäuren und viel antioxidativ wirkendes Vitamin E.

② BLUTHOCHDRUCK

Ein erhöhter Druck in verengten arteriellen Blutgefäßen verursacht meist keine Beschwerden oder Schmerzen, stellt aber ein erhebliches Risiko für Herzinfarkte oder Schlaganfällen dar. Ein hoher Blutdruck kann genetisch bedingt sein, aber auch schlechte Lebensführung und -gewohnheiten wie Rauchen, Alkohol, Übergewicht und Fehlernährung können verantwortlich sein.

Eine der wirksamsten Maßnahmen, die Sie bei Ihrer Ernährung ergreifen können, ist, den Salzkonsum auf unter 6 g täglich zu reduzieren (Verpackungsangaben prüfen). Wichtig ist auch eine ausreichende Versorgung mit **Kalium** aus Obst, Gemüse und anderen Nahrungsmitteln wie Linsen – ein weiteres Argument für eine obst- und gemüsereiche Ernährung mit täglich fünf Portionen. **Kalzium** und **Magnesium** wirken ebenfalls bei der Regulierung des Blutdrucks mit. Dunkelgrünes Blattgemüse, Saaten, Sojaprodukte und Trockenfrüchte können eine adäquate Versorgung mit diesen Mineralstoffen gewährleisten.

Forschungsergebnisse haben gezeigt, dass Sojaprotein (das Isoflavonoide aus der Gruppe der **Phytoöstrogene** enthält) ebenfalls zur Senkung des Blutdrucks beitragen kann, weshalb die Einbindung von Sojaprodukten in den Speiseplan durchaus sinnvoll ist. Gegenwärtig wird die Wirkung von Roter Bete auf den Blutdruck untersucht, ausgehend von der Beobachtung, dass das im Gemüse enthaltene Nitrat die Stickstoffmonoxidsättigung im Körper erhöht und so eine Weitung der Blutgefäße bewirkt, wodurch der Blutdruck gesenkt wird.

EMPFEHLENSWERT

- Bananen
- Brokkoli
- Chili
- Edamame
- Fenchel
- Grüne Bohnen
- Grünkohl
- Gurken
- Knoblauch
- Leinsamen
- Linsen
- Mandeln
- Mangold
- Miso
- Orangen
- Rosenkohl
- Rote Bete
- Saaten (Kürbis-, Sonnenblumenkerne)
- Spargel
- Spinat
- Tamari
- Tofu
- Tomaten
- Trauben
- Trockenfrüchte

ACHTUNG BEI

- Alkohol
- Koffein
- Salz

Rezepte bei zu hohem Blutdruck, s.S. 397

③ DIABETES TYP 2

Weltweit ist Diabetes mellitus vom Typ 2 die häufigste chronische Stoffwechselerkrankung. In Deutschland leben schätzungsweise sechs Millionen Menschen mit der Diagnose Diabetes, davon 90 Prozent mit Typ 2. Diabetes vom Typ 2 tritt meist ab einem Alter von 40 Jahren auf, weshalb er auch häufig als „Altersdiabetes" bezeichnet wird, insbesondere bei übergewichtigen Personen. Da Diabetes Typ 2 auch ein erhöhtes Risiko für Herzerkrankungen darstellt, wird diese Stoffwechselkrankheit in diesem Kapitel aufgeführt.

Bei Diabetikern ist ein ständig oder zeitweise erhöhter Blutzuckerspiegel zu beobachten. Reguliert wird der Blutzuckerspiegel durch das Hormon Insulin, das Glukose in Form von Glykogen in die Körperzellen transportiert. Bei Menschen mit Typ-1-Diabetes produziert der Körper kein Insulin, weshalb täglich Insulin gespritzt werden muss. Beim Typ 2 ist der Körper entweder nicht mehr in der Lage, ausreichend Insulin zu produzieren, oder spricht nicht mehr ausreichend auf das Hormon an (Insulinresistenz). In beiden Fällen erhöht sich der Zuckerwert im Blut, was als Indikator für die Krankheit herangezogen wird.

Die Regulierung des Blutzuckerspiegels ist von essenzieller Bedeutung, weil alle Körperzellen ständig mit Glukose versorgt werden müssen. Das bedeutet, dass Diabetes potenziell jedes Körperorgan betreffen und so zu einem erhöhten Risiko für Herzerkrankungen, Nierenprobleme, schlechtes Sehvermögen, Nervenschädigungen und Immunschwäche führen kann. Bei manchen schlecht eingestellten Diabetespatienten ist ein Gewichtsverlust zu beobachten, da nicht genügend Glukose zur Energiegewinnung in die Körperzellen gelangt. Deshalb greift der Organismus auf Fett und Eiweiß als Brennstoff zurück (was zu Muskelschwund führen kann).

Diabetesdiagnose Untersuchungen lassen vermuten, dass ein Drittel der Bevölkerung unter Prädiabetes, einer Vorform von Diabetes, leidet (ein erhöhter Blutzuckerspiegel, der aber noch nicht hoch genug ist, um als Diabetes zu gelten) und so einem größeren Risiko ausgesetzt ist, Diabetes mellitus Typ 2 zu entwickeln. Viele sind sich dessen gar nicht bewusst. Dabei kann Prädiabetes durch einfache Änderungen der Lebensführung wie Gewichtsverlust, regelmäßige Bewegung und Nicht-Rauchen abgewendet werden.

Nicht alle übergewichtigen Menschen bekommen Typ-2-Diabetes, aber doch 90 Prozent aller Typ-2-Diabetiker bringen mehr auf die Waage, als sie sollten. Als geeigneter Risikoindikator für Insulinresistenz (wenn der Körper nicht mehr ausreichend auf Insulin anspricht) gilt unter anderem das Bauchfett. So liegt ein erhöhtes Risiko vor, wenn der Taillenumfang bei Männern über 94 cm und bei Frauen über 80 cm liegt.

EMPFEHLENSWERT

- Äpfel
- Auberginen
- Bananen
- Bierhefe
- Brokkoli
- Chia-Öl
- Eier
- Forellen
- Gemüsemais
- Grünkohl
- Hanföl
- Heilbutt
- Hühnchen
- Kalt gepresstes Olivenöl
- Lachs
- Leinöl
- Linsen
- Mangold
- Naturreis
- Nüsse (Cashewkerne, Walnüsse)
- Quinoa
- Pilze
- Saaten (Kürbis-, Sonnenblumenkerne)
- Spinat
- Süßkartoffeln
- Tomaten
- Zimt
- Zwiebeln

EINSCHRÄNKEN

Produkte mit einem hohen Anteil an gesättigten Fettsäuren, Transfettsäuren und verarbeiteten Kohlenhydraten (inkl. Zucker)

Rezepte bei Diabetes Typ 2, s. S. 401

Zu den Symptomen von Diabetes Typ 2 gehören:

- Häufiges Wasserlassen
- Häufiges Trinken und ständiges Durstgefühl
- Müdigkeit und erhöhtes Schlafbedürfnis
- Gewichtsverlust
- Sehstörungen
- Schlechte Wundheilung

Risiko senken Der beste Weg, das Risiko für Diabetes vom Typ 2 zu senken, ist, auf sein Körpergewicht zu achten und sich gesund und ausgewogen zu ernähren. Wer nur fünf bis zehn Prozent seines Körpergewichts abnimmt, kann das Risiko für Typ-2-Diabetes um bis zu 60 Prozent senken. Wer an Prädiabetes oder Diabetes Typ 2 leidet, kann die Symptome durch eine ausgewogene, gesunde Diät eindämmen:

- Mahlzeiten mit niedriger glykämischer Last (GL, s. S. 290) enthalten ballaststoffreiche, komplexe Kohlenhydrate, die im Gegensatz zu verarbeiteten „leeren Kohlenhydraten" den Blutzucker nicht so stark ansteigen lassen und den Stoffwechsel auch nicht unter Stress setzen. Ballaststoffreiche Kost unterstützt zudem die Gewichtskontrolle.
- Da Diabetiker einem erhöhten Risiko für Herzerkrankungen ausgesetzt sind, sollten sie Produkte mit einem hohen Anteil an gesättigten Fettsäuren und Transfettsäuren (erhöhen den Cholesterinwert) sowie salzhaltige Produkte (erhöhen den Blutdruck) vermeiden und zu gesunden Fetten wie einfach ungesättigten und Omega-3-Fettsäuren greifen, die entzündliche Prozesse reduzieren und das Herz schützen.
- **Magnesium, Zink** und **Vitamin B3** wirken bei der Regulierung des Blutzuckerspiegels mit. Deshalb sollten Lebensmittel wie Vollkorngetreide, Nüsse, dunkelgrünes Blattgemüse, Meeresfrüchte und Hülsenfrüchte regelmäßig auf dem Speiseplan stehen.
- Das Spurenelement **Chrom**, das in Geflügel, Vollkorngetreide und bestimmten Obst- und Gemüsesorten steckt (Brokkoli ist die beste Quelle), spielt eine sehr wichtige Rolle bei der Kontrolle des Blutzuckerspiegels; eine Unterversorgung wird mit einer verminderten Glukosetoleranz in Verbindung gebracht.
- Es gibt deutliche Hinweise darauf, dass Zimt regulierend auf den Blutzuckerspiegel wirkt. Bestäuben Sie deshalb Ihr Frühstücksmüsli, frisches Obst oder warme Getränke mit einer Prise gemahlenem Zimt.

KNOCHEN

Es ist sehr wichtig, durch kalziumreiche Kost in Kindheit, Jugend und als junger Erwachsener eine so dichte Knochenmasse wie möglich aufzubauen, die mit Mitte 20 ihren Höhepunkt erreicht. Danach können die Knochen nicht weiter verbessert werden, man kann durch Vitamin-D- und kalziumreiche Kost (zwei bis drei Portionen täglich) jedoch dafür sorgen, dass die Knochenstärke erhalten bleibt. Vitamin D wird dabei für die Kalziumresorption im Körper benötigt.

Auch wenn die Knochengrundsubstanz ständig ab- und aufgebaut wird (bekannt als Knochenumsatz), wird ab einem Alter von etwa 35 Jahren nach und nach mehr Grundsubstanz ab- als neu aufgebaut, da Kalzium von anderen Körperzellen benötigt und ans Blut abgegeben wird. Zwei Knochen- und Gelenkserkrankungen, die besonders mit zunehmendem Alter auftreten, sind Osteoporose und Arthritis.

Wertvolles Vitamin D Das fettlösliche Vitamin kommt in mehreren Formen vor und wird über die Nahrung aufgenommen oder von der Haut mithilfe von UV-Licht, wenn sie Sonnenlicht ausgesetzt ist, selbst produziert (mit anderen Vitaminen funktioniert das nicht). Vitamin D wird vom Organismus in ein Hormon, aktiviertes Vitamin D oder Calcitriol genannt, umgewandelt. Dieses Hormon steuert die Kalzium- und Phosphorverwertung im Körper und spielt eine entscheidende

DETOX FÜR GESUNDE KNOCHEN

	TAG 1	TAG 2	TAG 3
Frühstück	Bircher-Müsli mit Äpfeln, Heidelbeeren & Zimt (S. 26)	Cashew-Goji-Riegel (S. 80)	Quinoa-Haferflocken-Porridge mit Brombeer-Kompott (S. 33)
Getränk	Möhren-Rote-Bete-Apfel-Sellerie-Smoothie (S. 57)	Erdbeer-Mango-Lassi (S. 55)	Avocado-Apfel-Kiwi-Spinat-Smoothie (S. 55)
Vormittagssnack	Cashewkerne (30 g)	Edamame-Kern-Salat (S. 73)	Himbeeren (80 g)
Mittagessen	Hähnchen-Quinoa-Salat (S. 205)	Quinoa-Burger mit Kohl & Pistazien (S. 173)	Brühe mit braunem Reis, Pak Choi & Ingwer (S. 83)
Nachmittagssnack	Gurken-Minze-Joghurt-Dip (S. 70) mit Körner-Kräckern (S. 77)	Gewürznüsse (S. 76)	Gurken-Minze-Joghurt-Dip (S. 70) mit Gemüsesticks
Abendessen	Zucchini-Spaghetti mit Tomaten-Pesto (S. 127)	Gegrillte Makrele mit Ingwer-Safran-Reis (S. 253)	Mexikanischer Bohneneintopf (S. 139)

Rolle bei der Mineralisierung der Knochen (durch Kalziumeinlagerung im Knochen wird neue Knochensubstanz gebildet).

Der Großteil wird über die körpereigene (endogene) Synthese gedeckt, nur 20 Prozent stammen aus der Nahrung. Lebensmittel mit höheren Vitamin-D-Mengen sind zudem überschaubar; gute Quellen sind Fettfisch (Zuchtfisch enthält weit weniger Vitamin D als Fisch aus Wildfang), Eier und Shiitakepilze (und Pilze, die nach der Ernte UV-Licht ausgesetzt werden) oder mit Vitamin D angereicherte Lebensmittel.

In Mitteleuropa kann Vitamin D mittels Sonnenlicht nur zwischen April und September in ausreichender Menge synthetisiert werden, und gespeichertes Vitamin D wird innerhalb von vier bis sechs Wochen aufgebraucht. Bereits 15 Minuten im Freien genügen im Sommer, um ausreichend Vitamin D zu bilden und zu speichern.

Langzeitstudien haben gezeigt, dass 60 Prozent der Deutschen unzureichend mit Vitamin D versorgt sind. Auch wenn ein vollständiger Nachweis noch aussteht, wird ein Vitamin-D-Mangel in Verbindung mit Multipler Sklerose (MS), Diabetes und einer Anfälligkeit der oberen Atemwege (sowie einem erneuten Aufkommen von Rachitis bei Kindern) in Verbindung gebracht. Gegebenenfalls sind Vitamin-D-Präparate (10 µg täglich) durchaus empfehlenswert (insbesondere für Schwangere, stillende Mütter sowie über 65-Jährige).

TAG 4	TAG 5	TAG 6	TAG 7
Bircher-Müsli mit Rote Bete & Apfel (S. 25)	Chia-Samen-Pudding mit Brombeer-Limetten-Coulis (S. 35)	Pochierte Eier auf Süßkartoffel-Rösti (S. 39)	Avocado-Salat mit gerösteten Nüssen & Kernen (S. 36)
Gurken-Birnen-Minze-Weizengras-Saft (S. 57)	Möhren-Rote-Bete-Apfel-Sellerie-Smoothie (S. 57)	Gurken-Birnen-Minze-Weizengras-Saft (S. 57)	Chia-Samen-Kokos-Ananas-Smoothie (S. 52)
Gewürznüsse (S. 76)	Edamame-Kern-Salat (S. 73)	Cashew-Goji-Riegel (S. 80)	Edamame-Kern-Salat (S. 73)
Bunter Gemüse-Ingwer-Salat (S. 107)	Kürbis-Bohnen-Eintopf (S. 138)	Grünkohl-Brokkoli-Salat mit Schalotten und Chilis (S. 108)	Cajun-Hähnchen mit Avocadosalat & Mango-Salsa (S. 202)
Cashew-Goji-Riegel (S. 80)	Kakaomilch (S. 53)	Gurken-Minze-Joghurt-Dip (S. 70) mit Gemüsesticks	Heidelbeeren (80 g)
Sautiertes Thunfischsteak mit Rote-Bete-Salat (S. 253)	Kaeng Masaman mit Süßkartoffel & Pute (S. 213)	Fischküchlein mit Lachs & Dill (S. 238)	Brennnessel-Grünkohl-Suppe (S. 92)

① OSTEOPOROSE

Ein übermäßiger Schwund der Knochensubstanz ist zu beobachten. Die Knochendichte nimmt ab, und die Knochen werden porös. Vor allem Frauen nach den Wechseljahren sind davon betroffen, da ein Schlüsselfaktor ein Mangel des weiblichen Hormons Östrogen ist.

Aber auch Männer können (selten) unter Osteoporose leiden. Verantwortlich dafür sind eine genetische Disposition, steroide Medikamente, Bewegungsmangel, Rauchen, zu viel Alkohol oder ein niedriger Testosteronspiegel. Das Problem wird verstärkt, wenn eine Unterversorgung mit Vitamin D und Kalzium hinzukommt.

Osteoporose ist auch im Alter durchaus vermeidbar. Sie ist zwar nicht heilbar, doch lassen sich diverse präventive Maßnahmen ergreifen bzw. lässt sich ihr Voranschreiten verlangsamen.

Mikronährstoffe für die Knochen Für gesunde Knochen ist **Kalzium** unverzichtbar. Mit zwei bis drei Portionen an kalziumreichen Lebensmitteln wie Pflanzenmilch mit Kalziumzusatz, dunkelgrünem Blattgemüse, Tahin, Hülsenfrüchten, Petersilie und Mandeln können Sie Ihren täglichen Bedarf decken. Damit Kalzium im Körper resorbiert werden kann, muss zudem Vitamin D aufgenommen werden (s. S. 310).

Auch **Vitamin K** ist dem Erhalt der Knochendichte förderlich. Dieses fettlösliche Vitamin (unter anderem in grünem Blattgemüse und Eiern) wird im Darm von Bakterien gebildet. Deshalb sollte auf eine gute Darmgesundheit geachtet werden (s. Verdauung, S. 316).

Sojaprodukte enthalten Isoflavonoide aus der Gruppe der **Phytoöstrogene** (eine Art pflanzliches Östrogen, das dem körpereigenen Hormon ähnelt). Diese sekundären Pflanzenstoffe docken an Östrogenrezeptoren im Körper an und ahmen die hormonelle Wirkung von Östrogen nach (in wesentlich milderer Form). Isoflavonoide können bei Frauen vor und nach der Menopause zum Erhalt der Knochenmasse beitragen (s. Menopause, S. 372). Ein Nachteil ist, dass eine hohe Zufuhr die Absorption von Kalzium, Magnesium, Zink und Eisen beeinträchtigen kann. Ein paar Portionen Sojaprodukte täglich stellen aber kein Problem dar. So lassen sich ein Snack aus Edamame oder eine Misosuppe einfach in jeden Speiseplan einbauen.

Bei geringer Knochendichte, einer diagnostizierten Osteoporose oder bei erhöhtem Risiko empfiehlt es sich, auf Nahrungsmittel zu verzichten, die die Absorption von Kalzium behindern oder den Mineralstoff aus dem Körper ausleiten. Dazu zählen ein zu hoher Salz- und Koffeinkonsum, und auch eine sehr proteinlastige Diät kann die Kalziumversorgung beeinträchtigen. Eine sulphatreiche Kost kann die Ausscheidung des Minerals über den Urin fördern (ein Knackpunkt bei sehr eiweißreicher Ernährung). Oxalsäurehaltige Lebensmittel wie Spinat, Rhabarber, Mangold und Rote Bete oder solche mit hohem Gehalt an Phytinsäure wie Kleie, einige Nüsse und Hülsenfrüchte können ebenfalls die Kalziumresorption behindern. Kombinieren Sie diese Lebensmittel also möglichst nicht mit kalziumreichen Zutaten, um die Aufnahme dieses wichtigen Minerals zu maximieren.

EMPFEHLENSWERT

- Avocados
- Brokkoli
- Edamame
- Eier
- Erbsen
- Forellen
- Getrocknete Feigen
- Getrocknete Kräuter und Gewürze
- Grünkohl
- Heilbutt
- Hühnchen
- Lachs
- Miso
- Nüsse (Mandeln, Cashewkerne)
- Orangen
- Petersilie
- Pute
- Rohkakao
- Rosinen
- Saaten (Kürbis-, Sonnenblumenkerne)
- Spargel
- Tahin
- Tamari
- Thunfisch
- Tofu
- Tomaten

VERMEIDEN

- Diät-Cola
- Kleie
- Mangold
- Rhabarber
- Rote Bete

Rezepte bei Osteoporose, s. S. 406

Magnesium und **Phosphor** sind weitere elementare Mineralstoffe für die Knochen. Magnesium kommt z. B. in dunkelgrünem Blattgemüse, Saaten, Nüssen (vor allem Cashewkernen), Trockenfrüchten, Rohkakao und weißem Fisch vor. Gute Phosphorquellen sind Fettfisch, Geflügel, Nüsse, Saaten und Sojaprodukte. Diät-Limos, vor allem Cola, fördern erwiesenermaßen den Knochenabbau, da enthaltene Phosphorsäure ein Hormon stimuliert, das Kalzium aus den Knochen löst (besonders relevant bei jungen Mädchen, die wenig Milch trinken und häufig ihre Ernährung stark einschränken).

TIPPS FÜR GESUNDE KNOCHEN

Mit Mitte 20 ist die maximale Knochenmasse erreicht und das Skelett ausgewachsen (stark durch die Ernährung beeinflusst). Zwar findet weiterhin ein Knochenumsatz statt, aber es wird immer mehr Knochenmaterial ab- als aufgebaut. Einige Risikofaktoren lassen sich nicht vermeiden bzw. sind kaum kontrollierbar wie familiäre Vorbelastung, Alter, Erkrankungen oder bestimmte Medikationen. Folgende Tipps können jedoch helfen:

Bauen Sie kalziumreiche Kost in Ihren täglichen Speiseplan ein, z. B. mit Kalzium angereicherte Pflanzenmilch, Tofu, Sesamsaat, Mandeln, getrocknete Feigen, Hülsenfrüchte, Tahin und dunkelgrünes Blattgemüse.

Vitamin D ist unverzichtbar für starke Knochen. Es wird vom Körper mithilfe von Sonnenlicht synthetisiert, ist aber auch in kleinen Mengen in Fettfisch, Eiern und angereicherten Lebensmitteln vorhanden.

Essen Sie ausgewogen und vielfältig, um auch andere Nährstoffe, die gut für die Knochen sind, aufzunehmen wie Magnesium, Phosphor oder Vitamin K.

Extremdiäten reduzieren die Nährstoffaufnahme. Achten Sie deshalb beim Abnehmen immer auf einen ausgewogenen Ansatz.

Treiben Sie knochen- und muskelaufbauenden Sport wie Joggen, Tanzen oder sanftes Krafttraining.

Zwar sollte die Nährstoffzufuhr in erster Linie über die Nahrung erfolgen. Zuweilen sind aber auch Supplemente sinnvoll, z. B. Vitamin D in den Wintermonaten oder Kalzium bei Frauen in den Wechseljahren.

Hören Sie auf zu rauchen.

Der Alkoholkonsum sollte auf 3–4 Einheiten bei Männern bzw. auf 2–3 Einheiten bei Frauen täglich begrenzt werden. Beispiele: 0,25 l Bier: 1 Einheit; 2 cl Schnaps: 1,5 Einheiten; 250 ml Wein: 1,25 Einheiten.

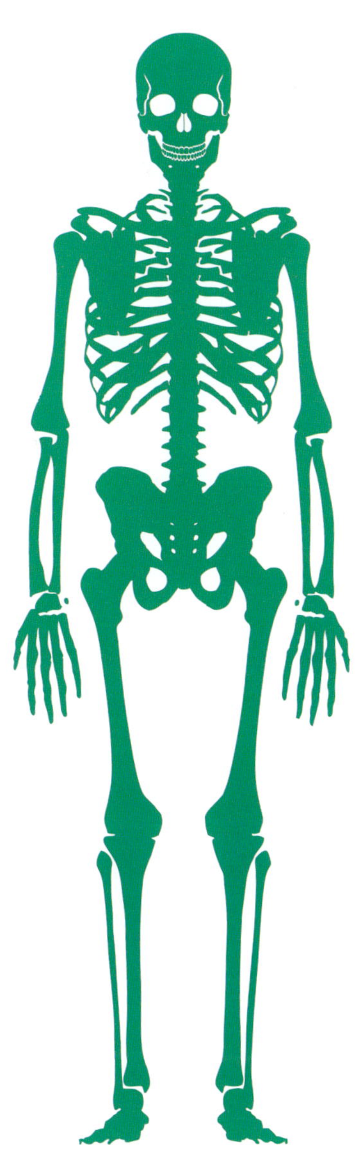

② ARTHRITIS

Bei Arthritis handelt es sich um eine entzündliche Gelenkserkrankung. Man unterscheidet zwischen Osteoarthritis und rheumatoider Arthritis. Für beide sind entzündlich schmerzende Gelenke, Steifheit, Rötungen und Schwellungen charakteristisch. Ein gesundes Körpergewicht durch eine ausgewogene Ernährung ist die effektivste Art der Symptomlinderung.

Osteoarthritis Bei diesem Krankheitsbild ist ein Verschleiß des Knorpelgewebes, das schützend über den Knochenenden liegt und für die Geschmeidigkeit der Gelenke sorgt, zu beobachten. Osteoarthritis kann jedes Gelenk betreffen, tritt aber am häufigsten im Nacken, an Knien, Hüften und Händen auf. Es ist ein degenerativer Prozess, der nicht geheilt werden kann. Doch gibt es Möglichkeiten, durch eine gesunde Ernährung sein Fortschreiten zu verlangsamen, die Gelenksfunktion zu verbessern und die Schmerzen zu lindern. Insbesondere ist auf ein gesundes Körpergewicht zu achten, um die Gelenke zu entlasten. Eine kalzium- und Vitamin-D-reiche Kost sorgt wie erwähnt für gesunde Knochen (s. Osteoporose, S. 312).

Darüber hinaus gibt es wenige Hinweise darauf, dass bestimmte Nahrungsmittel eine symptomhemmende Wirkung haben. Immerhin scheint der Verzehr von Vitamin-C-reichem Obst und Gemüse das Fortschreiten der Erkrankung zu verlangsamen, da das Vitamin an der Bildung von Collagen (ein Protein, das Hauptbestandteil der Knorpelmasse ist) beteiligt ist. Vitamin-C-reiche Lebensmittel sind z. B. Zitrusfrüchte, Beeren und dunkelgrünes Blattgemüse. Mindestens fünf Portionen Obst und Gemüse täglich versorgen Sie mit ausreichend Vitamin C.

Rheumatoide Arthritis Millionen von Deutschen leiden unter dieser chronischen Entzündung der Innenhaut von Gelenken, die sich in schmerzhaften Schwellungen äußert (meist in den kleinen Gelenken von Händen und Füßen). Dabei kann es zu einer Abnutzung der Gelenkflächen kommen, wodurch die Gelenke deformiert werden.

Diese Art von Arthritis gilt als Autoimmunerkrankung, bei der das Immunsystem das eigene Körpergewebe angreift. Das Immunsystem sendet Antikörper aus, die die Gelenkknorpel attackieren. Dies wiederum veranlasst Immunzellen, die Antikörper anzugreifen, wodurch es zu Entzündungen (schmerzhaften Schwellungen) und zur Freisetzung freier Radikalen (s. S. 291) kommt. Die durch entzündliche Reaktionen bedingten Schädigungen durch freie Radikale verschlimmern die Symptome zusätzlich.

Rheumatoide Arthritis kann sich also auch auf andere Organe wie Lunge, Haut oder Blutgefäße auswirken. Durch eine abwechslungsreiche Ernährung mit viel Obst und Gemüse werden dem Körper reichlich Antioxidantien (wie Beta-Karotin, Vitamin C, Selen und sekundäre Pflanzenstoffe) zugeführt, die in der Lage sind, freie Radikale zu binden und deren entzündliche Wirkung zu mindern.

EMPFEHLENSWERT

- Beeren
- Blattsalate
- Brokkoli
- Chia-Samen und -Öl
- Currypulver
- Forellen
- Garnelen
- Granatäpfel
- Grünkohl
- Hülsenfrüchte
- Kiwis
- Kurkuma
- Lachs
- Leinsamen und -öl
- Nüsse (Para- und Walnüsse)
- Paprika
- Quinoa
- Rapsöl
- Rosenkohl
- Sardinen
- Thunfisch
- Tomaten
- Zitrusfrüchte

VERMEIDEN

Keine speziellen Nahrungsmittel

Rezepte bei rheumatoider Arthritis, s. S. 397

Positive Effekte durch Ernährung Durch die Nebenwirkungen von schmerzlindernden Medikamenten (die Blutungen und Magengeschwüre verursachen können) sind Arthritispatienten auch einem erhöhten Risiko für Anämie (Blutarmut) ausgesetzt. Bei Menschen mit rheumatoider Arthritis ist auch eine durch die chronischen Entzündungen hervorgerufene Anämie zu beobachten (diese Art Anämie kann nicht durch die Einnahme von Eisenpräparaten verbessert werden). In beiden Fällen ist es wichtig, auf **eisen**reiche Kost zu achten wie (vor allem rotes) Fleisch, Fettfisch, Hülsenfrüchte und dunkelgrünes Blattgemüse. Die Absorption von Eisen aus pflanzlichen Quellen kann durch die Kombination mit Vitamin-C-haltigen Lebensmitteln wie einem Glas frischem Orangensaft verbessert werden.

Eine Unterversorgung mit **Selen** ist in Deutschland nicht selten und wird bei rheumatoider Arthritis mit einem schnelleren Fortschreiten der Krankheit in Verbindung gebracht. Durch den Verzehr von Nüssen (vor allem Paranüssen), Meeresfrüchten und reichlich Gemüse wie Tomaten und Brokkoli kann eine ausreichende Versorgung mit diesem Spurenelement gewährleistet werden. Das Antioxidans **Beta-Cryptoxanthin**, z. B. in roter oder orangefarbener Paprika, soll ebenfalls den Verlauf rheumatoider Arthritis verlangsamen.

Es gibt eindeutige Hinweise darauf, dass die entzündlichen Prozesse bei rheumatoider Arthritis durch **Omega-3-Fettsäuren** gemindert werden können, wie sie reichlich in Fettfisch vorkommen. In mehreren Studien konnte nachgewiesen werden, dass durch die entzündungshemmende Wirkung dieser Fettsäuren Schwellungen und Schmerzen in den Gelenken gelindert werden. Essen Sie deshalb also bis zu vier Portionen Fettfisch pro Woche (Schwangere maximal zwei Portionen). Vegetariern und Veganern wird angeraten, Saaten und deren kalt gepresste Öle, Walnüsse und reichlich dunkelgrünes Blattgemüse in den Speiseplan einzubinden oder auf Omega-3-Präparate zurückzugreifen.

Achten Sie außerdem auf ein ausgewogenes Verhältnis zwischen Omega-3- und Omega-6-Fettsäuren, da Letztere Entzündungen auch verstärken können. Omega-6-Fettsäuren liegen hauptsächlich in Pflanzenölen wie Sonnenblumen- und Maiskeimöl vor und dadurch auch in vielen verarbeiteten Produkten. Durch die Vermeidung von industriell verarbeiteten Lebensmitteln und die Verwendung von kalt gepresstem Oliven- oder Rapsöl können Sie den Omega-6-Anteil in Ihrer Ernährung reduzieren (verzichten Sie aber nicht vollständig darauf, da es sich um eine essenzielle, also unverzichtbare Fettsäure handelt, die eine wichtige Rolle für viele Körperfunktionen spielt).

Bestimmten Gewürzen wird ebenfalls eine entzündungshemmende Wirkung zugesprochen. So enthält Kurkuma (Gelbwurz) den Farbstoff Kurkumin, der eine antioxidative, entzündungshemmende Wirkung besitzt. Es lohnt sich also durchaus, Gerichte täglich mit einem gestrichenen Teelöffel Kurkuma zu würzen, um zu sehen, ob es Linderung verschafft.

VERDAUUNG

„Verdauung“ beschreibt den Prozess, bei dem Nahrung so aufgespalten wird, dass ihre Inhaltsstoffe aufgenommen und zu den Zellen transportiert werden können. Eine gesunde Verdauung ist eine der wichtigsten Voraussetzungen für Gesundheit und Wohlbefinden.

Es kann zwischen zwei und neun Stunden dauern, bis verschiedene Speisen verdaut und die Nährstoffe resorbiert sind. Danach kann es weitere acht bis 36 Stunden in Anspruch nehmen, bis die Nahrungsreste über den Darm ausgeschieden werden. Zwar ist der Verdauungstrakt in der Lage, sich selbst zu regenerieren und schädliche Substanzen schnell loszuwerden, doch kann eine mangelhafte, nährstoffarme Ernährung zu diversen Verdauungsproblemen führen.

Denn das, was wir essen, beeinflusst auch unsere Verdauung. Einige Nahrungsmittel sind als verdauungsfördernd bekannt, z.B.

DETOX FÜR EINE GESUNDE VERDAUUNG

	TAG 1	TAG 2	TAG 3
Frühstück	Mangojoghurt mit getrockneten Aprikosen & Bananen (S. 29)	Bircher-Müsli mit Äpfeln, Heidelbeeren & Zimt (S. 28)	Pekannuss-Kokos-Granola (S. 30)
Getränk	Himbeer-Heidelbeer-Kokos-Smoothie (S. 49)	Gurken-Birnen-Minze-Weizengras-Saft (S. 57)	Möhren-Rote-Bete-Apfel-Sellerie-Smoothie (S. 57)
Vormittagssnack	Heidelbeeren (80 g)	Dicke-Bohnen-Minze-Dip (S. 70) mit Gemüsesticks	Radieschen & Blumenkohl mit Hummus (S. 66)
Mittagessen	Hähnchen-Quinoa-Salat (S. 205)	Linsen & geröstete Auberginen mit Pesto (S. 161)	Rote-Linsen-Suppe (S. 89)
Nachmittagssnack	Rote-Bete-Hummus (S. 65) mit Gemüsesticks	Pistazien-Hafer-Riegel (S. 79)	Cashew-Goji-Riegel (S. 80)
Abendessen	Pasta mit dicken Bohnen & Spinat-Pesto (S. 178)	Kürbis-Tofu-Curry (S. 135)	Sautiertes Thunfischsteak mit Rote-Bete-Salat (S. 253)

ballaststoffreiche oder probiotische Kost, bestimmte Kräuter und Gewürze, die traditionell zur Verdauungsförderung eingesetzt werden (z.B. Ingwer und Minze). Eine Ernährung, die überwiegend aus Convenience-Produkten besteht (die in der Regel wenig ballaststoffreich sind, dafür viele gesättigte Fettsäuren, Salz und Zucker enthalten), kann häufig zu Verdauungsbeschwerden führen, von lästiger Verdauungsstörung (Dyspepsie) und Sodbrennen bis hin zu schwerwiegenderen Erkrankungen wie Reizdarmsyndrom (RDS) und Divertikulitis.

Die Verdauung wird nicht nur dadurch beeinflusst, was, sondern auch, wie Sie essen. Angewohnheiten wie zu schnelles, zu spätes Essen, eine schlechte Haltung beim Essen oder Sprechen mit vollem Mund können Symptome einer schlechten Verdauung wie Blähungen oder Aufstoßen hervorrufen.

TAG 4	TAG 5	TAG 6	TAG 7
Bohnen auf Toast (S. 47)	Quinoa-Haferflocken-Porridge mit Brombeer-Kompott (S. 33)	Chia-Samen-Pudding mit Brombeer-Limetten-Coulis (S. 35)	Mango-Becher mit Granatapfel (S. 33)
Chia-Samen-Kokos-Ananas-Smoothie (S. 52)	Himbeer-Heidelbeer-Kokos-Smoothie (S. 49)	Möhren-Rote-Bete-Apfel-Sellerie-Smoothie (S. 57)	Gurken-Birnen-Minze-Weizengras-Saft (S. 57)
Heidelbeeren (80 g)	Limabohnen-Spinat-Püree mit Gemüsesticks (S. 68)	Edamame-Kern-Salat (S. 73)	Geröstete Curry-Kichererbsen (S. 76)
Puten-Burger mit rotweißem Krautsalat (S. 214)	Salat mit Garnelen, Cashewnüssen & schwarzem Reis (S. 230)	Blumenkohlrisotto mit Pistazien (S. 130)	Hähnchen-Gemüse-Pastete (S. 219)
Avocado-Bohnen-Stampf auf Reiswaffeln (S. 60)	Mandeln (30 g)	Rote-Bete-Hummus (S. 65) mit Gemüsesticks	Ananas-Carpaccio mit Kokosbaiser (S. 273)
Naturreis-Risotto mit Pilzen (S. 182)	Sri-Lanka-Kürbiscurry (S. 134)	Gegrillter Lachs mit Ingwer (S. 238) und Möhren-Gurken-Bandsalat (S. 105)	Avocado-Salat (S. 97)

① VERSTOPFUNG

Man kann wohl durchaus behaupten, dass jeder schon einmal unter einer Verstopfung zu leiden hatte. Wobei viele fälschlicherweise glauben, dass eine Verstopfung bereits vorliegt, wenn kein täglicher Stuhlgang erfolgt. Aber jeder ist anders, und während sich der Darm bei den einen täglich entleert, haben andere einen Zwei- bis Drei-Tage-Rhythmus. Verstopfung wird üblicherweise definiert durch eine Abweichung vom Rhythmus verbunden mit hartem, trockenem Stuhl.

In der Regel sind eine ballaststoffarme Ernährung und eine zu geringe Flüssigkeitsaufnahme dafür verantwortlich. Aber auch ein Ortswechsel (bei Reisen), zu wenig Bewegung, Stress oder Medikamenteneinnahme sowie Reizdarmsyndrom können die Ursache sein.

Die wichtigste Maßnahme zur Vermeidung einer Verstopfung ist eine Ernährung mit erhöhtem Ballaststoffgehalt, sowohl mit löslichen wie auch unlöslichen Fasern. **Unlösliche Ballaststoffe** wie z. B. in Haferkleie (nicht zu viel rohe Kleie, da sie die Absorption von Nährstoffen wie Zink und Eisen hemmt), Nüssen und Saaten werden nicht verdaut und sorgen dafür, dass andere Nahrung leichter den Verdauungsapparat passiert. Wie der Name andeutet, absorbieren **lösliche Ballaststoffe** Wasser, quellen und machen den Stuhl dadurch weicher. Sie sind in Obst und Gemüse (mit Schale und Haut verzehren), Getreide, Leinsamen und Hülsenfrüchten enthalten.

Erwachsenen wird eine tägliche Zufuhr von mindestens 30 g Ballaststoffen empfohlen, die neben den täglichen Obst- und Gemüseportionen durch einige Portionen Vollwertgetreide oder Hülsenfrüchte erreicht werden können. In der EU ist eine Nährwertkennzeichnung auf Verpackungen bislang nicht verpflichtend, doch viele Hersteller geben den Ballaststoffanteil ihrer Produkte freiwillig an. Es lohnt sich also, einen Blick darauf zu werfen.

In unserer Detox-Küche wird viel mit Gemüse, Hülsenfrüchten und Vollwertgetreide gearbeitet, weshalb die meisten Rezepte Sie mit vielen verdauungsfördernden Ballaststoffen versorgen. Rezepte mit besonderes hohem Faseranteil sind als solche gekennzeichnet.

Wenn Sie auf eine ballaststoffreiche Ernährung umstellen, ist es wichtig, dabei schrittweise vorzugehen, um unerwünschte Nebenwirkungen wie Blähungen zu vermeiden (diese lassen aber ohnehin nach, sobald sich Ihr Körper an die Ballaststoffmengen gewöhnt hat). Zudem sollten Sie ausreichend trinken, damit die löslichen Fasern quellen und ihre Funktion erfüllen können.

Weitere Maßnahmen

- Backpflaumen und Pflaumensaft sind traditionelle Mittel bei Verstopfung. Mischen Sie gehackte Backpflaumen und Saaten (Chia- oder geschrotete Leinsamen) in probiotischen Sojajoghurt.
- Heißgetränke können die Darmtätigkeit anregen. Trinken Sie also direkt nach dem Aufstehen ein Glas heißes Wasser mit Zitrone, Kräuter- oder Rooibostee. Eine abführende Wirkung hat

EMPFEHLENSWERT

- Jedes Obst, insbesondere Brombeeren, getrocknete Aprikosen, Mangos, Backpflaumen und Pflaumensaft
- Jedes Gemüse, insbesondere stärkehaltige Sorten wie Butternusskürbis, Süßkartoffeln, Rosenkohl, Topinambur und Grünkohl
- Avocados
- Gerste
- Haferflocken
- Haferkleie
- Hülsenfrüchte (Bohnen, Linsen)
- Kürbiskerne
- Leinsamen
- Nüsse (Mandeln, Cashewkerne)
- Quinoa
- Vollkornreis (braun, schwarz, rot)

VERMEIDEN

- Milchprodukte
- Industriell verarbeitete Lebensmittel

Rezepte bei Verstopfung, s. S. 411

auch ein Tee aus Sennesblättern (Apotheke oder Reformhaus), die die Peristaltik des Darms in Schwung bringen, wodurch die Stuhlpassage erleichtert wird.

- Bleiben Sie in Bewegung. Körperliche Aktivitäten unterstützen einen regelmäßigen Stuhlgang.
- Vermeiden Sie den übermäßigen Verzehr von Milchprodukten und industriell verarbeiteten Produkten, die meist wenig Ballaststoffe enthalten und häufig zu Verstopfung führen.
- Trinken Sie wenig Schwarztee und Kaffee, da Koffein eine mild entwässernde Wirkung hat und eine Verstopfung verstärken kann.

BALLASTSTOFFGEHALT

Azuki-Bohnen (40 g) ____ 6 g
Kichererbsen (40 g) ____ 6 g
Puy-Linsen (40 g) ____ 8 g
Rote Linsen (40 g) ____ 3 g
Schwarze Bohnen (40 g) ____ 6 g

Gerste (60 g) ____ 7 g
Haferflocken (50 g) ____ 5 g
Quinoa (60 g) ____ 4 g
Vollkornreis (75 g) ____ 2 g

Avocado (½) ____ 4 g
Backpflaumen (5) ____ 3 g
Getrocknete Aprikosen (5) ____ 3 g
Heidelbeeren (80 g) ____ 2 g
Mango (½) ____ 3 g

Grünkohl (80 g) ____ 3 g
Kürbis (80 g) ____ 2 g
Okra (80 g) ____ 4 g
Rosenkohl (80 g) ____ 5 g
Süßkartoffeln (80 g) ____ 3 g
Topinambur (80 g) ____ 3 g

Leinsamen (30 g) ____ 8 g
Mandeln (30 g) ____ 3 g
Pistazien (30 g) ____ 2 g
Sonnenblumenkerne (30 g) ____ 2 g

Als Richtwert für die tägliche Ballaststoffzufuhr gelten 30 g. Oft fehlt einem die Vorstellung davon, wie viele Fasern in welchem Nahrungsmittel stecken. Deshalb haben wir einige besonders ballaststoffreiche Nahrungsmittel aufgelistet. Die Mengenangaben in Klammern entsprechen einer durchschnittlichen Portion (das Gewicht von rohen Hülsenfrüchten ergibt nach dem Garen eine durchschnittliche Menge von 80 g; das Gewicht von Rohgetreide ergibt eine gegarte Portion von 180 g; bei Gemüse gelten die Angaben für vorbereitetes rohes Gemüse).

② BLÄHUNGEN

Die meisten von uns wissen, wie sich ein aufgeblähter Bauch anfühlt. Eine leichte Ausdehnung des Verdauungstraktes nach dem Essen ist ganz normal, da Verdauungsgase produziert werden. Aber bei manchen Menschen geht dies über das normale Maß hinaus, und sie fühlen sich unbehaglich, aufgedunsen und haben in manchen Fällen einen stark aufgetriebenen Bauch. Es gibt viele Gründe für Blähungen wie zu große Essensportionen, Lebensmittelintoleranzen, Reizdarmsyndrom (RDS), zu viele Darmbakterien, Verstopfung oder einfach eine zu große Luftaufnahme beim Essen (wenn man mit vollem Mund spricht oder zu hastig isst).

Blähungen sind in der Regel das Ergebnis einer übermäßigen Gasbildung im Verdauungstrakt, die durch die Überproduktion von Darmbakterien entstehen kann. Weitere Ursachen können die verzögerte Abführung von Abbauprodukten aus dem Darm sein, was bei einer Verstopfung der Fall ist, oder der übermäßige Verzehr bestimmter Nahrungsmittel wie Obst (Darmbakterien gedeihen besonders durch den Zucker der verdauten Früchte). Achten Sie besonders auf eine gute Darmgesundheit. Wenn Sie häufiger unter Blähungen leiden, können Nahrungsmittel wie probiotischer Sojajoghurt oder probiotische Präparate für eine gesündere Darmflora sorgen (z. B. mit *Lactobacillus*- und *Bifidobacterium*-Kulturen).

Ebenfalls hilfreich sind Nahrungsmittel mit **präbiotischer Wirkung**. Sie enthalten Ballaststoffe, die nicht verdaut oder vom Körper absorbiert werden können, aber förderlich für eine gesunde Darmflora sind). Solche Lebensmittel sind beispielsweise Spargel, Topinambur, Bananen, Chicorée, Lauch und Tomaten.

Ein wichtiges Mineral für einen gesunden Darm ist außerdem das **Magnesium**. Deshalb sind magnesiumreiche Nahrungsmittel wie Nüsse und Saaten (Sonnenblumen- und Kürbiskerne) nur zu empfehlen. Darüber hinaus sind sie eine gute Ballaststoffquelle (s. Verstopfung, S. 318).

Was Sie meiden sollten Zucker, Alkohol und Hefen bieten den idealen Nährboden für schädliche Bakterien, die eine übermäßige Gasbildung verantworten und zu Blähungen führen können. Eine konsequente Vermeidung von zuckerhaltigen Produkten und Alkohol kann helfen (was wir in unserer Detox-Küche generell empfehlen). Um Hefen in der Ernährung zu reduzieren, sollten Sie Pilze, Blauschimmel- und reifen Käse, eingelegte oder fermentierte Produkte und Sojasauce (Tamari ist o. k.) vermeiden.

Einige Lebensmittel sind bekannt für ihre natürliche blähende Wirkung. Dazu gehören Hülsenfrüchte wie Bohnen und Linsen, Zwiebeln und diverse Kohlsorten. Man kann sie weglassen und beobachten, ob sich die Blähungen bessern. Sie sollten aber dennoch auf Ihre mindestens fünf Portionen Obst und Gemüse achten. Eine weitere Möglichkeit, Blähungen und Winde zu vermeiden, ist, den Verzehr von Trockenfrüchten einzuschränken.

EMPFEHLENSWERT

- Ananas
- Auberginen
- Bananen
- Cashewkerne
- Chicorée
- Fenchelsamen
- Frischer Pfefferminztee
- Gurken
- Heilbutt
- Lauch
- Papayas
- Probiotischer milchfreier Joghurt
- Saaten (Kürbis-, Sonnenblumenkerne)
- Spargel
- Tomaten
- Topinambur

VERMEIDEN

- Alkohol
- Bestimmte Gemüsesorten wie Kohl und Zwiebeln
- Eingelegte oder fermentierte Produkte
- Hülsenfrüchte
- Milchprodukte
- Sojasauce
- Weizenprodukte
- Zucker

Rezepte bei Blähungen, s. S. 397

Lebensmittelintoleranzen (insbesondere gegen Weizen- und Milchprodukte) äußern sich ebenfalls häufig in Blähungen, weil der Darm sich nicht vollständig entleert. Gase und unverdaute Nahrungsreste verbleiben im Darm und beginnen durch Bakterienzersetzung zu fermentieren. Wenn Sie eine Lebensmittelintoleranz haben (alle Rezepte in diesem Buch sind weizen- und milchproduktfrei), ist es entscheidend, dafür zu sorgen, die entsprechenden Nährstoffe aus anderen Quellen zu erhalten, um gesund zu bleiben (s. Lebensmittelintoleranzen, S. 325).

Um herauszufinden, welche Lebensmittel Ihnen eventuell Probleme bereiten, ist es hilfreich, ein Ernährungstagebuch zu führen, um Zusammenhänge zwischen Nahrungsmitteln und Beschwerden aufzudecken. Wenn Sie glauben, die „Übeltäter" ausfindig gemacht zu haben, lassen Sie sie weg – aber nicht zu viele auf einmal –, und versuchen Sie, sich dennoch aus allen Komponenten der Hauptnahrungsgruppen gesund zu ernähren (s. S. 287).

Was bei Blähungen helfen kann

- Frischer Pfefferminztee ist ein traditionelles Mittel zur Linderung von Blähungen, da er die Darmwände und die Magenklappe zwischen Speiseröhre und Magen entspannt. Pfefferminztee ist außerdem eine gute koffeinfreie Alternative zum Espresso nach dem Essen. Ein Tee mit Fenchel, Anis und Kümmel verschafft ebenfalls Erleichterung.
- Ananas und Papayas enthalten spezielle Enzyme, die eine verdauungsfördernde Wirkung entfalten. Servieren Sie die Früchte klein geschnitten mit Wassermelonenstücken und gehackter Minze als erfrischendes Dessert.
- Essen Sie häufiger und kleinere Portionen. Lassen Sie sich Zeit beim Essen. Sitzen Sie aufrecht am Tisch, und kauen Sie gut, damit Ihr Verdauungssystem bereits gut zerkleinerte und eingespeichelte Nahrung erhält.

Wenn Sie über einen Monat unter ständigen Blähungen leiden, sollten Sie Ihren Hausarzt aufsuchen und die Ursachen abklären lassen.

③ REIZDARMSYNDROM (RDS)

Reizdarmsyndrom ist eine allgemeine Funktionsstörung des Darms, von der bis zu 20 Prozent der Erwachsenen betroffen sind und die den Alltag erheblich beeinflussen kann. Zu den Symptomen gehören erhöhte Darmkontraktionen, die schubweise zu Diarrhö oder Verstopfung oder beidem führen können, sowie Blähungen, Bauchkrämpfe und -schmerzen, Winde und Übelkeit. Die Symptome verstärken sich in der Regel nach einer Mahlzeit mit individuell starker Ausprägung. RDS kann nicht durch Tests nachgewiesen werden, und die Diagnose erfolgt lediglich durch Ausschluss anderer Erkrankungen.

Lebensmittelintoleranzen (s. S. 325) können eine Ursache für RDS sein, und Stress scheint die Symptome zu verstärken. Betroffenen wird außerdem geraten, sich regelmäßig zu bewegen und unterschiedliche Entspannungstechniken zur Stressreduzierung anzuwenden.

Es scheint bestimmte Nahrungsmittel zu geben, die RDS verschlimmern können, und der einzige Weg, die Auslöser zu ermitteln, ist, ein Ernährungstagebuch zu führen. Zu den problematischen Nahrungsmitteln gehören z. B. Weizen- und Milchprodukte sowie solche mit blähender Wirkung wie raffinierter Zucker, Alkohol, Sojasauce, eingelegte oder fermentierte Produkte und bestimmte Gemüsesorten (z. B. Hülsenfrüchte, Zwiebeln und Kohlsorten). Es empfiehlt sich daher, nacheinander einzelne Lebensmittelgruppen aus der Diät auszuschließen, aber nicht zu viele auf einmal, um keine Mangelernährung zu riskieren. Eine Ernährungsberatung kann Sie dabei unterstützen.

Auch Lebensmittel, die Polyole enthalten (Zuckeralkohole wie z. B. Sorbitol, das als Zuckerersatzstoff eingesetzt wird) und in großen Mengen stark abführend wirken, sowie stark verarbeitete Produkte können kritisch sein.

Ein gesunder Darm Probiotische Bakterien fördern die Darmgesundheit und haben sich als hilfreich bei der Linderung der Symptome des Reizdarms erwiesen, insbesondere bei Blähungen. Solche nützlichen Bakterien finden sich in probiotischen (milchfreien) Joghurts und Präparaten beispielsweise mit *Lactobacillus*- und *Bifidobacterium*-Kulturen.

Eine Reduktionsdiät, die als FODMAP (fermentierbare Oligo-, Di- und Monosaccharide sowie Polyole) bekannt ist, hat sich als sehr erfolgreich bei der Behandlung von RDS erwiesen. Sie sollte auf jeden Fall von einem Ernährungsberater begleitet werden, der Ihre Fortschritte kontrolliert. Die FODMAP-Diät klassifiziert Nahrungsmittel nach ihrem Gehalt an fermentierbaren Kohlenhydraten: Solche mit hohem Gehalt verursachen mehr Darmflüssigkeiten und -gase und führen deshalb zu Blähungen, Bauchschmerzen und Diarrhö. Ganz allgemein werden Lebensmittel, die viel Frucht- und Milchzucker (Fructose bzw. Laktose) oder Weizen enthalten, zur Gruppe mit hohem Anteil an fermentierbaren Kohlenhydraten gerechnet.

EMPFEHLENSWERT

- Chia-Öl
- Forellen
- Lachs
- Leinöl
- Makrelen
- Probiotischer (milchfreier) Joghurt
- Sardinen
- Walnüsse

VERMEIDEN

- Alkohol
- Blähendes Gemüse wie Kohlsorten und Zwiebeln
- Eingelegte oder fermentierte Produkte
- Fermentierbare Kohlenhydrate (s. links)
- Hülsenfrüchte
- Milchprodukte
- Sojasauce
- Sorbitol
- Weizenprodukte
- Zucker

Rezepte bei RDS, s. S. 410

Wie bei anderen Verdauungsbeschwerden hat es sich auch beim RDS als förderlich erwiesen, häufiger und kleinere Portionen zu essen und sich dabei Zeit zu lassen, um Blähungen durch erhöhte Luftaufnahme zu vermeiden. Außerdem wird eine Einschränkung fettiger Speisen angeraten, da sie lange verdaut werden müssen.

Eine weitere Maßnahme zur Linderung von RDS ist, auf die Zufuhr von Ballaststoffen zu achten. Während Diarrhö-Schüben sollten Sie ballaststoffreiche Kost reduzieren, bei Verstopfung hingegen verstärkt zuführen, und zwar insbesondere in Form von löslichen Fasern (z. B. Haferflocken, Hülsenfrüchte, Datteln, Äpfel und Gemüse), da sie quellen, den Stuhl weicher machen und so die Darmpassage erleichtern. Begleitend dazu sollten Sie immer reichlich trinken, damit die Fasern auch quellen können.

Rohe Kleie, ein beliebtes Mittel bei Verstopfung, sollte hingegen vermieden werden, weil sie den Darm zusätzlich reizt und die Resorption von wichtigen Mineralstoffen wie Eisen und Kalzium hemmen kann. Kleie enthält nämlich, ebenso wie Nüsse (vor allem Erdnüsse), Hülsenfrüchte und (Pseudo-)Getreide, größere Mengen Phytinsäure (einen sekundären Pflanzenstoff), die Mineralstoffe im Darm bindet und aus dem Körper leitet.

Achten Sie auf eine ausreichende Flüssigkeitszufuhr, insbesondere bei diarrhöischen Schüben. Empfehlenswert sind dabei verdauungsfördernde Kräutertees (Fenchel, Minze, Kamille, Ingwer), die den Magen-Darm-Trakt beruhigen und bei Blähungen helfen.

Mögliche Entzündungen Bislang wurde immer davon ausgegangen, dass entzündliche Prozesse keine Rolle bei RDS spielen. Neuere Untersuchungen deuten aber darauf hin, dass in manchen Fällen ein RDS durchaus die Folge einer Infektion im Verdauungstrakt sein kann, die Diarrhö und Darmentzündungen auslösen kann. (Diese Symptome können den Dickdarm in seiner Funktionsweise stören und so RDS verursachen.) Entsprechende Forschungsergebnisse haben gezeigt, dass viele RDS-Patienten, besonders wenn sie vorrangig unter Diarrhö leiden, anhaltende Entzündungen haben. Die Einbindung von **Omega-3**-reichen Lebensmitteln wie Fettfisch, Nüssen (Walnüssen), Saaten (Chia- und Leinsamen) sowie Saatenölen kann eine günstige Wirkung auf die Entzündungen haben. In jedem Fall sollten diese Produkte regelmäßiger Teil einer ausgewogenen Ernährung sein.

④ DYSPEPSIE & SODBRENNEN

Ein gelegentlich gereizter Magen ist nicht besorgniserregend, aber es gibt Menschen, bei denen dies ein Dauerzustand ist (funktionelle Dyspepsie). Dafür sind meist Entzündungen im Magen verantwortlich, häufig ein Ergebnis einer zu hohen Produktion an Magensäure. Sodbrennen, das oft zusammen mit Dyspepsie auftritt, entsteht, wenn die Magensäure nach oben in die Speiseröhre fließt (Reflux).

Die Speiseröhrenwände haben keine schützende Schicht (wie die Magenschleimhaut), weshalb die Magensäure dort reizend wirkt. Sodbrennen ist insbesondere ein Problem für fettleibige Menschen und Schwangere, wenn der Druck im Oberbauch die Flüssigkeit nach oben in die Speiseröhre drückt. Betroffene leiden oft auch unter anderen Verdauungsproblemen wie Blähungen, Winden, Übelkeit und Aufstoßen.

Einfache Umstellung Zu den einfachsten Maßnahmen, Dyspepsie und Sodbrennen in den Griff zu bekommen, gehören: kleinere Portionen essen und zwei bis drei Stunden vor dem Schlafengehen keine größeren Mahlzeiten mehr einnehmen. Es empfiehlt sich auch, langsam zu essen, jeden Bissen gründlich zu kauen, um die Nahrung gut einzuspeicheln und die Verdauungsenzyme zu aktivieren.

Eine fettarme Kost mit einem ausgewogenen Verhältnis an stärkehaltigen Produkten, Proteinen (stimulieren die Galle zu einer erhöhten Gallensäureproduktion, die die Verdauung unterstützt) und Obst und Gemüse ist bereits ein guter Anfang. Eine gute Versorgung mit **Omega-3-Fettsäuren** (aus Fettfisch, Saaten und Saatenölen, dunkelgrünem Gemüse und Nüssen) kann bei allen entzündlichen Prozessen im Körper helfen und eine bessere Verdauung anregen.

Schokolade, Pfefferminze, Alkohol und kohlensäurehaltige Getränke sollten bei Sodbrennen gemieden werden, weil sie zu einer Entspannung des Ösophagussphinkters, des Speiseröhrenschließmuskels, der wie eine Klappe zwischen Speiseröhre und Magen funktioniert, führen können. Auch Rohkost kann Probleme bereiten, weil sie lange im Verdauungsapparat verweilt. Wählen Sie deshalb lieber gegartes Gemüse, und greifen Sie erst dann langsam zu Rohkost, wenn die Verdauung wieder reibungslos verläuft.

Stark fetthaltige Produkte (insbesondere gesättigte Fettsäuren in durchwachsenem Fleisch und Milchprodukten) haben eine lange Verweildauer im Magen, was das Refluxrisiko erhöht. Andere problematische Lebensmittel können sein: Obst wie Zitrusfrüchte, Kaffee (auch entkoffeiniert) und andere koffeinhaltige Getränke wie Schwarztee, Cola und Energydrinks, die zu erhöhter Magensäurebildung führen können.

Kamillen- oder Ingwertee zwischen den Mahlzeiten kann die entzündlichen Magen-Darm-Wände beruhigen und Speiseröhrenspasmen reduzieren.

EMPFEHLENSWERT

- Chia-Öl
- Forellen
- Grünkohl
- Kamille- und Ingwertee
- Lachs
- Leinöl
- Rosenkohl
- Sardinen
- Spinat
- Thunfisch
- Walnüsse

VERMEIDEN

- Alkohol
- Kaffee
- Pfefferminze
- Produkte mit vielen gesättigten Fettsäuren wie durchwachsenes Fleisch, Milchprodukte, stark verarbeitete Lebensmittel
- Rohkost
- Schokolade
- Schwarztee
- Zitrusfrüchte

Rezepte bei Dyspepsie und Sodbrennen, s. S. 402

⑤ LEBENSMITTELINTOLERANZEN

Intoleranzen, also Unverträglichkeiten, sind von Allergien (s. unten) zu unterscheiden. Intoleranzen kommen häufiger vor; die dabei beobachteten Verdauungsbeschwerden wie Blähungen, Krämpfe und Diarrhö treten langsamer auf und können länger anhalten. Üblicherweise ruft erst eine größere Menge des problematischen Lebensmittels eine Reaktion hervor, aber einige Menschen reagieren auch schon auf kleinere Mengen.

Mit am weitesten verbreitet ist die Laktoseintoleranz. Laktose (Milchzucker) ist in fast allen Milchprodukten enthalten. Bei mangelnder oder fehlender Ausschüttung des Enzyms Laktase im Dickdarm kann der Milchzucker nicht (vollständig) aufgespalten werden und führt zu typischen Symptomen wie Blähungen. Diese Beschwerden können auch einen ethnischen Hintergrund haben: Menschen mit asiatischen Vorfahren haben weit häufiger eine Laktoseintoleranz als Menschen mit europäischer Abstammung.

Symptome einer Lebensmittelintoleranz sind oft schwierig von denen anderer Verdauungsbeschwerden wie RDS abzugrenzen, und da Menschen eine Unverträglichkeit gegen eine ganze Reihe von Nahrungsmitteln entwickeln können, ist es mitunter recht schwierig, eine eindeutige Diagnose zu stellen. Denn bis auf die Laktoseintoleranz lassen sich Unverträglichkeiten nicht mit verlässlichen und bewährten Tests feststellen. Das beste Diagnosemittel ist deshalb das Ausschlussverfahren (Eliminationsdiät). Die Diät, bei der ein Nahrungsmittel nach dem anderen weggelassen und nach einer bestimmten Zeit wieder eingeführt wird, sollte mit Unterstützung eines Ernährungsexperten durchgeführt werden. Die meisten Betroffenen vertragen das problematische Lebensmittel in kleinen Mengen, deshalb hilft das Ausschlussverfahren auch bei der Ermittlung der Toleranzschwelle.

Eine weitgehend weizen- und milchproduktfreie Ernährung mag fallweise schon ausreichen, um eine milde Lebensmittelintoleranz in den Griff zu bekommen (bei Symptomen wie Blähungen). Wenn die Symptome aber anhaltend und schwerwiegend sind, sollten Sie einen Arzt und/oder einen Ernährungsexperten aufsuchen.

Lebensmittelallergie Darunter versteht man eine anormale Immunreaktion auf ein oder mehrere Lebensmittel/Inhaltsstoffe, die durch den Antikörper Immunoglobulin E (IgE) ausgelöst wird. Bei einem Allergietest reagieren die Betroffenen bereits auf sehr kleine Mengen des Allergens und zeigen nach sehr kurzer Zeit Symptome unterschiedlichster Art wie Hautschwellungen und -reizungen, Magenkrämpfe, Übelkeit und Erbrechen. In extremen Fällen kann es sogar zu einem anaphylaktischen Schock kommen, der tödlich sein kann.

Lebensmittelallergien haben in den letzten Jahren stark zugenommen. Die Zahl wird in Deutschland auf sechs Millionen Betroffene geschätzt. Die häufigsten Allergene sind Erdnüsse, glutenhaltiges Getreide, Fisch und Meeresfrüchte, Milch, Sellerie, Eier und Sulfate.

IMMUNSYSTEM

Das Immunsystem schützt uns vor fremden Organismen, Viren und Bakterien wie eine Armee von Zellen, die den Körper verteidigen. Durch die Bildung von entsprechenden Antikörpern können sie sich Fremdsubstanzen merken und bieten einen Schutz vor weiteren Angriffen.

Eine gesunde Ernährung ist elementar für ein robustes, gesundes Abwehrsystem, und es gibt zahlreiche Mikronährstoffe, die wesentlich dazu beitragen. Dazu gehören Eisen, Zink, Selen sowie die Vitamine A, C und E. Omega-3-Fettsäuren und die Antioxidantien aus Obst und Gemüse tragen ebenfalls zur Bekämpfung von Entzündungen und zum Schutz der Immunzellen vor schädlichen freien Radikalen bei.

Entzündungen sind zu einem Modethema in der Ernährung geworden und stehen im Mittelpunkt der Forschung. Sehr vereinfacht dargestellt, ist eine Entzündung die Antwort des Körpers auf potenziell gefährliche Substanzen. Die Körperreaktionen sind allerdings nicht immer hilfreich. So gibt es sogenannte Autoimmunerkrankungen wie Schuppenflechte, bei denen die Immunzellen fehlerhaft die eigenen Körperzellen angreifen. Entzündungen können auch die Ursache zahlreicher chronischer Erkrankungen sein.

Zum besseren Verständnis: Entzündungen dienen zunächst einmal dem Überleben, insofern sie den Körper bei Verletzungen vor Infektionen bewahren. Wenn man sich schneidet, schützen weiße Blutkörperchen an der verletzten Stelle vor einer potenziellen Infektion. Sicht- und spürbare Anzeichen dafür sind Schwellungen, Rötungen und Schmerzen (Hauptmerkmale einer Entzündung).

DETOX FÜRS IMMUNSYSTEM

	TAG 1	TAG 2	TAG 3
Frühstück	Mangojoghurt mit getrockneten Aprikosen & Bananen (S. 29)	Bircher-Müsli mit Rote Bete & Apfel (S. 25)	Granola mit Ananas & Erdbeeren (S. 30)
Getränk	Möhren-Rote-Bete-Apfel-Sellerie-Smoothie (S. 57)	Himbeer-Heidelbeer-Kokos-Smoothie (S. 49)	Gurken-Birnen-Minze-Weizengras-Saft (S. 57)
Vormittagssnack	Cashew-Goji-Riegel (S. 80)	Granatapfelkerne (80 g)	Ofenspargel mit Wachteleiern (S. 187)
Mittagessen	Gebratene Shiitakepilze mit Daikon (S. 142)	Azuki-Bohnen-Eintopf (S. 170)	Hähnchen-Quinoa-Salat (S. 205)
Nachmittagssnack	Radieschen & Blumenkohl mit Hummus (S. 66)	Avocado-Bohnen-Stampf auf Reiswaffeln (S. 60)	Mandeln (30 g)
Abendessen	Tandoori-Hähnchen mit Ananassalat (S. 201)	Kichererbsen-Granatapfel-Kürbis-Curry (S. 164)	Rote-Bete-Möhren-Tajine mit Blumenkohl-Couscous (S. 132)

Entzündungen können sich allerdings auch negativ auswirken. Wissenschaftler sind dabei, grundlegende Zusammenhänge zwischen „niedriggradigen chronischen Entzündungen“ (durch eine Überreaktion des Immunsystems) und einer beschleunigten Alterung sowie den damit verbundenen Krankheiten nachzuweisen. Eine übermäßige Fettaufnahme und Fettleibigkeit lösen vermutlich entzündliche Prozesse aus, da Fettzellen biologisch sehr aktiv sind und die Ausschüttung von Hormonen und Immunsubstanzen fördern. Dies wiederum kann zu einer Insulinresistenz (vermindertes Ansprechen der Zellen auf Insulin) führen – einem Risikofaktor für Diabetes und andere Erkrankungen, die das Risiko für Herzerkrankungen erhöhen.

Stress, Rauchen oder Fehlernährung mit viel Zucker, Trans- und Omega-6-Fettsäuren sowie Lebensmittelintoleranzen tragen vermutlich ebenfalls zu „niedriggradigen“ Entzündungen bei, da das Immunsystem mit den Folgen der modernen Lebensführung zu kämpfen hat.

Diese entzündlichen Prozesse verursachen langfristig Schäden, können aber durch einen gesünderen Lebensstil mit einer ausgewogenen Ernährung gemildert werden. Denn diverse Nährstoffe wirken entzündlichen Prozessen im Körper entgegen, die in einer gesunden, ausgewogenen Ernährung aus Vollkornprodukten, Obst, Gemüse, Nüssen und gesunden Fetten (wie Omega-3- und einfach ungesättigten Fettsäuren) enthalten sind. Lebensmittel mit entzündungshemmenden Inhaltsstoffen können auch bei Erkrankungen wie RDS oder Autoimmunerkrankungen wie rheumatoider Arthritis helfen.

TAG 4	TAG 5	TAG 6	TAG 7
Wachsweiche Eier mit Avocado-Salat (S. 38)	Chia-Samen-Pudding mit Brombeer-Limetten-Coulis (S. 35)	Mango-Becher mit Granatapfel (S. 33)	Mini-Frittatas (S. 41)
Chia-Samen-Kokos-Ananas-Smoothie (S. 52)	Gurken-Birnen-Minze-Weizengras-Saft (S. 57)	Avocado-Apfel-Kiwi-Spinat-Smoothie (S. 55)	Möhren-Rote-Bete-Apfel-Sellerie-Smoothie (S. 57)
Himbeeren (80 g)	Brokkoli-Cashew-Aufstrich (S. 63) auf Reiswaffeln	Mandeln (30 g)	Gewürznüsse (S. 76)
Salat mit Garnelen, Cashewnüssen & schwarzem Reis (S. 230)	Graupen-Risotto mit Kürbis & Salbei (S. 182)	Gebackene Aubergine mit Granatapfel (S. 121)	Salat mit Lachs, grünen Bohnen, Orange & Haselnuss (S. 235)
Sprossenbrokkoli & Tahin (S. 66)	Pistazien-Hafer-Riegel (S. 79)	Grünkohlchips mit Cashewkernen & Paprika (S. 74)	Limabohnen-Spinat-Püree mit Gemüsesticks (S. 68)
Gebratener Blumenkohlreis mit Shiitakepilzen & Tofu (S. 143)	Phat Thai mit Naturreisnudeln (S. 209)	Seelachs-Garnelen-Fischküchlein mit Zucchini-Spaghetti (S. 247)	Brokkoli-Ingwer-Suppe (S. 84)

① ERKÄLTUNG

Erkältungen mit Husten und/oder Schnupfen und zuweilen leichtem Fieber sind zwar nicht lebensbedrohlich, können aber ziemlich lästig sein. Wenn man sich, vor allem in der kalten Jahreszeit, erst einmal eine Erkältung eingefangen hat, kann man nicht viel tun, da es kein Allheilmittel gibt. Mit der gebotenen Schonung klingen die meisten Erkältungen nach ein paar Tagen von allein wieder ab. Damit es erst gar nicht so weit kommt, braucht man ein robustes Abwehrsystem. Dazu kann die richtige Ernährung definitiv beitragen. Außerdem gibt es viele Nahrungsmittel, deren Inhaltsstoffe die Symptome einer Erkältung lindern können.

Gesund bleiben Gemeinhin wird die Einnahme von **Vitamin C** zur Bekämpfung einer Erkältung empfohlen. Ob dies tatsächlich einen Nutzen hat, ist nicht endgültig bewiesen; dies gilt insbesondere für Vitamin-C-Präparate. Sicher ist aber, dass das Vitamin einen großen Beitrag für eine starke Abwehr leistet und dass eine Vitamin-C-reiche Kost die Bildung krankheitsbekämpfender Antikörper anregt.

Studien haben gezeigt, dass **Zink** eine wichtige Rolle bei der Vorbeugung und Linderung von Erkältungen spielt. Achten Sie also besonders in der Erkältungszeit auf eine zinkreiche Ernährung (Meeresfrüchte, Vollkornprodukte wie Hafer und Naturreis, dunkelgrünes Blattgemüse, Nüsse und Saaten).

In vielen Ländern Asiens gilt der Shiitakepilz auch als Heilpilz und wird traditionell wegen seiner gesundheitsfördernden Wirkung verwendet. Die immunstimulierenden Eigenschaften des Shiitakepilzes gehen vermutlich auf bestimmte sekundäre Pflanzenstoffe zurück (**Beta-Glucane** aus der Gruppe der Polysaccharide; eine weitere gute Quelle für Beta-Glucane sind Haferflocken). Daneben gehört der Shiitake neben Fettfisch und Eiern zu den wenigen Nahrungsmitteln, die **Vitamin D** enthalten. Dem Vitamin wird eine schützende Wirkung auf die oberen Atemwege zugesprochen (wichtig bei Nebenhöhlenentzündung, Schnupfen). In Mittel- und Nordeuropa ist bei großen Teilen der Bevölkerung, vor allem in den Wintermonaten, ein Vitamin-D-Mangel nachzuweisen (s. S. 310), sodass man die Einnahme eines entsprechenden Präparats in Erwägung ziehen könnte.

Die meisten Pilzsorten sind eine gute Quelle für das Spurenelement Selen, das als Antioxidans die Immunabwehr unterstützt. Deshalb erscheint es sinnvoll, Pilze regelmäßig in den Speiseplan einzubauen. Vor allem Shiitake macht sich gut in pikanten Suppen zusammen mit Knoblauch, Ingwer und Chilis, denen entzündungshemmende, schleimlösende Eigenschaften zugesprochen werden.

Im Falle einer Erkältung Vitaminreiche Fruchtsmoothies und wärmende Suppen sind hilfreich, wenn Sie aufgrund der körperlichen Schwächung wenig Appetit haben, denn bereits in kleinen Mengen liefern sie unglaublich viele Nährstoffe. So können Sie sich

EMPFEHLENSWERT

- Ananas
- Blumenkohl
- Brokkoli
- Buchweizen
- Eier
- Erbsen
- Erdbeeren
- Garnelen
- Granatäpfel
- Grünkohl
- Haferflocken
- Himbeeren
- Kartoffeln
- Kiwis
- Kürbis
- Limetten
- Mageres rotes Fleisch
- Mangold
- Manuka-Honig
- Miso
- Naturreis
- Nüsse
- Orangen
- Paprika
- Petersilie
- Pilze, vor allem Shiitake
- Quinoa
- Saaten (Kürbis-, Sonnenblumenkerne)
- Spargel
- Spinat
- Tomaten
- Zitronen
- Zucchini

VERMEIDEN

- Alkohol
- Milch

Rezepte bei Erkältungen, s. S. 403

ausgewogen und gesund ernähren, auch wenn Ihnen gar nicht nach Essen zumute ist. Sie können diese Gerichte mit weiteren nährstoffreichen Zutaten wie Hülsenfrüchten, Reis und Quinoa (in Suppen), Tahin, Chia-Samen, Spirulinapulver oder Haferflocken (in Smoothies) anreichern.

Milchprodukte scheinen bei manchen die Erkältungssymptome zu verschlimmern und Hustenschleim dicker und aggressiver zu machen. Mit Mineralstoffen versetzte Pflanzenmilch ist in diesem Fall eine geeignete Alternative.

Bei einer Erkältung ist einem kaum nach Alkohol zumute, und falls doch, widerstehen Sie! Denn Alkohol weitet die Blutgefäße, wodurch sich die Nebenhöhlen verstopft anfühlen können.

Wenn Sie krank sind, ist es besonders wichtig, viel zu trinken. Neben reichlich Wasser können Sie es auch mit erfrischenden, stark wasserhaltigen Früchten wie Wassermelone oder (Tiefkühl-)Beeren probieren. Als Heißgetränke sind Kräutertees mit Ingwer, Minze, Zitrone, Zitronengras oder Gojibeeren oder auch koffeinfreier Rooibostee zu empfehlen. Etwas Honig im Tee lindert einen rauen Hals und wirkt schleimlösend (am besten Manuka-Honig, der aus den Pollen des Teebaums gewonnen wird, welcher für seine antibakteriellen Eigenschaften bekannt ist).

Erleichterung bei einem rauen Hals schafft auch ein Rosmarinaufguss (Rosmarin gilt als antiseptisch). Dazu zwei Esslöffel Rosmarinnadeln und einen Esslöffel Minzeblätter mit 600 ml kochendem Wasser überbrühen und über Nacht ziehen lassen. Durchsieben und als Mundspülung oder zum Gurgeln verwenden.

Wenn Sie Antibiotika nehmen müssen, sollten Sie parallel ein probiotisches Präparat einnehmen, da die Medikamente die gesunde Darmflora angreifen.

Manche Menschen schwören auf pflanzliche Medizin in Form von *Echinacea* (zur Erkältungsvorbeugung) oder *Pelargonium* (zur Linderung der Erkältungssymptome), auch wenn ihre Wirksamkeit nicht eindeutig nachgewiesen werden konnte.

② ZÖLIAKIE

Zöliakie ist eine Autoimmunerkrankung (und nicht wie vielfach angenommen eine Glutenallergie), das heißt, der Körper greift versehentlich eigenes, gesundes Körpergewebe an und zerstört es. Neueren Untersuchungen zufolge ist in Deutschland eine von 270 bis 500 Personen davon betroffen. Die Autoimmunreaktion wird ausgelöst, wenn der/die Betroffene ein gliadinhaltiges Lebensmittel aufnimmt. Gliadin ist eine Unterfraktion von Gluten (Klebereiweiß), das in Weizen, Roggen, Gerste, Dinkel und anderen Getreidesorten vorkommt. Zudem reagieren viele Menschen sensibel auf Gluten, ohne aber an Zöliakie zu leiden.

Gliadin verbindet sich mit Antikörpern im Verdauungstrakt und schädigt die Dünndarmwand. Dadurch wird die Resorption wichtiger Nährstoffe gestört, sodass Betroffene einem erhöhten Risiko für eine Mangelversorgung ausgesetzt sind, die sich vor allem in einer Anämie durch mangelhafte Resorption von Eisen, Folsäure und Vitamin B12 äußert. Andere Symptome sind in stark individueller Ausprägung beispielsweise Diarrhö, Verstopfungen, Blähungen, Winde, Koliken, Übelkeit und Müdigkeit (s. Verstopfung, S. 318, und Blähungen, S. 320).

Die einzige Behandlungsmöglichkeit bei diesem Krankheitsbild ist der Verzicht auf glutenhaltige Nahrungsmittel. Manche Betroffene weisen eine gewisse Toleranz bei schwach glutenhaltigen Getreidesorten wie Hafer auf. Eine glutenfreie Diät ist bei Zöliakie unerlässlich, für Gesunde aber keine gute Wahl (wenngleich ein wachsender Trend zu beobachten ist, sich auch ohne eindeutige Beschwerden glutenfrei zu ernähren, und entsprechende Lebensmittel immer mehr beworben werden). Denn das Weglassen größerer Lebensmittelgruppen kann zur Unterversorgung mit bestimmten wichtigen Nährstoffen führen.

Adäquate Nährstoffversorgung Zöliakiebetroffene müssen auf viele Getreidesorten verzichten. Deshalb ist es umso wichtiger zu wissen, durch welche Alternativen sich ausreichend Kohlenhydrate zuführen lassen, z. B. Produkte mit bzw. aus Mais, Soja, Buchweizen (wie in Sobanudeln aus 100 Prozent Buchweizen), Reis, Quinoa und Hirse. Über diese Nahrungsmittel ist auch eine adäquate Zufuhr von B-Vitaminen und Ballaststoffen (wie sie auch in glutenhaltigem Getreide enthalten sind) gewährleistet. B-Vitamine sind auch in magerem Fleisch, Fettfisch, Eiern, dunkelgrünem Blattgemüse, Trockenfrüchten, Kartoffeln, Nüssen und Hülsenfrüchten enthalten.

Um allen Formen von Anämie (Blutarmut) vorzubeugen, sollte die Ernährung reichlich **Eisen, Folsäure** und **Vitamin B12** enthalten. Gute Quellen dafür sind mageres rotes Fleisch, Geflügel, Fettfisch, Eier, Tofu, Linsen, Trockenfrüchte, dunkelgrünes Blattgemüse, getrocknete Kräuter und Gewürze sowie Spirulina. Die Absorption von Eisen aus pflanzlichen Quellen kann durch die Kombination mit **Vitamin-C**-haltigen Speisen, wie einem Salat als Beilage, einem Glas

EMPFEHLENSWERT

Ananas
Azuki-Bohnen
Bananen
Brokkoli
Chia-Öl
Eier
Erdbeeren
Gemahlener Kardamom
Getrocknete Aprikosen
Getrocknete Feigen
Getrockneter Majoran und Thymian
Grünkohl
Himbeeren
Hühnchen
Kartoffeln
Kichererbsen
Kidneybohnen
Kiwis
Kurkuma
Lachs
Leinöl
Linsen
Mageres rotes Fleisch
Makrelen
Naturreis
Nüsse (Mandeln, Walnüsse)
Orangen
Papayas
Rote Bete
Sobanudeln
Spargel
Spinat
Spirulina
Tofu
Thunfisch
Wirsing

VERMEIDEN

Alkoholisches aus Getreide
Dinkel
Gerste
Roggen
Weizen

Ein (G) kennzeichnet im Rezeptregister die glutenfreien Rezepte, s. S. 382–394

Orangensaft oder einem Obstsalat zum Dessert, verbessert werden. Papayas und Ananas enthalten neben Vitamin C auch das Enzym **Bromelain**, dem eine verdauungsfördernde Wirkung zugesprochen wird und das bestimmte Zöliakiesymtpome lindern kann.

Ein weiterer Mineralstoff, den Zöliakiebetroffene nur schlecht absorbieren können, ist **Kalzium**, das Knochenmineral, und so besteht bei einer nicht diagnostizierten Zöliakie ein erhöhtes Risiko für Osteoporose (s. S. 312). Die Krankheit steht auch häufig in Verbindung mit einer Laktoseintoleranz, da bei Zöliakie der Dünndarm, in dessen Schleimhaut das Enzym Laktase zur Spaltung des Milchzuckers (Laktose) ausgeschüttet wird, in Mitleidenschaft gezogen wird. Zur Verbesserung der Kalziumabsorption sollten Sie auf milchproduktfreie Kalziumquellen zurückgreifen wie dunkelgrünes Blattgemüse (z. B. Grünkohl), Mandeln, mit Kalzium versetzte Pflanzenmilch und Tofu.

Darüber hinaus empfiehlt es sich, Nahrungsmittel mit reichlich **Omega-3-Fettsäuren** in den Speiseplan einzubauen wie Fettfisch (bis zu vier Portionen wöchentlich, Schwangere zwei), dunkelgrünes Blattgemüse, Chia- und Leinsamen sowie deren Öle und Walnüsse. Diese gesunden Fette bilden hormonartige Substanzen, entzündungshemmende **Prostaglandine**, die zöliakiebedingte entzündliche Prozesse eindämmen können.

Verstecktes Gluten Gluten ganz zu umgehen kann schwierig sein, denn es ist in sehr vielen Lebensmitteln versteckt, insbesondere in Brühwürfeln, Fertigsaucen, bestimmten alkoholischen Getränken und anderen industriell verarbeiteten Lebensmitteln. Durch eine EU-Verordnung müssen Zutaten, die am häufigsten Allergien und Unverträglichkeiten auslösen, entsprechend gekennzeichnet werden, darunter auch glutenhaltiges Getreide, sodass der Lebensmittelkauf für Zöliakiebetroffene zunehmend leichter und sicherer wird. Natürlich bietet nur Selbstzubereitetes die absolute Gewissheit, dass sämtliche Zutaten glutenfrei sind und dass ein Maximum an besonders wichtigen Nährstoffen enthalten bleibt. Die meisten Rezepte in unserem Buch sind glutenfrei.

HAUT, HAARE & NÄGEL

Man ist, was man isst – Ernährungsweise und Lebensstil spiegeln sich im Aussehen wider. Vor allem ein strahlender Teint ist das Ergebnis einer gesunden Lebensführung und einer ausgeglichenen Ernährung (neben einer entsprechenden genetischen Veranlagung). Zwei der schlimmsten Dinge, die Sie Ihrer Haut antun können, sind Rauchen und zu viel Sonne, denn beides – bedingt durch eine erhöhte Bildung freier Radikaler – beschleunigt den Alterungsprozess (ganz abgesehen von viel schwerwiegenderen Folgen als ein paar Falten).

Freie Radikale entstehen ganz natürlich als Nebenprodukt aller Stoffwechselvorgänge im Körper. Umweltfaktoren (wie zu starke Sonneneinstrahlung), schlechte Angewohnheiten (Rauchen) und mangelhafte Ernährung können jedoch zu einer vermehrten Radikalenbildung beitragen, die sich zellschädigend auswirkt.

DETOX FÜR GESUNDE HAUT

	TAG 1	TAG 2	TAG 3
Frühstück	Quinoa-Haferflocken-Porridge mit Brombeer-Kompott (S. 33)	Mango-Becher mit Granatapfel (S. 33)	Avocado-Salat mit gerösteten Nüssen & Kernen (S. 36)
Getränk	Gurken-Birnen-Minze-Weizengras-Saft (S. 57)	Möhren-Rote-Bete-Apfel-Sellerie-Smoothie (S. 57)	Avocado-Apfel-Kiwi-Spinat-Smoothie (S. 55)
Vormittagssnack	Cashew-Goji-Riegel (S. 80)	Avocado-Bohnen-Stampf auf Reiswaffeln (S. 60)	Paprika-Limabohnen-Püree (S. 68) mit roten Paprikasticks
Mittagessen	Dhal mit geröstetem Fenchel (S. 163)	Wildreissalat mit Topinambur & Heirloom-Tomaten (S. 154)	Azuki-Bohnen-Eintopf (S. 170)
Nachmittagssnack	Limabohnen-Spinat-Püree mit Gemüsesticks (S. 68)	Cantaloupe-Melone (80 g)	Kandierte Walnüsse (S. 81)
Abendessen	Gegrillter Lachs mit Ingwer (S. 238) und Erbsen-Zucchini-Salat (S. 98)	Kaeng Masaman mit Süßkartoffel & Pute (S. 213)	Pochierte Forelle mit Fenchelgratin (S. 241)

Schädigungen durch eine zu große Zahl freier Radikaler können durch Antioxidantien bekämpft werden. Eine Ernährung mit viel Obst und Gemüse (je leuchtender die Farbe, desto höher der Gehalt an Antioxidantien), reichlich Flüssigkeit (etwa zwei Liter täglich) und anderen hautfreundlichen Nahrungsmitteln wie Avocados (reich an guten Fetten und Vitamin E), Fettfisch (enthält viele entzündungshemmende Omega-3-Fettsäuren) sowie Beeren, Kiwis und Ananas (reich an Vitamin C) tragen zur Minderung von Hautschäden bei und verlangsamen den Alterungsprozess.

Der weitgehende Verzicht auf verarbeitete Lebensmittel mit geringem Nährwert wirkt sich ebenfalls positiv auf die Hautgesundheit aus, da Produkte mit viel Zucker und vielen gesättigten und Transfettsäuren ebenfalls unvorteilhaft für die Haut sind.

TAG 4	TAG 5	TAG 6	TAG 7
Quinoa-Haferflocken-Porridge mit Brombeer-Kompott (S. 33)	Mango-Becher mit Granatapfel (S. 33)	Bohnen auf Toast (S. 47)	Avocado-Salat mit gerösteten Nüssen & Kernen (S. 36)
Gurken-Birnen-Minze-Weizengras-Saft (S. 57)	Möhren-Rote-Bete-Apfel-Sellerie-Smoothie (S. 57)	Avocado-Apfel-Kiwi-Spinat-Smoothie (S. 55)	Himbeer-Heidelbeer-Kokos-Smoothie (S. 49)
Limabohnen-Spinat-Püree mit Gemüsesticks (S. 68)	Cashew-Goji-Riegel (S. 80)	Mango (80 g)	Sprossenbrokkoli & Tahin (S. 66)
Nudelsuppe mit Garnelen & Zitronengras (S. 84)	Cajun-Hähnchen mit Avocadosalat & Mango-Salsa (S. 202)	Salat aus Riesengarnelen & Mango (S. 227)	Salat mit Lachs, grünen Bohnen, Orange & Haselnuss (S. 235)
Geröstete Kürbis- und Sonnenblumenkerne (25 g)	Rote-Bete-Hummus (S. 65) mit Körner-Kräckern (S. 77)	Paprika-Limabohnen-Püree (S. 68) mit Karottensticks	Kandierte Walnüsse (S. 81)
Quinoa-Risotto mit Kürbis & Spinat (S. 179)	Kürbis-Tofu-Curry (S. 135)	Süßkartoffelküchlein mit Grünkohl & grünen Bohnen (S. 113)	Rote-Bete-Falafel (S. 115)

① AKNE

Akne ist eine verbreitete Hauterkrankung, die auch zu einer psychischen Belastung werden kann; die Betroffenen leiden teilweise an geringem Selbstwertgefühl, ziehen sich zurück, und in manchen Fällen kann es sogar zu depressiven Verstimmungen kommen. Akne entsteht, wenn die Hautporen durch eine Überproduktion von Talg, einer öligen Substanz, die die Haut geschmeidig hält, verstopft werden. Bakterien, die überall auf der Hautoberfläche angesiedelt sind, kolonisieren diesen Bereich und bewirken die charakteristischen Entzündungen und eitrigen Pusteln (eine Reaktion des Immunsystems auf die Infektion).

Diese Überproduktion von Talg ist bedingt durch hormonelle Veränderungen, insbesondere durch eine verstärkte Produktion von Sexualhormonen, den Androgenen (vor allem Testosteron, das von beiden Geschlechtern produziert und bei Frauen in Östrogen umgewandelt wird). Von Akne sind hauptsächlich Jugendliche in der Pubertät betroffen, wenn der Körper verstärkt Sexualhormone ausschüttet. Aber auch im Erwachsenenalter kann sich Akne entwickeln. Frauen sind aufgrund von hormonellen Schwankungen im Laufe eines Zyklus häufiger von Altersakne betroffen. Schwangerschaft und polyzystisches Ovarsyndrom (s. PCOS, S. 374) können ebenfalls zu Hormonschwankungen und in der Folge zu Akne führen.

Es muss betont werden, dass es kein Nahrungsmittel gibt, das Akne verursacht (wenngleich viele das Hautbild zu verschlechtern bzw. zu verbessern scheinen, was von immer mehr Forschungsarbeiten gestützt wird). Es ist ein Irrtum, dass der Verzehr von Schokolade, Süßigkeiten und Chips zu Akne führt oder sie verschlimmert; diese Behauptung lässt sich wissenschaftlich nicht stützen. Allerdings ist eine Ernährung, die hauptsächlich aus industriell verarbeiteten Convenience-Produkten besteht, wenig abwechslungsreich und unausgeglichen und versorgt den Körper nicht adäquat mit Nährstoffen, die die Hautgesundheit fördern und zum Ausgleich des Hormonspiegels beitragen können.

Für eine gesunde Haut Essen Sie Produkte mit niedriger glykämischer Last (GL, s. S. 290), also viele Vollkornprodukte und zuckerarme Lebensmittel, die den Blutzuckerspiegel konstant halten. Lebensmittel mit hoher GL führen zu starken Schwankungen des Blutzuckerspiegels, was eine erhöhte Insulinausschüttung nach sich zieht. Bei einem übermäßigen Verzehr solcher Produkte kann es zu Gewichtszunahme und reduzierter Insulinsensivität kommen, da die Körperzellen vermindert auf das Insulin zur Senkung des Blutzuckerspiegels ansprechen. Neben einer ganzen Reihe anderer Auswirkungen kann dies zu einem unausgeglichenen Hormonspiegel führen und die Talgdrüsen in der Haut zu vermehrter Talgproduktion anregen, was die Akne verschlimmert.

Obst und Gemüse in leuchtenden Farben enthalten reichlich Antioxidantien wie Beta-Karotin, das im Körper zu **Vitamin A** umge-

EMPFEHLENSWERT

- Aprikosen
- Avocados
- Brokkoli
- Chia-Öl
- Eier
- Forellen
- Garnelen
- Grünkohl
- Hafer
- Hülsenfrüchte
- Kalt gepresstes Olivenöl
- Karotten
- Kürbis
- Lachs
- Leinöl
- Makrelen
- Mangos
- Melone
- Miso
- Naturreis
- Nüsse (Cashewkerne, Walnüsse)
- Paprika
- Pilze
- Queller/Meerfenchel
- Quinoa
- Rosenkohl
- Saaten (Kürbis-, Sonnenblumenkerne)
- Spargel
- Spinat
- Süßkartoffeln
- Weißkohl
- Zucchini

EINSCHRÄNKEN

- Milchprodukte
- Omega-6-reiche Nahrungsmittel

Rezepte bei Akne, s. S. 395

wandelt wird und bedeutsam für die Hautfunktion und -regeneration ist (Vitamin A ist auch in Fettfisch und Eiern enthalten). Versuchen Sie, möglichst jeden Tag viel dunkelgrünes Gemüse wie Grünkohl, Spinat und Brokkoli sowie orangefarbenes oder gelbes Obst und Gemüse (Kürbis, Mango, Paprika, Süßkartoffel) zu essen.

Fettfisch liefert größere Mengen an **Omega-3-Fettsäuren**, die mit ihrer entzündungshemmenden Wirkung hilfreich bei Akne sein können. Pflanzliche Omega-3-Quellen sind beispielsweise Saaten (Chia- und Leinsamen) und deren Öle, Nüsse (vor allem Walnüsse) und dunkelgrünes Blattgemüse. Essen Sie über die Woche verteilt reichlich von diesen Nahrungsmitteln – mit bis zu vier Portionen Fettfisch; Nüsse und Saaten als täglichen Imbiss oder etwas Chia-Öl in Smoothies. Verwenden Sie außerdem kalt gepresstes Oliven- oder Rapsöl zum Kochen statt Pflanzen- oder Sonnenblumenöl, die viel Omega-6-Fettsäuren enthalten (die in großen Mengen entzündungsfördernd sein können).

Es gibt wissenschaftliche Hinweise darauf, dass viele von Akne Betroffene unter einem Defizit an **Zink** leiden, einem Spurenelement, das sich positiv auf die Talgproduktion auswirken kann. Eine adäquate Zinkversorgung kann durch Meeresfrüchte, Nüsse, Saaten, Eier und Vollkornprodukte gewährleistet werden.

Milchprodukte enthalten Hormone der Milch gebenden Tiere, die, so die Forschung, auch einen Einfluss auf den menschlichen Hormonspiegel haben könnten und so auch die Hautbeschaffenheit beeinflussen. Wenn Sie weniger Milchprodukte zu sich nehmen, ist es umso wichtiger, reichlich alternative Kalziumquellen in den Speiseplan einzubauen, um die Gesundheit der Knochen nicht zu gefährden (s. Lebensmittelintoleranzen, S. 325).

② SCHUPPENFLECHTE

Schuppenflechte (Psoriasis) ist eine Autoimmunerkrankung, bei der das Abwehrsystem körpereigene, gesunde Zellen angreift. Davon sind etwa zwei von 100 Personen betroffen. Schuppenflechte verursacht Entzündungen, die sich in schuppigen, geröteten Hautpartien – häufig an Ellbogen, Schienbein und Kopfhaut – aufgrund einer erhöhten Produktion von Hautzellen äußern. Neue Hautzellen werden in der unteren Hautschicht gebildet und wandern dann nach oben, wo sie abgestorbene Zellen an der Oberfläche ersetzen. Dieser Erneuerungsprozess nimmt bei gesunder Haut ungefähr einen Monat in Anspruch, bei Schuppenflechte hingegen nur wenige Tage.

Schuppenflechte ist erblich bedingt und wird mit Salben behandelt. Eine gesunde Ernährung kann zur Eindämmung der Symptome beitragen. Schuppenflechte kann durch Faktoren wie Stress, Rauchen und bestimmte Lebensmittel ausgelöst werden. Solche Lebensmittel können eigentlich nur über das Ausschlussverfahren identifiziert werden, das am besten mit Unterstützung eines Ernährungsexperten durchgeführt wird. Im Internet finden sich endlos lange Listen mit sogenannten Triggerlebensmitteln (trigger = Auslöser), die für Sie persönlich überhaupt keine Relevanz haben können, und der gleichzeitige Ausschluss mehrerer Lebensmittelgruppen kann im schlimmsten Fall zu einer Mangelernährung führen.

Es gibt einige wenige allgemeine Ernährungsfaktoren, die es zu berücksichtigen bzw. zu meiden gilt. Dazu gehört z. B. Alkohol, der gefäßerweiternd wirkt, die Haut durch die erhöhte Durchblutung rötet und erwärmt und so zu Jucken und verstärkter Abschuppung führen kann. Ein weiterer Faktor ist Arachidonsäure (ARA) aus der Gruppe der Omega-6-Fettsäuren, die als entzündungsfördernd gilt. Da Schuppenflechte eine entzündliche Krankheit ist, ist eine Reduzierung von Lebensmitteln mit hohem ARA-Gehalt von Vorteil, da sie die Beschwerden verschlimmern können. Dazu gehören fettes Fleisch (vor allem Leber), Eier und Milchprodukte, aber auch Pflanzenöle (verwenden Sie zum Kochen lieber kalt gepresstes Oliven- oder Rapsöl), Margarine und verarbeitete Produkte.

Omega-3-Fettsäuren sind sehr hilfreich bei der Behandlung von entzündlichen Krankheitsbildern. Bei Schuppenflechte können sie die Symptome lindern: Es hat sich gezeigt, dass betroffene Hautpartien durch die Wirkung von Prostaglandinen (hormonähnlichen Pflanzenstoffgruppen) weniger schlimm aussehen. Es gibt zwei Arten von **Prostaglandinen**: eine entzündungsfördernde (aus Omega-6-Fettsäuren) und eine entzündungshemmende (aus Omega-3-Fettsäuren). Es ist also ratsam, die Zufuhr von Omega-6-Fettsäuren zugunsten von Omega-3-reicher Kost zu reduzieren, indem man auf kalt gepresstes Olivenöl oder Kokosöl zurückgreift und verarbeitete Produkte (die häufig Omega-6-Fettsäuren enthalten) meidet. Essen Sie reichlich Fettfisch (bis zu vier Portionen pro Woche, zwei bei Schwangeren) oder, als pflanzliche Omega-3-Quellen, dunkelgrünes Blattgemüse, Chia- und Leinsamen und deren Öle sowie Walnüsse.

EMPFEHLENSWERT

- Brokkoli
- Cantaloupe-Melone
- Chia-Öl
- Forellen
- Grünkohl
- Karotten
- Kürbis
- Lachs
- Leinöl
- Makrelen
- Mango
- Paprika
- Quinoa
- Rosenkohl
- Spinat
- Süßkartoffel
- Thunfisch
- Walnüsse

VERMEIDEN

- Eier
- Fettes Fleisch
- Leber
- Margarine
- Milchprodukte
- Pflanzenöl

Rezepte bei Schuppenflechte, s. S. 411

Eine obst- und gemüsereiche Ernährung versorgt Sie mit reichlich Antioxidantien. Besonders hilfreich sind jene Antioxidantien, die wie Karotine vom Unterhautfettgewebe aufgenommen werden, z.B. **Beta-Karotin** aus orangefarbenem, gelbem und grünem Obst und Gemüse. Durch ihre sanfte, entzündungshemmende Wirkung können sie Rötungen und Schwellungen lindern.

OMEGA-3- UND OMEGA-6-FETTSÄUREN AUSGLEICHEN

Die meisten Menschen essen mehr Omega-6- (aus Margarine, Fleisch, Pflanzenöl zum Kochen und verarbeiteten Produkten) als Omega-3-Fettsäuren (aus Fettfisch, grünem Gemüse, Walnüssen und bestimmten Ölen wie Leinöl). Dadurch können entzündliche Prozesse im Körper beeinflusst werden. Beide Fettsäuren üben wichtige Funktionen aus, besonders profitiert Ihre Gesundheit aber von einem richtigen Verhältnis der beiden Fettsäuregruppen. Die Nahrungsmittel mit dem höchsten Anteil der beiden Fettsäuren sind in obigem Schaubild dargestellt. Um Omega-3- und Omega-6-Fettsäuren in ein richtiges Verhältnis zu bringen, sollten Sie mehr Fettfisch und Blattgemüse essen und so die Omega-3-Zufuhr erhöhen. Um im Gegenzug den Omega-6-Anteil zu reduzieren, vermeiden Sie verarbeitete Produkte wie Margarine und greifen Sie zu kalt gepressten Ölen.

③ EKZEME

Unter „Ekzemen“ werden diverse Hauterkrankungen zusammengefasst, die sich durch juckende, schuppende und entzündete Hautflächen äußern. Ekzeme kommen sehr häufig bei Kindern vor und verwachsen sich sehr oft mit der Pubertät. Aber auch einer von zwölf Erwachsenen leidet unter Ekzemen. Man unterscheidet zwischen Kontaktekzemen, die zu den allergischen Reaktionen zählen und bei denen sich nach Kontakt mit dem auslösenden Stoff (z. B. Metalle und andere Materialien) unschöne rote Bläschen bilden, und atopischen Ekzemen (Neurodermitis).

Die Ursachen von Neurodermitis sind nicht ganz klar. Sie kann genetisch bedingt sein, scheint sich aber auch auf das Immunsystem (stressbedingt), Allergien und Hormonschwankungen zurückführen zu lassen. Umwelteinflüsse können das „Aufblühen“ der Symptome begünstigen, dazu zählen auch Hautpflegemittel (vor allem lanolinhaltige), Wasch- und Reinigungsmittel, Stoffe und Materialien (z. B. Wolle, die natürliches Lanolin enthält) oder extreme Temperaturen.

Bestimmte, individuell verschiedene Nahrungsmittel verstärken die Neurodermitis. Häufige Auslöser sind Eier, Milchprodukte, Nüsse (insbesondere Erdnüsse), Weizen und bestimmte Lebensmittelzusätze. Einzig über ein Ernährungstagebuch lässt sich herausfinden, welche Lebensmittel einen Schub auslösen bzw. die Symptome verschlimmern. Sie können ein verdächtiges Nahrungsmittel nach dem anderen einen Monat lang weglassen und beobachten, ob sich die Beschwerden bessern, und dann wieder einführen, um sicherzugehen, dass das Produkt dafür verantwortlich war. Ganze Lebensmittelgruppen wegzulassen, kann sich als schwierig erweisen und unter Umständen zu gewissen Mangelerscheinungen führen. Um auf der sicheren Seite zu sein, sollten Sie einen Ernährungsexperten hinzuziehen.

Gesunde Ernährung bei Neurodermitis Wie bei anderen entzündlichen Beschwerden sollten Nahrungsmittel, die reich an Arachidonsäure, welche auch aus Omega-6-Fettsäuren synthetisiert wird, vermieden werden, da Arachidonsäure entzündungsfördernd wirkt und zu einer Verschlechterung der Symptome beitragen kann. Zu diesem Lebensmitteln gehören fettes Fleisch (insbesondere Leber), Eier, Milchprodukte, Pflanzenöl (beim Kochen auf kalt gepresstes Olivenöl umsteigen), Margarinen und verarbeitete Produkte.

Im Gegenzug sollte der Anteil **Omega-3**-haltiger Nahrungsmittel erhöht werden, um das Verhältnis der Fettsäuregruppen im Körper auszugleichen und die Beschwerden durch die Eigenschaften entzündungshemmender **Prostaglandine** zu lindern. Erwachsene können, ohne sich um eine zu hohe Schwermetallbelastung zu sorgen, bis zu vier Portionen Fettfisch pro Woche konsumieren (zwei bei Schwangeren). Wer keinen Fisch isst, kann auf dunkelgrünes Blattgemüse, Saaten (Chia- und Leinsamen) und deren Öle (in Smoothies und Dressings) sowie Nüsse (Walnüsse) ausweichen.

EMPFEHLENSWERT

- Artischocken
- Bananen
- Brokkoli
- Cantaloupe-Melone
- Chia-Öl
- Chicorée
- Forellen
- Grünkohl
- Karotten
- Knoblauch
- Kürbis
- Lachs
- Leinöl
- Makrelen
- Mango
- Paprika
- Probiotischer (milchfreier) Joghurt
- Quinoa
- Rosenkohl
- Spargel
- Spinat
- Süßkartoffel
- Thunfisch
- Walnüsse
- Zwiebeln

VERMEIDEN

- Eier
- Fettes Fleisch
- Leber
- Margarine
- Milchprodukte
- Pflanzenöl

Rezepte bei Ekzemen, s. S. 402

Fettlösliche Antioxidantien wie **Beta-Karotine** können eine sanfte entzündungshemmende Wirkung entfalten, insbesondere da sie vom Unterhautfettgewebe aufgenommen werden. Grundsätzlich sollten wir alle verstärkt Obst und Gemüse in leuchtenden Farben zu uns nehmen, um von ihrem Potenzial zu profitieren, freie Radikale zu binden, die im Fall von Ekzemen zu trockener Haut führen können.

Es gibt wissenschaftliche Hinweise, dass probiotische Bakterien wie *Lactobacillus*- oder *Bifidobacterium*-Kulturen, die in einigen Joghurts zu finden und auch als Supplemente erhältlich sind, sich günstig auf Ekzeme auswirken können, auch wenn die Forschungsergebnisse gegenwärtig auf Kinder beschränkt sind. Ungeachtet dessen ist aber auch bei Erwachsenen eine gesunde Darmflora durch probiotische (milchfreie) Joghurts und die Förderung gesunder Darmbakterien durch **präbiotische** Nahrungsmittel wie Bananen, Zwiebeln, Knoblauch, Chicorée, Spargel, Topinambur nur von Vorteil für den Allgemeinzustand.

④ HAAR & KOPFHAUT

Gesundes, glänzendes Haar ist immer ein guter Indikator für den allgemeinen gesundheitlichen Zustand und die Ernährung einer Person. Denn Menschen mit schlechten Ernährungsgewohnheiten haben tendenziell stumpfes und brüchiges Haar; in manchen Fällen wird es sogar dünner und fällt aus. Die Ernährung ist zwar nie die einzige Ursache für ungesunde Kopfhaut und Haar, doch kann sie einen großen Einfluss haben.

Für schönes, gepflegtes Haar ist eine ausreichende Versorgung mit **Omega-3-Fettsäuren** von großer Bedeutung, da sie entzündliche Prozesse reduzieren und den Zustand der Kopfhaut verbessern. **B-Vitamine** sorgen für eine gute Durchblutung der Haut und halten so auch die Kopfhaut gesund.

HAARAUSFALL Haarausfall und Glatzenbildung bei Männern ist weitgehend erblich bedingt und steht in Verbindung mit dem Hormon Testosteron, das ein allmähliches Absterben der Haarfollikel bewirkt. Als Ergebnis werden die Haare immer dünner, bis sie so fein sind, dass sie nicht mehr durch die Hautoberfläche dringen. Eine solche Glatzenbildung ist bei Männern weitverbreitet, und leider lässt sich über die Ernährung nichts daran ändern oder aufhalten.

Auch Frauen können von Haarausfall betroffen sein, manchmal als Ergebnis eines zu hohen Testosteronspiegels (wie im Fall des polyzystischen Ovarsyndroms, s. S. 374). Andere Ursachen sind z. B. eine Unterfunktion der Schilddrüse oder auch Crashdiäten – ein weiteres Argument für langsames, gesundes Abnehmen – sowie Stress (achten Sie auf eine **Vitamin-B**-reiche Ernährung, die wichtig für eine gesunde Nebennierenfunktion und das Nervensystem ist).

Eine mangelhafte Versorgung mit **Zink** wird in Zusammenhang mit Haarausfall gebracht. Die Zinkzufuhr kann durch Meeresfrüchte, Nüsse, Saaten, Eier und Vollkornprodukte erhöht werden. Auch Blutarmut kann neben Antriebslosigkeit und Müdigkeit zu Haarausfall führen. Ein möglicher Grund ist eine Unterversorgung mit **Eisen**, das vor allem in rotem Fleisch, Fettfisch, Eiern, Linsen, grünem Blattgemüse, getrockneten Kräutern und Gewürzen steckt, **Folsäure** (in den meisten Obst- und Gemüsesorten) oder **Vitamin B12** (in Fettfisch, Eiern und Spirulina). Achten Sie auf eine ausreichende Versorgung mit diesen drei Nährstoffen.

Auch **Vitamin A** spielt durch seine Beteiligung an der Talgproduktion eine kleine Rolle. Talg ist eine wachsartige Substanz, die die Haut – auch auf dem Kopf – mit Feuchtigkeit versorgt. Das Vitamin kann über **Beta-Karotin**-reiche Nahrungsmittel wie grünes, gelbes und rotes Obst und Gemüse zugeführt werden.

EMPFEHLENSWERT

- Avocados
- Azuki-Bohnen
- Blumenkohl
- Cantaloupe-Melone
- Edamame
- Eier
- Erbsen
- Grünkohl
- Haferflocken
- Karotten
- Kichererbsen
- Kürbis
- Lachs
- Linsen
- Mageres rotes Fleisch
- Makrelen
- Mangos
- Naturreis
- Orangen
- Paprika
- Petersilie
- Pute
- Rote Bete
- Saaten (Kürbis-, Sonnenblumenkerne)
- Sardinen
- Spargel
- Spinat
- Spirulina
- Süßkartoffeln
- Trockenfrüchte, vor allem Aprikosen
- Thunfisch

VERMEIDEN

- Verarbeitete Produkte (vitamin- und mineralstoffarm)

Rezepte für Haar und Kopfhaut, s. S. 404

⑤ NÄGEL

Gesunde Nägel weisen ein rosa Nagelbett und weiße Nagelspitzen auf. Viele Menschen schädigen ihre Nägel selbst durch Nagelkauen, Nagelhautzupfen oder durch den Kontakt mit aggressiven Stoffen (Chemikalien, Reinigungsmittel etc.). Rissige oder brüchige, gerillte oder dünne Nägel können aber Zeichen einer Mangelerscheinung sein oder auch eines gesundheitlichen Problems.

Mineralmangel Eine Unterversorgung mit **Kalzium** und **Zink** wird allgemein für ungesunde Nägel verantwortlich gemacht, und so sind diese Mineralstoffe denn auch in vielen Präparaten enthalten, die schöne, gesunde Nägel versprechen (bedenken Sie aber, dass eine erhöhte Zufuhr von Kalzium die Resorption anderer wichtiger Mineralstoffe behindern kann). Zinkmangel wird häufig für die weißen Flecken auf Fingernägeln verantwortlich gemacht. Tatsächlich sind diese Flecken aber harmlos und kommen meist durch Stöße bei Alltagsaktivitäten zustande.

Zwar stimmt es, dass Zink und Kalzium die Gesundheit unserer Nägel beeinflussen, doch ist ihre Wirkung relativ gering. Solange Sie zwei bis drei Portionen an kalziumhaltigen Milchalternativen (mit Kalzium versetzte Pflanzenmilch, grünes Blattgemüse, Mandeln, Sesam) und zinkreiche Lebensmittel wie Meeresfrüchte, Nüsse und Saaten essen, kann die Ursache nicht in einem Mangel liegen.

Andere Gründe Nägel bestehen aus Keratin (ein Protein), und so kann eine proteinarme Ernährung auch zu schwachen Nägeln führen. Es ist sehr unwahrscheinlich, dass Fleischesser unter einem Mangel an Aminosäuren leiden, aus denen sich die Proteine in unserem Körper zusammensetzen. Aber für strenge Veganer, die auf sämtliche tierische Produkte verzichten, kann darin durchaus eine Ursache liegen. Für Veganer ist es deshalb elementar, reichlich pflanzliche Proteine aus Hülsenfrüchten, Getreide und Sojaprodukten zu kombinieren, um eine Versorgung mit allen essenziellen Aminosäuren zu gewährleisten (s. Vegetarier & Veganer, S. 376).

Eine wahrscheinlichere Ursache für schwache, brüchige Nägel ist Blutarmut, die sich aufgrund einer Unterversorgung mit Eisen, Folsäure oder Vitamin B12 entwickeln kann. Durch die geringeren Blutmengen im Körper werden die Nägel nicht ausreichend mit Nährstoffen versorgt. Eisenmangel ist gar nicht so selten, vor allem bei Frauen im gebärfähigen Alter (s. S. 354), und kann durch einen einfachen Bluttest beim Arzt festgestellt werden. Eine eisenreiche Kost mit magerem rotem Fleisch, dunkelgrünem Blattgemüse, Hülsenfrüchten, Trockenfrüchten, Kräutern und Gewürzen kann die Eisenversorgung auf ein gesundes Maß führen. Kombinieren Sie die Produkte mit **Vitamin-C**-reichen Lebensmitteln, was die Eisenabsorption im Körper verbessert. Zur adäquaten Versorgung mit **Folsäure** und **Vitamin B12** sollten Sie vor allem zu Meeresfrüchten, Eiern, dunkelgrünem Blattgemüse, Hülsenfrüchten und Orangensaft greifen.

EMPFEHLENSWERT

- Ananas
- Avocados
- Azuki-Bohnen
- Blumenkohl
- Brokkoli
- Edamame
- Eier
- Erbsen
- Garnelen
- Geflügel
- Getrocknete Kräuter und Gewürze
- Grünkohl
- Kichererbsen
- Kiwis
- Lauch
- Limetten
- Linsen
- Mageres rotes Fleisch
- Paprika
- Petersilie
- Rote Bete
- Sardinen
- Sonnenblumenkerne
- Spargel
- Spinat
- Spirulina
- Tofu
- Trockenfrüchte (vor allem Aprikosen)
- Zitronen

VERMEIDEN

- Keine speziellen Nahrungsmittel

GEWICHT

Vereinfacht gesagt, nimmt man zu, wenn man mehr Energie in Form von Kilokalorien (kcal) zu sich nimmt, als man verbrennt. (Unter bestimmten Bedingungen wie dem polyzystischen Ovarsyndrom oder einer Schilddrüsenunterfunktion neigen Menschen besonders zur Gewichtszunahme, aber das ist relativ selten.) Die meisten von uns geben nicht gerne zu, was sie gegessen haben; Portionsgrößen werden oft unterschätzt. Studien haben belegt, dass Menschen, die abnehmen wollen, täglich 500 Kilokalorien mehr aufnehmen, als sie angeben, was etwa der Menge entspricht, die erforderlich ist, um ca. 500 g pro Woche abzunehmen. Zudem vergessen wir oft die kleinen Happen, Schlucke und Bissen im Büro, die Reste vom Kinderteller oder beim Kochen. Das alles kann sich ganz schön summieren.

Es gibt Unmengen von Informationen, wie man am besten (und schnellsten) abnehmen kann, wobei viele zweifelhaft sind, vor allem wenn es um extremes Fasten oder Reduktionsdiäten geht, die schnelle Erfolge versprechen und eine eher ablehnende Haltung zu Essen vermitteln. Zwar ist unsere Detox-Küche nicht als Diät konzipiert, dennoch nehmen viele Menschen mit unseren Rezepten ab, ganz einfach weil sie einen gesünderen Ernährungsstil vermitteln.

Alle, die ein paar Pfunde loswerden wollen, finden in diesem Abschnitt hilfreiche Tipps sowie einen siebentägigen Diätplan

1500-KCAL-DETOX

	TAG 1	TAG 2	TAG 3
Frühstück	Heidelbeer-Apfel-Muffin (S. 43)	Bircher-Müsli mit Äpfeln, Heidelbeeren & Zimt (S. 28)	Pekannuss-Kokos-Granola (S. 30)
Getränk	Möhren-Rote-Bete-Apfel-Sellerie-Smoothie (S. 57)	Gurken-Birnen-Minze-Weizengras-Saft (S. 57)	Möhren-Rote-Bete-Apfel-Sellerie-Smoothie (S. 57)
Vormittagssnack	Radieschen & Blumenkohl mit Hummus (S. 66)	Edamame-Kern-Salat (S. 73)	Limabohnen-Spinat-Püree mit Gemüsesticks (S. 68)
Mittagessen	Pintobohnen-Chili (S. 168)	Avocado-Salat (S. 97)	Perlgraupensalat mit Melone (S. 151)
Nachmittagssnack	Gemischte Beeren (80 g)	Rote-Bete-Hummus (S. 65)	Sesam-Kekse (S. 81)
Abendessen	Gegrillte Makrele mit Ingwer-Safran-Reis (S. 253)	Wirsingrouladen mit Hähnchen (S. 208)	Gebackene Meerbrasse mit geschmortem Porree (S. 244)

basierend auf 1500 kcal täglich (mit weniger Energie ist ein aktives Leben und die Zufuhr aller wichtiger Nährstoffe sehr schwierig). Auf S. 301 finden Sie zwei Dreitagespläne, die als Einstieg für alle unsere Detox-Pläne gedacht sind. Sie sind kalorienarm und sollten nicht über längere Zeit verfolgt werden, bilden aber einen idealen Auftakt für eine Abnehmkur. Alle unsere Rezepte enthalten Kalorienangaben, was Ihnen die Kontrolle über Ihre Energiezufuhr erleichtert.

Wer Sport treibt, verbrennt Kilokalorien. Menschen mit einer gut entwickelten Muskulatur haben einen höheren Grundumsatz, was bedeutet, dass sie bereits im Ruhezustand mehr Energie verbrennen. Regelmäßiger Sport ist ein probates Mittel, um Fett loszuwerden und Muskelmasse aufzubauen und so den Stoffwechsel anzukurbeln.

Übergewicht bedeutet meist, dass zu viele Speisen mit hohem Kaloriengehalt verzehrt werden. Diese enthalten immer viel Fett, Salz und/oder Zucker. Eine solche Ernährung wird als ein Grund für viele Beschwerden wie Herzerkrankungen und Diabetes angesehen. Doch man kann auch durch gesunde Kost zunehmen. Häufig beklagen sich Menschen, dass sie nicht abnehmen, obwohl sie sich doch gesund ernähren. Nun, auch unter den gesunden Lebensmitteln gibt es Kalorienbomben: In 100 g Nüssen und Saaten stecken 600 kcal! Da sie aber sehr nährstoffreich sind, genügt schon eine kleine Menge.

TAG 4	TAG 5	TAG 6	TAG 7
Bircher-Müsli mit Äpfeln, Heidelbeeren & Zimt (S. 28)	Erdbeer-Sojajoghurt (S. 29)	Pochierte Eier auf Süßkartoffel-Rösti (S. 39)	Mango-Becher mit Granatapfel (S. 33)
Chia-Samen-Kokos-Ananas-Smoothie (S. 52)	Avocado-Apfel-Kiwi-Spinat-Smoothie (S. 55)	Gurken-Birnen-Minze-Weizengras-Saft (S. 57)	Möhren-Rote-Bete-Apfel-Sellerie-Smoothie (S. 57)
Grünkohlchips mit Cashewkernen & Paprika (S. 74)	Gewürznüsse (S. 76)	Pistazien-Hafer-Riegel (S. 79)	Edamame-Kern-Salat (S. 73)
Kürbis-Bohnen-Eintopf (S. 138)	Mungbohnen-Curry & Zwiebel-Gurken-Salat mit Cashewkernen (S. 167)	Brennnessel-Grünkohl-Suppe (S. 92) mit Quinoa-Brot (S. 44)	Wildreissalat mit Topinambur & Heirloom-Tomaten (S. 154)
Pistazien-Hafer-Riegel (S. 79)	Kokosmakronen (S. 263)	Avocado-Bohnen-Stampf auf Reiswaffeln (S. 60)	Sprossenbrokkoli & Tahin (S. 66)
Hähnchen-Quinoa-Salat (S. 205)	Sautiertes Thunfischsteak mit Rote-Bete-Salat (S. 253)	Pfannengerührte Riesengarnelen (S. 230)	Puten-Burger mit rot-weißem Krautsalat (S. 214)

Ein gesundes Körpergewicht ist nicht nur eine der besten Maßnahmen, um sich langfristig vor Erkrankungen zu schützen, sondern fördert auch das Selbstwertgefühl, das bereits durch ein paar Pfunde zu viel bröckeln kann. Diese Unzufriedenheit kann sich leicht auf alle anderen Lebensbereiche übertragen.

Ernährungstagebuch Die einzige Möglichkeit, sein Essverhalten genau zu analysieren, ist, alles zu notieren – und dabei auch ehrlich zu sein –, was man im Laufe des Tages zu sich nimmt. (Noch besser ist es, alles mit dem Smartphone zu fotografieren.) Häufig lassen sich so bestimmte Essmuster erkennen. Ein anerkannter Ernährungsspezialist kann Ihnen bei der Analyse Ihres Ernährungstagebuchs helfen und Ihre tägliche Kalorienzufuhr ausrechnen. Oder Sie können eine der vielen Apps herunterladen und mit Informationen füttern. (Beachten Sie dabei, dass das Einschätzen der Portionsgrößen und die Auflistung der Zutaten nicht immer einfach sind.)

Wenn man erst einmal alles schriftlich vor sich hat, wird meist offensichtlich, woher die überflüssigen Kilokalorien stammen. Nun können Sie sich ein paar Diätziele setzen und einfache Änderungen vornehmen, die Ihnen bei der Kalorienreduzierung helfen, z. B. Portionsgrößen verringern, mehr Obst und Gemüse essen oder die Ernährung auf Vollwert umstellen.

Seelenessen Gelegentlich braucht man einfach etwas, was der Seele guttut. Leider greifen wir dann häufig zu Speisen und Snacks, die den Serotoninspiegel im Gehirn heben, wodurch wir uns entspannt und beruhigt fühlen. Solche Lebensmittel enthalten üblicherweise viel Zucker und einfache Kohlenhydrate, die den Blutzuckerspiegel nach oben schnellen lassen und uns schnell schlechter fühlen lassen, wenn der Effekt nachlässt.

Der regelmäßige Verzehr solcher Speisen kann dadurch zu einer Art Sucht werden und zur Gewichtszunahme führen. Zu wissen, wann und warum Sie zu solchen „Tröstern" greifen, hilft Ihnen auf dem Weg zu einer gesünderen Lebensführung. Deshalb ist es ratsam, sich in einem Ernährungstagebuch auch zu notieren, wie Sie sich bei jedem Essen fühlen. Dadurch erhalten Sie Hinweise auf die Ursache des Problems und können nach gesünderen Alternativen suchen bzw. anderen Möglichkeiten, Ihre Laune aufzubessern (Sport beispielsweise setzt Glückshormone im Gehirn frei).

Gesundes Körpergewicht Mit der Ermittlung des Body-Mass-Index (BMI), s. Tabelle auf S. 347, lässt sich schnell das eigene Körpergewicht prüfen. Dabei wird es ins Verhältnis zur Körpergröße gesetzt. Ein normaler BMI bewegt sich im blauen Bereich, alles darunter oder darüber bedeutet, dass Sie unter- bzw. übergewichtig sind. Es gibt allerdings Umstände, unter denen der BMI unzuverlässig ist, z. B. wenn Sie schwanger oder sehr muskulös sind, weil die Gleichung nur das Gewicht heranzieht und nicht zwischen Fett- und Muskelmasse unterscheidet. Sie sollten keineswegs eine Diät machen, wenn Sie schwanger sind, und mehr Muskeln als Fett deuten ohnehin schon auf einen gesunden Lebensstil hin. Ein gesundes Körpergewicht zu halten ist für jeden von grundlegender Bedeutung.

Wenn Ihr BMI zu hoch ist, setzen Sie sich ein realistisches Ziel: 500 g bis 1 kg pro Woche scheinen vernünftig. Zwar kann es dadurch länger dauern, bis Sie Ihr Idealgewicht erreichen. Doch umso wahrscheinlicher ist es, dass Sie nicht vorzeitig aufgeben und Ihr Gewicht dann auch halten werden. Stellen Sie sich nur einmal pro Woche auf die Waage. Es gibt nämlich diverse Faktoren wie Wassereinlagerungen, die Gewichtsschwankungen im Laufe eines Tages bewirken können.

Statt eine bestimmte Zahl auf der Waage anzupeilen, sollten Sie sich ein praktisches Ziel setzen wie, wieder in die alte Lieblingsjeans zu passen. Das schafft zusätzliche Motivation.

Hilfreiche Tipps

- Essen Sie bewusst. Es hat sich gezeigt, dass man so weniger Kilokalorien zu sich nimmt. Dazu gehören einfache Maßnahmen wie das Essen im Sitzen, langsames und gründliches Kauen und beim Kauen das Besteck ablegen. Dadurch erhält Ihr Gehirn mehr Zeit, zu registrieren, dass Sie essen und wann Sie satt sind.
- Ernähren Sie sich ausgewogen und abwechslungsreich, um sich mit vielen Nährstoffen zu versorgen. Den Großteil sollte pflanzliche Kost (Obst, Gemüse und Vollkornprodukte) ausmachen, begleitet von mageren Proteinen und gesunden Fetten (Öle, Avocados, Nüsse und Fettfisch). Bauen Sie täglich einige Portionen an Milchalternativen (nährstoffversetzte Pflanzenmilch, Tahin, Mandeln, grünes Blattgemüse) in den Speiseplan ein, um die fehlenden Nährstoffe aus Milchprodukten zu kompensieren.
- Wählen Sie Nahrungsmittel mit niedriger glykämischer Last (GL, s.S. 290), da sie den Blutzuckerspiegel konstant halten, ausgeglichener machen und Heißhungerattacken vorbeugen.
- Pflanzliche und tierische Proteine sowie ballaststoffreiche Kost (Vollkorn und Gemüse) in jeder Mahlzeit halten länger satt. Auch Lebensmittel mit hohem Wassergehalt sorgen mit wenig Kilokalorien für ein besseres Sättigungsgefühl. Essen Sie häufiger Suppen, Gerichte auf Tomatenbasis, Eintöpfe oder Currys.
- Essen Sie regelmäßig, um den Blutzuckerspiegel möglichst konstant zu halten und Heißhungerattacken zu vermeiden. Frühstücken Sie gut; Studien haben gezeigt, dass Menschen, die nicht frühstücken, häufiger übergewichtig sind.
- Begrenzen Sie Speisen mit vielen gesättigten Fettsäuren und viel Zucker auf ein Minimum: Fett enthält reichlich Kilokalorien und führt in großen Mengen zu Gewichtszunahme; Zucker wird in Form von Triglyzeriden (eingelagertes Körperfett) gespeichert. Verbannen Sie Fett aber nicht vollständig, denn bereits geringe Mengen wirken befriedigend, dienen als Geschmacksträger und

sorgen für Textur. Greifen Sie zu kalt gepresstem Olivenöl oder kleinen Portionen Avocado, Nüssen und Saaten.

- Trinken Sie ausreichend Wasser und Kräutertee, denn häufig wird ein Flüssigkeitsmangel mit Hunger verwechselt.
- Vermeiden Sie Alkohol, da er fast genauso viele Kilokalorien wie Fett enthält (mit geringem Nährwert) und sich auf den Blutzuckerspiegel auswirken kann. Alkohol kann auch zu Schlafstörungen führen (und zu wenig Schlaf wird in Zusammenhang mit Übergewicht oder Schwierigkeiten beim Abnehmen gebracht).
- Halten Sie sich fit. Durch Sport wird der Stoffwechsel angekurbelt, und man nimmt schneller ab. Sie müssen nicht gleich für einen Triathlon trainieren. Schon etwas tägliche Bewegung hilft und ist langfristig nachhaltiger als kurze, intensive Trainingsintervalle.

Gewicht zulegen Für manche ist Zunehmen fast so schwer wie für andere das Abnehmen. Krankheiten, Unfälle, Verdauungsbeschwerden, Stress oder ein sehr aktiver Lebensstil können Gründe für ein zu geringes Körpergewicht sein. Auch wenn es sich verführerisch anhört, sich mit kalorienreichen Leckereien vollstopfen zu können, sorgt das nur dafür, dass Sie sich träge, unwohl und ungesund fühlen.

Da ich dieser Dünnenfraktion angehöre, weiß ich, wovon ich rede. Hier sind ein paar Tipps, um auf gesunde Weise zuzunehmen:

- Lassen Sie keine Mahlzeit aus, essen Sie drei Hauptmahlzeiten und zwei energiereiche Zwischenmahlzeiten. Menschen, die zunehmen wollen, haben oft kaum Appetit, daher eignen sich statt großen Portionen sechs Minimahlzeiten vielleicht besser.
- Wählen Sie kalorien- und nährstoffreiche Lebensmittel wie Nüsse, Saaten, Avocados, Öle, Fettfische, Nussmus, Tahin, Bananen, Knuspermüslis, Trockenfrüchte und selbst gemachte Dressings und Marinaden. Quinoa und Edamame enthalten etwas mehr Kilokalorien als andere Getreidesorten und Hülsenfrüchte.
- Bereiten Sie sich nährstoffreiche Snacks zu wie Nussmus und Bananenscheiben auf glutenfreiem Brot, kleine Salate auf Getreidebasis, Omelette, Guacamole oder ein Tomaten-Avocado-Salat mit kalt gepresstem Olivenöl, Haferbrei mit gehackten Nüssen und Trockenfrüchten, Kokosjoghurt mit Knuspermüsli. Nüsse und Trockenfrüchte oder Edamame mit Chili und Sesamöl sind geeignete Knabbereien. Smoothies liefern ebenfalls ein paar zusätzliche Kilokalorien, wenn sie mit Avocado, Nussmus oder Tahin angereichert werden.
- Gewöhnen Sie sich an, immer eine weitere Zutat in Ihre Speisen zu geben und so den Kaloriengehalt zu erhöhen. Das können kalorienreiche gehackte Nüsse oder Hülsenfrüchte, gegarte Zutaten wie Quinoa oder Süßkartoffeln in einem Salat, aromatisierte Öle und Getreide in Suppen, Trockenfrüchte in Salaten auf Getreidebasis, getrocknete Kokosflocken in Obstsalaten oder Kokosmilch in Currys sein.

BODY-MASS-INDEX (BMI)

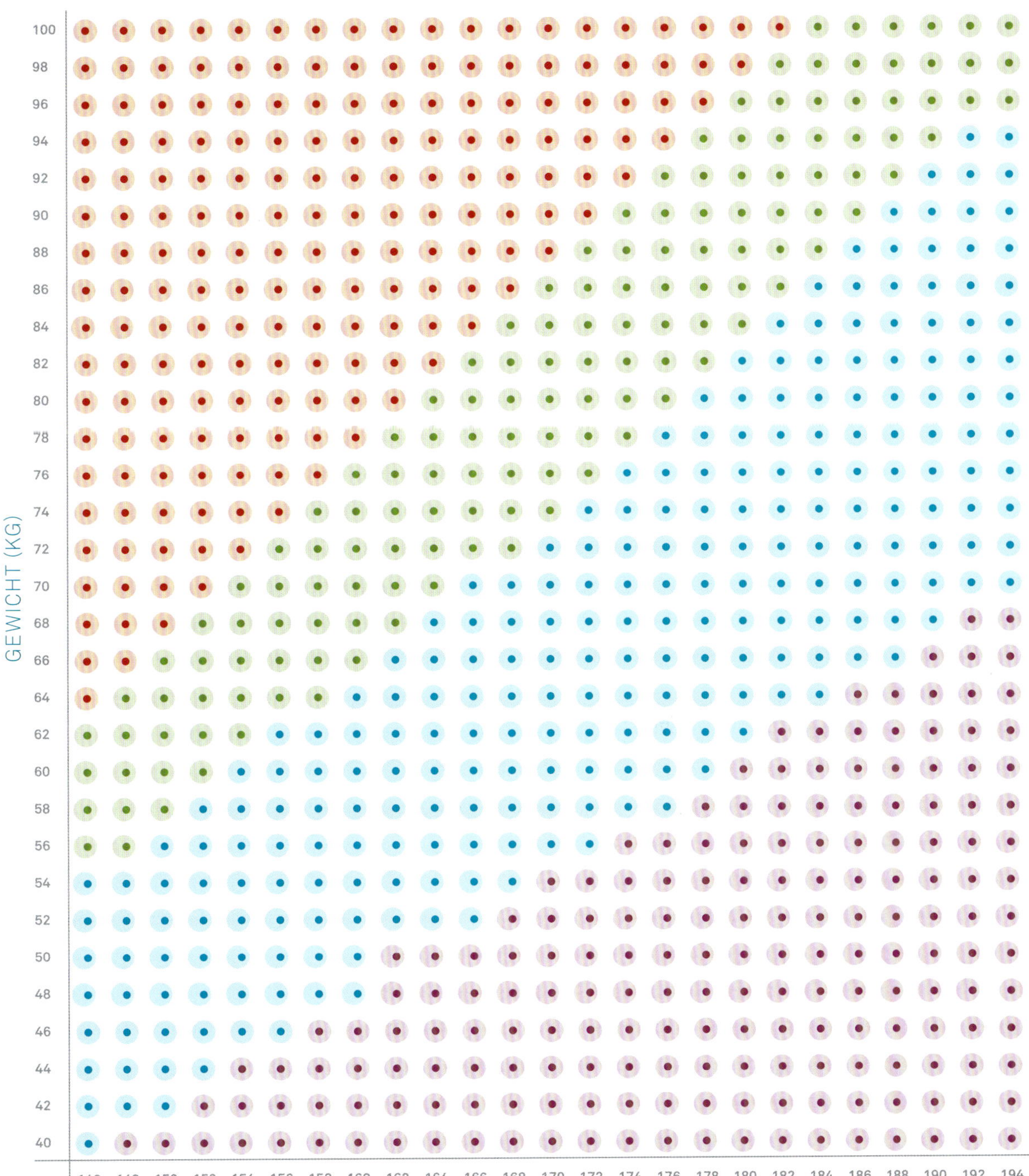

GRÖSSE (CM)

Der BMI ist ein Maß für Körperfett, das sich aus dem Verhältnis von Körpergröße und -gewicht errechnet. Um Ihren BMI im Schaubild zu ermitteln, ziehen Sie mit einem Finger eine Linie von Ihrem Gewicht und mit einem anderen Finger von Ihrer Körpergröße, bis sie sich treffen. Der entsprechend eingefärbte Punkt gibt an, in welchem Bereich Sie sich befinden.

- Untergewicht
- Normalgewicht
- Übergewicht
- Fettleibigkeit

PSYCHE

Wir alle haben einen vollen Alltag, der stressig sein kann. Damit sich Stress nicht auf Gesundheit und Wohlbefinden auswirkt, ist es wichtig, richtig mit Stress umzugehen. Stressfaktoren sind z. B. Beziehungs- und Geldprobleme oder eine unausgeglichene Work-Life-Balance.

Stress zeigt sich in drei Phasen: Erst wird Adrenalin produziert. Das wird durch eine Flucht- und Kampfbereitschaft charakterisiert. Danach setzt eine Stressresistenz ein, bei der der Körper entsprechende Mechanismen entwickelt. In Phase drei, wenn die körperlichen Ressourcen aufgebraucht sind, kommt es zu einem Erschöpfungszustand. Jetzt ist man einem erheblichen Risiko für langfristige Folgeschäden ausgesetzt, und Probleme wie Angstzustände und Depressionen, die die Lebensqualität schmälern, können sich entwickeln.

DETOX FÜR DIE PSYCHE

	TAG 1	TAG 2	TAG 3
Frühstück	Bircher-Müsli mit Äpfeln, Heidelbeeren & Zimt (S. 28)	Wachsweiche Eier mit Avocado-Salat (S. 38)	Granola mit Ananas & Erdbeeren (S. 30)
Getränk	Gurken-Birnen-Minze-Weizengras-Saft (S. 57)	Möhren-Rote-Bete-Apfel-Sellerie-Smoothie (S. 57)	Gurken-Birnen-Minze-Weizengras-Saft (S. 57)
Vormittagssnack	Avocado-Bohnen-Stampf auf Reiswaffeln (S. 60)	Cashew-Goji-Riegel (S. 80)	Limabohnen-Spinat-Püree mit Gemüsesticks (S. 68)
Mittagessen	Wildreissalat mit Topinambur & Heirloom-Tomaten (S. 154)	Quinoa-Cashewkern-Salat (S. 150)	Salat mit Lachs, grünen Bohnen, Orange & Haselnuss (S. 235)
Nachmittagssnack	Edamame-Kern-Salat (S. 73)	Radieschen & Blumenkohl mit Hummus (S. 66)	Getrocknete Feigen (50 g)
Abendessen	Lachs & braune Reisnudeln (S. 237)	Salatröllchen mit Hähnchenfüllung (S. 211)	Kürbis-Tofu-Curry (S. 135)

Stress, Panik und Depressionen können sich auch auf das Essverhalten auswirken. Wer keinen Appetit hat, nimmt ungenügend lebenswichtige Nährstoffe auf. Psychische Probleme können aber auch dazu führen, dass man zu viel und das Falsche isst, wodurch der Blutzuckerspiegel nach oben jagt, und/oder zu viel Kaffee (sorgt für eine erhöhte Adrenalinausschüttung) trinkt. Stress kann dem Körper auch wichtige Nährstoffe wie B-Vitamine und Magnesium entziehen.

Manchmal kann eine ausgewogene Ernährung helfen, gesundheitliche Probleme in den Griff zu bekommen. Omega-3-Fettsäuren wirken sich positiv auf die Regulierung der Stresshormone aus. Eine gesunde Ernährung und regelmäßiger Sport sind einfache Möglichkeiten, eine gute physische wie psychische Gesundheit zu unterstützen.

TAG 4	TAG 5	TAG 6	TAG 7
Bananen-Muffin (S. 43)	Quinoa-Haferflocken-Porridge mit Brombeer-Kompott (S. 33)	Mangojoghurt mit getrockneten Aprikosen & Bananen (S. 29)	Gebackene Eier mit Spinat & Tomaten (S. 38)
Avocado-Apfel-Kiwi-Spinat-Smoothie (S. 55)	Himbeer-Heidelbeer-Kokos-Smoothie (S. 49)	Möhren-Rote-Bete-Apfel-Sellerie-Smoothie (S. 57)	Chia-Samen-Kokos-Ananas-Smoothie (S. 52)
Radieschen & Blumenkohl mit Hummus (S. 66)	Cashew-Goji-Riegel (S. 80)	Cashewkerne (30 g)	Edamame-Kern-Salat (S. 73)
Kohl-Fenchel-Frittata mit Edamame-Bohnen (S. 199)	Kürbis-Bohnen-Eintopf (S. 138)	Quinoa-Spargel-Salat mit Mandeln (S. 150)	Zitronenhähnchen (S. 220)
Heidelbeeren (80 g)	Sprossenbrokkoli & Tahin (S. 66)	Avocado-Bohnen-Stampf auf Reiswaffeln (S. 60)	Kakaomilch (S. 53)
Pintobohnen-Chili (S. 168)	Heilbutt mit Kichererbsen-eintopf & Pesto (S. 242)	Grünes Thai-Curry (S. 137)	Mexikanische Bohnen-suppe (S. 88)

① DEPRESSION

Depression ist eine häufige psychische Störung; jeder fünfte Deutsche leidet einmal im Leben darunter (mehrere Wochen oder gar Monate). Eine Depression kann viele Auslöser haben. Dazu gehören z.B. Ereignisse wie der Verlust einer nahestehenden Person oder das Zerbrechen einer Beziehung, aber auch Lebensweisen wie Abhängigkeiten von Zigaretten, Alkohol oder Drogen. Die Symptome einer Depression variieren und können sowohl psychischer wie physischer Natur sein wie Appetitlosigkeit, Schlafprobleme, Verstopfung, Gewichtsverlust oder -zunahme, Antriebslosigkeit und Apathie.

Zwar kann eine Depression nicht durch Ernährung geheilt werden, aber gesundes Essen mit vielen Nährstoffen kann zur Minderung bestimmter Symptome beitragen. Besonders wichtig ist es, den Appetit anzuregen und regelmäßig zu essen, um sich ausreichend mit Nährstoffen zu versorgen. Ein gutes Mittel bei milden bis mittleren Depressionen ist außerdem Bewegung, da dabei das Glückshormon Serotonin ausgeschüttet wird.

Symptome bekämpfen Es gibt deutliche Hinweise darauf, dass **Omega-3-Fettsäuren** die Symptome lindern können. Die Forschung hat gezeigt, dass Depressionen in Ländern mit einer hohen Omega-3-Zufuhr seltener sind und dass die Omega-3-Werte bei Personen, die an einer Depression leiden, deutlich verringert sind. Um die Zufuhr dieser Fettsäure zu verbessern, essen Sie bis zu vier Portionen Fettfisch pro Woche (zwei bei Schwangeren), dunkelgrünes Blattgemüse, Walnüsse, Saaten (Chia- und Leinsamen) sowie deren Öle.

Wie bei allen Erkrankungen, die sich auf das Gemüt niederschlagen, ist auch hier auf einen konstanten Blutzuckerspiegel zu achten, der Konzentrationsvermögen und den Energiehaushalt beeinflusst. Die Kombination aus komplexen Kohlenhydraten (aus Vollkornprodukten wie Naturreis, Buchweizen, Gerste und Hafer) mit Proteinen begünstigt eine langsamere, konstantere Energiefreisetzung.

Bestimmte Nahrungsmittel enthalten größere Mengen der Aminosäure **Tryptophan** (Geflügel, Fettfisch, Eier, Hülsenfrüchte), die im Gehirn zu **Serotonin** synthetisiert wird. Die entspannende Wirkung dieses Hormons hilft bei Angstzuständen und wirkt schlaffördernd. Da die Resorption von Tryptophan Kohlenhydrate erfordert, können Sie es vor dem Schlafengehen mit einem Kohlenhydratimbiss versuchen, z.B. einer Schale Haferbrei oder Hafercracker mit Honig.

Häufig ist bei einer Depression auch eine Unterversorgung mit **Magnesium** und **B-Vitaminen** (vor allem B12) zu beobachten. B-Vitamine, die viel in grünem Blattgemüse, Linsen, Fettfisch, Nüssen, Saaten und Spirulina (einer Algenart) vorkommen, sind bei der Produktion von Neurotransmittern im Gehirn beteiligt.

PMS-bedingte depressive Verstimmungen werden in Zusammenhang mit einem Mangel an **Vitamin B6** gebracht, das bei der Umwandlung der Aminosäure Tryptophan in Serotonin im Gehirn beteiligt ist und vor allem in Geflügel, Eiern, Fettfisch, Quinoa und

EMPFEHLENSWERT

- Auberginen
- Avocados
- Brokkoli
- Cantaloupe-Melonen
- Chia-Öl
- Edamame
- Eier
- Gemüsemais
- Getrocknete Feigen
- Grünkohl
- Haferflocken
- Heilbutt
- Hühnchen
- Lachs
- Lauch
- Leinöl
- Linsen
- Makrelen
- Mungbohnen
- Naturreis
- Nüsse (Cashewkerne, Walnüsse)
- Orangen
- Pute
- Quinoa
- Rohkakao
- Rosenkohl
- Rosinen
- Rote Bete
- Saaten (Kürbis-, Sonnenblumenkerne)
- Sobanudeln
- Spirulina
- Tomaten
- Thunfisch
- Weißkohl
- Zwiebeln

VERMEIDEN

- Alkohol
- Koffein
- Zucker

Rezepte bei Depressionen, s.S. 400

grünem Blattgemüse vorkommt. Beim Einsatz von Supplementen ist jedoch Vorsicht geboten, da eine hohe Dosis (über 50 mg pro Tag) zu unerwünschten Nebenwirkungen wie Taubheitsgefühl führen kann.

Rohkakao enthält zwei Vitalstoffe, die als milde Stimmungsaufheller **(Phenylethylamin)** und mildes Stimulans **(Theobromin)** gelten; allerdings ist ihre Wirkung begrenzt.

② ANGSTZUSTÄNDE

Die meisten Menschen hatten schon einmal mit Angstzuständen zu kämpfen. Sie können durch eine Situation (Sprechen vor Publikum), Phobien (Höhenangst), posttraumatischen Stress (nach einem schrecklichen Erlebnis) oder eine allgemeine Störung (ständiges Angstgefühl ohne konkreten Auslöser) hervorgerufen werden. Angst ist eine häufige Begleiterscheinung von Depressionen, kann aber auch isoliert auftreten. Symptome sind Schwitzen, Kurzatmigkeit, Schwindel oder Herzrasen. Es kann auch zu Panikattacken kommen.

Wie die Depression können auch Angstzustände nicht durch Ernährung geheilt werden. Die richtigen Nahrungsmittel und eine gesunde Lebensführung tragen aber zu einer bestmöglichen mentalen Gesundheit bei. Ebenso wie ein möglichst konstanter Blutzuckerspiegel, da Nahrungsmittel, die schnell im Körper verstoffwechselt werden wie Zucker, zu starken Blutzuckerschwankungen führen. Solche extremen Zuckerhochs und -tiefs können Gereiztheit verursachen, was wiederum die Konzentrationsfähigkeit beeinflusst. Für eine langsame Energieabgabe und einen konstanteren Blutzuckerspiegel sollten Sie Nahrungsmittel mit niedriger GL wählen, sprich komplexe Kohlenhydrate wie Vollkornprodukte (Naturreis, Sobanudeln, Gerste, Quinoa, Haferflocken), Wurzelgemüse oder Hülsenfrüchte.

Studien haben gezeigt, dass **Magnesium** hilfreich bei Angstzuständen sein kann. Es ist noch unklar, ob dies direkt mit dem Nervensystem zusammenhängt. Jedenfalls schadet es nicht, dem Körper magnesiumreiche Nahrungsmittel zuzuführen, z. B. Nüsse, Saaten, grünes Gemüse und einige weiße Fischarten.

Auch ein Mangel an den Aminosäuren **L-Lysin** (in Edamame, Geflügel, Hülsenfrüchten, Saaten und Eiern) und **L-Arginin** (in Fettfisch, Meeresfrüchten, Haferflocken, Nüssen, Hülsenfrüchten) wird in Zusammenhang mit Angstzuständen gebracht. Deshalb ist eine erhöhte Zufuhr dieser Aminosäuren vorteilhaft. Auch **Omega-3-Fettsäuren** haben sich als wirksam bei Angstzuständen erwiesen, wenngleich nicht ganz klar ist, durch welche Mechanismen. Es könnte mit der Freisetzung von Serotonin im Gehirn zusammenhängen, das stimmungsaufhellend wirkt, oder damit, dass Omega-3 der Ausschüttung von Stresshormonen (Adrenalin und Cortisol) entgegenwirkt.

Klar ist, dass Koffein Angstzustände verstärkt, da es anregend wirkt (und das Hormon Adrenalin freisetzt). Deshalb sollten Sie koffeinhaltige Getränke meiden und lieber beruhigende Kräutertees wie Kamillen- und Melissentee trinken. Bei Einschlafschwierigkeiten können Baldrian- oder Eisenkrauttee entspannend wirken.

EMPFEHLENSWERT

- Azuki-Bohnen
- Baldrian-, Bergamotte-, Eisenkraut-, Kamillentee
- Edamame
- Eier
- Garnelen
- Gemüsemais
- Getrocknete Feigen
- Grüne Bohnen
- Grünkohl
- Haferflocken
- Hühnchen
- Kichererbsen
- Knoblauch
- Kürbis
- Mangold
- Naturreis
- Nüsse (Cashewkerne, Erdnüsse, Pinienkerne)
- Quinoa
- Rosinen
- Saaten (Kürbis-, Sonnenblumenkerne)
- Sobanudeln
- Süßkartoffeln
- Tomaten
- Weißkohl
- Zitrusfrüchte
- Zwiebeln

VERMEIDEN

- Alkohol
- Koffein
- Zucker

Rezepte bei Angstzuständen, s. S. 396

ERSCHÖPFUNGSZUSTÄNDE

Sich erschöpft oder kraftlos zu fühlen, ist ein häufiges Problem mit vielen Ursachen. Mal liegt es am Lebensstil, mal an der Ernährung, vor allem an einem Mangel an B-Vitaminen, die bei der Umwandlung von Nahrung in Energie beteiligt sind, oft aber „verschleudert" werden zur Bewältigung von Stress, der ebenfalls zu Erschöpfungszuständen führen kann. Und natürlich kann es auch einfach daran liegen, dass Sie zu wenig essen, um Ihren Energiebedarf zu decken.

Das 16-Uhr-Loch ist typisch für alle, die mittags etwas mit hoher glykämischer Last (GL) essen, also Lebensmittel, die schnell verstoff-

DETOX GEGEN ERSCHÖPFUNG

	TAG 1	TAG 2	TAG 3
Frühstück	Bircher-Müsli mit Rote Bete & Apfel (S. 25)	Granola mit Ananas & Erdbeeren (S. 30)	Quinoa-Haferflocken-Porridge mit Brombeer-Kompott (S. 33)
Getränk	Avocado-Apfel-Kiwi-Spinat-Smoothie (S. 55)	Möhren-Rote-Bete-Apfel-Sellerie-Smoothie (S. 57)	Chia-Samen-Kokos-Ananas-Smoothie (S. 52)
Vormittagssnack	Cashew-Goji-Riegel (S. 80)	Gemischte Beeren (80 g)	Wachteleier-Sellerie-Salat mit Kirschtomaten (S. 73)
Mittagessen	Süßkartoffelküchlein mit Grünkohl & grünen Bohnen (S. 113)	Quinoa-Cashewkern-Salat (S. 150)	Graupen-Risotto mit Kürbis & Salbei (S. 182)
Nachmittagssnack	Sprossenbrokkoli & Tahin (S. 66)	Edamame-Kern-Salat (S. 73)	Kandierte Walnüsse (S. 81)
Abendessen	Lachs & braune Reisnudeln (S. 237)	Kürbis-Tofu-Curry (S. 135)	Cajun-Hähnchen mit Avocadosalat & Mango-Salsa (S. 202)

wechselt werden und einen starken Anstieg des Blutzuckerspiegels bewirken, gefolgt von einem raschen Absacken und erneutem Hungergefühl (Ofenkartoffeln haben diesen Effekt aufgrund ihrer hohen GL ebenso wie süße Snacks). Durch die Vermeidung starker Blutzuckerschwankungen kann das Energieniveau konstant gehalten werden.

Oft gibt es aber auch andere Ursachen für Müdigkeit und Erschöpfung wie Depressionen und Angstzustände, Krankheiten wie z. B. das Chronische Erschöpfungssyndrom, Lebensmittelintoleranzen oder ein Vitamin- bzw. Mineralstoffmangel.

TAG 4	TAG 5	TAG 6	TAG 7
Mangojoghurt mit getrockneten Aprikosen & Bananen (S. 29)	Avocado-Salat mit gerösteten Nüssen & Kernen (S. 36)	Chia-Samen-Pudding mit Brombeer-Limetten-Coulis (S. 35)	Gebackene Eier mit Spinat & Tomaten (S. 38)
Gurken-Birnen-Minze-Weizengras-Saft (S. 57)	Himbeer-Heidelbeer-Kokos-Smoothie (S. 49)	Möhren-Rote-Bete-Apfel-Sellerie-Smoothie (S. 57)	Avocado-Apfel-Kiwi-Spinat-Smoothie (S. 55)
Gewürznüsse (S. 76)	Cashew-Goji-Riegel (S. 80)	Guacamole (S. 59)	Edamame-Kern-Salat (S. 73)
Süßkartoffel-Frittata (S. 196)	Gebratener Blumenkohlreis mit Shiitakepilzen & Tofu (S. 143)	Brühe mit braunem Reis, Pak Choi & Ingwer (S. 83)	Quinoa-Pizza (S. 148)
Gemischte Beeren (80 g)	Rote-Bete-Falafel (S. 115)	Paranüsse (30 g)	Geröstete Curry-Kichererbsen (S. 76)
Heilbutt mit Kichererbseneintopf & Pesto (S. 242)	Puten-Burger mit rot-weißem Krautsalat (S. 214)	Seelachs-Garnelen-Fischküchlein mit Zucchini-Spaghetti (S. 247)	Gegrillte Makrele mit Ingwer-Safran-Reis (S. 253)

① EISENMANGEL (ANÄMIE)

Das Spurenelement Eisen ist wichtig für die Bildung von roten Blutkörperchen, die Sauerstoff im Körper transportieren. Blutarmut (Anämie) ist ein Oberbegriff, mit dem eine Reihe von Störungen beschrieben werden, die durch die Unfähigkeit der roten Blutkörperchen, genügend Sauerstoff zu transportieren, gekennzeichnet sind. Am häufigsten ist die durch Eisenmangel bedingte Anämie (andere Anämien werden durch einen Mangel an Folsäure und Vitamin B12 verursacht). Alle drei Mikronährstoffe wirken bei der Produktion von roten Blutzellen mit.

Die Symptome der Anämie werden durch eine ungenügende Sauerstoffversorgung der Organe hervorgerufen. In schwacher Ausprägung sind Müdigkeit und Blässe zu beobachten. In schweren Fällen treten Luftknappheit oder Ohnmachtsanfälle auf. Bei Frauen ist aufgrund der Monatsblutung Eisenmangel die häufigste Ursache. Schwangere sind aufgrund des erhöhten Nährstoffbedarfs des wachsenden Embryos einem erhöhten Risiko ausgesetzt (im letzten Schwangerschaftsdrittel und nach der Geburt). Weitere Risikofaktoren sind hohe körperliche Belastung wie bei Leistungssportlern oder der Verzicht auf tierische Produkte wie bei Vegetariern und Veganern.

Die Zufuhr eisenreicher Nahrungsmitteln ist ein erster offensichtlicher Schritt gegen Eisenmangel. Ebenso sollten Sie ausreichend **Vitamin B12** (Fettfisch, Eier, Spirulina) und **Folsäure** (Obst und Gemüse) zu sich nehmen. In ernsten Fällen sollte Ihr Hausarzt ein Blutbild machen lassen und eventuell ein Eisenpräparat verschreiben.

Eisen lässt sich ganz einfach in erhöhtem Maß über die Nahrung zuführen, und zwar in Form von Hülsenfrüchten und grünem Gemüse, ob nun gegart, als Püree, Mus oder Salat, sowie durch Trockenfrüchte, z.B. in warmen Gerichten, im Müsli oder als Snack. Zu den Nahrungsmitteln, aus denen der Körper am meisten Eisen gewinnt, gehören tierische Produkte wie mageres rotes Fleisch, Geflügel, Fettfisch und Eier. Aber auch viele pflanzliche Nahrungsmittel enthalten große Mengen Eisen wie Hülsen- und Trockenfrüchte, Sojaprodukte, grünes Blattgemüse, Haferflocken sowie getrocknete Kräuter und Gewürze (bereits ein paar Teelöffel getrockneter Thymian oder Majoran, Kreuzkümmelsamen oder Kurkuma enthalten bis zu 2 mg Eisen).

Pflanzliche Eisenquellen sollten möglichst mit **Vitamin-C**-reichen Lebensmitteln verzehrt werden (Zitrusfrüchte, Beeren, Paprika), denn das Vitamin verbessert die Absorption des Spurenelements im Körper. Servieren Sie also zum Frühstück ein Glas Orangensaft, mischen Sie frische Beeren unter Ihren Haferbrei oder reichen Sie grünes Blattgemüse als Beilage. Auch **Kupfer** unterstützt die Absorption von Eisen. Dieses Spurenelement ist z.B. in Grünkohl, Cashewkernen, Pilzen und Hülsenfrüchten (Kichererbsen, Sojabohnen, Azuki-Bohnen) enthalten.

Wissenswert ist auch, dass bestimmte Substanzen die Absorption von Eisen(-präparaten) behindern können. Dazu gehören Tannine (in Schwarztee), Koffein und Phytinsäure, die in Kleie, bestimmten Nüssen und Hülsenfrüchten vorkommt. Sie sollten nicht mit einer eisenreichen Mahlzeit eingenommen werden.

EMPFEHLENSWERT

Ananas
Avocados
Blumenkohl
Brokkoli
Brunnenkresse
Eier
Erdbeeren
Forellen
Gemahlener Kardamom
Getrocknete Aprikosen
Getrocknete Feigen
Getrockneter Majoran und Thymian
Granatäpfel
Grünkohl
Haferflocken
Himbeeren
Hühnchen
Hülsenfrüchte (Bohnen, Linsen)
Karotten
Kiwis
Kürbis
Lachs
Limetten
Mageres rotes Fleisch
Mangold
Orangen
Petersilie
Rote Bete
Rote Paprika
Spargel
Spinat
Spirulina
Tofu
Thunfisch
Zitronen

VERMEIDEN

Koffein (inkl. Schwarztee)
Rohe Kleie

Rezepte bei Eisenmangel, s.S. 395

② CHRONISCHES ERSCHÖPFUNGSSYNDROM (CFS)

Es ist noch nicht vollständig erforscht, wie und weshalb das Chronische Erschöpfungssyndrom (CFS, engl. Chronic Fatigue Syndrome, auch als Myalgische Encephalophatie, ME, bekannt) entsteht. Eine Theorie lautet, dass sie sich bei manchen Patienten nach einer Viruserkrankung wie dem Pfeifferschen Drüsenfieber oder einer nicht vollständig auskurierten Grippe entwickelt. Weitere mögliche Faktoren sind anhaltender Stress nach einem traumatischen Erlebnis wie dem Verlust eines Menschen oder Depressionen, aber auch Hormonschwankungen oder eine Immunstörung kommen in Frage.

Zu den Symptomen zählen im Wesentlichen eine lähmende geistige wie körperliche Erschöpfung, aber auch Kopfschmerzen, Muskel- und Gelenkschmerzen, Konzentrationsmangel, erhöhter Regenerationsbedarf nach körperlicher Anstrengung und nicht erholsamer Schlaf. Viele dieser Symptome sind auch charakteristisch für andere Erkrankungen wie Anämie, Schilddrüsenprobleme, Diabetes oder Fettleibigkeit. Deshalb wird vom Arzt eine Reihe von Untersuchungen durchgeführt, die zum Ausschluss anderer Ursachen führen, bevor CFS diagnostiziert werden kann.

Das Syndrom selbst ist nicht heilbar, jedoch können mit der Zeit die Symptome gelindert werden, und eine gesunde Ernährung kann einen großen Beitrag dazu leisten. Durch regelmäßige Mahlzeiten mit komplexen Kohlenhydraten (Naturreis, Quinoa, Hülsenfrüchten, Sobanudeln) kann der Blutzuckerspiegel und das Energieniveau stabilisiert werden. **Omega-3-Fettsäuren** sind ebenfalls hilfreich, da Symptome wie Gelenksentzündungen vorübergehend durch Omega-3-reiche Nahrung (Fettfisch, Chia-, Leinsamen und deren Öle, dunkelgrünes Blattgemüse und Walnüsse) gemildert werden können.

Gute Abwehrkräfte sind ebenfalls von Belang, um Infektionen abzuwehren. Sorgen Sie durch eine ausreichende Zufuhr von **Zink** (Meeresfrüchte, Geflügel, Eier, Haferflocken und Nüsse) und **Vitamin C** (Obst und Gemüse, insbesondere Kiwis, Beeren und Paprika) für ein starkes Immunsystem.

Nahrungsmittel mit dem Zuckeraustauschstoff Aspartam (in Diätkost und sogenannten Light-Produkten) und dem Geschmacksverstärker Mononatriumglutamat (E 621) sind zu vermeiden, weil beide erwiesenermaßen die Symptome des CFS verschlimmern.

EMPFEHLENSWERT

Ananas
Beeren
Blumenkohl
Brokkoli
Chia-Öl
Eier
Erbsen
Forellen
Garnelen
Granatäpfel
Grünkohl
Haferflocken
Hühnchen
Kichererbsen
Krebsfleisch
Lachs
Leinöl
Limetten
Miso
Pilze
Pute
Naturreis
Nüsse (Para-, Walnüsse)
Orangen
Paprika
Quinoa
Rapsöl
Saaten (Kürbiskerne, Sesam)
Sardinen
Sobanudeln
Spitzkohl
Tomaten
Thunfisch
Zitronen
Zucchini

VERMEIDEN

Produkte mit Aspartam und Glutamat

Rezepte bei CFS, s.S. 400

③ SCHLAFSTÖRUNGEN

Von Schlafstörungen (Insomnie) ist jeder Fünfte betroffen. Sie äußern sich in Problemen beim Ein- und Durchschlafen oder in zu frühem Aufwachen. Dadurch ist der Schlaf wenig erholsam, und der Schlafmangel führt zu erhöhter Müdigkeit am Tag, Konzentrationsschwierigkeiten und vor allem zu Unausgeglichenheit. Der Schlafbedarf ist von Mensch zu Mensch verschieden, und auch wenn so mancher mit nur drei bis vier Stunden Schlaf auskommt, so sind doch sechs bis acht Stunden im Schnitt die Regel.

Für Schlafstörungen gibt es verschiedenste Gründe, manchmal aber liegt auch gar keine konkretere Ursache vor. Es kann sich um ein zeitlich begrenztes Phänomen handeln wie bei privaten oder beruflichen Sorgen oder bei gesundheitlichen Problemen wie Verdauungsbeschwerden, Krämpfen oder Erkältungen. Schlafstörungen können aber auch länger anhalten, beispielsweise bei Angstzuständen oder Depressionen.

Einfache Maßnahmen wie Entspannungsübungen oder eine Bettlektüre ebenso wie ein vollständig verdunkeltes Schlafzimmer (dadurch schüttet das Gehirn größere Mengen des Schlafhormons Melatonin aus) können bereits hilfreich sein. Stimulanzien wie Alkohol und Koffein sowie Sport kurz vor dem Schlafengehen sollten vermieden werden, um zur Ruhe zu kommen. Bestimmte Kräutertees wie Kamille, Baldrian und Passionsblüten fördern die Entspannung.

Hinsichtlich der Ernährung sind Nahrungsmittel, die größere Mengen **Tryptophan** enthalten (Geflügel, Nüsse, Edamame, Avocados, Kichererbsen), dienlich, denn diese Aminosäure wird im Körper zu **Serotonin** umgewandelt (das wiederum für die Produktion von **Melatonin** benötigt wird, das den Schlaf-Wach-Zyklus steuert). Damit Tryptophan über das Blut ins Gehirn gelangen kann, werden Kohlenhydrate benötigt, die den Insulinspiegel erhöhen, der quasi den Weg ebnet. Zur Entspannungs- und Schlafförderung kann also eine Abendmahlzeit eingenommen werden, die reich an komplexen Kohlenhydraten ist, oder versuchen Sie es mit einem kohlenhydratreichen Betthupferl (ein paar Haferkekse mit etwas Honig oder eine kleine Portion Haferbrei).

Auch eine Unterversorgung mit **Magnesium** wird in Verbindung mit Insomnie gebracht. Magnesiumreiche Kost wie weißer Fisch, dunkelgrünes Blattgemüse, Trockenfrüchte sowie Nüsse und Saaten (als Knabberei für zwischendurch, im Frühstücksmüsli oder in Salaten) ist in diesem Fall empfehlenswert. Ein weiterer Mineralstoff, der bei Schlafproblemen helfen kann, ist **Kalzium**, da es das Gehirn bei der Synthetisierung von Melatonin aus Tryptophan unterstützt. Nehmen Sie vor dem Schlafengehen eine kleine Portion Haferbrei mit kalziumversetzter Reismilch zu sich. Das Kalzium in der Pflanzenmilch fördert die Tryptophanresorption aus den tryptophanreichen Haferflocken.

EMPFEHLENSWERT

- Auberginen
- Avocados
- Baldrian- und Kamillentee
- Brokkoli
- Cashewkerne
- Edamame
- Gemüsemais
- Getrocknete Feigen
- Grünkohl
- Gurken
- Haferflocken
- Heilbutt
- Hühnchen
- Kichererbsen
- Knoblauch
- Mangold
- Mit Kalzium versetzte Reismilch
- Mungbohnen
- Naturreis
- Quinoa
- Rosenkohl
- Saaten (Kürbis- und Sonnenblumenkerne, Sesam)
- Sobanudeln
- Tahin
- Tofu
- Tomaten
- Weißkohl
- Zucchini

VERMEIDEN

- Alkohol
- Koffein

Rezepte bei Schlafstörungen, s.S. 410

④ KOPFSCHMERZEN

Kopfschmerzen gehören zu den häufigsten Beschwerden, vor allem Spannungskopfschmerzen, bei denen sich in Stirn und Schläfen ein Druckgefühl aufbaut. Kopfschmerz kann aber auch ein Symptom für eine Erkältung oder Nebenhöhlenentzündung sein, das sich in erster Linie durch ein Druckgefühl hinter den Augen bemerkbar macht.

Spannungskopfschmerz ist üblicherweise stressbedingt, aber auch andere Faktoren wie Flüssigkeitsmangel, Schlafmangel, unzureichende Bewegung und übermäßiger Alkoholgenuss können ursächlich sein. Aufgrund hormoneller Veränderungen leiden auch viele Frauen vor Ihrer Periode unter Kopfschmerzen, die sich teilweise zu einer richtigen Migräne entwickeln können (s. S. 358). Ebenso kann Kopfschmerz nach einem plötzlichen Spannungsabfall auftreten, beispielsweise nach einem traumatischen Ereignis. Der plötzliche Abfall von Stresshormonen verursacht eine Ausschüttung von Neurotransmittern, durch die sich Blutgefäße weiten und zusammenziehen, was sich als Kopfschmerz bemerkbar macht.

Viele Menschen trinken nicht (regelmäßig) genug. Das führt nicht nur zu Kopfschmerzen, sondern auch zu einem Konzentrationsabfall. Deshalb sollten Sie über den Tag verteilt mindestens zwei Liter Flüssigkeit trinken, vorrangig Wasser, ob nun warm oder kalt, pur oder mit frischer Minze, Zitrone, Gurke, frischem Basilikum oder Ingwer aromatisiert. Suppen und bestimmte Früchte (insbesondere Melone) führen ebenfalls Flüssigkeit zu und unterstützen den Wasserhaushalt des Körpers. Koffeinfreie Tees wie Rooibos- oder Kräutertee sind ebenfalls eine Option; Koffein verstärkt den Kopfschmerz tendenziell ebenso wie Süßstoffe in vielen kalorienreduzierten Limonaden. Grundsätzlich gilt: Ein Durstgefühl ist bereits ein Zeichen für eine beginnende Dehydrierung.

Andere Auslöser für Kopfschmerzen können Geschmacksverstärker (Glutamat), Zusatzstoffe oder auch die Aminosäure Tyramin sein, die in Rotwein, Schokolade, Fermentiertem und Eingelegtem wie Sauerkraut vorkommt. Nitrate, wie sie in Fleischprodukten vorliegen, gelten ebenfalls als Auslöser.

Wenn Sie bestimmte Nahrungs- und Genussmittel als Verursacher für Kopfschmerzen in Verdacht haben, empfiehlt es sich, ein Ernährungstagebuch zu führen, mit dem Sie durch Ihre Notizen den Übeltäter einfacher ausfindig machen können. Wenn Sie unter ständigen Kopfschmerzen leiden (chronisch gelten Kopfschmerzen, wenn sie an über der Hälfte eines Monats auftreten), unabhängig davon, ob Sie ein bestimmtes Nahrungsmittel essen oder nicht, und insbesondere wenn sie mit anderen Beschwerden einhergehen, sollten Sie Ihren Hausarzt aufsuchen.

EMPFEHLENSWERT

- Keine speziellen Nahrungsmittel
- Viel trinken

VERMEIDEN

- Alkohol
- Geschmacksverstärker
- Koffein
- Nitrate
- Tyramin (in Schokolade, Eingelegtem und Fermentiertem, Rotwein)

⑤ MIGRÄNE

Auch wenn sich Migräne vorrangig in rasenden Kopfschmerzen äußert, ist das Krankheitsbild komplexer und kann mit weiteren Symptomen wie Sehstörungen, Übelkeit, Erbrechen, erhöhter Licht- und Geräuschempfindlichkeit, Zittern etc. einhergehen. Häufig muss der/die Betroffene über Stunden still in einem dunklen Raum liegen.

Man nimmt an, dass die Betroffenen eine genetische Prädisposition für Migräne haben, und leider gibt es kein Allheilmittel. Die Symptome können stark abweichen, weshalb individuelle Präventivmaßnahmen ergriffen werden müssen. Zu wissen, welche Faktoren einen Migräneanfall auslösen oder dazu beitragen, ist bereits ein wesentlicher Schritt im Umgang mit der Krankheit. Solche Trigger (Auslöser) können sein: Stress, Schlafmangel, Umwelteinflüsse (Flackerlicht, Lärm, Tabakqualm), bei Frauen Hormonschwankungen, bestimmte Nahrungs- und Genussmittel. Aber auch eine ungenügende Flüssigkeitszufuhr kann Migräne begünstigen.

Trigger-Nahrungsmittel Bei einigen wird ein Migräneanfall durch bestimmte Nahrungsmittel ausgelöst. Häufig sind dies Schokolade, Koffein oder Rotwein (sie alle enthalten große Mengen der Aminosäure Tyramin). So wäre es sinnvoll, diese Produkte wegzulassen und zu sehen, ob sich die Häufigkeit und Schwere der Anfälle verbessert.

Viele Betroffene haben direkt vor einem Migräneanfall Heißhunger auf Süßes und glauben, dass dies der Auslöser ist. Dabei ist das Verlangen nach Süßem nur ein Symptom der Erkrankung. Daran sollte man denken, wenn es um die Analyse der persönlichen Trigger geht.

Viele der Produkte, die häufig als Verursacher genannt werden, enthalten gewisse Zutaten oder Zusatzstoffe. Ganz oben auf der Liste: Mononatriumglutamat (ein Geschmacksverstärker, E 621), Nitrate (in verarbeiteten Fleischprodukten) und Aspartam (Süßstoff, E 951).

Ernährungstagebuch Um alle Trigger ausfindig zu machen, lohnt es sich, ein Ernährungstagebuch zu führen, in dem Sie auch detailliert alle Faktoren wie Umwelteinflüsse (Wetter, Licht oder Lärm) und Symptome notieren. Das Tagebuch muss unbedingt über längere Zeit (einen Monat) geführt werden, um zu erkennen, ob sich bestimmte Muster ergeben, anhand derer sich ein Trigger identifizieren und isolieren (sprich weglassen) lässt. Dann sollten Sie weiter beobachten, ob eine Verbesserung der Migräneschübe in Intensität und Häufigkeit eintritt. Seien Sie nicht frustriert, wenn Sie keinen Auslöser identifizieren können, vielen Betroffenen geht es genauso.

Zu den häufigsten Nahrungsmittel-Triggern gehört unregelmäßiges Essen. Es ist sehr wichtig, keine Mahlzeiten auszulassen. Versuchen Sie es mit häufigen und kleinen Mahlzeiten, um den Blutzuckerspiegel möglichst konstant zu halten, und greifen Sie zu Zutaten mit niedriger glykämischer Last (GL, s. S. 290), sprich zu komplexen Kohlenhydraten, z. B. in Vollkornprodukten (Naturreis, Haferflocken, Gerste, Quinoa, stärkehaltigem Gemüse wie Süßkartoffeln).

EMPFEHLENSWERT

- Auberginen
- Avocados
- Brokkoli
- Eier
- Gemüsemais
- Getrocknete Feigen
- Grüne Bohnen
- Grünkohl
- Heilbutt
- Karotten
- Knoblauch
- Lachs
- Leinsamen
- Makrelen
- Mangold
- Nüsse (Cashewkerne, Mandeln)
- Rosinen
- Saaten (Kürbis- und Sonnenblumenkerne, Sesam)
- Spargel
- Spinat
- Tintenfisch
- Tomaten
- Weißkohl
- Zucchini
- Zwiebeln

VERMEIDEN

- Koffein (in Kaffee, Schwarztee, Cola und Energydrinks)
- Produkte mit Aspartam und Glutamat
- Tyramin (in Schokolade, Eingelegtem & Fermentiertem, Rotwein)

Rezepte bei Migräne, s. S. 406

Lebensmittel mit hohem **Vitamin-B2**-Gehalt (Riboflavin) haben bei Migränepatienten positive Wirkung gezeigt. Das Vitamin ist z. B. in Fisch, Eiern und dunkelgrünem Blattgemüse vorhanden. Auch ein Mangel an **Magnesium** wird in Verbindung mit Migräne gebracht. Greifen Sie deshalb zu magnesiumreicher Kost wie weißem Fisch, Nüssen, Saaten, Trockenfrüchten und dunkelgrünem Blattgemüse.

MIGRÄNEAUSLÖSER UND GEGENSTRATEGIEN

Zwar gibt es bei Migräne keine Heilung, aber zu wissen, durch was sie ausgelöst wird (violette Kreise), hilft bei der Entwicklung von Gegenstrategien (weiße Kreise), um Anfällen vorzubeugen.

MÄNNER

Die Gesundheit von Männern rückt zunehmend in den Fokus, da sie nach wie vor eine um Jahre geringere Lebenserwartung haben als Frauen, und Gesundheitsstatistiken zeigen ein höheres Risiko für Krebs, Fettleibigkeit und Diabetes. Neben Herzerkrankungen, die beide Geschlechter treffen, sind es vor allem männertypische Erkrankungen, die Besorgnis erregen wie Prostatabeschwerden, männerspezifische Tumore (Prostata und Hoden) und mentale Erkrankungen, vor allem Depressionen (s. S. 350). Viele der Risikofaktoren für die genannten Krankheiten können durch eine vernünftige Ernährung, verringerten Alkoholkonsum und körperliche Aktivität reduziert werden.

Die Gründe für eine schlechtere allgemeine Gesundheit bei Männern sind zahlreich und komplex; oft sind sie gepaart mit einer gewissen peinlichen Berührtheit oder Ignoranz. Dazu zählen:

DETOX FÜR MÄNNER

	TAG 1	TAG 2	TAG 3
Frühstück	Bircher-Müsli mit Äpfeln, Heidelbeeren & Zimt (S. 28)	Mango-Becher mit Granatapfel (S. 33)	Wachsweiche Eier mit Avocado-Salat (S. 38)
Getränk	Gurken-Birnen-Minze-Weizengras-Saft (S. 57)	Avocado-Apfel-Kiwi-Spinat-Smoothie (S. 55)	Möhren-Rote-Bete-Apfel-Sellerie-Smoothie (S. 57)
Vormittagssnack	Gewürznüsse (S. 76)	Edamame-Kern-Salat (S. 73)	Tomaten-Cashew-Creme (S. 62) mit Körner-Kräckern (S. 77)
Mittagessen	Gebackene Aubergine mit Granatapfel (S. 121) und grüner Salat mit Saaten	Salat mit Garnelen, Cashewnüssen & schwarzem Reis (S. 230)	Naturreis-Risotto mit Pilzen (S. 182)
Nachmittagssnack	Guacamole (S. 59) mit Körner-Kräckern (S. 77)	Kiwis (80 g)	Sprossenbrokkoli & Tahin (S. 66)
Abendessen	Puten-Burger mit rot-weißem Krautsalat (S. 214)	Kürbis-Tofu-Curry (S. 135)	Heilbutt mit Kichererbsen-eintopf & Pesto (S. 242)

- Männern fehlen oftmals das Bewusstsein und das Verständnis für ihre gesundheitlichen Belange.
- Männer sprechen seltener über Gesundheit und Gemütslagen.
- Männer ergreifen seltener Gegenmaßnahmen, wenn sie sich unwohl oder deprimiert fühlen.
- Männer führen häufiger einen ungesunden Lebensstil.
- Männern sind ihre Beschwerden oftmals unangenehm (wie Prostataerkrankungen und Impotenz).

Wie sich solches Verhalten entwickelt, geht über dieses Buch hinaus. Jedenfalls gibt es grundlegende Maßnahmen, mit denen Männer durch eine vernünftige Ernährung ihre Gesundheit verbessern können, vor allem um Prostatabeschwerden vorzubeugen, das Krebsrisiko zu senken, die Fertilität zu erhöhen und um bei Impotenz zu helfen.

TAG 4	TAG 5	TAG 6	TAG 7
Bananen-Muffin (S. 43)	Gebackene Eier mit Spinat & Tomaten (S. 38)	Avocado-Salat mit gerösteten Nüssen & Kernen (S. 36)	Chia-Samen-Pudding mit Brombeer-Limetten-Coulis (S. 35)
Chia-Samen-Kokos-Ananas-Smoothie (S. 52)	Gurken-Birnen-Minze-Weizengras-Saft (S. 57)	Möhren-Rote-Bete-Apfel-Sellerie-Smoothie (S. 57)	Erdbeer-Mango-Lassi (S. 55)
Paprika-Limabohnen-Püree (S. 68) mit Körner-Kräckern (S. 77)	Cashew-Goji-Riegel (S. 80)	Paranüsse (30 g)	Avocado-Salat mit gerösteten Nüssen & Kernen (S. 36)
Linsen & geröstete Auberginen mit Pesto (S. 161)	Avocado-Quinoa-Salat (S. 147)	Quinoa-Pizza (S. 148)	Phat Thai mit Naturreis-nudeln (S. 209)
Kakaomilch (S. 53)	Edamame-Kern-Salat (S. 73)	Paprika-Limabohnen-Püree (S. 68) mit Gemüse-sticks	Wachteleier-Sellerie-Salat mit Kirschtomaten (S. 73)
Puten-Cashew-Curry (S. 212)	Gegrillte Makrele mit Ingwer-Safran-Reis (S. 253)	Pfannengerührte Riesengarnelen (S. 230)	Pintobohnen-Chili (S. 168)

① PROSTATA

Die Prostata (Vorsteherdrüse) ist eine kastaniengroße Drüse unter der Blase und kann urologische Beschwerden, darunter harmlose Vergrößerungen, Tumore und Entzündungen, verursachen. Ab einem Alter von etwa 50 Jahren vergrößert sich die Prostata allmählich, was als benigne Prostatahyperplasie (BPH) bezeichnet wird. Meistens ist die Vergrößerung gutartig und harmlos, doch manchmal verursacht sie unangenehme urologische Beschwerden, da die Drüse gegen die Blase drückt. Harnwegsinfektionen, schlechte Ernährung und Angewohnheiten (Rauchen und Trinken) können anfälliger für BPH machen.

Auch wenn die Ernährung wenig Einfluss auf das Wachstum der Prostata hat, so lassen Studien dennoch vermuten, dass **Beta-Sitosterol** (Leinsamen, Kürbiskernen, Olivenöl, Avocados, Mandeln, Rohkakao, Koriandergrün) die Symptome einer BPH lindert. Männer sollten zudem auf eine ausreichende Zufuhr von **Zink** achten (Meeresfrüchte, Vollkornprodukte, Eier, Nüsse und Saaten). Das Spurenelement ist nicht nur der allgemeinen Männergesundheit förderlich, sondern wirkt sich auch günstig auf Reproduktions- und Prostatafunktionen aus.

Prostatakrebs ist eine der häufigsten Tumorarten bei Männern. Betroffen sind hauptsächlich ältere Männer, und je früher die Diagnose erfolgt, desto größer ist die Wahrscheinlichkeit einer erfolgreichen Behandlung. Eine gesunde Ernährung kann zu einer Reduzierung des Krebsrisikos und zur Förderung eines guten Allgemeinzustands beitragen. Zwar gibt es kein einzelnes Nahrungsmittel, das Prostatakrebs wirksam vorbeugen kann, Experten betonen aber, dass bestimmte Nährstoffe durchaus zu einer Reduzierung von Risikofaktoren beitragen können. Sie sind Bestandteil einer jeden ausgewogenen Ernährung und deshalb auch in vielen Rezepten in diesem Buch in größeren Mengen enthalten.

Ein Schwerpunkt bei der Erforschung der Zusammenhänge zwischen Prostatakrebs und Ernährung sind die Wirkweisen des Antioxidans **Lykopin**, das z.B. in Tomaten enthalten ist. So können laut *World Cancer Research Fund* Nahrungsmittel, die große Mengen dieses Antioxidans enthalten, zu einem reduzierten Prostatakrebsrisiko beitragen. Wobei gegarte Tomaten(-produkte) wie Dosentomaten, Tomatenmark und Tomatensuppe geeigneter sind, da das Lykopin verarbeitet schneller und besser vom Körper resorbiert werden kann. Das Antioxidans steckt auch in anderen roten Obst- und Gemüsesorten wie Wassermelone, Granatapfel, rosa Grapefruit und roter Paprika.

Ebenfalls günstig auf die Prostatagesundheit auswirken können sich in Soja enthaltene **Phytoöstrogene** (pflanzliche Hormone). Sojaprodukte wie Tofu, Tamari, Edamame und Miso beinhalten eine bestimmte Art von Phytoöstrogenen: **Isoflavonoide**. Studien haben gezeigt, dass sie bei BPH helfen und vor karzinogenen Wucherungen schützen bzw. diese verlangsamen können, da sie das männliche Hormon, welches das Wachstum des Prostatagewebes stimuliert, drosseln. Auch wenn noch weitere Forschungen vonnöten sind, um die Wirkung von Soja auf die Prostatagesundheit zu belegen, scheint

EMPFEHLENSWERT

- Avocados
- Blumenkohl
- Brokkoli
- Chia-Samen und -Öl
- Edamame
- Eier
- Garnelen
- Getrockneter Thymian
- Grünkohl
- Haferflocken
- Heidelbeeren
- Kalt gepresstes Olivenöl
- Kichererbsen
- Koriandergrün
- Krebsfleisch
- Lachs
- Leinsamen
- Linsen
- Makrelen
- Miso
- Naturreis
- Nüsse (Mandeln, Paranüsse, Cashewkerne, Pinienkerne, Walnüsse)
- Papayas
- Petersilie
- Pute
- Quinoa
- Rohkakao
- Rosenkohl
- Rote Paprika
- Saaten (Sesam, Sonnenblumenkerne)
- Tahin
- Tamari
- Tofu
- Tomaten, vor allem gekocht, aus der Dose, als Mark und getrocknet
- Thunfisch
- Wassermelone

VERMEIDEN

- Keine speziellen Nahrungsmittel

Rezepte für die Prostata, s. S. 409

es durchaus sinnvoll, Soja in Maßen in den Speiseplan einzubauen, um sich mit gesunden, fleischlosen Proteinen zu versorgen.

Andere Nahrungsmittel, die vor Prostatakrebs schützen können, sind **selenhaltige** Produkte wie Nüsse (vor allem Paranüsse), Meeresfrüchte, Kleie und Geflügel. Die Forschung beschäftigt sich auch mit der Wirkung von **Vitamin E**, das in Nahrungsmitteln wie Nüssen, Sonnenblumenkernen und Vollkornprodukten steckt und entzündungshemmend sowie antikarzinogen wirken kann.

Lange schon ist bekannt und durch Forschungen untermauert, dass Gemüse von Kreuzblütlern wie Brokkoli, Weiß-, Rosen-, Grün- und Blumenkohl Krebs vorbeugen kann. Verantwortlich dafür sind vermutlich sekundäre Pflanzenstoffe mit antioxidativer Wirkung, insbesondere **Isothiocyanate**. Ein Grund mehr, viel frisches Obst und Gemüse zu essen.

DAS BESTE FÜR DIE PROSTATA

Viel Forschungsarbeit wurde und wird in den Einfluss der Ernährung auf die Prostatagesundheit, insbesondere zur Krebsvorbeugung, investiert. Bestimmte Nährstoffe wie Zink sind der allgemeinen Männergesundheit förderlich, andere scheinen eine besonders günstige Wirkung auf die Prostatagesundheit zu haben, wie der sekundäre Pflanzenstoff Lykopin und das Spurenelement Selen. Nebenstehend finden Sie unsere Topnahrungsmittel für die genannten Nähr- und Vitalstoffe.

② FRUCHTBARKEIT

In den letzten zehn Jahren, so haben Untersuchungen ergeben, ist die Spermienzahl bei Männern erheblich gesunken. Diese Tatsache und andere Spermienanomalien können eine Empfängnis schwierig gestalten. Vielfach liegt es aber auch nicht an der Spermienzahl, sondern an der Qualität (ob sie robust genug sind, bis zur Eizelle zu gelangen und sie zu befruchten). Bei einem unerfüllten Kinderwunsch kann die Ursache ebenso beim Mann wie bei der Frau liegen. Die Faktoren, die beim Mann zu Unfruchtbarkeit beitragen, können auf einen Nenner gebracht werden: schlechte Lebensgewohnheiten wie Fehlernährung, Rauchen, Alkohol und Stress.

Vor allem Rauchen macht die Empfängnis schwierig, da Tabakgifte nicht nur die Spermiengesundheit beeinflussen (Schwermetalle wie Kadmium), sondern auch zu Impotenz führen können. Alkohol kann die Spermienform beeinflussen, und eine durchzechte Nacht kann die Spermien für mehrere Monate lahmlegen, weil die zur Spermienproduktion benötigten Hormone reduziert werden. Die Hormone, die bei Stress ausgeschüttet werden, stehen ebenfalls in Verdacht, mit den Spermien produzierenden Hormonen ins Gehege zu kommen. Deshalb empfiehlt es sich, neben einer die Fruchtbarkeit erhöhenden Ernährung auch einige Entspannungstechniken zu praktizieren.

Spermienzellen reifen mindestens drei Monate. Bei Kinderwunsch sollte man sich und der Partnerin also Zeit geben, damit gesündere Ernährung und Lebensstil Wirkung zeigen können. Übergewichtige Männer haben eine um ein Drittel verringerte Fruchtbarkeit, was an einem niedrigeren Testosteronspiegel liegen könnte. Auch hat das Sperma von fettleibigen Männern eine schlechtere Qualität. Ein Argument mehr, um abzunehmen. Oft genügt es schon, Alkohol und Snacks wegzulassen, um in Verbindung mit etwas Sport abzuspecken.

Zink ist ein überaus wichtiges Spurenelement für die männliche Fruchtbarkeit. Es wird zur Produktion männlicher Sexualhormone benötigt und trägt zur gesunden Spermabildung bei. Zinkreiche Kost (Meeresfrüchte, Geflügel, Bohnen, Eier, Nüsse und Vollkornprodukte) unterstützen die Spermienproduktion, zumal ein schlechter Lebensstil wie hoher Alkoholkonsum dem Körper Zink entziehen kann.

Viel **Vitamin C** ist ebenfalls wichtig, da es die Neigung von Sperma zu verklumpen (häufig bei Unfruchtbarkeit) reduziert. Die nötige Zufuhr wird durch mindestens fünf Portionen Obst und Gemüse täglich erlangt, vor allem durch Zitrusfrüchte, Beeren und rote Paprika. Wer viel verschiedenes Obst und Gemüse isst, nimmt auch unterschiedliche Antioxidantien zu sich (wie das Spurenelement **Selen**, das zur Synthetisierung bestimmter Proteine, die in Sperma vorliegen, benötigt wird). Sie begrenzen Zellschäden durch freie Radikale, die manche Experten als Faktor für Unfruchtbarkeit ansehen.

Ein Mangel an **Omega-3-Fettsäuren** kann ebenfalls eine Rolle bei Fruchtbarkeitsproblemen beim Mann spielen. Essen Sie also einige Portionen Fettfisch pro Woche. Oder auch dunkelgrünes Blattgemüse, Walnüsse und Saaten sowie deren Öle (Chia- und Leinsamen).

EMPFEHLENSWERT

- Avocados
- Blumenkohl
- Brokkoli
- Chia-Samen und -Öl
- Eier
- Erbsen
- Erdbeeren
- Garnelen
- Getrockneter Thymian
- Grünkohl
- Haferflocken
- Heidelbeeren
- Himbeeren
- Kichererbsen
- Kiwis
- Krebsfleisch
- Lachs
- Leinsamen
- Limetten
- Linsen
- Makrelen
- Miso
- Naturreis
- Nüsse (Mandeln, Cashewkerne, Pinienkerne, Walnüsse)
- Orangen
- Paprika
- Petersilie
- Pilze
- Pute
- Queller/Meerfenchel
- Quinoa
- Rote Bete
- Saaten (Kürbis- und Sonnenblumenkerne, Sesam)
- Spargel
- Spinat
- Spitzkohl
- Tahin
- Thunfisch
- Zitronen

VERMEIDEN

- Alkohol

Rezepte zur Förderung der männlichen Fruchtbarkeit, s.S. 404

③ IMPOTENZ

Neben psychischen Ursachen gibt es durchaus auch körperliche Faktoren, die der Grund für Impotenz sein können. Eine gesunde Lebensführung mit einer ausgewogenen Ernährung trägt dazu bei, das Problem in den Griff zu bekommen.

Diabetes, Bluthochdruck und Arteriosklerose (verengte Arterien, die sich unter anderem aus einem zu hohen Blutcholesterinwert ergeben) sind wesentliche durchblutungshemmende Faktoren, die zu Impotenz führen können. Ein gesundes Körpergewicht trägt zu einem verringerten Diabetesrisiko bei, und die Meidung von gesättigten Fettsäuren und Transfettsäuren (ebenso wie „leeren Kohlenhydraten" wie Zucker) beugen Arteriosklerose vor. Wie bei allen gesundheitlichen Problemen beim Mann ist eine **zink**reiche Kost (in Meeresfrüchten, Geflügel, Bohnen, Eiern, Nüssen und Vollkornprodukten) vorteilhaft für die Gesundheit der Reproduktionsorgane, selbst wenn sie nicht in direktem Zusammenhang mit Impotenz stehen.

Lebensgewohnheiten wie Rauchen, regelmäßiges Trinken oder Drogenmissbrauch sowie bestimmte Medikationen können sich auch auf die männlichen Sexualfunktionen auswirken. Insbesondere Nikotin stellt ein Problem dar, da es die Durchblutung verschlechtert und kleine Blutgefäße verschließt (wie sie im Penis vorhanden sind).

EMPFEHLENSWERT

- Brokkoli
- Eier
- Erbsen
- Garnelen
- Getrockneter Thymian
- Haferflocken
- Kichererbsen
- Krebsfleisch
- Linsen
- Mangold
- Miso
- Nüsse (Mandeln, Cashewkerne, Pinienkerne)
- Pilze
- Pute
- Queller/Meerfenchel
- Quinoa
- Saaten (Kürbis- und Sonnenblumenkerne, Sesam)
- Spinat
- Tahin

EINSCHRÄNKEN

- Produkte, die viele gesättigte Fettsäuren, Transfettsäuren und/oder Zucker enthalten

FRAUEN

Die Gesundheit von Frauen ist häufig von Erkrankungen beeinflusst, die das Ergebnis einer Störung des sensiblen Hormonhaushalts sind, der sich natürlich in Laufe der Lebensstadien verändert (Pubertät, Schwangerschaft, Stillzeit und Menopause). Auch die Ernährung, der Lebensstil (Rauchen und Alkohol), Übergewicht, Schlafstörungen und Stress können sich negativ darauf auswirken und – falls keine Behandlung erfolgt – zu langfristigen Gesundheitsproblemen führen.

Hormonelle Störungen sind häufig kompliziert. Zwar bietet die Ernährung keine Heilung, aber eine gesunde Lebensführung hat natürlich ihren Einfluss auf das Gleichgewicht. Es ist wissenschaftlich belegt, dass bestimmte Nahrungsmittel einen positiven Einfluss auf den Hormonhaushalt haben, andere helfen entzündliche Prozesse zu mindern, die bestimmte Beschwerden begleiten oder verschlimmern.

Monatszyklus Um das Zusammenspiel weiblicher Hormone zu verstehen, ist es sinnvoll, den Monatszyklus zu betrachten, bei dem im Wesentlichen zwei weibliche Sexualhormone agieren: Östrogen und Progesteron. Zu Beginn eines Zyklus (erster Tag der Menstruation) sind Östrogen- und Progesteronspiegel niedrig. Dadurch wird der Hypophyse (Hirnanhangsdrüse) signalisiert, FSH (follikelstimulierendes Hormon) zu produzieren, durch welches die Follikelentwicklung stimuliert wird. Der Follikel (Eibläschen) produziert mit zunehmender Größe immer mehr Östrogen.

DETOX FÜR FRAUEN

	TAG 1	TAG 2	TAG 3
Frühstück	Quinoa-Haferflocken-Porridge mit Brombeer-Kompott (S. 33)	Mango-Becher mit Granatapfel (S. 33)	Wachsweiche Eier mit Avocado-Salat (S. 38)
Getränk	Gurken-Birnen-Minze-Weizengras-Saft (S. 57)	Möhren-Rote-Bete-Apfel-Sellerie-Smoothie (S. 57)	Möhren-Rote-Bete-Apfel-Sellerie-Smoothie (S. 57)
Vormittagssnack	Edamame-Kern-Salat (S. 73)	Rote-Bete-Hummus (S. 65) mit Gemüsesticks	Pistazien-Hafer-Riegel (S. 79)
Mittagessen	Gebackene Aubergine mit Granatapfel (S. 121)	Pesto-Hähnchen mit Quinoa-Pfirsich-Salat (S. 206)	Salat mit Lachs, grünen Bohnen, Orange & Haselnuss (S. 235)
Nachmittagssnack	Gurken-Minze-Joghurt-Dip (S. 70) mit Gemüsesticks	Kandierte Walnüsse (S. 81)	Edamame-Kern-Salat (S. 73)
Abendessen	Sautiertes Thunfischsteak mit Rote-Bete-Salat (S. 253)	Kürbis-Tofu-Curry (S. 135)	Gebackene Aubergine mit Granatapfel (S. 121)

Wenn der Östrogenspiegel um den 14. Zyklustag am höchsten ist, kommt es, stimuliert durch die Hypophyse zu einem steilen Anstieg des luteinisierenden Hormons (LH), das den Eisprung auslöst. Das geplatzte Eibläschen bildet nun das Gelbkörperhormon Progesteron, das zusammen mit Östrogen den Aufbau der Gebärmutterschleimhaut anregt, damit sich ein befruchtetes Ei darin einnisten kann. Wird das Ei nicht befruchtet, sinken Östrogen- und Progesteronspiegel ab und die Gebärmutterschleimhaut wird abgestoßen; es kommt um den 28. Tag zur Monatsblutung.

In manchen Fällen, wie bei einem polyzystischen Ovarsyndrom (s. S. 374), gerät das Gleichgewicht dieser Hormone durcheinander, was sich unter anderem in einem unregelmäßigen Zyklus äußert. Eine Überproduktion bestimmter Hormone (wie Östrogen) kann z. B. starke und schmerzhafte Monatsblutungen verstärken. Auch Übergewicht oder Fettleibigkeit kann zu übermäßiger Hormonausschüttung führen (Östrogen wird im Körperfettgewebe produziert), wodurch das Risiko für frauentypische Tumore steigt. Wenn die Wechseljahre einsetzen, verändert sich der Hormonhaushalt (Östrogen sinkt), was anfälliger für Erkrankungen wie Herzbeschwerden oder Osteoporose machen kann.

Das Verständnis für die Wirkung von Hormonen auf die Frauengesundheit kann neben einer gesunden, ausgewogenen Ernährung sehr hilfreich sein bei der Vorbeugung und im Umgang mit frauenspezifischen Beschwerden.

TAG 4	TAG 5	TAG 6	TAG 7
Erdbeer-Sojajoghurt (S. 29)	Avocado-Salat mit gerösteten Nüssen & Kernen (S. 36)	Mango-Becher mit Granatapfel (S. 33)	Chia-Samen-Pudding mit Brombeer-Limetten-Coulis (S. 35)
Avocado-Apfel-Kiwi-Spinat-Smoothie (S. 55)	Gurken-Birnen-Minze-Weizengras-Saft (S. 57)	Möhren-Rote-Bete-Apfel-Sellerie-Smoothie (S. 57)	Avocado-Apfel-Kiwi-Spinat-Smoothie (S. 55)
Sprossenbrokkoli & Tahin (S. 66)	Himbeeren (80g)	Radieschen & Blumenkohl mit Hummus (S. 66)	Mandeln (30 g)
Avocado-Quinoa-Salat (S. 147)	Mexikanischer Bohneneintopf (S. 139)	Wirsingrouladen mit Hähnchen (S. 208)	Puten-Burger mit rot-weißem Krautsalat (S. 214)
Rote-Bete-Apfel-Möhren-Kuchen mit Ingwer (S. 262)	Kakaomilch (S. 53)	Guacamole (S. 59) mit roten Paprikasticks	Cashew-Goji-Riegel (S. 80)
Gegrillte Makrele mit Ingwer-Safran-Reis (S. 253)	Kohl-Fenchel-Frittata mit Edamame-Bohnen (S. 199) und Linsensprossen-Sellerie-Salat (S. 161)	Mungbohnen-Curry & Zwiebel-Gurken-Salat mit Cashewkernen (S. 167)	Rote-Linsen-Suppe (S. 89)

① PRÄMENSTRUELLES SYNDROM (PMS)

Die meisten Frauen im gebärfähigen Alter können von den unterschiedlichsten Beschwerden an den Tagen vor den Tagen berichten. Unter dem Begriff „PMS" werden zyklusbedingte Symptome verschiedenster Art zusammengefasst. Die meisten Frauen kennen entweder psychische Veränderungen (Stimmungsschwankungen, Reizbarkeit und Angespanntheit) oder körperliche Symptome (verstärkter Appetit, Heißhunger auf Süßes, Müdigkeit, Kopfschmerzen). Frauen spüren diese Veränderungen sehr wohl, bringen sie aber erst mit ihrem Monatszyklus in Verbindung, wenn die Monatsblutung tatsächlich einsetzt. Weitere Symptome können Spannungsgefühl in der Brust, Rückenschmerzen oder Verdauungsbeschwerden sein.

Bei jeder fünften Frau sind die Symptome so gravierend, dass sie den Alltag beeinträchtigen. Es gibt viele Erklärungsversuche für die Ursachen von PMS, aber keine konnte bislang wissenschaftlich untermauert werden. Hervorgerufen werden die Beschwerden vermutlich durch Hormonschwankungen im Verlauf eines Zyklus. Da die Symptome aber so unterschiedlich sind, wird davon ausgegangen, dass auch noch weitere Faktoren mitspielen.

Manche Frauen nehmen die Pille, um den Hormonhaushalt auszugleichen; in einigen Fällen werden auch Antidepressiva verschrieben, um das Niveau des Wohlfühlhormons Serotonin im Hirn zu heben.

Unsere Detox-Küche kann PMS nicht wegzaubern, da Nahrungsmittel es nicht verhindern können. Immerhin können Sie aber durch eine ausgewogene Ernährung dafür sorgen, dass Sie sich gesund und wohl in Ihrer Haut fühlen. Zudem gibt es Nahrungsmittel, mit denen sich die Symptome abschwächen lassen.

Stabiler Blutzuckerspiegel Wie bei allen Beschwerden, die sich auf das Gemüt auswirken können, ist die Stabilisierung des Blutzuckerspiegels eine wichtige Maßnahme, um extreme Höhen und Tiefen zu vermeiden (denn diese können Stimmungsschwankungen und Angstzustände begünstigen). Eine Ernährung, die zum Großteil aus Produkten mit niedriger glykämischer Last (GL, s. S. 290), sprich mit komplexen Kohlenhydraten aus Vollkornprodukten, Hülsenfrüchten und stärkehaltigem Gemüse (Kürbis und Süßkartoffeln), besteht, sorgt für eine langsame, beständigere Glukosefreisetzung. Aufgrund ihres hohen Ballaststoffgehalts werden diese Nahrungsmittel langsamer verdaut und halten so die Insulinausschüttung konstanter (und verlangsamen den Glykogentransport über das Blut zu den Körperzellen).

Heißhunger auf Kohlenhydrate (insbesondere auf Zucker) ist vermutlich das Ergebnis eines niedrigen Serotoninspiegels (zur Synthetisierung im Gehirn sind Kohlenhydrate erforderlich) sowie eines niedrigen Progesteron- und eines hohen Östrogenspiegels, die ein Abfallen des Blutzuckerspiegels bewirken. Wer viele Nahrungsmittel mit niedriger GL (pflanzlichen Ursprungs) in seinen Speiseplan

EMPFEHLENSWERT

- Alfalfasprossen
- Bananen
- Brokkoli
- Chia-Samen und -Öl
- Edamame
- Eier
- Fettfisch
- Grünkohl
- Haferflocken
- Heilbutt
- Hülsenfrüchte (Bohnen, Linsen)
- Kopfsalat
- Lachs
- Leinsamen
- Linsensprossen
- Mit Mineralstoffen versetzte Pflanzenmilchprodukte
- Naturreis
- Nüsse (Mandeln, Cashewkerne)
- Paprika
- Pute
- Saaten (Kürbis- und Sonnenblumenkerne, Sesam)
- Spinat
- Tamari
- Tofu
- Tomaten
- Trockenfrüchte
- Weißkohl

EINSCHRÄNKEN

- Produkte mit viel Salz, Zucker, gesättigten und Transfettsäuren

Rezepte bei PMS, s. S. 408

einbaut, profitiert von den vielen Ballaststoffen, die dazu beitragen, dass der Blutzuckerspiegel stabil bleibt und der Östrogenspiegel gesenkt wird (dies ist besonders relevant bei schmerzhafter, starker Regelblutung, die durch hohe Östrogenwerte verschlimmert wird).

Zucker, Salz und gesättigte Fettsäuren zu begrenzen ist nicht nur gut für den Allgemeinzustand, sondern hilft insbesondere bei Blähungen und Wassereinlagerungen (sowie Entzündungen). Das sollten Sie immer bedenken, wenn Sie gerade eine Heißhungerattacke überkommt. Transfettsäuren (s. S. 293) sind die schlimmsten Fette, weil sie große Mengen an sekundären Pflanzenstoffen binden, die dann nicht mehr ihre entzündungshemmende und so auch schmerzlindernde Wirkung entfalten können. Deshalb sollten Transfettsäuren gänzlich gemieden werden.

Phytoöstrogene Die Auswirkungen eines erhöhten Östrogenspiegels auf den Körper (z. B. Brustspannen) können möglicherweise durch Phytoöstrogene abgeschwächt werden (diese Pflanzenöstrogene haben eine ähnliche, wenngleich wesentlich mildere Wirkung wie körpereigenes Östrogen). Sie docken sich anstelle der körpereigenen Östrogene an Östrogenrezeptoren an.

Phytoöstrogene sind in Sojaprodukten (Edamame, Tofu und fermentierten Sojaprodukten wie Miso), Hülsenfrüchten (insbesondere Kichererbsen und Linsen), Obst (getrockneten Aprikosen, roten und blauen Beeren), Saaten (Leinsamen, Sesam, Sonnenblumenkernen) und Nüssen (Pistazien, Walnüssen) vorhanden. Frauen in der Prämenopause sollten den Verzehr von Soja mäßigen, aber ein paar Portionen pro Tag sind in Ordnung. Wenn Sie unter starken, schmerzhaften Monatsblutungen leiden, ist es ratsam, auf Sojaprodukte zu verzichten (auch auf Isoflavonoid-Supplemente), da es dadurch zu einem erhöhten Östrogenspiegel kommen kann, der die Beschwerden unter Umständen verschlimmert.

Vitamine & Mineralstoffe Manche Frauen haben einen niedrigen Eisenwert, der teilweise auf die monatlichen Blutungen zurückzuführen ist (neben einer eisenarmen Ernährung). Während der Periode ist es wichtig, viel eisenreiche Kost zu sich zu nehmen, insbesondere wenn Ihre Blutungen stärker ausfallen. Ein Eisenmangel bedeutet ein erhöhtes Risiko für Anämie, die – falls nicht behandelt – zu Müdigkeit, Lethargie und Depressionen führen kann. Reichlich **Eisen** steckt beispielsweise in magerem Fleisch, Hülsenfrüchten, Trockenfrüchten und dunkelgrünem Blattgemüse. Kombinieren Sie eisenreiche pflanzliche Kost mit Vitamin C, das in allen Obst- und Gemüsesorten, insbesondere Zitrusfrüchten, Beeren und Paprika vorliegt. Vermeiden sollten Sie hingegen Schwarztee und andere tanninhaltige Speisen, die die Eisenabsorption behindern können.

Es gibt Hinweise darauf, dass eine gute **Kalzium**versorgung bedingt PMS-Symptomen wie Stimmungsschwankungen, Krämpfen und Blähungen vorbeugen kann. Wenn Sie keine Milchprodukte zu sich nehmen, sollten Sie besonders darauf achten, dass Sie das Mineral aus alternativen Quellen wie mit Kalzium angereicherter Pflanzenmilch, dunkelgrünem Blattgemüse, Mandeln, Trockenfrüchten und Tahin beziehen (zwei bis drei Portionen pro Tag).

Auch **Magnesium** wird mit PMS-Symptomen in Verbindung gebracht, besonders bei Frauen mit tendenziell zu geringen Werten. Um Ihren Magnesiumspeicher aufzufüllen, können Sie Nüsse und Saaten knabbern oder verstärkt Hülsenfrüchte (Linsen und Bohnen), Trockenfrüchte sowie dunkelgrünes Blattgemüse in Ihren Speiseplan einbauen.

Viele Frauen greifen zu **Vitamin-B6**-Präparaten, die sich als hilfreich bei der Linderung von psychischen PMS-Symptomen wie Stimmungsschwankungen erwiesen haben. Beachten Sie dabei aber, dass Vitamin B6 in großen Mengen – über 50 mg pro Tag – zu Nervenschädigungen führen kann. Natürliches Vitamin B6 liegt in vielen Nahrungsmitteln vor, insbesondere in Vollkornprodukten, Geflügel, Eiern, Fettfisch und dunkelgrünem Blattgemüse.

Prostaglandine Eine andere Theorie zu PMS geht davon aus, dass dabei auch entzündliche Prozesse eine Rolle spielen können, insbesondere hormonartige Substanzen namens Prostaglandine, die dort gebildet werden, wo die Symptome auftreten, wie in Brust, Gehirn und Magen-Darm-Trakt, und für eine Reihe von Problemen wie Krämpfen, Brustspannen, Blähungen, Diarrhö und Verstopfung mitverantwortlich gemacht werden. Prostaglandine werden aus Omega-3- und Omega-6-Fettsäuren synthetisiert und wirken bei diversen Körperfunktionen mit, unter anderem verstärken sie die Schmerzentwicklung bei Entzündungen.

Man unterscheidet zwei Arten von Prostaglandinen: entzündungsfördernde (aus Omega-6) und entzündungshemmende (aus Omega-3). Es ist also entscheidend, mehr entzündungshemmende als entzündungsfördernde Prostaglandine zu produzieren, um PMS-Beschwerden zu erleichtern. Zu den **Omega-3-reichen** Nahrungsmitteln zählen Fettfisch, Saaten, Saatenöle, Walnüsse und dunkelgrünes Blattgemüse. Omega-6-Fettsäuren sind beispielsweise in Ölen wie Pflanzen- und Sonnenblumenölen enthalten. Obst und Gemüse in leuchtenden Farben versorgen Sie mit reichlich **Antioxidantien**, die ebenfalls eine antientzündliche Wirkung entfalten.

Viele Frauen schwören auf die Wirkung von Mönchspfeffer bei PMS, das in Form von Kapseln erhältlich ist. Probieren Sie es einige Monate aus, um zu sehen, ob es auch bei Ihnen anschlägt.

② BLASENENTZÜNDUNG

Zu den Harnwegsinfektionen zählt neben der Urethritis, der Entzündung der Harnröhre, insbesondere die Zystitis (Blasenentzündung), die in seltenen Fällen auch auf die Nieren übergehen kann.

Eine Zystitis entsteht, wenn Bakterien *(E. coli)* über den Harnleiter in die Blase gelangen, insbesondere wenn man sich nach einem Stuhlgang von hinten nach vorne säubert. Irritationen durch stark parfümierte Seife, Duschgel und Intimlotionen können ebenfalls eine Rolle bei der Entstehung einer Blasenentzündung spielen. In nicht seltenen Fällen kommt es aber auch zu einer Infektion durch häufigen Geschlechtsverkehr. Das Hauptsymptom einer Zystitis ist das Gefühl, dringend Wasser lassen zu müssen, unabhängig davon, ob die Blase voll oder leer ist, begleitet von einem stechenden, brennenden Schmerz.

Frauen leiden häufiger als Männer an einer Blasenentzündung, da ihre Harnröhre viel kürzer ist, und aufgrund der anatomischen Nähe von Harnwegausgang und Vagina zu Anus. Frauen nach der Menopause sind anfälliger, da ein veränderter Östrogenspiegel das Körpergewebe dünner und so auch sensibler für Schädigungen und Infektionen werden lässt. Auch die hormonellen Veränderungen während einer Schwangerschaft machen Frauen anfälliger für eine Blasenentzündung (unter dem Einfluss des Hormons Progesteron wird die Blase größer und entspannter, sodass sie sich nicht so gründlich leert und das Risiko einer bakteriellen Infektion steigt).

Die einfachste und sehr wirksame Gegenmaßnahme ist das Trinken von reichlich Wasser und Kräutertee (zwei Liter täglich). Auf koffeinhaltige Getränke (Cola, Schwarztee, Kaffee, Energydrinks) und Alkohol sollten Sie dabei verzichten. So wird die Blase häufiger entleert, und mit dem Urin werden auch eventuell vorhandene Bakterien ausgeschwemmt. Ebenfalls wirksam ist Cranberrysaft, der Substanzen enthält, die verhindern, dass sich Bakterien an der Blasenwand absetzen (hilft nicht im akuten Fall, sondern wirkt vorbeugend). Greifen Sie dabei zu einem Produkt ohne oder mit möglichst geringem Zuckerzusatz und hoher Fruchtsaftkonzentration, wie es sie im Reformhaus gibt. Wer den Geschmack von Cranberrys nicht mag, kann zu Cranberrykapseln greifen, die es in Drogerien und Reformhäusern gibt.

In manchen Fällen können auch stark gewürzte Speisen als Ursache für eine Zystitis verantwortlich gemacht werden. Wenn Sie wiederholt unter Harnwegsbeschwerden leiden, ist ein Ernährungstagebuch überlegenswert, in das Sie auch alle körperlichen Befindlichkeiten eintragen, um mögliche Auslöser zu identifizieren.

Meistens werden bakterielle Harnwegsinfektionen mit Antibiotika behandelt. Da Antibiotika aber auch die Darmflora schädigen können, sollten Sie parallel verstärkt probiotische Joghurts (auch in milchfreien Varianten) und probiotische Präparate einnehmen. Diese können auch Bakterien entgegenwirken, die zu einer Blasenentzündung führen.

EMPFEHLENSWERT

Cranberrysaft

Probiotischer (milchfreier) Joghurt

VERMEIDEN

Alkohol

Koffeinhaltige Getränke (Kaffee, Schwarztee, Cola und Energydrinks)

Stark gewürzte Speisen

③ MENOPAUSE

Die Menopause wird definiert als die letzte Monatsblutung einer Frau. Diese setzt in der Regel zwischen dem 45. und 50. Lebensjahr ein (Perimenopause) und ist durch die sinkende Menge des Hormons Östrogen bedingt, das bei der Reifung der Eizellen in den Eierstöcken beteiligt ist und den Monatszyklus reguliert. Dieses Hormon hat auch Einfluss auf andere Funktionen wie Knochendichte, Hauttemperatur und die Feuchtigkeit der Vagina.

Unregelmäßige und schwankende Hormonmuster wie das Auf und Ab des Östrogenspiegels sind verantwortlich für typische Wechseljahresbeschwerden wie Hitzewallungen, nächtliches Schwitzen, verringerte Libido, Stimmungsschwankungen und Reizbarkeit sowie abnehmende Knochendichte (wodurch das Risiko für Osteoporose und Frakturen steigt). Ausmaß und Intensität der Symptome sind sehr individuell, und während manche Frauen kaum Symptome verspüren, leiden andere heftig darunter. Der Prozess ist mit ca. 55 Jahren abgeschlossen; die Phase danach wird als Postmenopause bezeichnet.

HET Bei der Hormonersatztherapie (HET; engl. hormone replacement therapy, HRT) wird eine Kombination aus Östrogen und Progesteron zur Behandlung von Wechseljahresbeschwerden verabreicht. Die HET wurde lange kontrovers diskutiert, da sie in Verdacht stand, Brustkrebs und kardiovaskuläre Krankheiten zu fördern. Heute überwiegt die Meinung, dass der Nutzen der Therapie bei Frauen, bei denen sich die Symptome stark auf Alltag und Lebensqualität auswirken, die Risiken überwiegen. Es wird auch empfohlen, die HET in der niedrigst möglichen Dosierung und nur über einen möglichst kurzen Zeitraum durchzuführen. Die Entscheidung muss letztlich jede Frau in Abstimmung mit ihrem Gynäkologen selbst treffen. Frauen mit einer Vorgeschichte mit Östrogenrezeptor-positivem Brustkrebs wird von einer HET abgeraten.

Gesunde Ernährung Mit einer entsprechenden Ernährung können Wechseljahresbeschwerden gemindert und das Risiko für mögliche Erkrankungen reduziert werden. Wenn man erst weiß, welche Nahrungsmittel eine vorteilhafte Wirkung haben und wie sie sich in den Speiseplan einbauen lassen, bereitet die Umstellung keine großen Probleme. Durch eine Ernährung, die sich im Wesentlichen aus Vollkornprodukten, Obst und Gemüse (diese enthalten **B-Vitamine**, die an der Regulierung des Hormonhaushalts beteiligt sind) zusammensetzt und ein Minimum an gesättigten Fettsäuren und einfachen Kohlenhydraten enthält, werden alle nötigen essenziellen Mikronährstoffe, Phytoöstrogene und Bioflavonoide zugeführt.

Vor der Menopause bietet Östrogen Frauen einen gewissen Schutz vor Herzerkrankungen. Deshalb ist es umso wichtiger, sich in der Postmenopause herzgesund zu ernähren (s. Herz, S. 302). **Omega-3-Fettsäuren** spielen dabei eine wichtige Rolle und sollten aufgrund ihrer entzündungshemmenden Eigenschaften in Form von

EMPFEHLENSWERT

- Alfalfasprossen
- Auberginen
- Avocados
- Brokkoli
- Chia-Samen und -Öl
- Edamame
- Eier
- Erdbeeren
- Forellen
- Gerste
- Getrocknete Feigen
- Grünkohl
- Heidelbeeren
- Heilbutt
- Kichererbsen
- Kidneybohnen
- Lachs
- Leinsamen und -öl
- Linsen
- Linsensprossen
- Makrelen
- Miso
- Mit Mineralstoffen versetzte Pflanzenmilchprodukte
- Mungbohnen
- Nüsse (Mandeln, Cashewkerne, Walnüsse)
- Papayas
- Saaten (Kürbis- und Sonnenblumenkerne, Sesam)
- Sardinen
- Shiitakepilze
- Spitzkohl
- Tahin
- Tamari
- Tofu
- Tomaten

EINSCHRÄNKEN

- Alkohol
- Koffein
- Produkte mit großen Mengen Zucker, gesättigten und Transfettsäuren

Rezepte bei Wechseljahresbeschwerden, s.S. 405

reichlich Fettfisch, Saaten (Chia- und Leinsamen) und deren Ölen, dunkelgrünem Blattgemüse und Walnüssen zugeführt werden. Diese Fettsäuren zeigten sich auch hilfreich bei Hitzewallungen.

Adäquate Nährstoffversorgung Bedingt durch den sinkenden Östrogenspiegel in den Wechseljahren beschleunigt sich der Abbau der Knochenmasse. Dies trägt, neben einer weniger effizienten Kalziumresorption, zu einem erhöhten Risiko für Osteoporose in späteren Jahren bei. Deshalb ist es umso wichtiger, sich um eine gute Knochengesundheit zu bemühen. Zu den für den Knochenaufbau wichtigen Nährstoffen gehören vor allem **Kalzium** (mit Kalzium versetzte Reismilch, Nüsse, dunkelgrünes Blattgemüse und Tahin), **Magnesium** (Linsen und Bohnen, Trockenfrüchte, Nüsse und dunkelgrünes Blattgemüse) und **Vitamin D** (Eier, Fettfisch und Shiitakepilze). Mehr dazu lesen Sie im Abschnitt „Knochen“ (s. S. 310).

Sojaprodukte wie Edamame, Tofu, Tamari und Miso enthalten Isoflavonoide aus der Gruppe der **Phytoöstrogene** (pflanzliches Östrogen). Sie verhalten sich ähnlich wie körpereigenes Östrogen, wenngleich sie einen viel geringeren Wirkungsgrad aufweisen, und können zur Minderung von Hitzewallungen beitragen. Wenn Sie Östrogenrezeptor-positiven Brustkrebs haben oder zur Risikogruppe gehören, wird von einer Isoflavonoid-reichen Ernährung allerdings abgeraten. Sprechen Sie mit Ihrem Arzt über alle potenziellen Risiken für Ihre Gesundheit, bevor Sie diese Produkte in großen Mengen in Ihren Speiseplan einbauen.

Phytoöstrogene sind auch in Hülsenfrüchten (Kichererbsen, Linsen), Sprossen (Linsen, Alfalfa), Obst (getrockneten Aprikosen, roten und blauen Beeren), Saaten (Leinsamen, Sonnenblumenkernen, Sesam) und Nüssen (Pistazien, Walnüssen) enthalten. Diese Nahrungsmittel können abgesehen von den allgemeinen gesundheitlichen Vorteilen eine ausgleichende Wirkung auf den Hormonspiegel haben.

Vitamin E kann bei Hitzewallungen Abhilfe schaffen. Bauen Sie also Nahrungsmittel, die diesen Nährstoff in größeren Mengen enthalten, in Ihre Ernährung ein, z. B. in Form von Avocados, Saaten, Nüssen, Eiern und Vollkornprodukten.

Koffein und Alkohol sowie stark gewürzte Speisen verstärken Wechseljahresbeschwerden wie Hitzewallungen, nächtliches Schwitzen und Stimmungsschwankungen, weil sie die Blutgefäße weiten und dadurch mehr Körperwärme an die Hautoberfläche führen. Übermäßiger Alkoholgenuss belastet auch die Leber, die sich dann weniger intensiv um den Östrogenabbau kümmern kann.

Ein konstanter Blutzuckerspiegel beugt Stimmungsschwankungen und Reizbarkeit vor. Essen Sie deshalb regelmäßig, meiden Sie zuckerhaltige Speisen und einfache Kohlenhydrate (Zucker) und entscheiden Sie sich stattdessen für Zutaten mit geringer glykämischer Last (GL, s. S. 290). Verzichten Sie außerdem weitgehend auf gesättigte Fettsäuren und Transfettsäuren. So schützen Sie Ihr Herz und können Ihr Gewicht besser halten.

④ POLYZYSTISCHES OVARSYNDROM (PCOS)

PCOS (engl. polysystic ovary syndrome) ist eine Erkrankung, bei der sich an den Eierstöcken harmlose Zysten bilden. Diese Zysten bestehen aus Eibläschen, die sich nicht korrekt ausgebildet haben. Typische Symptome sind unter anderem eine unregelmäßige Periode, Gewichtszunahme, Akne (s.S. 334), starke Gesichtsbehaarung und verminderte Fruchtbarkeit, wenngleich diese Symptome nicht bei allen Betroffenen auftreten.

Noch ist unklar, was zu PCOS führt, doch gelten ein unausgeglichener Hormonspiegel und eine Insulinresistenz als Schlüsselfaktoren, die zu Entzündungen führen, welche das Krankheitsbild untermauern (Insulinüberschuss gilt als andauernd entzündungsauslösend und schädigt den Körper). Dies sind zwei Bereiche, bei denen sich eine vernünftige Ernährung positiv auswirken kann.

Zusammenspiel der Hormone Insulinresistenz tritt auf, wenn die Körperzellen vermindert auf das Hormon Insulin, das zur Regulierung des Blutzuckerspiegels freigesetzt wird, ansprechen, was durch eine Insulinüberproduktion kompensiert wird. Ein erhöhter LH-Spiegel (luteinisierendes Hormon; stimuliert den Eisprung) regt zusammen mit Insulin die Eierstöcke zu einer erhöhten Testosteronbildung an, was Eisprung und Follikelbildung negativ beeinflusst. Das Risiko für eine Insulinresistenz kann durch ein gesundes Körpergewicht und eine Ernährung mit niedriger glykämischer Last (GL, s.S. 290) reduziert werden. Denn dies führt zu einer Senkung des Testosteronspiegels.

Hormonelles Gleichgewicht Um den Hormonspiegel auszugleichen und die Auswirkungen des Östrogens abzuschwächen, können Sie Sojaprodukte (Edamame, Tofu, Miso) in Ihren Speiseplan einbauen. Diese enthalten Isoflavonoide, die sich als wirksame **Phytoöstrogene** herausgestellt haben. Sie haben eine ähnliche, wenngleich wesentlich schwächere (etwa tausendmal geringere) Wirkung als körpereigenes Östrogen. Sie docken an Östrogenrezeptoren im Gewebe an und vermindern so die Wirkung von natürlichem Östrogen.

Phytoöstrogene sind in Hülsenfrüchten (Kichererbsen, Linsen), Obst (getrockneten Aprikosen, roten und blauen Beeren), Saaten (Leinsamen, Sonnenblumenkernen, Sesam) und Nüssen (Pistazien, Walnüssen) zu finden. Zudem liefern diese Nahrungsmittel Ballaststoffe, die bei der Ausleitung von überschüssigem Östrogen helfen.

Bei einer Ernährung mit niedriger glykämischer Last (GL) und reichlich komplexen Kohlenhydraten (aus Naturreis, Haferflocken, Hülsenfrüchten und stärkehaltigem Gemüse wie Kürbis) kann der Blutzuckerspiegel besser stabilisiert werden. So lassen sich starke Insulinschwankungen vermeiden, was bei PCOS besonders wichtig ist. Eine solche Ernährung trägt auch zur Gewichtsreduzierung bei, denn ein gesundes Körpergewicht zu halten oder zu erreichen, ist auch bei PCOS von Vorteil, um die Risiken für Erkrankungen wie Insulinresistenz zu mindern (wenngleich ein Gewichtsverlust schwierig sein kann,

EMPFEHLENSWERT

- Alfalfasprossen
- Äpfel
- Chia-Öl
- Brokkoli
- Buchweizen
- Edamame
- Eier
- Erdbeeren
- Forellen
- Gemüsemais
- Gerste
- Getrocknete Aprikosen
- Haferflocken
- Heidelbeeren
- Himbeeren
- Hühnchen
- Kalt gepresstes Olivenöl
- Kichererbsen
- Kidneybohnen
- Lachs
- Leinöl
- Linsen
- Linsensprossen
- Miso
- Mungbohnen
- Naturreis
- Nüsse (Pistazien, Walnüsse)
- Pilze, vor allem Shiitake
- Quinoa
- Saaten (Kürbis- und Sonnenblumenkerne, Sesam)
- Schwarze Bohnen
- Süßkartoffeln
- Tamari
- Tofu
- Thunfisch
- Zimt

EINSCHRÄNKEN

- Alkohol
- Produkte mit großen Mengen Zucker, gesättigten und Transfettsäuren

Rezepte bei PCOS, s.S. 407

da PCOS häufig mit einem verlangsamten Stoffwechsel und erhöhter Produktion des Hungerhormons einhergeht). Die Regulierung des Blutzuckers kann durch die Zufuhr von reichlich Proteinen und gesunden Fetten (aus kalt gepresstem Olivenöl, Avocados und Fettfisch) begünstigt werden. Dadurch wird die Kohlenhydratverbrennung verlangsamt und so die Insulinausschüttung gedrosselt.

Meiden Sie Low-Carb-Diäten, da diese Ernährungsformen häufig große Mengen an gesättigten Fettsäuren, die das Risiko für Herzerkrankungen steigern (PCOS-Betroffene sind einem erhöhten Risiko ausgesetzt), sowie sehr hohe Proteinmengen enthält, die die Insulinproduktion weiter anstoßen können. Es empfiehlt sich zudem, Produkte mit hoher glykämischer Last (raffinierte Zucker, Weißmehlprodukte) sowie Lebensmittel mit vielen gesättigten Fettsäuren und Transfettsäuren zu meiden, da diese die Insulinausschüttung anregen und entzündliche Prozesse begünstigen.

Weitere wirksame Nährstoffe **Omega-3-Fettsäuren** aus Nahrungsmitteln wie Fettfisch, dunkelgrünem Blattgemüse, Nüssen (Walnüssen) und Saaten (Chia- und Leinsamen) sowie deren Ölen können sich günstig auswirken, da sie entzündungshemmend sind und die entzündungsfördernden Eigenschaften einer zu hohen Zufuhr an Omega-6-Fettsäuren mindern können (in der Regel wird zu viel Omega-6 aus Pflanzenölen aufgenommen).

Chrom ist ein Spurenelement, das bei der Bildung eines Glukosetoleranzfaktors mitwirkt, welches die Insulinwirksamkeit steigert. Chrom steckt z.B. in Geflügel, Vollkornprodukten, Pilzen, Gemüsemais, Äpfeln, Süßkartoffeln und Eiern, vor allem aber in Brokkoli.

Vitamin D, so weiß man heute, ist ebenfalls an der Regulierung des Blutzuckerspiegels beteiligt und verbessert die Insulinsensivität. Das Vitamin wird vom Körper unter Einwirkung von Sonnenlicht größtenteils selbst synthetisiert (s.S. 310), ist aber auch in einigen wenigen Lebensmitteln wie Eiern, Shiitakepilzen, Fettfisch und angereicherten Margarinen enthalten. Viele, vor allem ältere, Menschen haben in den Wintermonaten einen Vitamin-D-Mangel, der sich auf alle Körperfunktionen auswirken kann. In einigen Fällen ist deshalb die Einnahme eines entsprechenden Supplements angeraten.

B-Vitamine sind relevant für die Gewichtskontrolle, da sie am Energiestoffwechsel beteiligt sind und in der Leber Hormone so weit abbauen, dass diese aus dem Körper ausgeleitet werden können.

Zimt ist ein wertvolles Gewürz, das sich erwiesenermaßen günstig auf den Blutzuckerspiegel auswirkt. In Pulverform lässt es sich einfach in den Speiseplan einbauen: im Obstsalat, in Heißgetränken, auf dem Müsli. Als Diabetiker sollten Sie bei diesem Gewürz aufgrund seiner Wirkung auf den Blutzuckerspiegel jedoch vorsichtig sein.

Als Teil einer gesunden Ernährung sollte auch der Alkoholkonsum im Auge behalten werden. Zu viel Alkohol führt zu Gewichtszunahme und einem erhöhten Blutzuckerspiegel, er belastet zudem die Leber, die sich dadurch weniger dem Hormonabbau widmen kann.

VEGETARIER & VEGANER

Während sich Vegetarier fleischlos ernähren (wenngleich manche von ihnen Fisch und Meeresfrüchte essen), gehen Veganer noch einen Schritt weiter und verzichten komplett auf tierische Produkte, also auch auf Eier, Honig, Milchprodukte etc. Viele Vegetarier entschließen sich aus gesundheitlichen Gründen zu einer fleischlosen Ernährung, und zahlreiche Studien (z. B. mit Siebenten-Tags-Adventisten, die strikte Vegetarier sind) bestätigen, dass man mit fleischloser Kost weniger anfällig ist für kardiovaskuläre Erkrankungen und Krebs (vor allem Darm- und Prostatatumoren).

Bei Menschen, die eine vegane Ernährungsform wählen, lässt sich nicht selten ein Gewichtsverlust beobachten, da pflanzliche Kost sehr ballaststoffreich und kalorienarm ist. Wenn Sie eine vegane Lebensführung erwägen, sollten Sie immer auf eine ausreichende Kalorienzufuhr achten, die Ihren täglichen Bedarf deckt. Setzen Sie Lebensmittel mit einer hohen Energiedichte wie Nüsse, Nussmus, Saaten, Avocados, Öle und getrocknete Früchte auf Ihren Speiseplan, mit denen Sie alle Vitamine, Mineralstoffe und gesunden Fette abdecken, die Ihnen Wohlbefinden und Gesundheit ermöglichen.

Pflanzliche Proteine kombinieren Zwar enthält auch pflanzliche Kost reichlich Proteine, sie gilt jedoch als unvollständig, weil sie nicht wie Fleisch alle essenziellen Aminosäuren enthält. Deshalb ist es

DETOX BEI VEGANER ERNÄHRUNG

(HONIG IN DEN REZEPTEN DURCH AHORNSIRUP ODER AGAVENDICKSAFT ERSETZEN)

	TAG 1	TAG 2	TAG 3
Frühstück	Pekannuss-Kokos-Granola (S. 30)	Mango-Becher mit Granatapfel (S. 33)	Avocado-Salat mit gerösteten Nüssen & Kernen (S. 36)
Getränk	Gurken-Birnen-Minze-Weizengras-Saft (S. 57)	Avocado-Apfel-Kiwi-Spinat-Smoothie (S. 55)	Möhren-Rote-Bete-Apfel-Sellerie-Smoothie (S. 57)
Vormittagssnack	Edamame-Kern-Salat (S. 73)	Sprossenbrokkoli & Tahin (S. 66)	Mango-Becher mit Granatapfel (S. 33)
Mittagessen	Avocado-Quinoa-Salat (S. 147)	Linsen & geröstete Auberginen mit Pesto (S. 161)	Quinoa-Spargel-Salat mit Mandeln (S. 150)
Nachmittagssnack	Dicke-Bohnen-Minze-Dip (S. 70) mit Gurkensticks	Kakaomilch (S. 53)	Heidelbeeren (80 g)
Abendessen	Perlgraupensalat mit Melone (S. 151)	Gemüse-Lasagne (S. 124)	Sri-Lanka-Kürbiscurry (S. 134)

wichtig, pflanzliche Proteinquellen zu kombinieren, damit das Aminosäureprofil komplettiert wird. Durch einen Mangel an Aminosäuren kann der Organismus nicht alle Proteine synthetisieren, die für Körperfunktionen wie Zellwachstum und -regeneration nötig sind.

So sollten Mahlzeiten immer zwei pflanzliche Proteinquellen enthalten wie Hülsenfrüchte (Kichererbsen, schwarze Bohnen, Linsen, Erbsen), Sojaprodukte (Tofu, Miso, Edamame), Nüsse und Saaten.

Ausreichend Mikronährstoffe Es gibt einige wenige Vitamine und Mineralstoffe, die bei einer vegetarischen und insbesondere einer veganen Ernährungsform nicht in ausreichendem Maß zugeführt werden (Vegetarier können den Bedarf z. B. durch den Verzehr von Eiern decken). Vitamin B12, Eisen, Zink und Kalzium sind vier lebenswichtige Nährstoffe, die in nennenswerten Mengen bzw. in besonders gut verwertbarer Qualität (nur) in tierischen Produkten vorkommen und deshalb bei einer pflanzenbasierten veganen Ernährung nur schwer zugänglich sind.

Eisen und Vitamin B12 sind besonders wichtig, da sie bei der Bildung roter Blutzellen beteiligt sind und ein Mangel zu Anämie führen kann. Strikte Vegetarier und Veganer, vor allem Einsteiger, sollten zur Bedarfsdeckung also eventuell auf Supplemente zurückgreifen, um Gesundheit und Wohlbefinden zu gewährleisten.

TAG 4	TAG 5	TAG 6	TAG 7
Quinoa-Haferflocken-Porridge mit Brombeer-Kompott (S. 33)	Erdbeer-Sojajoghurt (S. 29) mit 30 g Mandeln	Bohnen auf Toast (S. 47)	Cashew-Goji-Riegel (S. 80)
Chia-Samen-Kokos-Ananas-Smoothie (S. 52)	Gurken-Birnen-Minze-Weizengras-Saft (S. 57)	Möhren-Rote-Bete-Apfel-Sellerie-Smoothie (S. 57)	Erdbeer-Mango-Lassi (S. 55)
Bananenbrot (S. 255)	Heidelbeeren (80 g)	Radieschen & Blumenkohl mit Hummus (S. 66)	Edamame-Kern-Salat (S. 73)
Perlgraupen, Erbsen, Spinat, dicke Bohnen & Haselnüsse (S. 176)	Quinoa, Rosenkohl & Cashewkerne (S. 175)	Wildreissalat mit Topinambur & Heirloom-Tomaten (S. 154)	Blumenkohlrisotto mit Pistazien (S. 130)
Edamame-Kern-Salat (S. 73)	Paprika-Limabohnen-Püree (S. 68) mit Körner-Kräckern (S. 77)	Körner-Kräcker (S. 77)	Rote-Bete-Hummus (S. 65) mit roten Paprikasticks
Kürbis-Tofu-Curry (S. 135)	Mexikanischer Bohneneintopf (S. 139)	Gebratener Blumenkohlreis mit Shiitakepilzen & Tofu (S. 143)	Dhal mit geröstetem Fenchel (S. 163)

Pflanzliche **Eisen**quellen sind insbesondere Tofu, Hülsenfrüchte, Trockenfrüchte, dunkelgrünes Blattgemüse (außer Spinat, der die Aufnahme des Spurenelements behindern kann), Vollkorngetreide (wie Haferflocken und Naturreis), Nüsse und Gewürze (bereits die kleine Menge von zwei Teelöffeln kann 2 mg Eisen liefern). Die Eisenverfügbarkeit aus pflanzlichen Quellen kann im Körper durch Vitamin C erheblich verbessert werden (s. Eisenmangel, S. 354). Einige dieser Nahrungsmittel liefern auch größere Mengen an **Zink**.

Milchprodukte – die in einer normalen Ernährung die Hauptlieferanten von **Kalzium** sein können – fallen bei einer veganen Ernährung weg. Doch gibt es reichlich andere Quellen für diesen Mineralstoff wie mit Kalzium versetzte Pflanzenmilch, Tofu, Mandeln, Sonnenblumenkerne, Sesam und Tahin sowie dunkelgrünes Blattgemüse (allerdings nicht Spinat, der die Absorption behindern kann). Achten Sie also darauf, größere Mengen dieser Nahrungsmittel in Ihren Speiseplan zu integrieren, um sich mit ausreichend Kalzium für gesunde Knochen zu versorgen.

Vitamin B12 liegt in nennenswerten Mengen nur in Lebensmitteln tierischen Ursprungs vor, ist aber auch in pflanzlichen Produkten wie Bierhefe, Algen, Spirulina (das in Smoothies und Shakes gegeben werden kann) und entsprechend angereicherten Produkten wie Pflanzenmilch vorhanden. Diese sollten täglich verzehrt werden, da ein Mangel an Vitamin B12 zu perniziöser Anämie mit Symptomen wie Müdigkeit, Lethargie und Abgespanntheit führen kann.

Vegetarier und Veganer können auch von einem Mangel an **Omega-3-Fettsäuren** betroffen sein (da diese hauptsächlich in Fettfisch vorhanden sind). Saaten wie Chia- und Leinsamen sowie deren Öle, dunkelgrünes Blattgemüse und bestimmte Nüsse (Walnüsse) enthalten ALA (Alpha-Linolensäure), die im Körper zu den herzschützenden Omega-3-Fettsäuren EPA (Eicosapentaensäure) und DHA (Docosahexaensäure) umgewandelt wird, wie sie auch in Fettfisch zu finden sind. Neben ihrer herzschützenden Funktion reduzieren EPA und DHA Triglyzeride im Blut (ein Risikofaktor für Herzerkrankungen) sowie entzündliche Prozesse. Um eine ausreichende Versorgung mit Omega-3-Fettsäuren sicherzustellen, können Vegetarier und Veganer entsprechende Supplemente einnehmen.

EMPFEHLENSWERT

Algen
Avocados
Bierhefe
Brokkoli
Buchweizen
Chia-Samen und -Öl
Grüne Bohnen
Grünkohl
Hülsenfrüchte (Bohnen, Linsen)
Kalt gepresstes Olivenöl
Kräuter und Gewürze, vor allem getrockneter Majoran, gemahlener Kardamom und Kurkuma
Leinsamen und -öl
Naturreis
Nüsse (Mandeln, Walnüsse)
Nussmus
Quinoa
Rapsöl
Reismilch
Rosenkohl
Saaten (Sesam, Sonnenblumenkerne)
Spirulina
Tahin
Tamari
Tofu
Trockenfrüchte
Weißkohl

EINSCHRÄNKEN

Oxalsäurereiche Nahrungsmittel (Rhabarber, Spinat, Mangold)

Ein (V) kennzeichnet im Rezeptregister die veganen Rezepte, s. S. 382–394

GLOSSAR

AMINOSÄUREN Die Bausteine von Nahrungsproteinen und Endprodukte bei der Proteinverwertung, die über den Blutweg zu den Körperzellen geführt werden. Lebenswichtig für Wachstum und Regeneration der Körperzellen. Insgesamt gibt es 20 Aminosäuren, von denen elf vom Körper selbst synthetisiert werden können. Die restlichen neun, auch „essenzielle Aminosäuren“ genannt, müssen über die Nahrung zugeführt werden.

ANTIOXIDANTIEN Nährstoffe, die freie Radikale binden und somit unschädlich machen. Vitamine wie A, C und E sowie Mineralstoffe wie Selen gelten als wirkungsvolle Antioxidantien und werden über die Nahrung zugeführt.

BALLASTSTOFFE Pflanzenfasern, die der Nahrung Volumen verleihen und wesentlich zu einer gesunden Verdauung beitragen.

BETA-GLUCAN Ein wasserlöslicher Ballaststoff in Haferflocken, der sich positiv auf den Cholesterinwert auswirkt und so zum Schutz von Herzerkrankungen beiträgt.

BLUTZUCKERSPIEGEL Gibt die Konzentration von Glukose im Blut an. Eine Insulinresistenz (Resistenz gegen das Hormon, das den Blutzuckerspiegel reguliert) kann zu einem erhöhten Blutzucker führen und ist ein Indikator für Diabetes.

CHOLESTERIN Fettähnliche Substanz, die für die Produktion von Hormonen und für die Synthese von Vitamin D nötig ist. Cholesterin liegt in zwei Formen vor: als LDL (low-density lipoprotein), das der Körper in der Leber und anderen Organen produziert, und HDL (high-density lipoprotein), das LDL bindet und zurück zur Leber transportiert, wo es abgebaut wird. LDL wird häufig als „schlechtes Cholesterin“ bezeichnet, da ein überhöhter Wert das Risiko für diverse Krankheiten erhöht. Anders gilt HDL als gut, da es den LDL-Wert senkt.

CHRONISCHE ENTZÜNDUNG Tritt ein, wenn der Körper nicht in der Lage ist, eine Infektion wirksam zu bekämpfen. Dabei wird das Immunsystem überaktiv (als „niedriggradige chronische Entzündung“ bezeichnet). Sie wird mit übermäßigem Körperfett (Fettleibigkeit) in Zusammenhang gebracht und gilt als Risikofaktor für viele Erkrankungen.

EINFACHE KOHLENHYDRATE Solche „leeren Kohlenhydrate“ stellen unmittelbar Energie zur Verfügung, weil sie schnell verdaut werden, sorgen aber für einen starken Anstieg des Blutzuckerspiegels und enthalten keine Vital- oder Ballaststoffe. Alle Zucker wie Glukose und Fructose (Fruchtzucker) sind einfache, „leere“ Kohlenhydrate.

ENTZÜNDUNG Schützende Reaktion des Immunsystems bei einem Angriff auf den Körper durch eine Krankheit oder Infektion. Symptome sind Wärmeentwicklung und Rötung, Schwellungen und Schmerzen.

ENZYME Proteine, die chemische Reaktionen im Körper beschleunigen. Verdauungsenzyme werden für die Aufspaltung der Nahrung benötigt.

FETTSÄUREN Bausteine von Nahrungsfetten und Endprodukte der Fettverdauung, die über das Blut zu den Körperzellen gelangen. Hauptenergiespeicher im Körper und essenziell für zahlreiche Körperfunktionen und -prozesse.

FLAVONOIDE Sekundäre Pflanzenstoffe, die in Pflanzen als Farbpigmente fungieren, z.B. Anthocyane in violettem und blauem Obst und Gemüse. Flavonoide haben eine schützende Wirkung auf die Gesundheit, da sie entzündliche Prozesse hemmen, welche die Ursache vieler chronischer Krankheiten sind.

FODMAP Engl. Abkürzung für: fermentierbare Oligo-, Di- und Monosaccharide sowie Polyole. Diätform bei Reizdarmsyndrom, bei der diese fermentierbaren Kohlenhydrate vermieden werden.

FREIE RADIKALE Instabile Moleküle, die als Abbauprodukt im Stoffwechsel entstehen. Eine erhöhte Menge freier Radikaler schädigt die Körperzellen und verstärkt das Risiko für chronische Erkrankungen. Lebensgewohnheiten und Umwelteinflüsse wie Rauchen, Stress und Luftverschmutzung können ebenfalls zu einer erhöhten Bildung freier Radikaler führen.

GESÄTTIGTE FETTSÄUREN Liegen bei Raumtemperatur meist in fester Form vor wie Butter oder Fettränder am Fleisch. Verarbeitete Produkte enthalten oft große Mengen gesättigte Fettsäuren. Ein Übermaß davon gilt aufgrund eines zu hohen Blutcholesterins als Risikofaktor für Herzerkrankungen.

GLYKÄMISCHER INDEX (GI) Klassifizierung kohlenhydrathaltiger Nahrungsmittel nach ihrer Wirkung auf den Blutzuckerspiegel. Kohlenhydrate werden im Körper zu Glukose verarbeitet, die den Zellen als primäre Energiequelle dient. Die Geschwindigkeit, mit der diese Lebensmittel verarbeitet werden, spiegelt sich im GI wider. Nahrungsmittel mit komplexen Kohlenhydraten haben einen niedrigen GI, da ihr Ballaststoffgehalt eine zu schnelle Verbrennung verhindert.

INSULIN Hormon, das den Blutzuckerspiegel steuert und Glukose (das Endprodukt der Kohlenhydrataufspaltung) zur Energiebereitstellung zu den Körperzellen führt sowie zur Leber und den Muskelfasern, um dort in Form von Glykogen gespeichert zu werden.

KOHLENHYDRATE Einer der drei Makronährstoffe, die den Körper mit Energie versorgen. Kohlenhydrate liefern 4 kcal/g und sollten die Hälfte der täglichen Energiezufuhr ausmachen. Sie werden in Stärken, Zucker und Ballaststoffe unterteilt. Anders als bei Zucker und Stärke kann nur ein kleiner Teil der Ballaststoffe verdaut werden; sie liefern weniger Energie (2 kcal/g).

KOMPLEXE KOHLENHYDRATE Ballaststoffreiche Kohlenhydrate, die vom Organismus nur langsam zersetzt werden können und so den Blutzuckerspiegel stabiler halten. Sie liegen in natürlich stärkehaltigem Gemüse wie Kürbis, Süßkartoffeln oder in Vollkornprodukten wie Naturreis, Gerste und Hülsenfrüchten vor.

LEBENSMITTELALLERGIEN Unmittelbare Immunreaktion auf Nahrungsmittel, die zu Symptomen wie Hautrötungen und -schwellungen, Hitzeschüben, Krämpfen, Durchfall und in seltenen Fällen sogar zu einem lebensbedrohlichen anaphylaktischen Schock führen kann.

LEBENSMITTELINTOLERANZEN Anders als bei einer Allergie können Symptome wie Krämpfe und Blähungen langsamer und oft erst mehrere Stunden nach dem Verzehr des unverträglichen Nahrungsmittels einsetzen.

LYKOPIN Sekundärer Pflanzenstoff, z. B. in Tomaten, mit antioxidativer Wirkung. Schützt unter anderem vor Prostatakrebs.

MAKRONÄHRSTOFFE Die drei energieliefernden Nährstoffe Kohlenhydrate, Fette und Proteine.

MIKRONÄHRSTOFFE Vitamine, Mineralstoffe und Spurenelemente, die zur Aufrechterhaltung aller Körperfunktionen benötigt werden. Sie müssen (bis auf Vitamin D) über die Nahrung zugeführt werden.

NEUROTRANSMITTER Biochemische Botenstoffe, die zwischen den Zellen über Nervenenden hinweg transportiert werden.

OMEGA-3-FETTSÄUREN Essenzielle Fettsäuren, die über die Nahrung zugeführt werden müssen. Die wichtigsten Fettsäuren Eicosapentaensäure (EPA) und Docosahexaensäure (DHA) liegen in Fettfisch vor. Alpha-Linolensäure (ALA) kommt in pflanzlicher Kost wie Lein- und Rapsöl, Walnüssen und Grünkohl vor, kann teilweise in EPA und DHA umgewandelt werden und ist die Hauptquelle für Omega-3 bei einer fleischlosen Ernährungsform.

OMEGA-6-FETTSÄUREN Müssen wie auch Omega-3-Fettsäuren über die Nahrung zugeführt werden, da sie der Körper nicht selbst produzieren kann. Sie sind bedeutsam für die Hirnfunktion, für Wachstum und Entwicklung. Allerdings sind sie in erhöhten Mengen tendenziell entzündungsfördernd. Hauptquellen sind verarbeitete pflanzliche Öle, Margarinen und verarbeitete Produkte.

PEKTIN Löslicher Ballaststoff, z. B. in Äpfeln, Birnen und Trauben, der durch seine LDL-Cholesterin-regulierende Wirkung vor Herzerkrankungen schützt.

PHYTOÖSTROGENE Natürliche Pflanzenöstrogene wie Isoflavonoide in Sojaprodukten (in Edamame oder Miso). Sie wirken sich günstig auf den

LDL-Cholesterinspiegel aus und tragen zur Regulierung des weiblichen Hormonspiegels bei.

PRÄBIOTIKA/PREBIOTIKA Nicht verdauliche Ballaststoffe in bestimmten Nahrungsmitteln, die die Vermehrung darmfreundlicher Bakterien stimulieren. Solche Ballaststoffe liegen beispielsweise in Bananen, Chicorée, Knoblauch, Zwiebeln, Artischocken und Spargel vor.

PROBIOTIKA Darmfreundliche Bakterien in Joghurts und fermentierten Lebensmitteln, die sich günstig auf die Darmflora und so auch auf eine gesunde Verdauung auswirken, beispielsweise *Lactobacillus*- und *Bifidobacterium*-Kulturen.

PROSTAGLANDINE Hormonähnliche Pflanzenstoffe, die im Körper aus Fettsäuren synthetisiert werden. Man unterscheidet zwei Typen: aus Omega-6-Fettsäuren gewonnene und entzündungsfördernde Stoffe sowie entzündungshemmende aus Omega-3-Fettsäuren. Deshalb sollte auf ein ausgewogenes Verhältnis von Omega-3- und Omega-6-Fettsäuren geachtet werden.

RDA Engl. Abkürzung für Recommended daily allowance. Angabe der empfohlenen Tagesdosis für alle essenziellen Nährstoffe, wie sie von Ernährungsexperten vorgegeben werden.

SEKUNDÄRE PFLANZENSTOFFE/BIOAKTIVE STOFFE Natürlich in pflanzlicher Kost vorkommende Vitalstoffe. Sie sind nicht essenziell, sprich lebensnotwendig, doch haben sie eine starke gesundheitsförderliche Wirkung. Obst und Gemüse sind ausgezeichnete Quellen für Pflanzenstoffe wie Flavonoide und Phytoöstrogene.

SEROTONIN Im Gehirn synthetisiertes Hormon, das sich günstig auf Gemüt und Schlaf auswirkt.

SOJA-ISOFLAVONOIDE Antioxidantien aus der Gruppe der Flavonoide in Sojaprodukten (Tofu, Tamari, Edamame, Miso). Sie haben die gleiche, wenn auch wesentlich schwächere Wirkung wie körpereigenes Östrogen und können sich günstig auf den weiblichen Hormonhaushalt auswirken. Isoflavonoiden wird auch eine positive Wirkung auf den Cholesterinspiegel zugesprochen, und sie schützen so vor Herzerkrankungen.

SPURENELEMENTE Mineralstoffe müssen entweder als Mengenelemente (etwa 1–2 g) oder in geringeren Mengen als Spurenelemente (weniger als 5 mg) täglich zugeführt werden, beispielsweise Eisen, Selen, Zink, Kupfer oder Mangan.

TRANSFETTSÄUREN Hauptsächlich in verarbeiteten Produkten vorkommende Fettsäuren mit schädlichem Einfluss auf den Organismus. Sie sorgen für eine Erhöhung des schlechten LDL-Cholesterins und eine Reduzierung des HDL-Cholesterins, wirken entzündungsfördernd und stellen so ein Risiko für Herz-Kreislauf-Erkrankungen dar. Geringe Mengen an Transfettsäuren liegen in tierischen Produkten wie rotem Fleisch und Milcherzeugnissen vor. Wesentlich größere Mengen stecken in gehärteten Fetten, wie sie in industriell verarbeiteten Produkten vorkommen.

UNGESÄTTIGTE FETTSÄUREN Diese gesünderen Fettsäuren liegen in einfach oder mehrfach ungesättigter Form vor. Sie tragen zur Herzgesundheit bei und sind in größeren Mengen in Ölen, Nüssen, Saaten, Avocados und Fettfisch zu finden.

VERARBEITETE STÄRKE Stärkehaltige Produkte, denen bei der Verarbeitung Hülle, Kleie und Ballaststoffe entzogen werden. Sie werden auch als einfache Kohlenhydrate bezeichnet, weil sie vom Organismus schnell in Energie umgewandelt werden können, eine deutliche Insulinausschüttung verursachen und den Blutzuckerspiegel stark ansteigen lassen.

VERARBEITETER ZUCKER Zucker in Süßwaren, Softdrinks und Backwaren, die weißen oder braunen Zucker, aber auch Honig, Agavendicksaft und Ahornsirup enthalten. Wie verarbeitete Stärke gelten sie als einfache oder „leere“ Kohlenhydrate.

VITAMINE UND MINERALSTOFFE Nicht energieliefernde, lebenswichtige Nährstoffe, die einen reibungslosen Ablauf aller Stoffwechselfunktionen gewährleisten und über die Nahrung zugeführt werden müssen.

ALLGEMEINES REGISTER

Vegane Rezepte sind mit einem (V) gekennzeichnet (ersetzen Sie Honig in diesen Rezepten durch Ahorn- oder Agavensirup).

Glutenfreie Rezepte sind mit einem (G) gekennzeichnet.

C

N

O

P

T

U

V

REZEPTREGISTER NACH GESUNDHEITLICHEN PROBLEMEN

AKNE

SIEHE SEITEN 334–5

ANÄMIE

SIEHE SEITEN 315, 330, 340, 354

ANGSTZUSTÄNDE

SIEHE SEITEN 348, 349, 351, 356

ARTHRITIS, RHEUMATOIDE

SIEHE SEITEN 314–15

BLÄHUNGEN

SIEHE SEITEN 21, 30, 369

BLUTHOCHDRUCK

SIEHE SEITEN 307, 309

CHOLESTERINSPIEGEL, HOHER

SIEHE SEITEN 293–4, 304–6, 379

CHRONISCHES ERSCHÖPFUNGSSYNDROM (CFS)

SIEHE SEITE 355

DEPRESSION

SIEHE SEITEN 348, 349, 350, 355, 356

DIABETES, TYP 2

SIEHE SEITEN 290, 308–9, 365

DYSPEPSIE & SODBRENNEN

SIEHE SEITEN 10, 324

EKZEME

SIEHE SEITEN 338–9

ERKÄLTUNG

SIEHE SEITEN 328–9

HAAR & KOPFHAUT

SIEHE SEITE 340

MÄNNLICHE FRUCHTBARKEIT

SIEHE SEITE 364

MENOPAUSE

SIEHE SEITEN 312, 372–3

MIGRÄNE

SIEHE SEITEN 358–9

OSTEOPOROSE

SIEHE SEITEN 10, 312–13, 331, 367, 373

POLYZYSTISCHES OVARSYNDROM (PCOS)

SIEHE SEITEN 334, 367, 374–5

PRÄMENSTRUELLES SYNDROM (PMS)

SIEHE SEITEN 268–70, 350

PROSTATA

SIEHE SEITEN 362–3

REIZDARMSYNDROM (RDS)

SIEHE SEITEN 320, 322–3, 325

SCHLAFSTÖRUNGEN

SIEHE SEITE 356

SCHUPPENFLECHTE

SIEHE SEITEN 336–7

VERSTOPFUNG

SIEHE SEITEN 292, 318–19, 320

ADRESSENVERZEICHNIS

INFORMATIONSQUELLEN

Bundesministerium für Ernährung und Landwirtschaft
bmel.de
Das Ministerium bietet Informationen für Verbraucher rund um Lebensmittelsicherheit, gesunde Ernährung, transparente Kennzeichnung und nachhaltige Erzeugung von Lebensmitteln.

inform
in-form.de
Initiative für gesunde Ernährung und mehr Bewegung der Bundesanstalt für Landwirtschaft und Ernährung.

Deutsche Gesellschaft für Ernährung e. V.
dge.de
Gute Informationsquelle auf dem Gebiet der gesunden Ernährung. Die Initiative unterstützt die Verbreitung von neuen Erkenntnissen in der ernährungswissenschaftlichen Forschung und fördert die Ernährungsaufklärung und Qualitätssicherung in der Ernährungsberatung und -erziehung.

Deutsche Herzstiftung
herzstiftung.de
Gemeinnützige Organisation, die über Herzkrankheiten aufklärt und über neue Ergebnisse in der Herzforschung und -therapie informiert.

Deutsches Zentrum für Diabetesforschung
dzd-ev.de
Die Initiative des Bundesministeriums für Bildung und Forschung ist ein nationaler Verbund, der Experten auf dem Gebiet der Diabetesforschung bündelt.

Kuratorium Knochengesundheit e. V.
osteoporose.org
Die gemeinnützige Organisation informiert über das Krankheitsbild Osteoporose sowie den aktuellen Forschungsstand und vertritt die Interessen von Betroffenen.

Deutsche Rheuma-Liga
rheuma-liga.de
Die gemeinnützige Organisation bietet Hilfe und Selbsthilfe für Betroffene, Aufklärung über das Krankheitsbild und vertritt die Interessen Rheumakranker. Außerdem fördert sie die Arthritis-Forschung.

Deutsche Zöliakie-Gesellschaft e. V.
dzg-online.de
Die gemeinnützige Organisation bietet Hilfe und Information für Menschen, die an Zöliakie und Dermatitis herpetiformis Duhring erkrankt sind, und fördert die Forschung zu diesen Krankheiten.

Aktionsbündnis Seelische Gesundheit
seelischegesundheit.net
Die vom Bundesministerium für Gesundheit geförderte Initiative setzt sich für die Interessen von Menschen mit psychischen Erkrankungen und deren Angehörigen ein und fördert die Aufklärung über psychische Erkrankungen in der Öffentlichkeit.

Vegetarierbund Deutschland e. V.
vebu.de
Die gemeinnützige Organisation vertritt vegetarisch und vegan lebende Menschen in Deutschland, bietet Informationen zu vegetarischer und veganer Ernährung und unterstützt und verbreitet wissenschaftliche Erkenntnisse zu diesen Themen.

Greenpeace
greenpeace.de
Die international tätige ökologische Organisation bietet zahlreiche Verbrauerinformationen zu Problemen der Umwelt (u.a. zum Thema Überfischung einen „Einkaufsratgeber Fisch").

ÜBER DIE AUTOREN

LILY SIMPSON ist ausgebildete Köchin, die sich in der Küche von ihren Reisen durch Frankreich, Spanien, Italien, Thailand, Marokko und Indien inspirieren lässt. 2012 gründete sie *The Detox Kitchen*, einen Lieferservice für Detox-Essen, mit dem sie sofort großen Erfolg hatte. Dank eines treuen Kundenstammes serviert ihre Detox-Küche mittlerweile diverse köstliche, gesunde Gerichte auch in zwei Lokalen in London: in der Kingly Street und bei Harvey Nichols.

ROB HOBSON Der talentierte Koch liebt gutes Essen und zählt zu den besten britischen Ernährungsexperten. Seine Beiträge über gesundes Essen und Ernährung werden in den unterschiedlichsten Medien veröffentlicht. Er betreibt zwei Praxen für Essen und Ernährung in London, in denen er Privatpersonen ebenso wie Regierungsbehörden berät. Außerdem arbeitet er mit dem staatlichen britischen Gesundheitssystem *National Health Service (NHS)* zusammen.

DANKSAGUNG

Unser Dank geht an unsere wunderbare Agentin Dorie Simmonds, deren Engagement so unglaublich ansteckend ist; an die klugen Lektorinnen unseres Originalverlags Bloomsbury, Natalie Bellos und Xa Shaw Stewart, mit ihrem Gespür für Stil und Eleganz, das sich deutlich in diesem Buch widerspiegelt. Ein großer Dank gebührt der unglaublichen und geduldigen Norma MacMillan für ihre bemerkenswerte Liebe fürs Detail; der großartigen Polly Webb-Wilson und Keiko Oikawa: Ihr seid ein echtes Traumpaar. Ebenfalls bedanken möchten wir uns bei Marian Alonso und Marina Asenjo für die Autorenfotos sowie ihr Know-how in Produktionsfragen; Danke an Peter Dawson und Namkwan Cho von Grade Design für ihre Ruhe und Kreativität.

Danksagung von Lily

Danke an alle unsere *The-Detox-Kitchen*-Kunden: Durch eure Treue können wir auch weiterhin das Essen zubereiten, das wir lieben. Bedanken möchte ich mich auch bei unserer Küchenchefin Claire Herrick, Sous-Chefin Lucy Cheyne und bei allen unseren talentierten Köchen, die mich mit ihren kulinarischen Kreationen immer wieder inspirieren. Danke an Harriet Jenkins für ihre tagtägliche Unterstützung, ihren kühlen Kopf und ganz einfach dafür, dass sie so fantastisch ist. Mein Dank geht auch an Jules Miller, Jayne Robinson und unser ganzes Büro- und Küchenteam, das, wie ich, so fest an unsere Marke glaubt. Danke, Papa, dass du mir mit der Zutatendreifaltigkeit aus Zwiebeln, Ingwer und Knoblauch das Kochen beigebracht hast. Danke, Mama, für einfach alles. Danke an meinen Ehemann, der mir immer sagt, dass alles, was ich koche, köstlich schmeckt.

Danksagung von Rob

Danke an meine ganze (sehr geduldige) Familie und all meine Freunde.

Lily *Für Mama und Papa*
Rob *Für Adie und meine Schwester Claire*

Edel Books
Ein Verlag der Edel Germany GmbH

1. Auflage 2016

First published in Great Britain 2015
by Bloomsbury Publishing Plc
50 Bedford Square
London WC1B3DP

Design: Peter Dawson, Namkwan Cho gradedesign.com

Projektkoordination: Julia Sommer
Übersetzung: Scriptorium GbR Brigitte Rüßmann & Wolfgang Beuchelt, Köln
Lisa Heilig, Köln (Ernährungsgrundlagen)
Manuela Schomann, Grafing (Fisch)
Satz, Lektorat und Redaktion der deutschen Ausgabe: Anne Wahler und
Maja Mayer, bookwise GmbH, München
Regine Schmidt, Karlsruhe (Lektorat Suppen, Salate & Gemüse)
Umschlagfotos: Keiko Oikawa
Coveradaption: Groothuis. Gesellschaft der Ideen und Passionen mbH |
www.groothuis.de

Printed in China

ISBN 978-3-8419-0393-8